中國現代教育社團史 周谷城題

"中国现代教育社团史"丛书编委会

丛书主编：储朝晖

丛书编委会：（按姓氏笔画排序）

于书娟　马立武　王　玮　王文岭　王洪见
王聪颖　白　欣　刘小红　刘树勇　刘羡冰
刘嘉恒　孙邦华　苏东来　李永春　李英杰
李高峰　杨思信　吴冬梅　吴擎华　汪昊宇
宋业春　张礼永　张睦楚　陈克胜　陈梦越
周志平　周雪敏　钱　江　徐莹晖　曹天忠
梁尔铭　葛仁考　韩　星　储朝晖　楼世洲

审读委员会：（按姓氏笔画排序）

王　雷　王建梁　巴　杰　曲铁华　朱镜人
刘秀峰　刘继华　牟映雪　张　弛　张　剑
邵晓枫　范铁权　周　勇　赵国壮　徐　勇
徐卫红　黄书光　谢长法

"中国现代教育社团史"丛书书目

《中国现代教育社团发展史论》
《中华教育改进社史》
《中华平民教育促进会史》
《生活教育社史》
《中华职业教育社史》
《江苏教育会史》
《全国教育会联合会史》
《中国教育学会史》
《无锡教育会史》
《中国社会教育社史》
《中国民生教育学会史》
《中国教育电影协会史》
《中国科学社史》
《通俗教育研究会史》
《国家教育协会史》
《中华图书馆协会史》
《少年中国学会史》
《中华儿童教育社史》
《新安旅行团史》
《留美中国学生联合会史》
《中华学艺社史》
《道德学社史》
《中华教育文化基金会史》
《中华基督教教育会史》
《华法教育会史》
《中华自然科学社史》
《寰球中国学生会史》
《华美协进社史》
《中国数学会史》
《澳门中华教育会史》

推进教育治理体系和治理能力现代化……推动社会参与教育治理常态化，建立健全社会参与学校管理和教育评价监管机制。

——《中国教育现代化2035》

当前，我国改革开放正在逐步地深入和扩大，激发社会组织活力，在整个社会治理体系建设中具有重要作用。现代教育治理体系的建设，也迫切需要发挥专业的教育社团的积极作用。在这个大背景下，依据可靠的历史资料，回溯和评价历史上著名教育社团的产生、发展、组织方式和活动方式等，具有现实意义和社会价值。总的来说，这个项目设计视角独特，基础良好，具有较高的学术价值、实践价值和出版价值。

——石中英

教育社团组织与中国教育早期现代化，既是一个有丰富内涵的历史课题，更是一个极具现实意义的重大课题。由中国教育科学研究院储朝晖研究员领衔的学术团队，多年来在近代教育史这块园地上努力耕耘，多有创获，取得了可喜的成果，积累了深厚的知识储备。现在，他们选择一批有代表性、典型性、产生过重大影响的教育社团组织，列为专题，分头进行深入的研究，以期在丰富中国教育早期现代化研究和为当代中国教育改革服务两个方面做出贡献，我觉得他们的设想很好。

——田正平

国家出版基金项目
NATIONAL PUBLICATION FOUNDATION

中国现代教育社团史　丛书主编/储朝晖

中华图书馆协会史

王玮 著

西南大学出版社
国家一级出版社 全国百佳图书出版单位

图书在版编目(CIP)数据

中华图书馆协会史/王玮著. -- 重庆：西南大学出版社，2023.12
(中国现代教育社团史)
ISBN 978-7-5697-2103-4

Ⅰ.①中… Ⅱ.①王… Ⅲ.①图书馆学会—历史—中国 Ⅳ.①G259.29

中国国家版本馆CIP数据核字(2023)第238028号

中华图书馆协会史
ZHONGHUA TUSHUGUAN XIEHUI SHI

王玮 著

策划组稿：尹清强　伯古娟
责任编辑：罗　渝
责任校对：尹清强
装帧设计：观止堂_朱璇
排　　版：王　兴
出版发行：西南大学出版社（原西南师范大学出版社）
　　　　　重庆·北碚　邮编：400715
印　　刷：重庆市正前方彩色印刷有限公司
幅面尺寸：170mm×240mm
印　　张：23.75
插　　页：4
字　　数：430千字
版　　次：2023年12月　第1版
印　　次：2023年12月　第1次
书　　号：ISBN 978-7-5697-2103-4

定　　价：118.00元

总序

在中国教育早期现代化的历史进程中,无论是清末,还是北洋政府和国民政府时期,在整个20世纪前期传统教育变革和现代教育推进波澜壮阔的历史舞台上,活跃着这样一批人的身影,他们既不是清王朝的封疆大吏、朝廷重臣,也不是民国政府的议长部长、军政要员,从张謇、袁希涛、沈恩孚、黄炎培,到晏阳初、陶行知、陈鹤琴、廖世承,有晚清的状元、举人,有海外学成归来的博士、硕士,他们不居庙堂之上,却念念不忘国家民族的百年大计;他们不拿政府的分文津贴,却时时心系中国教育的改革与发展。是"研究学理,介绍新知,发展教育,开通民智"这样一个共同理想和愿景,将这些年龄悬殊、经历迥异、分散在天南海北的传统士人、新型知识分子凝聚在一起,此呼彼应、同气相求,结成团体,组织会社。于是,从晚清最后十年的江苏学务总会、安徽全省教育总会、河南全省教育总会,到民国时期的全国教育会联合会;从中华职业教育社、中华新教育共进社、中华教育改进社,到中华平民教育促进会、生活教育社、中国社会教育社、中华儿童教育社、中国教育学会……在短短的半个世纪里,仅省级以上的和全国性的教育会社团体就先后有数十个,至于以县、市地区命名,以高等学校命名或以某种特定目标命名的各式各样的教育会社团体,更是难以计数。所有这些遍布全国各地的教育会社团体,通过持续不断的努力,从不同的层面,以不同的方式,冲击着传统封建教育的根基,孕育和滋养着现代教育的因素。可以毫不夸张地说,在传统教育变革和现代教育推进的历史进程中,从宏观到微观,到处都留下了这些教育会社团体的深深印记,它们对中国教育早期现代化的贡献可谓功莫大焉!

大约从20世纪90年代开始，中国近代教育会社团体的研究，渐渐进入人们的学术视野，20多年过去了，如今关于这一领域的研究，已经风生水起，渐成气候，取得了相当的成果，并且有着很好的发展势头。说到底，这是当代中国教育改革的需要和呼唤。教育是中华民族振兴的根基和依托，改革和发展中国教育，让中国教育努力赶上世界先进水平，既是中央政府和地方各级政府义不容辞的职责，也必须依靠广大教育工作者的自觉参与和担当。从这个意义上讲，中国近代教育会社团体与中国教育早期现代化研究，既是一个有丰富内涵的历史课题，更是一个极具现实意义的重大问题。中国教育科学研究院储朝晖研究员，多年来在关注现实教育改革的诸多问题的同时，对中国近代教育史有着特殊的感情，并在这块园地上努力耕耘，多有创获，取得了可喜的成果，积累了深厚的知识储备。现在，他率领一批志同道合的中青年学者，完成了"中国现代教育社团史"的课题，从近代以来数十上百个教育社团中精心选择了一批有代表性、典型性、产生过重大影响的教育社团，列为专题，分头进行了深入的研究。我相信，读者诸君在阅读这些成果后所收获的不仅仅是对教育社团的深入理解和崇高敬意，也可能从中引发出一些关于当代中国教育改革的更深层次的思考。

是为序。

田正平
丁酉暮春于浙江大学西溪校区

目录

总　序（田正平）

第一章　中华图书馆协会成立的时代背景　/1
　　第一节　西学东渐与近代图书馆的产生　/3
　　第二节　近代图书馆事业的发展　/13
　　第三节　近代图书馆学理论的引进　/34
　　第四节　图书馆运动的兴起　/42

第二章　中华图书馆协会的酝酿与成立　/59
　　第一节　北京图书馆协会　/62
　　第二节　图书馆暑期讲习会　/72
　　第三节　地方图书馆协会　/88
　　第四节　中华图书馆协会　/108

第三章　中华图书馆协会的组织与运作　/143
　　第一节　中华图书馆协会的宗旨　/145
　　第二节　中华图书馆协会的治理　/149
　　第三节　中华图书馆协会的经费　/170
　　第四节　中华图书馆协会的会员　/187

第四章　中华图书馆协会的历届年会　/203
第一节　中华图书馆协会第一届年会　/205
第二节　中华图书馆协会第二届年会　/216
第三节　中华图书馆协会第三届年会　/228
第四节　中华图书馆协会第四届年会　/236
第五节　中华图书馆协会第五届年会　/243
第六节　中华图书馆协会第六届年会　/247

第五章　中华图书馆协会的出版活动　/257
第一节　期刊出版　/259
第二节　图书出版　/272

第六章　中华图书馆协会的调查活动　/283
第一节　图书馆调查　/285
第二节　馆藏资源调查　/296
第三节　其他调查　/306

第七章　中华图书馆协会的国际学术交流　/311
第一节　国际图书馆协会联合会　/313
第二节　与美国图书馆界的交流　/323
第三节　与其他国家图书馆界的交流　/347

后　记　/361

丛书跋（储朝晖）　/366

中华图书馆协会成立的时代背景

第一章

中华图书馆协会是中国最早成立的全国性图书馆专业团体，它的成立是中国近代图书馆事业形成并发展到一定历史阶段的必然产物。伴随着西方国家的军事入侵，中国的经济、科技、教育、文化，乃至社会生活的方方面面都受到全面而深刻的影响，中国古代图书馆体系遭到严重破坏，在西方近现代图书馆思想与理论的影响下，兼有中国特色和西方近代图书馆特征的国家图书馆、公共图书馆、学校图书馆、机关图书馆、社会团体图书馆、企业图书馆、私人图书馆等多种类型的中国近代图书馆体系逐渐形成，而相继从日本和美国引进的图书馆学理论极大地促进了中国近代图书馆事业的发展，尤其是宣传美国现代公共图书馆理念与方法的图书馆运动的兴起，直接推动了中国图书馆专业组织的成立，并最终促成了中华图书馆协会的诞生。

第一节　西学东渐与近代图书馆的产生

图书馆是人类社会发展到一定阶段的产物。图书馆的名称、外观、结构、类型与社会职能随着人类社会不同阶段的发展需要而不断发生着变化。纵观中外图书馆发展史，可以发现古代图书馆基本上以收藏为主要职能，服务的对象限于王侯贵族、政府官员、宗教人士、知识分子等少数人群。自14世纪起，资本主义经济首先在欧洲萌芽，随后引发了政治革命和宗教改革，社会的发展对图书馆提出了新的要求,那就是要承担起面向普通大众进行社会教育的职责。19世纪中期,公共图书馆在西方国家得到设立,并迅速普及。西学东渐的过程使与中国传统图书馆不同的西方图书馆潜移默化地改变了中国人对于图书馆的认知,打开了中国接受西方图书馆影响的窗口,从而使西方以公共图书馆为标志的近代图书馆潮流迅速席卷中国大地。

一、西方图书馆的早期影响

中国古代图书馆的历史可追溯至殷商时期,后来形成了官府藏书、私家藏书、书院藏书、寺院藏书组成的四大藏书体系。明朝以后,随着中西方交流日益活跃,西方图书馆主要以三种形式逐渐影响着中国的图书馆事业:一是西方人在中国大地上兴建的西式图书馆;二是西方人(主要是传教士)在中国撰写并传播介绍西方图书馆的文献;三是中国人主动通过外国文献或者出访国外获得对西方图书馆的新认知。

最初中国人所了解的西方图书馆仅仅是西方人士在中国建立的图书馆。16世纪,葡萄牙人和西班牙人在澳门打开了中国的缺口,外国传教士、商人等在这里定居,先后兴建了圣保禄学院图书馆、圣若瑟修道院图书馆、东印度公司图书馆、澳门陆军俱乐部图书馆等。17世纪初,利玛窦获准长驻北京传教,在北京创立了后来北堂图书馆的前身——初期耶稣会图书馆。鸦片战争以后,不平等条约的签订使外国人得以大批进入内地,他们兴建了不少附属于教堂、教会学校的图书馆,以及专门图书馆、会员图书馆、私人图书馆等。比较知名的有北京"四堂"图书馆(后来回归到北堂图书馆)、上海徐家汇天主教藏书楼、工部局公众图书馆、亚洲文会北中国支会图书馆、圣约翰大学图书馆、格致书院藏书楼、文华公书林等。这些图书馆早期规模不大,使用者仅限于本机构的传教士、会员、学生。最早的西方图书馆落地中国时,还没有进入到具有公共图书馆特征的近代图书馆时期。进入19世纪中期以后,由于西方国家全面步入近代图书馆时代,图书馆的功能与形态发生了变革,这些建在中国本土的西方图书馆也逐步加大了开放利用的程度,逐渐向近代图书馆转型,客观上为中国传统藏书楼向近现代图书馆转型起到了启蒙和示范的作用。同时,这些图书馆的工作人员和所服务的对象中有了越来越多的中国人,这不仅使中国人享受了这种新式图书馆的服务,更培养了一批掌握西方近代图书馆理念和方法的图书馆专业人员。

西方传教士来华之后在撰述宣教的同时,也将西方的科学文化介绍到中国,其中便夹杂着一些对西方图书馆的介绍。意大利耶稣会传教士艾儒略(Giulio Aleni,1582—1649)所著《职方外纪》是目前所知中国最早包含有西方图书馆内容的著作。该书成书于明朝天启三年(1623)夏,刻印于是年秋天。1856年,美国北长老会传教士祎理哲(Richard Quarterman Way,1819—1895)将其1848年出版的《地球图说》扩展内容后易名为《地球说略》,对意大利图书馆有所描述。美国传教士高理文(又译裨治文,Elijah Coleman Bridgman,1801—1861)是第一位美国来华传教士,他所撰写的《美理哥国志略》中提到了美国的活字印刷、书籍内容以及报纸杂志的规格、出版周期等,还介绍了美国的图书馆。这些外国传教士对图书馆的介绍相当简略,而且当时的西方近代公共图书馆尚处在初期发展阶段,与中国当时的官私藏书相比并非十分先进,加之这些书籍的传播有限,所以对当时中国的藏书观念及现状影响甚微。不过这些内容为后来中国"开眼看世界"的进步知识分子认识西方图书馆提供了最原始、最珍贵的材料。

1840年,鸦片战争的炮火惊醒了沉睡的中国,以林则徐、魏源、徐继畬为代表的具有先进思想的中国知识分子秉持"师夷之长技以制夷"的思想开始了解和学习西方。林则徐的《四洲志》是我国近代第一部比较系统介绍西方地理的书,其中对欧美图书馆记述颇多。除欧洲6个国家图书馆的概况外,还用大量篇幅介绍了美国图书馆,同时特别强调了美国各州图书馆的经费来源。魏源以林则徐的《四洲志》为基础,参照《职方外纪》《外国史略》《美理哥国志略》等早期西方传教士的著作和自己搜集的一些资料,于1842年编成五十卷《海国图志》,后逐步扩编为一百卷。它不仅传承了前人对西方图书馆的介绍,又进一步丰富了对西方图书馆的译介。他还认为西方图书馆亦有其长处,应该学习,是最早提出学习西方图书馆的人[①]。

[①] 曾主陶.林则徐魏源是最早介绍西方藏书和图书馆的中国人[J].求索,1987(4):69.

第二次鸦片战争后,清政府开始派遣官员和使团出国。随着中外接触日益频繁,还有一些知识分子自费出洋游历。这些早期出洋人士的游记、日记等以直观、感性的方式向国人介绍了西方文化和图书馆。1866年,斌椿奉命率领张德彝等三名同文馆的学生及自己的儿子一行五人,用四个月时间游历法、英、比、俄等欧洲十国,回国后写成《乘槎笔记(外一种)》供朝廷参考,其中有在英国"游大书院数处"[①]之语。1867年,志刚出使美国,撰《初使泰西记》,其中记述了他参观美国图书馆的见闻。同年,王韬以个人身份在欧洲游历两年,他在《漫游随录》中对法国巴黎图书馆、伦敦博物院图书馆的描述细致入微,关注点不仅仅是藏书数量和规模,对于图书馆建筑设计与空间布局、藏书组织、服务对象与服务时间等皆有所提及。特别是张德彝,自1866年至1902年,他先后八次出访或出使欧美各国,每次都写下详细日记,辑成《航海述奇》《再述奇》等,直至《八述奇》,其中对西方图书馆作了许多生动的记述。光绪年间设立驻外公使后,有更多官员和知识分子出使欧美并撰写游记。郭嵩焘(1818—1891)是清政府正式派出的第一个驻英法公使。他在《伦敦与巴黎日记》中记载了参观大英博物院图书馆以及法国国家图书馆的所见,不仅介绍了图书馆的藏书规模和书库布局,还详细地记载了图书馆维持正常馆务所需的费用开支、缴送版本制度、办理借阅手续、目录检索办法,以及图书防虫、防火管理等。薛福成(1838—1894)先后出使英、法、比、意四国,他在《出使日记》中记载了西方各国图书馆的情况,并且已经留意到图书的来源及其为公众服务的特点。

二、中国近代图书馆思想的萌芽

中国近代图书馆思想是内外因相结合的产物。外因是西方图书馆发展至近代图书馆时期后,其先进的图书馆理念、管理方法和技术工具为中国传统藏书的变革提供了学习和借鉴的样板。内因则是中国传统藏书体系在西方国家入侵导致国家剧烈变革中面临种种困境,一方面原有藏书内容不能完全满足社会发展的需要,同时由于教育、文化、印刷技术等的变革导致内容和形态与传统

[①] 斌椿.乘槎笔记(外一种)[M].长沙:湖南人民出版社,1981:28.

藏书完全不同的新型文献不断涌现,另一方面数千年积累下来的颇有保存价值的珍贵典籍在战火中屡遭毁损和流失。

中国近代图书馆思想虽然源自西方近代图书馆的影响,但同时又是极具中国特色的。首先,图书馆在中国并不是一个从无到有的全新事物,它有十分悠久的历史,因此中国近代图书馆不可能完全抛开中国古代图书馆长期以来所担负的社会职能和已有的藏书资源;其次,西方近代图书馆的出现与资本主义经济对整个社会民众教育产生巨大需求密切相关,但中国从封建社会被动步入半封建半资本主义社会,虽然也有资本主义经济发展对民众教育的需求,但同时还有更为迫切的政治原因,那就是在国家面临生死存亡的关键时刻,无论是教育还是文化都需要为国家的救亡图存服务。中国近代图书馆思想正是以魏源、林则徐为代表的中国早期先进的资产阶级为振兴国家提出的全盘发展方案中属于教育文化的那部分,正因为其对于国家发展,尤其是教育有重大意义,近代图书馆的发展才在初期得到清政府的大力支持。中国近代图书馆思想虽然有对传统藏书楼的批判,但多集中于其封闭的一面,虽倡导收藏古今中外一切有用之书,但始终对传统文献(尤其是珍本、善本)异常重视。

19世纪80年代,王韬在《征设香海藏书楼序》一文中一反传统藏书"重藏轻用"的观点,指出"然藏书而不能读书,则与不藏同"[1]。同时他还受国外公共图书馆的启发提出:"夫藏书于私家,固不如藏书于公所。私家之书积自一人,公所之书积自众人。私家之书辛苦积于一人,而其子孙或不能守,每叹聚之艰而散之易。惟能萃于公,则日见其多,而无虞其散矣。"[2]指明了公共图书馆相较于私家藏书的优势所在:在战乱频仍的近代中国,藏书之厄尤甚,创办公共图书馆是一种历史的必然选择。

1894年,郑观应出版《盛世危言》,在第四卷《藏书》中,他系统地提出了自己的图书馆改革思想,可谓中国近代图书馆改革的指南性文献。首先,他认为图书馆藏书应向所有人开放,以供使用。他对中国旧式藏书楼的批判相较于王韬更加激烈,一针见血地指出其弊端主要在于"子孙未必能读,戚友无由借观,或

---

[1] 王韬.弢园文录外编[M].北京:中华书局,1959:219.
[2] 王韬.弢园文录外编[M].北京:中华书局,1959:221.

鼠啮蠹蚀，厄于水火，则私而不公也"①。他还指出，《四库全书》修成后，其中江南三阁允许当地士子进阁借阅抄写初衷甚佳，然"所在官吏奉行不善，宫墙美富，深秘藏庋，寒士未由窥见"②。他盛赞吴兴陆氏开放守先阁，供一郡人士观览，"其大公无我之心，方之古人亦何多让"③。继而提议广设藏书院，开放阅览，"无论寒儒博士，领凭入院，即可遍读群书"④。其次，他认为图书馆藏书应突破传统的藏书内容，包括一切中外有用之书，尤其要及时采购新书。针对西译书籍日益增多的现实，他认为应该"购中外有用之书藏贮其中"，并"稽查所有新书，随时添购"，甚至提出"凡外国未译之书，宜令精通西文者译出收贮"⑤。再次，他倡议广泛设立图书馆。郑观应不惜笔墨罗列了英国、法国、俄罗斯、德国、意大利等国图书馆的数量和藏书量。同时指出，"中国幅员广大，人民众多，而藏书仅此数处，何以遍惠士林"⑥。鉴于偏僻之地由于闻见无多，容易形成孤陋寡闻、故我依然的状况，他提议"宜饬各直省督、抚，于各厅、州、县分设书院"⑦。最后，他提出图书馆的经费来源和管理办法。图书馆经费主要有官办、士绅捐赠、各省外销款项、科场经费几种。图书馆需有常年储备专款，并分派员役管理。

《盛世危言》问世之时，正值中日甲午战争一触即发之时，国内的民族危机感极重，该书出版后随即轰动社会，以极快的速度传播，在思想舆论界引起了强烈的反响。1895年，中日甲午战争中国战败，一批进步的启蒙思想家开始意识到国家兴亡的关键在于人才，进而将开启民智、培养人才提高到救亡图存的层面，掀起了一场维新变法运动。其中，兴建藏书楼便是维新派的重要主张与举措之一。1896年，汪康年在《时务报》上撰文《论中国求富强宜筹易行之法》，指出："今日振兴之策，首在育人才，育人才，则必新学术，新学术，则必改科举、设学堂、立学会、建藏书楼。"⑧1895年强学会成立，设有书藏。此后，维新派人士在

---

① 郑观应.盛世危言[M].沈阳：辽宁人民出版社，1994：43.
② 郑观应.盛世危言[M].沈阳：辽宁人民出版社，1994：43.
③ 郑观应.盛世危言[M].沈阳：辽宁人民出版社，1994：45.
④ 郑观应.盛世危言[M].沈阳：辽宁人民出版社，1994：45.
⑤ 郑观应.盛世危言[M].沈阳：辽宁人民出版社，1994：45.
⑥ 郑观应.盛世危言[M].沈阳：辽宁人民出版社，1994：45.
⑦ 郑观应.盛世危言[M].沈阳：辽宁人民出版社，1994：45.
⑧ 汪康年.论中国求富强宜筹易行之法[J].时务报，1896(13)：825.

全国各地兴建学会,大部分都模仿强学会书藏设有藏书楼。不过,戊戌变法失败后,学会被取缔,学会藏书楼也就关闭了。虽然这些学会藏书楼存在时间很短,规模也十分有限,但其性质是供读者使用的,藏书内容包括中西图籍,尤其重视新式报刊的收藏,读者对象包括知识分子和普通民众,管理制度的制定也是围绕着"用"而非"藏"。因而,学会藏书楼被视为中国"近代图书馆的先声"[①]。

1896年,刑部左侍郎李端棻的《请推广学校折》,在提倡兴办学堂的同时,还提到"自京师及十八行省省会咸设大书楼,调殿板及各官书局所刻书籍,暨同文馆、制造局所译西书,按部分送各省以实之。其或有切用之书,为民间刻本,官局所无者,开列清单,访书价值,徐行购补。其西学书陆续译出者,译局随时咨送。妥定章程,许人入楼看读。由地方公择好学解事之人,经理其事"[②],可谓郑观应图书馆改革思想的深化,不仅明确了图书馆的开放性,同时还对图书馆的管理,尤其是对图书馆的藏书建设提出了切实可行的举措。其中,译局随时咨送图书可谓中国近代呈缴本制度的思想萌芽。

三、中国近代图书馆事业的形成

中国近代图书馆事业是在继承中国传统藏书的基础上,吸收西方近代图书馆思想精华形成的。中国近代图书馆体系中最早形成的是学校图书馆,它与中国近代教育改革关系十分密切。书院是中国古代特有的一种教育制度,它起自唐朝,历宋、元、明、清数代,有着一千多年的历史。19世纪后半期,西方势力的入侵使中国面临着数千年未有之变局,书院教育已跟不上时代需求。早在洋务运动时期,面对人才压力,洋务派采取的是在不改变原有教育体系前提下以另创新式学堂的方式,培养实用的科学技术人才。1862年,旨在培养外交和翻译人才的京师同文馆成立,这是我国创办新式学校的开端。中日甲午战争后,改革传统书院的呼声日渐高涨。新建了一批新式教育机构,其中有以"学堂"为名的,如湖北自强学堂、天津中西学堂,也有以"书院"为名的,如上海格致书院、正蒙书院、陕西格致实学书院、浙江求是书院,等等。一方面,受西方学校附设图

---

① 谢灼华.维新派与近代中国图书馆[J].图书馆杂志,1982(3):73.
② 李端棻.请推广学校折[J].时务报,1896(6):353.

书馆的影响,另一方面也由于传统书院有书院藏书的传统,这些新设学堂(书院)亦大多建有新型藏书楼,日后都发展成为著名的大学图书馆。如1895年天津北洋西学学堂建立藏书室,后来发展成北洋大学图书馆;1896年上海南洋公学创办图书院,1921年后改称上海交通大学图书馆。这些学校图书馆与传统书院藏书的区别主要体现在所藏图书的内容和对外开放的程度上,藏书变为传统典籍与反映洋务、新学、时务、西学的书本并存,藏书的形式除以线装等传统技法装订的书籍之外,还有以金属类订书针装订的所谓"洋装"书籍,开放范围也逐步扩大。如1897年由张元济等一批有志于新学的年轻京官所创办的通艺学堂,其《图书馆章程》规定:"本馆专藏中外各种有用图书,凡在堂同学及在外同志均可随时入馆观览。"[1]由傅兰雅和徐寿创建的上海格致书院,于1876年落成,虽名为"书院",但却是一所专门传授西方科学知识的新式学堂,同时建成的还有博物馆和藏书楼各一座。格致书院藏书楼所藏图书多有技术类新学和西学类文献及书籍,并向社会开放。1901年9月14日,清政府下令所有书院改学堂。各省纷纷依据本地情况,采取不同的具体步骤,掀起了一个书院改学堂的热潮。至1902年大部分省区基本上实现了书院改学堂的要求。存在千余年的古代书院终于为新式学堂所代替,书院藏书作为一大藏书系统彻底消亡,其藏书一部分成为各级学校图书馆的一部分,另一部分则成为新设公共图书馆的原始馆藏。

特别值得一提的是京师大学堂藏书楼。1898年,京师大学堂成立。《京师大学堂章程》把藏书楼的建设放在了十分重要的地位,并且对其作了种种具体的规定,还详细开列了藏书楼的经费预算。[2]京师大学堂成立后,原强学会书藏和官书局藏书院的图书也归到了京师大学堂名下,成为京师大学堂的第一批藏书。后历经"戊戌政变"、义和团运动、八国联军侵占北京等变故,京师大学堂屡遭摧残,以致停办。1902年,清政府迫于朝野上下维新变法的压力,下令恢复已停办两年之久的京师大学堂,京师同文馆被并入京师大学堂。同文馆书阁,作为我国早期的大学图书馆雏形,其藏书成为京师大学堂复校后的第一批图书。1902年初,京师大学堂藏书楼以官方征调的名义收集各省官书局的图书,当年就

---

[1] 汪家熔.两件图书馆史史料[J].图书馆学通讯,1983(2):88-90.
[2] 朱强.北京大学图书馆的历史、现状与展望.大学图书馆学报,2012(6):5.

收到了江苏、广东、湖北、湖南、浙江等省官书局的大批图书。京师大学堂藏书楼还接受了许多官方和个人的馈赠,其中不乏珍品。如1904年,清代著名藏书家方功惠的后人将碧琳琅馆所余藏书尽数捐给京师大学堂藏书楼,此乃个人捐赠图书的最大一笔。京师大学堂,作为中国近代史上第一所国立综合性大学,既是全国最高学府,又是国家最高教育行政机关,统辖各省学堂。这一特殊地位使得京师大学堂藏书楼对全国的学校系统图书馆建设起到了标榜作用。1912年,京师大学堂改名为北京大学,京师大学堂藏书楼即为北京大学图书馆的前身。

除中国本土教育制度改革下形成的学校图书馆外,外国传教士于19世纪后半期在中国创办的西式学校附设图书馆亦是中国近代学校图书馆体系中的一部分。其中最有代表性的是上海圣约翰大学图书馆。圣约翰大学是一所教会学校,创办于1879年,初名圣约翰书院。1892年起正式开设大学课程,1905年学校在美国华盛顿注册,正式称圣约翰大学。1894年,圣约翰书院就在怀施堂二层楼之西北隅建立图书室,主要收藏施约瑟主教所藏之中文书籍和文威廉主教所藏之圣公会英文宗教书籍。1904年秋,思颜堂落成后,该图书室迁入该堂之西南隅,正式命名为罗氏藏书室,以纪念美国纽约罗氏兄弟捐款建造此屋。1916年新的独立图书馆建筑落成,命名为罗氏图书馆(LOW LIBRARY)。

近代公共图书馆是中国近代图书馆体系中最重要的组成部分,标志着中国图书馆事业从封闭式古代藏书楼阶段迈入开放式近现代图书馆阶段。19世纪末,在维新运动影响下,一批新设学堂、学会均有藏书楼之设。学会藏书楼虽然在名称上并未与传统藏书楼做明显的区分,却从根本上改变了中国几千年的藏书楼传统。第一,在办馆指导思想上变"重藏轻用"为流通应用、启迪民智;第二,读者对象扩大到一般市民;第三,藏书内容上除传统书籍外,兼备西学新书和众多报刊;第四,因收藏内容之变而改革传统分类法,如苏学会《简明章程》明确规定"本会所购之书分为六门:曰史学、曰掌故学、曰舆地学、曰算学、曰农商学、曰格致学"①;第五,吸收并采用西方近代图书馆的管理技术和管理制度,制定相应的藏书、借书章程。因此,学会藏书楼已不同于中国传统意义上的藏书楼,可视为我国近代新式图书馆的雏形。受其影响,20世纪初,东南部分省份开

---

① 续苏学会简明章程[N].国闻报,1898-09-15(4).

始新建面向公众开放的公共藏书楼。1900年底,杭州士绅邵章、胡焕呈请署杭州府朱启凤核准,在城东菜市桥畔的东城讲舍旧址试办杭州藏书楼,次年该楼对外开放。1901年,安徽士绅何熙年约集同志在省城安庆创办皖省藏书楼,又从上海购置头批书籍、图画、器具运皖,并于1901年4月10日租赁安庆姚家口民房十八间暂行开办。1900年,徐树兰开始筹办古越藏书楼,1903年该楼建成,1904年正式对外开放。这些公共藏书楼成为中国近代公共图书馆的过渡。随着"图书馆"一词于19世纪末20世纪初不断见诸《时务报》《清议报》《教育世界》等报刊,个别新建的公共藏书机构开始使用"图书馆"来命名,如1903年9月2日《湖南官报》登载湖南常德图书馆创办消息,称"浏阳雷茂才光宇,在常德纠集同志,捐输资财,开设图书馆,招人校阅。经前署常德府朱太守其懿批准,租地吕祖庙,暂行试办。闻每日至馆阅书者常数十人"[①]。1904年3月15日,《湖南官报》刊登了梁焕奎、龙绂瑞、谭延闿、陈宝彝、魏肇文等12人联名发表的《创设湖南图书馆兼教育博物馆募捐启》,经当时湖南巡抚赵尔巽及学务处批准,湖南图书馆兼教育博物馆大约于当年三四月间正式成立。这些图书馆与此前的皖省藏书楼性质相同,只是名称不同而已。然而,在当时的时代背景下,若以个人之力维持一个向公众开放的公共图书馆,无论是规模还是管理都受到很大的局限,难以满足整个社会日益高涨的求知需求。尤其是随着新式教育的推进,急需藏书以辅助教育。因而,一部分具有先进思想并手握实权的各省督抚开始参与公共图书馆的建设。他们或以原有藏书楼为基础进行扩建和改造,或重新建立新式图书馆。1905年,当时继任湖南巡抚端方派人赴日本调查图书馆办法,并购求书籍,聘请素有名望学识兼长者,分任总纂二修各事宜,令善后局拨款开办费10000两,又拨常年款1200两。自此湖南图书馆由绅办私人图书馆转为官办公共图书馆。端方筹建图书馆刚有些眉目,适逢调任,由庞鸿书接任湖南巡抚,添拨开办费5000两,在原定王台图书馆基础上修复扩建,于1906年10月20日开馆,正式定名为湖南图书馆。1906年12月16日,庞鸿书上《湘抚庞鸿书奏建设图书馆折》陈述湖南图书馆开办经过。湖北省最早图书馆是1904年由当时代理湖广总督的端方创办的湖北武当宫道院,开放时间据推断应在当年八九

[①] 常德图书馆[N].湖南官报,1903-09-02.

月间。后回任湖广总督兼湖北巡抚的张之洞将端方所创之工业厂改为学堂应用图书馆,并将之前设在武当宫之图书馆与此合并。该馆经1905年扩充后改名湖北图书馆。1908年初,因馆舍不敷使用,张之洞向西人巴修龄(博文书院创办人)交涉,以宾阳门外地皮调换,收书院为省有,图书馆从兰陵街西侧迁至兰陵街东侧原博文书院校舍,并集中了武昌各书院的藏书约4万册以充实馆藏。

第二节　近代图书馆事业的发展

伴随着近代新式图书馆的兴起,为了更好地引导其建设和进一步发展,必然需要通过设置管理机构和制定法规的方式加强政府对图书馆事业的宏观管理。中国近代图书馆事业在清政府学部管辖范围之内,在中华民国成立后,图书馆事业归教育部管辖。1910年,清政府颁行《京师及各省图书馆通行章程》,1915年,中华民国政府颁布《图书馆规程》和《通俗图书馆规程》,极大地推动了中国近代图书馆的发展。至20世纪20年代,与西方近代图书馆体系类似的中国近代图书馆体系逐渐建立起来,同时又体现出明显的中国特色。

一、近代图书馆事业的管理

维新派对图书馆的宣传和提倡直接导致了19世纪末20世纪初近代图书馆的兴起。1898年京师大学堂藏书楼建成后,地方省份开始出现古越藏书楼、杭州藏书楼、皖省藏书楼等由开明士绅独资或集资设立、面向公众开放的藏书楼。1904年起,湖北、湖南、江苏已有官办公共图书馆之设。可以说,中国近代图书馆的兴起是资产阶级维新派救国思想的直接产物,带有非常浓厚的"教育救国"理想和主张。

中国近代图书馆事业自兴起之初就归属教育行政机构主管,这既与中华传统文化下图书馆与教育的深厚渊源有关,又与清末新政时期清政府参照日本模式进行教育改革密切相关。正如《中华图书馆协会之筹备》中所述:"周官外史,掌三皇五帝之书,达书名于四方,我国之有图书馆,盖已权舆于是。所以弘敷文化、普及教育,固不待西说东来,而后知其功用也。"[①]在西方文化进入中国之前,中国的统治阶级和知识分子早已深刻认识到图书馆之于教育和文化的重要功用。19世纪末,甲午中日战争惨败后,维新派知识分子意识到救亡图存的关键在于开启民智、培养人才,因而推动清政府进行一系列教育改革,而邻国日本的胜利直接推动了清朝官方和民间都出现了学习日本的热潮。1901年,罗振玉发表《教育私议》,提出改革教育之方:第一条为设学部,提出采用日本文部省学制加以变通;第十条为立图书馆及博物馆,提出宜于京师设大图书馆、博物馆各一所,各省会、各州县亦然。罗振玉的这些教育思想显然是受日本教育的影响,因为日本文部省大臣官房就设秘书课、文书课、会计课、图书课、美术课,图书馆为图书课所掌事项之一。

1905年12月,学部成立,正式成为中央教育行政机关。学部的机构设置和官制正是以日本文部省为蓝本加以变通设立,因而图书馆事务也就相应被包括在学部管辖范围之内。学部初设总务、专门、普通、实业、会计5司,图书馆归专门司庶务科管理,学部直辖各学堂图书馆建造营缮归会计司建筑科负责。后学部又改为专门、普通、实业、图书4司,图书馆仍归专门司掌管,学部直辖各学堂图书馆建造营缮由学部设艺师为奏补官,承尚书侍郎之命负责筹划和考核。各省新设提学使司提学使总理各省学务,提学使既为督抚之属官,归其节制考核,同时又由学部随时考查,不得力者即行奏请撤换。旧有之学务处经裁撤后改为学务公所,下分总务、专门、普通、实业、图书、会计六课,图书馆归图书课掌管。自此,图书馆事业的中央及地方行政管理体系基本建成。

1906年,学部又奏定颁布《教育会章程》,要求各省按章程设立教育会,其目的是充分利用士绅力量研究教育、辅助教育行政,并借此加强对各省教育研究团体的管理。其中,筹设图书馆是章程所列各省教育会应办会务之一。清政府要求各省设立教育会,实际上是借用教育团体的力量分担政府在地方教育行政方面的职能。各省设立图书馆就等于是各省提学使和各省教育会共同办理的事务,有助于集合当地士绅在资金、书籍、人员方面的资源参与图书馆的兴建。

---

① 中华图书馆协会之筹备[N].晨报,1925-04-11(6).

学部的成立加速了近代图书馆事业的发展进程。1906年,学部参事罗振玉发表《京师创设图书馆私议》。1908年,端方为学部购浙绅姚氏、皖绅徐氏藏书运至京师储藏。1909年4月18日,学部为预备立宪上《奏分年筹备事宜折(并单)》,其中关于图书馆的事项有:宣统元年(1909)"颁布图书馆章程""京师开办图书馆(附古物保存会)";宣统二年(1910)"各省一律开办图书馆"①。1909年9月9日,学部奏《筹建京师图书馆折》获准,京师图书馆成立。各省督抚也纷纷上奏筹设图书馆之进展。其中,吉林提学使吴鲁因捐廉五千两建筑图书馆,由前吉林将军请奖赏给二品顶戴。1908年,直隶提学使卢靖(木斋)亦捐廉五千两建筑图书馆,在其调任奉天提学使后,直隶总督陈夔龙上奏请援前例给赏②。

随着各省图书馆依次建成,为统一管理起见,学部于1910年奏准颁行了中国最早的一部图书馆法规《京师及各省图书馆通行章程》。其中明确要求"京师及各直省省治,应先设图书馆一所。各府、厅、州、县治应各依筹备年限以次设立"③,对于私人筹款设立图书馆者,"听其设立,惟书籍目录、办理章程,应详细开载,呈由地方官报明学部立案。善本较多者,由学部查核,酌量奏请颁给御书匾额,或颁赏书籍,以示奖励"④,还对图书馆的名称、地址、人员编制、藏书内容、经费筹措等做出详细规定。这对于当时刚刚兴起的公共图书馆事业来说,有着十分重要的指导意义。据吴晞统计,辛亥革命前各地建立的官办大型公共图书馆不下二十所⑤。

这种自上而下推行的公共图书馆建设,实际上是以新的图书馆体系来挽救濒危的传统藏书体系,是一种资源重组。首先,由于时局动荡、战争频仍,大量官方藏书和私人藏书或毁于战火,或被劫掠他国,保存文化的任务迫在眉睫,因此亟需新建公共图书馆来搜集和保存旧有文献。其次,由于教育改革,书院被

---

① 奏分年筹备事宜折(并单)[J].学部官报,1909(85):本部章奏1-5.
② 直隶总督陈夔龙奏前署提学使卢靖捐建图书馆请奖折[M]//李希泌,张椒华.中国古代藏书与近代图书馆史料(春秋至五四前后).北京:中华书局,1982:142.
③ 学部奏拟京师及各省图书馆通行章程折[M]//李希泌,张椒华.中国古代藏书与近代图书馆史料(春秋至五四前后).北京:中华书局,1982:129.
④ 学部奏拟定京师及各省图书馆通行章程折[M]//李希泌,张椒华.中国古代藏书与近代图书馆史料(春秋至五四前后).北京:中华书局,1982:131.
⑤ 吴晞.从藏书楼到图书馆[M].北京:书目文献出版社,1996:80.

学堂替代，原有的书院藏书需要有机构来继承。最后，新学文献的增多要求有图书馆来保存和提供利用。因此，无论是京师图书馆，还是各省级公共图书馆，它们的馆藏很多是从官府藏书、书院藏书、私人藏书中或拨至、或征集、或购买而来。还有不少学校图书馆或公共图书馆的馆舍就建在原来书院的旧址。1906年，福建提学使司学务公所在鳌峰校士馆内附设图书馆，收藏正谊、致用、鳌峰、凤池四个书院典籍，增购杂志、报纸及时务新书，供群众浏览[①]。1908年，河南图书馆筹建时，搜罗大梁、明道二书院之图书共43000余卷[②]。

中国近代图书馆体系便在"边破边立，边立边破"，充分利用、转化旧有藏书体系的过程中建立起来。从这个意义上说，清末公共图书馆扮演的是"承上启下"的作用，虽已体现西方现代图书馆公开阅览的功能，也将新学文献纳入保存范围，但更多的还是对传统藏书体系的一种继承，而不是变革。《京师及各省图书馆通行章程》虽其所言图书馆"供人浏览"，但仍以"保存国粹，造就通才"为宗旨，其服务对象主要是"硕学专家"和"学生士人"，而不是普通的社会大众，利用图书馆也多是为了"研究学艺"或"检阅考证"之用。因此，其馆址"以远市避嚣为合宜"，其藏书虽在"保存之类"外别设"观览之类"，但明显更加侧重于"内府秘笈、海内孤本、宋元旧椠、精钞之本"这类保存书。这一办馆理念虽比封建藏书楼先进，但与西方现代图书馆向所有公众免费开放仍有不小的距离。当然，这也是受其历史环境的局限。要在幅员辽阔的中国遍设图书馆是不现实的，清政府所采取的策略是自上而下，由京师而各直省、再府厅州县逐级设立。作为一省唯一的图书馆，需要具备一定的藏书规模，当时新书数量有限，而旧籍因历年之积累数量可观，利用现有藏书便是最为快捷可行的方式。加之新式教育推行不久，知识分子的学术文化背景也决定了他们更倾向于传统典籍的收藏。

中华民国初立，设教育部以取代前清的学部。一方面面临着彻底改造封建主义旧教育、建立符合资产阶级共和政体的新教育体制、培养新国民的任务，另一方面又不可能完全颠覆此前的行政架构，为此第一任教育部长蔡元培"为提倡成人教育、补习教育起见"[③]，在教育部增设社会教育司，与普通教育司、专门

[①] 刘德城,刘煦赞.福建图书馆事业志[M].福建省文史研究馆,编.北京:方志出版社,2006:162-163.
[②] 李和邦.河南省图书馆志略[M].北京:中国致公出版社,2001:8.
[③] 蔡元培.我在教育界的经验:自传之一章(下)[J].宇宙风,1938(56):285.

教育司并立。1912年4月,教育部迁至北京后,社会教育司分为三科:第一科掌管宗教、礼俗,第二科掌管科学、美术,第三科掌管通俗教育。1912年6月4日,教育部通电各省筹划社会教育,称:"现在国体变更,非亟谋社会教育之进行,不能应时势而收速效。本部社会教育司,现分三科,第一科主办宗教礼俗,第二科主办科学美术,第三科主办通俗教育,此时外官制尚未议定颁布。各省教育司对于社会教育一项,亦应有暂时办法以谋急进。京师学务局已设立通俗教育科,由部核准开办。各省是否应行仿此办法,先设一科,或三科分设,应请饬由该教育司酌量地方情形,悉心筹划,妥为规定。"①接此电文后,部分省份教育司开始设立社会教育科。1912年8月,《教育部官制》公布,因宗教、礼俗改隶内务部,于是教育部裁撤社会教育司第一科,原第二科成为第一科,原第三科成为第二科。1912年12月,教育部公布分科规程,社会教育司执掌大致仍旧,惟第一科在科学、美术之外增图书馆、博物馆事。在推广通俗教育的过程中,教育部于1913年在京师首先设立通俗图书馆,并倡导各地推行。1914年,教育部修订官制,社会教育司执掌事务中不仅包括图书馆,还包括通俗图书馆。1918年12月,教育部公布分科规程,图书馆归第一科掌管,通俗图书馆、巡回文库归第二科掌管。

中华民国政府改清末各省提学使司为教育司,总理全省教育事务。1913年,实行军民分治以后,各省教育行政机关或设司,或设科,并不统一,但对于社会教育的推行均颇为积极。1917年,教育部颁布《教育厅暂行条例》,自此地方教育行政管理机构才有了统一建制。《教育厅暂行条例》规定各省设立教育厅直隶于教育部,管理全省教育行政事宜。省教育厅下设三科,社会教育属于第二科管辖,图书馆因属于社会教育范畴,故归其管理。

1915年10月23日,教育部颁布《图书馆规程》和《通俗图书馆规程》,彻底取代清末的图书馆法规。相较于清末学部《京师及各省图书馆通行章程》,这两部图书馆规程在图书馆理念上有了很大的进步。《图书馆规程》取消了各类限制,设立图书馆的目的就是"供公众之阅览",对使用图书馆的目的和收藏图书的类别也都没有任何特别限定。虽然《通俗图书馆规程》规定"储集通俗图书",但这

---

① 大事记[J].教育杂志,1912,4(4):记事24-25.

也是考虑到读者本身存在文化水平差异,而且规定通俗图书馆不征收阅览费,使那些受经济水平限制的普通民众能够自由利用图书馆,真正体现了西方现代公共图书馆的精神。这两部图书馆规程颁布之后,各省立图书馆纷纷修正原有章程规制,对于全国图书馆的发展起到了规范、指引的作用,同时也促进了各地图书馆的建设。金敏甫曾说:"自此二项规程颁布后,各地之设立图书馆者,莫不以此为准则,未设图书馆者,遂亦先后设立,其于图书馆事业之前途,有莫大之影响也。"[①]

教育部作为图书馆事业行政主管机构,还肩负着图书馆事业调查与指导之责。1914年10月16日,教育部通咨各省区查图书馆并所藏部帙种类,要求各地"查明该省府曾否设有此项图书馆,所藏部帙种类名目多寡,有无异书秘本,现在是否随时购辑,以图完备,并各详细开列报部,以资考核"[②]。正是在调查基础上,发现山东图书馆馆藏书目中有"山东艺文"一门,网罗颇富而他处图书馆留意及此者尚少,故于1916年11月20日咨各省区请通饬各省县图书馆注意搜集保存乡土艺文,此举"既多使来馆阅览者直接以生其爱乡土之心,即间接以动其爱国家之观念,于社会教育裨益实非浅鲜"[③]。河南图书馆自1917年"开始注重对地方文献的搜集,仿济南图书馆办法,广与各机关单位联系,征集各种地方文献资料,即是未出版者,也设法征集、购买或借抄收藏"[④]。

二、近代图书馆事业的发展

清末近代图书馆以京师及各省立图书馆为主体。至民国以后,公共图书馆系统因通俗图书馆和县立图书馆的加入,数量有较大增长。同时,大学图书馆异军突起,成为与公共图书馆并立的近代图书馆主要类型之一。此外,其他机关、团体、企业、学校附设图书馆也日渐增多,近代图书馆事业体系渐趋成熟。

[①] 金敏甫.中国现代图书馆事业概况(续)[J].国立中山大学图书馆周刊,1928,1(2):16-17.
[②] 大事记[J].教育杂志,1914,6(9):记事77.
[③] 咨各省、区请通饬各省县图书馆注意搜集保存乡土艺文文[J].教育公报,1917,4(1):公牍59.
[④] 李和邦.河南省图书馆志略[M].北京:中国致公出版社,2001:18.

(一)公共图书馆

公共图书馆从性质、服务对象和藏书特点来分,有普通图书馆(公共图书馆)和通俗图书馆两种。之所以有这样的区别,是因为图书馆本身兼有多重职能。民国以后图书馆在保存典籍、传承文化、辅助学术研究的职能以外新增了面向普通大众普及知识、辅助教育、塑造国民素质等职能。同时,图书馆的读者对象在能力和兴趣上存在较大客观差异,这种差异在民国初期格外显著,因为中国延续几千年的封建主义教育是培养少数知识分子的"精英教育",绝大多数普通民众的文化基础十分薄弱,文盲率很高。这两种类型的图书馆从行政级别上又都可以分为国家(中央)级、省级和县级三种级别。

当时教育部编有《教育部行政纪要》[①]及《教育部行政纪要第二辑》[②],其中在"丁编社会教育"中分别列有全国各省图书馆及通俗图书馆的调查统计数据。由于当代图书馆学界一般认为两者都属于公共图书馆,故笔者在此亦将两者数据共同归入公共图书馆进行分析。此外,《教育部行政纪要》在统计全国各省图书馆时并未将省立图书馆与县立图书馆进行区分,但随着县立图书馆数量的增多,在《教育部行政纪要第二辑》时便分别进行统计。为了比较的方便,笔者亦将《教育部行政纪要》中各省图书馆根据实际情况分为省立图书馆和县立图书馆两类。还需要说明的是,这两部行政纪要显示其所载事实的截止时间分别是1915年12月和1918年12月,但实际上图书馆统计数据的时间节点与此并不完全一致。1915年《各省图书馆调查表》说明该表以1913年教育部视学报告及1914年10月教育部咨查各省图书馆情形,经该省咨复为依据。因此数据收集时间大约在1914年10月至1915年12月间,而其他各表均未特别说明数据来源的时间节点,因此只能粗略地认为分别代表1915年和1918年全国图书馆之状况。由于这些统计涉及行政区域的划分,因此需要对当时的行政区划作一说明:北洋政府时期,全国设22省、4个相当于省级的特别行政区(绥远、热河、察哈尔、川边)及西藏、蒙古和青海三地方。

[①] 教育部.教育部行政纪要[M].北京:教育部,[1916].
[②] 教育部.教育部行政纪要第二辑[M].北京:教育部,[1919].

据上述资料，至1915年底，全国共有公共图书馆262所，至1918年底，有463所。按图书馆的类型来看，全国省立图书馆（含京师图书馆）从1915年的22所增长至1918年的25所。1915年统计时，山西、甘肃、新疆3省及绥远、察哈尔2特别区上报教育部称尚未设立图书馆，而江西省因未回复而未列入统计。1918年统计数据显示，江西省立图书馆成立时间在民国元年，即1912年，甘肃省立图书馆成立于1916年，山西省立图书馆成立于1918年6月。因此数据显示新增加的3所省立图书馆分别来自江西、甘肃、山西3省，但事实上只有后两者是新增的。可以看出，民国成立之初，除个别人口较少的偏远地区外，全国绝大多数省份至少都已设立省级公共图书馆，这主要得益于清政府时期奠定的良好基础。

也正因此，省级公共图书馆在1915年至1918年间增长空间十分有限，公共图书馆数量的增长主要体现在通俗图书馆数量的增长（增长20%）和县立图书馆数量的增长（增长超过50倍）上。1915年时，大多数省份公共图书馆总数（含通俗图书馆、县立图书馆）在两位数以下，仅7个省在两位数以上，分别是：湖北（45）、奉天（37）、山东（24）、河南（23）、福建（22）、浙江（22）、湖南（15），且这7个省中图书馆数量较多的2个省与另几个省差距比较明显。至1918年时，公共图书馆数量在两位数以上的达11个省，分别是：山东（74）、奉天（71）、山西（60）、湖北（45）、浙江（34）、湖南（28）、江苏（26）、河南（24）、福建（22）、广东（12）、云南（12），不仅每个省的公共图书馆数量远超1915年，且各省图书馆数量之间的差距明显缩小，并呈现多个层级梯度。最早的通俗图书馆是建于1913年的京师通俗图书馆，至1915年底，全国共有通俗图书馆238所（含京师通俗图书馆），数量较多的省份是：湖北（44）、奉天（35）、山东（23）、河南（22）、福建（21）、浙江（21）、湖南（14），以上7省通俗图书馆数量之和占全国通俗图书馆数量的76%，其他各省区通俗图书馆数量均为个位数。至1918年底，绝大多数省份通俗图书馆数量维持不变，不过山东新增34所，江苏新增10所，直隶、河南、察哈尔、京兆各新增1所，总数达286所。全国县立图书馆数量从1915年奉天新民县、江苏无锡县的2所增长至1918年底的152所，县立图书馆数量较多的省份是：山西（50）、奉天（35）、山东（16）、湖南（13）、浙江（12），以上5省已占据全国县立图书馆总数的83%。

京师图书馆作为国家图书馆,是公共图书馆的典型代表。虽成立于清末,但直至1912年教育部接管后,京师图书馆才于1912年8月27日在广化寺正式开馆售券,接待读者。由于京师图书馆原馆址所处地理位置偏僻,为方便阅览,京师图书馆设分馆一处,于1913年6月开放。同年10月,教育部又下令京师图书馆停办筹备改组。停办期间,分馆仍对外开放。京师图书馆分馆乃租民房开办,曾数次搬迁。1916年2月,分馆扩充新闻杂志阅览室,添设阅览室暨妇女阅览专室[1]。1917年1月,京师图书馆改组就绪,就前国子监南学旧址(即京师图书馆筹备处地址)重新开馆。同年又在中央公园内设图书阅览所一处(亦属分馆之制),于1917年8月21日开放阅览。

京师图书馆的馆藏建设在民国以前已经有了基础,教育部接管后继续派员落实。据1913年1月30日京师图书馆呈教育部造送书籍书目册统计,当时京师图书馆共藏有善本书880部28412卷10822册;阅览书4544部122963卷41504册;另有敦煌石室唐人写经8662卷[2]。1916年2月,京师图书馆呈请教育部规定全国出版图书在内务部立案者应以一部交国立图书馆庋藏[3],建立了中国的呈缴本制度,亦标志其正式履行国家图书馆的部分职能。前清已拨付京师图书馆的文津阁《四库全书》直至1916年9月30日最终入藏京师图书馆[4]。京师图书馆还呈请教育部征集全国地方志和金石拓本。至1918年12月,京师图书馆除《四库全书》6144函、唐人写经8000余卷外,共有藏书6645种106538册,当年平均每月阅览人数180人有奇[5]。京师图书馆分馆共藏有经史子集1273部22898册、编译新书1015种1952册、释藏23部453册、书画图像62种334幅、新闻杂志3155册、通俗杂书194部345册,当年平均每日阅览人数52人次。中央公园图书阅览所共有新旧图书4744种25097册,当年平均每日阅览人数159人

---

[1] 教育部.教育部行政纪要第二辑[M].北京:教育部,[1919]:丁编(社会教育)179.
[2] 北京图书馆业务研究委员会.北京图书馆史资料汇编(1909—1949):下册[G].北京:书目文献出版社,1992:1086-1089.
[3] 京师图书馆呈请教育部规定全国出版图书在内务部立案者应以一部交国立图书馆庋藏文[M]//李希泌,张椒华.中国古代藏书与近代图书馆史料(春秋至五四前后).北京:中华书局,1982:212.
[4] 李致忠.昌平集[M].上海:上海古籍出版社,2012:736-738.
[5] 教育部.教育部行政纪要第二辑[M].北京:教育部,[1919]:丁编(社会教育)179.

次①。可见,阅览人数与馆藏数量没有直接关系,反倒与藏书结构有密切关系,越是古籍多则阅览人数越少,越是新书或杂志报纸多则阅览人数越多。从京师图书馆馆址的变迁、分馆和阅览所的设立,以及藏书数量和结构的变化可以看出京师图书馆依然重视其"保存国粹"的国家图书馆功能,但同时也开始考虑如何更加便捷地向社会大众提供其所需要的读物。

各省立图书馆虽多创办于清末,但大部分并未在民国以前建成开放,或即使开放又经辛亥鼎革,业务难以开展,一般至1915年后方才渐入正轨。《教育部行政纪要》中《各省图书馆一览表》设有阅览人数一项,但多数省份并未填报,填报数据者有按全年也有按每月填报,而《教育部行政纪要第二辑》则干脆未设阅览人数一项。1918年3月《中国全国图书馆调查表》②中也有阅览人数一项,但有按季也有按月的。现将《教育部行政纪要》和《中国全国图书馆调查表》中各省立图书馆阅览人数统一换算成每月阅览人数,遇到"1500~1600"这样的概数则取其平均值,大致可以看出各省立图书馆在1915至1918年间阅览人数的基本状况。其中,云南省公立图书馆每月阅览人数最多,大约在2500~3000,广西、福建、湖南、天津等省立图书馆每月阅览人数在1500人左右,湖北、浙江、直隶等省立图书馆每月阅览人数在700人左右,也有数省上报每月阅览人数仅几十人。据《浙江公立图书馆年报》记载,该馆1917年全年阅览人数8502人,平均每月708人,其中本馆194人,分馆514人③。这从侧面说明调查表中浙江省立图书馆的阅览人数是比较准确的。

通俗图书馆的状况则大为不同。1913年,教育部为提倡通俗教育,委任社会教育司科员在宣武门外大街租房21间筹办京师通俗图书馆,10月下旬开馆阅览,并附设公众体育场、新闻阅览处各一所,后又添设有儿童阅览室一处。至1915年底,藏书达1400余种,每日平均阅览者约620余人④。至1918年底,大阅览室与儿童阅览室共有藏书8581种28304册,每日平均阅览人数789人⑤。"其

---

① 教育部.教育部行政纪要第二辑[M].北京:教育部,[1919]:丁编(社会教育)180.
② 沈祖荣.中国全国图书馆调查表[J].教育杂志,1918,10(8):37-45.
③ 全年阅书人数及阅书本数统计表(中华民国六年)[J].浙江公立图书馆年报,1918(3):统计13.
④ 教育部.教育部行政纪要[M].北京:教育部,[1916]:丁编(社会教育)8.
⑤ 教育部.教育部行政纪要第二辑[M].北京:教育部,[1919]:丁编(社会教育)183.

地既当要冲"①是其阅览人数较多的重要原因之一,而通俗图书馆不取资的政策无疑更是关键原因。

根据《教育部行政纪要第二辑》中《各省通俗图书馆调查表》统计,各省每所通俗图书馆平均藏书量250册,平均每日阅览人数28人,但省立者规模较大,阅书人数较多,如山东省立一处通俗图书馆每日阅书者千余人,河南与湖北两省均有省立通俗图书馆一处,每日阅书者均有600人②。可见,通俗图书馆阅览人数远远超过了省立图书馆。

然而,通俗图书馆经费却远远低于省立图书馆。《教育部行政纪要》中《各省图书馆一览表》显示,1915年贵州省立图书馆每月经费约500元、河南省立图书馆每月经费300元、湖南省立图书馆每月经费233元、直隶天津图书馆每月经费定额85元,其他各省图书馆未填报③。据1918年《中国全国图书馆调查表》④显示,每年经费在万元以上的有京师图书馆(15000)及湖南(14866)、浙江(10799,连同印行所经费)2省,每年经费4000元左右的有山东(4512)、云南(4320)、吉林(4200)、河南(3600)4省,每年经费2000元左右的有福建(2100)、天津(1980,连同通俗图书馆)2省,每年经费1000元左右的有湖北(1464)、陕西(1200)和广西(800)3省。《教育部行政纪要第二辑》中《各省通俗图书馆调查表》列有各省通俗图书馆数量及全年经费,现根据这两个数值相除得出各省通俗图书馆平均每所全年经费的数值。河南和湖北两省平均每所通俗图书馆全年经费最高,分别为357和314元。四川次之,为300元。其他省大多在200或250元,江苏和江西为100元,湖南为43元,安徽仅25元,察哈尔未上报经费。再根据其值求平均值,1918年全国各省通俗图书馆平均每所全年经费为185元。可见,通俗图书馆全年经费还不及省立图书馆每月经费多。为节省经费,这些通俗图书馆大多附设于其他教育机关,如河南通俗图书馆创建初期即附设在河南第一学生图书馆处⑤。

---

① 教育部.教育部行政纪要[M].北京:教育部,[1916]:丁编(社会教育)8.
② 教育部.教育部行政纪要第二辑[M].北京:教育部,[1919]:丁编(社会教育)184.
③ 教育部.教育部行政纪要(民国元年四月至四年十二月)[M].北京:教育部,[1916]:丁编(社会教育)4-7.
④ 沈祖荣.中国全国图书馆调查表[J].教育杂志,1918,10(8):37-45.
⑤ 李和邦.河南省图书馆志略[M].北京:中国致公出版社,2001:9.

事实上，为了提高图书馆的利用率，个别省立图书馆在经营上也开始有所突破。浙江公立图书馆1913年就可以借出图书，但专门制定借书规则，须有保证金及其他种种条件。京师通俗图书馆1914年制定有《贷出图书规则》，亦须保证金，且贷出区域仅限京师。《中国全国图书馆调查表》显示，提供图书外借的公共图书馆亦不在少数，吉林省立图书馆可以借出但仅限本城，陕西公立图书馆规定三部以下可借。各省图书馆绝大多数仍采取售券方式，只是部分图书馆有优待券赠送学校或机关，此外针对军人、学生、妇女、儿童等也有相应优惠，陕西公立图书馆对于阅书满一月者还赠予三个月有期优待券。

（二）大学图书馆

中国近代高等教育始于清末，民国前已有京师大学堂、北洋大学堂、南洋公学、山西大学堂等大学以及高等师范学堂和实业学堂等。1912年，教育部新的学制系统颁布后，高等教育实际包含大学、高等师范学校和专门学校。民国以后，北京大学、清华学校、南开学校、北京高等师范学校、北京法政专门学校、交通部上海工业专门学校（上海交通大学前身）、南京高等师范学校等一批高等教育院校蓬勃发展。外国教会自20世纪初已经开始将教育重心转向高等教育，民国以后更加快了建设的步伐。在辛亥革命前后，上海圣约翰大学、武昌文华大学、南京金陵大学、九江南伟烈大学、广州岭南学校、山东齐鲁大学等先后经升级合组建立起来。这一时期高等教育的快速发展直接带动了民国时期大学图书馆（含高等师范学校及专门学校图书馆）的发展，大学图书馆的现代化程度和发展速度领先于其他类型图书馆有以下几个方面的原因。首先，大学规模较大，师生群体人数较多，教学研究对图书资料的需求较大，促进了大学图书馆的发展。其次，大学校长大多接受西方教育理念，或有出国留学与考察的经历，因而对图书馆在高等教育中的重要地位有足够认识，能够给予图书馆经费和人员上较大的支持。第三，大学图书馆的工作人员最初多来自于本校师生，其大多接受的是新式教育，对于西方现代图书馆学理论与方法接受起来相对容易，能够较快地应用西方先进的图书馆管理方法。

部分外国教会大学图书馆因建馆时间较早，藏书以英文为主，管理者多为外籍教师，甚至是受过图书馆教育或从事图书馆工作经验的教师，因而成为中国最早应用西方现代图书馆管理方法的图书馆,也是中国最早一批图书馆专业人才的摇篮。

武昌文华公书林于1910年5月16日建成开放,其创始人为韦棣华女士。她出生于美国纽约州厄尔巴镇(Elba),1899年来华探视弟弟韦德生(Robert Edward Wood,1872—1952),随后受聘为文华书院的英语教员。在她来华以前,曾于1889年在巴达维亚(Batavia)理奇蒙得纪念图书馆(Richmond Memorial Library)正式开放后担任该馆的第一位图书馆员,并在那里工作了10年。早在1902年,韦棣华女士就开始给美国慈善机构和教会的亲朋好友写信募集图书和资金。经过各种渠道的积累,逐渐形成了一个有3000余册规模的英文图书馆[①]。鉴于这个小图书馆对于大学教育起到了十分重要的促进作用,韦棣华希望将这个图书馆的影响扩大到学校之外,以促进武汉这个文化教育重镇的教育运动。因此,她计划创办一所既有英文书籍也有中文书籍的大型公共图书馆[②]。为此,她于1906年回到美国,并在那里停留了18个月。除了在普拉特学院图书馆学校(Pratt Institute School of Library Science)进修之外,她一边参观图书馆学习管理经验,一边忙着发函或演讲来为将要建设的图书馆筹集资金。1907年,她参加了美国图书馆协会第29届年会,并在第3次全体大会上宣读了论文《一个中国城市的图书馆工作》(Library Work in a Chinese City),介绍她在武昌的图书馆工作,使中国的图书馆事业进入了美国图书馆界的视野,并为后来中华图书馆协会的成立及中美图书馆协会间合作打下了良好的基础。文华公书林虽建于文华大学校内,供师生使用,但实际上具有公共图书馆的性质。自1911年3月25日起,文华公书林大礼堂司徒厅就经常开展各种主题的讲演,将票免费送给武昌各公立学校,请他们的学生参加,并在每次讲演之前引导学生参观文华公书林,解说公书林的性质。由于当时武昌公立学校课程以中文为主,文华公书林便开始加大中文图书的收藏。自1914年起,文华公书林在城中两个公立学校开设阅览室作为分馆,以便人们就近阅览,又开办巡回文库,将各种书籍

---

① WOOD M E.Library work in a Chinese city[J].Bulletin of the American Library Association,1907,1(4):86.

② WOOD M E.Library work in a Chinese city[J].Bulletin of the American Library Association,1907,1(4):84-87.

装箱分送各学校机关陈列。1910年[①],沈祖荣自文华大学毕业后担任文华公书林协理,协助韦棣华管理文华公书林。文华公书林最初工作人员仅韦棣华与沈祖荣两人,而具体馆务更多是沈祖荣一人独自掌理。沈祖荣在任职文华公书林之前并没有受过图书馆管理的专门训练,用他自己的话来说,"一切均很隔膜"[②]。1914年,韦棣华女士派沈祖荣赴美国纽约公共图书馆学校(Library School of the New York Public Library)学习图书馆学,开国人留洋攻读图书馆学之先河。后来,她意识到图书馆教育的重要,有创办图书馆学校的计划,又于1917年派文华大学教员兼文华公书林协理胡庆生(1915年毕业后留校任教)赴美国纽约公共图书馆学校学习图书馆学。韦棣华自己也于1917年再次作为特别生到纽约普拉特学院图书馆学校进修,1918年至1919年又入波士顿西蒙斯大学学习图书馆学。

上海圣约翰大学图书馆肇始于1888年卜舫济接任圣约翰大学校长之时,最初藏书仅为施主教私人所藏的十部中文书而已。此外,文主教住宅内设有圣公会藏书室一所,所收皆英文书籍,且以宗教者为多。不久,这两处图书就合并为一,始具图书馆之雏形[③]。1894年,中学校舍落成,将西北隅二层辟为约翰学校藏书室,所有书籍迁于此处,委该校神学科第一届毕业生吴聿怀掌理。1900年,韦棣华女士因义和团运动避居上海,曾义务为上海圣约翰书院藏书室整理书籍,该校编目之制由是确立[④]。1903年春,管理者增至二人,中西书籍约有3000余本。1904年秋,思颜堂新屋落成,藏书室迁入堂之西南隅,命名为罗氏藏书室(Low Library),以纪念纽约罗氏兄弟对建筑此楼的捐助。1905年,吴聿怀辞职,学校委任黄秉修继任。黄秉修曾任上海工部局公众图书馆(Shanghai Public Library)助理,对于图书馆管理颇有研究。这一时期,图书馆改行编目制,采用杜威分类法,同时获各处赠书及购书资不少。1907年,黄秉修辞职,由何林

---

① 程焕文《中国图书馆学教育之父:沈祖荣先生评传》中称沈祖荣毕业于1911年1月,并取得文华大学第一届文学学士学位,而马敏等《华中师范大学校史》中列出1911年1月9名授予文学学士学位的学生中并没有沈祖荣,而有后来成为华中大学校长的韦卓民。据文华大学校刊 The Boone Review 所载校友消息显示,沈祖荣列为1910,韦卓民列为1911,胡庆生为1915,据此推测沈祖荣大学毕业是在1910年。
② 沈祖荣.在文华公书林过去十九年之经验[J].文华图书科季刊,1929,1(2):161.
③ 黄维廉.约翰大学图书馆[J].新教育,1923,7(1):47.
④ 黄维廉.约翰大学图书馆[J].新教育,1923,7(1):47.

一继任。1908年,何君辞职由程祉祥继任①。1909年秋,戴志骞任馆长。他曾于1904年3月3日进入圣约翰学校备馆就读,1907年2月1日从升格后的圣约翰大学备馆(预科)毕业②。随后,他应邀前往温州瑞安公立中学堂担任洋文(英文)教习,教授历史与文法课程③。1909年他再次进入圣约翰大学学习,同时兼任图书馆馆长。他在任期间图书馆增加开放时间,每日开放7小时。1911年秋,图书馆移至新购的兆丰园内,在今卜校长住宅的下层,占屋三间。除馆长戴志骞外,添聘陈灿勋为助理。其时,英文藏书达5000余本,中文藏书391部计4432本④。1912年,戴志骞大学毕业,获文科学士学位。1913年,圣约翰大学开设大学院(即研究生院),戴志骞为当时两名大学院生之一,然而因健康原因不得不放弃研究生学业,并于1914年夏辞去图书馆职务⑤。徐燮元继戴志骞后任馆长,周曰庠为副。1915年初夏,纪念堂落成,罗氏藏书室之书籍移至该馆,至此,图书馆始有独立之建筑。楼分上下两层,下层暂作教室,上层分三间,南为藏书室,实行开架制;北为阅览室,置报章杂志及参考书;中间为馆长及馆员办公室。1916年秋,徐燮元赴美国入纽约公共图书馆学校学习图书馆学,馆事由周曰庠代理,而蔡振华副之。时有英文6800余本,中文5300余本。1917年夏,徐燮元辍学回国,复任馆长之职,对于管理和组织大加整顿,同时添置书籍甚多,并重编目录,西文依杜威之法编号分类。然而,他不久因病休息,于是年冬天辞职。周曰庠升任馆长,吴汉章为副⑥。

  金陵大学图书馆的历史可追溯至金陵大学合并前的汇文书院和基督书院的藏书⑦。1910年金陵大学成立后,图书馆设在校内干河沿青年会二楼,初期占用两间房,后占据整个二层。最初并无专业图书馆人才,第一任馆长刘靖夫即是金陵大学的学生,在1910年至1911年间担任金陵大学图书馆首任馆长,1911年春毕业于金陵大学后任金陵大学外文系教员,同时在金陵中学教授宗教和英

---

① 黄维廉.约翰大学图书馆[J].新教育,1923,7(1):48.
② 郑锦怀.中国现代图书馆先驱戴志骞研究[M].青岛:中国海洋大学出版社,2017:30-31.
③ 郑锦怀.中国现代图书馆先驱戴志骞研究[M].青岛:中国海洋大学出版社,2017:38.
④ 黄维廉.约翰大学图书馆[J].新教育,1923,7(1):48-49.
⑤ 郑锦怀.中国现代图书馆先驱戴志骞研究[M].青岛:中国海洋大学出版社,2017:49-50.
⑥ 黄维廉.约翰大学图书馆[J].新教育,1923,7(1):49-50.
⑦ 李小缘.金陵大学图书馆概况[M].南京:金陵大学图书馆,1929:1.

语。他还是金陵大学校刊《金陵光》创刊的组织者之一,曾任该刊总经理、总编辑[1]。第二任馆长韩凯[2](Frederick Goodrich Henke,1876—1963)博士在获得芝加哥大学哲学博士学位后受邀来到金陵大学任哲学及心理学教授、系主任,自1911年1月起兼任金陵大学图书馆馆长。在他担任馆长期间,接受了大量美国朋友捐赠的图书,积极组织新购图书的分类,训练学生分担图书馆的工作。在他及夫人的管理下,图书馆越来越成为学校最有用的教学辅助机构。1912年底,馆藏图书达3063册。1913年,他因病回国[3],由恒谟(William Frederick Hummel,1861—1884)[4]接替他代理图书馆管理工作。恒谟1908年毕业于芝加哥大学后来到中国,并于1910年春开始在新成立的金陵大学和金陵中学教授宗教学。自1914年秋季学期开始,由克乃文(William Harry Clemons,1879—1968)担任图书馆馆长,同时设副馆长之职,由该校1913年毕业生刘靖邦(Liu Ching Pan)担任,他曾经在金陵中学任中国语言与文学教员。克乃文1879年出生在美国宾夕法尼亚州伊利县科利镇(Correy),1902年以优异成绩毕业于卫斯理大学(Wesleyan University),1905年取得普林斯顿大学(Princeton University)硕士文凭,并于1904年至1908年间在该校教授英语。1906年曾以普林斯顿大学毕业生的最高荣誉Jacobus Fellowship获得者身份赴牛津大学学习,之后回到普林斯顿大学担任参考图书馆员直至1913年。1913年,克乃文来到南京金陵大学担任外国文学系主任。自恒谟去职后,他担任金陵大学图书馆馆长至1927年回国,在他的管理下,金陵大学图书馆进入了飞速发展期。1914年至1915学年,图书馆已占据青年会二楼的四间房,共藏有2495册中文图书和5192册外文图书,以及1166本外国小册子。其中有3022本外文书已完成编目,每周开放63小时20分。而且,还在该层占用第五间房屋作为会员期刊阅览室(Nanking Subscription Periodical Room),会员不仅有金陵大学的教师和传教士,还包括南京当地的中外商人,这可算作金陵大学图书馆开展的扩展服务。1915年至1916学年,图书馆占据了整个青年会的二楼及楼层间的储物室,除学期中的开

---

[1] 朱茗.1910—1915年金陵大学图书馆历任馆长考略[J].河南科技学院学报,2018(5):34.
[2] 《金陵光》曾称其为衡博士,陈长伟在1925年《金陵大学图书馆概况》中称其为韩凯博士。
[3] 朱茗.1910—1915年金陵大学图书馆历任馆长考略[J].河南科技学院学报,2018(5):35-36.
[4] 朱茗.1910—1915年金陵大学图书馆历任馆长考略[J].河南科技学院学报,2018(5):32.

放时间之外,还在假期中每周开放28小时。中文藏书3190册,外文藏书5484册,还有外文小册子3162册,以及几千册的杂志和报纸。不过编目的进展比较缓慢,仅有3092种外文书已编目,中文书都没有编目。克乃文在报告中提到,副馆长刘靖邦正在为中文图书编制分类表,并已取得进展。会员期刊阅览室至1916年已订阅杂志40余种,过去一年中大约有1000多名会员从这里借出杂志回家。1916年至1917学年,金陵大学图书馆共有藏书11473册(小册子除外),杂志有2906册。图书馆的借阅量在这一学年有了飞跃式发展,从上个年度的3115册,发展到18886册。自1916年9月起,洪有丰自金陵大学毕业后即担任图书馆副馆长。早在1913年至1916年读书期间,他就已经担任金陵大学图书馆的学生助理。在该校的年度报告中,克乃文对他评价极高,认为他聪慧有礼,并且希望他将来可以在图书馆学领域有进一步深造的机会,因为就克乃文看来,图书馆工作对中英文图书编目技术人员的需求一年比一年急迫。

中国本土公私立大学图书馆虽在西方现代图书馆技术的应用上略晚于教会大学图书馆,但其中不乏藏书基础十分雄厚者,如北京大学、北洋大学等国立大学图书馆,清华学校图书馆虽属于"后起之秀",但自引进戴志骞为馆长后亦迅速崛起,北京高等师范学校图书馆、南京高等师范学校图书馆等都在学校向综合性大学转型的过程中迅速发展起来。

北京大学图书馆的前身是京师大学堂藏书楼。在清政府设立学部之前,京师大学堂既是近代第一所官办综合性大学,又承担了中央教育行政管理机构的职责。在京师图书馆未成立以前,京师大学堂藏书楼还兼有国立图书馆的性质。这种双重身份使得京师大学堂藏书楼在藏书建设上具备极大的优势,藏书楼筹备时期就请求朝廷授权,准许其调取各省官书局刻印图书,以及各地译书局已译、未译外国书进行收藏或翻译。在1902年京师大学堂正式开学前,各地征调图书已运至北京。1902年,京师大学堂藏书楼开办时有中文书72900本,东文1480本,西文4120本[①]。京师大学堂藏书楼还接受了许多官方和个人的馈赠,其中不乏珍品。如1904年,清代著名藏书家方功惠的后人将碧琳琅馆所余藏书尽数捐给京师大学堂藏书楼。除此之外,京师大学堂还花了大量经费用于

---

① 国立北京大学.国立北京大学廿周年纪念册[M].北京:国立北京大学,1918:图书馆中外文书总数比较图.

采购书籍。从1905年至1911年购置图书共用银25000余两[1]。1916年12月26日,大总统黎元洪任命蔡元培为北京大学校长。1917年1月4日,蔡元培到校视事,开始履行校长职务至1923年1月,任校长期间十分支持图书馆的发展。1917年1月9日,蔡元培发表就职演说,提出两点计划,其一是改良讲义,其二就是添购书籍。他说:"本校图书馆书籍虽多,新出者甚少,苟不广为购办,必不足供学生之参考。刻拟筹集款项,多购新书,将来典籍满架,自可旁稽博采无虞缺乏矣。"[2]1917年,北京大学图书馆添购图书费用为3389.352元[3],比上一年增长72%。至1918年4月,图书馆累计有中文书137260本、东文1580本、西文8350本,共计147190本,另有中西文杂志120种[4],远远领先于国内各大高校图书馆。1918年8月,北京大学第一院(沙滩)落成,原设在第二院(马神庙)后院的图书馆迁至第一院,几乎占据第一层全部,条件已大为改善,但该楼原是做学生宿舍设计,结构上不符合图书馆之用,故蔡元培1920年赴欧美考察便将募集资金建筑新馆作为重大任务之一。

清华学校图书馆的历史可追溯至1909年游美肄业馆时期,至1911年4月29日清华学堂(1911年1月5日学部批准将游美肄业馆改为学堂,作为留美预备学校)开学时已有约2000多册图书,师生员工可以借书,但没有正规的借书手续[5]。1912年8月20日,图书室伴随着学校新学期开学而正式开放。1912年10月17日,清华学堂改称清华学校,图书室亦相应改称为清华学校图书室。1913年8月至1914年8月,清华"继续班"学生黄光任清华学校图书室第一任主任。[6]1913年10月,周诒春继唐国安后任清华学校校长。周诒春上任伊始便有了将清华学校由留美预备学校改制为完全大学的计划。他聘请美国著名建筑师为清华未来校园的发展和建设制定规划方案,并请其设计了清华校园早期四

---

[1] 国立北京大学.国立北京大学廿周年纪念册[M].北京:国立北京大学,1918:图书馆中外文书总数比较图.

[2] 蔡元培.北京大学校长蔡孑民就职之演说词[J].环球,1917,2(1):47.

[3] 国立北京大学.国立北京大学廿周年纪念册[M].北京:国立北京大学,1918:图书馆中外文书总数比较图.

[4] 国立北京大学.国立北京大学廿周年纪念册[M].北京:国立北京大学,1918:图书馆中外文书总数比较图.

[5] 韦庆媛,邓景康.清华大学图书馆百年图史[M].北京:清华大学出版社,2013:3-4.

[6] 韦庆媛,邓景康.清华大学图书馆百年图史[M].北京:清华大学出版社,2013:4.

大建筑,图书馆即为其一。1914年8月,戴志骞被聘为清华学校图书室主任,此后图书馆规模与管理水平迅速得以提升。截至1914年夏,清华学校图书馆有中文藏书约11000册,英文500册,杂志24种[1]。1914年夏,因学额增加,课程提高,于是图书室始离庶务处而自成学校行政之一部。其时,每日阅览时间比前增加二倍,书籍亦许借出,惟购书经费只有5000元,何种书籍应否购置,须得校长之许可[2]。至1915年下学期,中文藏书有24000册,英文藏书4000册[3]。原图书室不敷庋藏之用,校长周诒春遂决定新建馆舍,于1916年春开工建筑新馆。1916年暑假,图书室就因地小难容而加以扩充,"将走廊及旧照相室全行辟入,容量约增旧室三分之一"[4]。1916年秋,袁同礼自北京大学预科毕业后以英文兼图书助理的身份受聘清华学校[5]。1917年8月18日,戴志骞以清华学校特派员的名义,与清华庚款公费留学生一同赴美国纽约州立图书馆学校(New York State Library School)学习图书馆学[6]。戴志骞留美期间,所有图书馆事务暂由袁同礼代理,并聘北京高等师范国文专修科毕业生章寅及清华学校毕业生查良钊为襄理[7]。据戴志骞《清华学校图书馆概况》"民国四年至十四年历年图书增加表"显示,清华学校图书馆在1918年初时中文藏书33000本左右,英文藏书近8000本[8]。1919年3月,清华图书馆新馆落成,全部按照欧美新式防火法建造,费银25万元,"全馆地面或用软木,或用花石,墙壁如阅览室等处,系用大理石,轮奂壮丽,可为全国冠"[9]。

民国以后,前清优级师范学堂纷纷改建高等师范学校。1912年,教育部改京师优级师范学堂为北京高等师范学校,以陈宝泉为校长。1912年8月20日,北京高等师范学校开学。1917年夏,北京高等师范学校史地部主任王桐龄及其助理员张之轩始着手改组图书馆,设立阅览室,收回散置各处之图书,于1917

---

[1] TAI T C.Present library conditions in China[J].Public Libraries,1919,24(2):38.
[2] 戴志骞.清华学校图书馆概况[J].图书馆学季刊,1926,1(1):93.
[3] 凤.本校图书馆纪要[J].清华周刊,1919(S5):记载24.
[4] 图书增加[J].清华周刊,1916(80):校闻16.
[5] 新聘人物[J].清华周刊,1916(80):校闻14-15.
[6] 赴美游学放洋志盛[J].环球,1917,2(3):第8部分4.
[7] 图书馆纪事[J].清华周刊,1917(112):校闻21.
[8] 戴志骞.清华学校图书馆概况[J].图书馆学季刊,1926,1(1):100.
[9] 洪有丰.二十年来之清华图书馆[M]//国立清华大学.国立清华大学廿周年纪念刊.北平:国立清华大学,1931:1.

年12月1日正式开馆。1917年9月,聘刘宝廉为图书馆主任。1918年1月刘宝廉辞职,学校改聘李贻燕代之[①]。1918年,图书馆有张之轩、董长龄、康玉书、周煜瀛4名事务员[②]。从职员人数看,和同时期北京大学图书馆是一样的。校长陈宝泉思想开明,经常派教职员出国考察。1918年还曾派图书馆事务员张之轩赴日本考察图书馆组织及管理各事[③]。可见其对于图书馆之重视。

　　1914年8月,江苏巡按使委任江谦为校长,在前两江优级师范学堂校址筹建南京高等师范学校。1915年9月10日,南京高等师范学校开学。南京高等师范学校开办之初,合图书、仪器为一部,部长由教务主任郭秉文兼任,并请有李文粲、吴家高、王瀯等为部员,管理一职由周盘与笪耀先分任,图书馆之面积不过于校东口字形房中占屋五间耳,且合藏书、阅书、管理于一室。1918年夏,图书馆扩充十间,各室分立。因与南京河海工程专门学校合校,故该校阅书室因以附入,并请孙心磐分任管理,后由于笪耀先升学,便聘金陵大学图书馆洪有丰兼任,加请杨嘉堃助理。继孙心磐以病去,即调林志沄接充。1919年,洪有丰自费留学美国纽约州立图书馆学校,馆事则由朱家治继任,而是时图书已独为一部,部长始而张准,继以张谔[④]。

　　南洋公学在民国时改属交通部直辖,更名为交通部上海工业专门学校。唐文治自1907年秋至1920年冬执掌校务达14年之久,是这一时期学校发展的核心人物[⑤]。1916年冬,学校二十周年校庆纪念前夕,有同学向学校提议采用募捐集资的办法建造一座图书馆大楼,以作为校庆二十周年纪念。唐文治当即采纳此议,组织教职员成立图书馆筹备会,并着手开展募捐活动。1917年3月,印发《南洋公学二十周年纪念图书馆募捐启》[⑥]。1917年4月26日至28日,南洋公学

[①] 冯陈祖怡.北京高师图书馆沿革纪略及新图书馆[J].教育丛刊,1923,3(6):3.
[②] 现任职员录[M]//北京高等范学校.北京高等师范学校十周纪念录.北京:北京高等师范学校,1918:165.
[③] 本校提出于全国高师会议之报告[M]//北京高等师范学校.北京高等师范学校十周纪念录.北京:北京高等师范学校,1918:34.
[④] 洪有丰演讲,施廷镛笔记.东南大学图书馆述要[J].新教育,1923,6(1):25.
[⑤] 陈进.思源籍府 书香致远——上海交通大学图书馆馆史(1896—2012)[M].上海:上海交通大学出版社,2013:12.
[⑥] 陈进.思源籍府 书香致远——上海交通大学图书馆馆史(1896—2012)[M].上海:上海交通大学出版社,2013:22.

举行二十周年盛大庆典活动。该活动声势浩大,多家媒体持续报道。该校图书馆新馆于1917年动工,1919年10月建成。考虑到新图书馆的管理问题,1918年夏校长唐文治派遣从该校中学毕业的杜定友赴菲律宾大学攻读图书馆学专业。

1918年,沈祖荣在《教育杂志》发表《中国全国图书馆调查表》,所列33所图书馆中就有大学图书馆14所,占比42%。其中有8所都是教会大学图书馆,分别是武昌文华公书林、上海圣约翰大学图书馆、金陵大学图书馆、齐鲁大学图书馆、九江南伟烈大学图书馆、长沙雅礼大学图书馆、岭南学校图书馆、武昌博文书院阅览室。根据该调查,各大学图书馆汉文书籍平均藏书量为6720本,收藏最多的是北洋大学图书馆(20000本),武昌高等师范学校图书馆次之(19680本)。教会大学图书馆中收藏汉文图书最多的是文华公书林(11771本),齐鲁大学图书馆次之(8000本)。其他各类大学图书馆汉文书籍大约在二三千本,最少的是雅礼大学图书馆(500本)。日文书籍仅有6馆收藏,收藏最多的是北洋大学图书馆(16460本),其次是北京高等师范学校图书馆(3094本),其他则仅有数百本。除北洋大学图书馆未藏英文书籍外,其他各馆均有收藏,平均藏书量为3390本。其中,上海圣约翰大学图书馆英文藏书最富(10183本),文华公书林和岭南学校图书馆均为6000余本,齐鲁大学图书馆5000本,公立学校图书馆中北京高等师范学校图书馆近3000本,南开学校图书馆2500本,南京高等师范学校图书馆1300本。从阅览人数来看,金陵大学图书馆每月阅览人数最多,有近6000人。文华公书林、上海圣约翰大学图书馆都在2000人以上。南京高等师范学校图书馆、九江南伟烈大学图书馆和齐鲁大学图书馆每月阅览人数在1000人上下。武昌高等师范学校图书馆、南开学校图书馆、岭南学校图书馆、博文书院阅览室则在四五百人。北洋大学图书馆每月阅览人数133人。雅礼大学图书馆、北洋大学图书馆每月阅览人数67人。南通学校图书馆阅览人数最少,仅33人。

(三)其他类型图书馆

晚清时期就已经有少数教堂图书馆(如上海徐家汇天主堂藏书楼)、团体附设图书馆(如亚洲文会北中国支会图书馆)、企业图书馆(如商务印书馆"涵芬楼")、私人图书馆(如古越藏书楼、莫里逊文库)等类型的图书馆。民国以后,机关、企业或学术团体附设图书馆日渐增多。教育部、农林部、外交部等均有图书馆(室)的设立。1915年,中华书局图书馆成立。中国宗教界人士也开始设立图书馆,如1912年北京法源寺住持创设佛学图书馆[①]。1914年3月,江苏省教育会附设图书馆开办,设于上海西门外江苏省教育会楼上[②]。1915年,中国科学社在美国成立。创立之初只为发行杂志的机关,后于1915年10月经社友公决改为一切科学事业的机关,设有图书部,并以建设图书馆为职务。1916年制订《中国科学社图书馆总章》《中国科学社图书馆暂行流通书籍章程》《中国科学社图书馆办事细则》[③]。1915年12月,在美国驻华公使瑞恩施(Paul S. Reinsch, 1869—1923)的建议下,中国政治学会(Chinese Social and Political Science Association)于北京成立。1916年4月,该会英文季刊《中国社会及政治学报》(*Chinese Social and Political Science Review*)创刊号"编者的话"中就提出了设立图书馆的想法,1917年,该会任命了一个3人组成的分委员会专门负责图书馆筹备事宜。

第三节 近代图书馆学理论的引进

1922年,蔡元培在给杨昭悊《图书馆学》一书所撰序言的开篇这样写道:"一种事业发达到一定的程度,便有产生一种有系统的理论。有了有系统的理论,那种事业的发达,才有迅速的进步。这是各种事业的通例,图书馆也就不在例外。"[④]这句话阐明了通常情况下理论与事业之间的相互关系——事业在先,理论在后,理论出现以后又能促进事业的快速进步。不过,蔡元培紧接着又指出,中国的藏书事业绵延几千年不绝,但是还没有到发生系统的理论的程度,所以还没有图书馆学,全国图书馆发达的程度也是有限。由于西方国家,尤其是美

---

① 创设佛学图书馆[J].直隶教育界,1912(1):杂录73.
② 省教育会开办图书馆[N].时报,1914-03-09(8).
③ 中国科学社图书馆章程[J].科学,1916,2(8):950-956.
④ 蔡孑民先生序[M]//杨昭悊.图书馆学.上海:商务印书馆,1923:序1.

国已经产生了系统的图书馆学理论,并建立了许多图书馆学校,那么因国际交流的便利,就不需要等待中国图书馆事业发展到一定程度而产生有系统的理论,而可以通过去美国图书馆学校学习图书馆学理论,来发展中国的图书馆事业,并建设中国的图书馆学校。这又说明,除了从事业到理论这种自发演进的过程之外,还存在一条"捷径",就是直接学习已经产生的理论,并将之用于促进事业的发展。

对于中国近代图书馆事业和图书馆学理论而言,由于两者都是受外来因素的影响,其先后关系并不十分明晰,几乎是同时发生、相互影响的关系。中国近代图书馆事业是有了近代图书馆思想之后,在实践过程中发生着一点一滴的转型,同时又充分吸收国外的图书馆学理论以指导实践,最后才慢慢形成了本土化的中国图书馆学理论。这个时间发生在20世纪初期的二十年间。清末教育制度乃仿照日本建立,因此早期图书馆学理论也多由日本翻译引介到国内,而日本的图书馆事业是在明治维新期间开始向近代图书馆转型,政府曾多次派人去欧美考察图书馆事业。因此,中国最初是经由日本间接学习西方图书馆学理论。随着图书馆学知识的深入,以及中美两国关系的密切,国人逐渐意识到美国才是世界上图书馆事业和图书馆教育最先进的国家,于是转而直接向美国学习。

图书馆学理论的引进是伴随着图书馆事业发展的需求进行的,最早学习和引进国外图书馆学理论的是图书馆行政管理人员、图书馆经营管理人员和工作人员,此后一些关心教育的知识分子群体,尤其是有留学经历者,由于直观地接触和利用了国外图书馆,感受到其先进性,因而热心介绍国外图书馆学理论。

一、图书馆行政管理者

由于图书馆事业划归学部主管,学部官员出于图书馆事业管理之职责需要而开始引进图书馆学理论。1907年,王国维经罗振玉引荐任学部总务司行走、图书编译局编译。1909年,《学部官报》第91期(宣统元年五月十一日,即1909年6月28日)刊登了王国维翻译的《世界图书馆小史》,此后在第92、110、114至135期连载。经学者考证,内容译自《大英百科全书》第9版"图书馆"项。这是中国最早系统介绍外国图书馆历史的译作,同时涉及到图书馆的具体实务工作,仅图书馆管理法一节就涉及图书馆建筑、图书馆行政、采购、分类、目录、排架、选书、取书、读书指导,乃至通风与温度、版权条例等。同时,这是清末民初极为少见的并非译自日文的图书馆学译作,这与王国维自身精通英语有关。他在留学日本之前曾于1898年入罗振玉创办的农学社附设东文学社学习日文和英文。

1910年,《四川教育官报》第7、8、9三期连载了《图书馆教育》的前两章,标明著者为日本户野周二郎,但未标明译者。其中第9期[①]有多处提及"图书馆学"。《四川教育官报》1910年共出12期,应是每月一期,那么第9期的出版时间应在农历九月,也即公历1910年10月间。因此,"图书馆学"一词最早见于中国公开出版物约在1910年10月。1911年1月15日[②],奉天图书发行所印行《图书馆教育》单行本,标明为日本户野周二郎著、谢荫昌翻译,这是中国最早的图书馆学完整译著。经核对,《四川教育官报》连载部分与该书前两章内容完全相同,两者实为同一译者的同一部译著,只是《四川教育官报》未刊完整。谢荫昌翻译该书正是在奉天提学司图书科副科长任上,与其工作职责不无关系。谢荫昌在该书绪言中称原著题名为《学校及教师与图书馆》,因认为该题名过于繁琐而改为《图书馆教育》。他还着重提出,翻译该书一方面因上司奉天提学使卢木斋注重图书馆教育,而他自己又曾三次赴日考察而有所心得,另一方面也是因为他认为学部颁布的《京师及各省图书馆通行章程》只适用于京师和各直司立高等图书馆,属于参考图书馆范围,还需要为各府厅州县城镇乡设立之中初等图书馆专门出台另一部图书馆章程。他在绪言中提出图书馆是"全国社会教育之最要机关",针对图书馆员,要使其"破除旧日曹仓邺架之谬见,而使之了解图书馆之性质,不在培养一二学者,而在教育万千国民";针对平民要灌输"图书馆非求高深学问之地方,乃求寻常日用知识之地"[③]的观念。沈祖荣在1918年发表之《中国全国图书馆调查表》中用了极为类似的语言,很可能是受谢荫昌一书之影响。他还提出了图书馆员当受专业训练的问题,指出"为图书馆员者,先当

---

① 图书馆教育(续)[J].四川教育官报,1910(9):附编6-12.
② 不少文献提到《图书馆教育》的出版时间是在1910年,而据其版权页所载"宣统二年十二月十五日",转换为公历应为1911年1月15日。
③ 谢荫昌.图书馆教育绪言[G]// 王余光.清末民国图书馆史料汇编:第2册.北京:国家图书馆出版社,2014:99-122.

于司立高等图书馆研习图书馆教育学二月"①。

  1912年,通俗教育研究会在蔡元培的支持下,由社会教育司伍达以私人名义发起成立,其初衷是"惟事当创始,有行政机关之提倡,尤赖有社会机关联络鼓吹,然后彼此相应,易收成效"②,故该会得南京政府及参议院多人列名共同发起,有于右任、王正廷、张謇、黄炎培、唐文治、章太炎、伍达等共38人,又有蔡元培、吴稚晖、宋教仁、程德全、熊希龄等36名赞成人③。各省通俗教育研究会的设立多由该会各地会员发起。1912年6月15日,通俗教育研究会创办《通俗教育研究录》,伍达任编辑。该刊第一期刊登上海通俗宣讲社发起人顾晟《对于通俗教育研究会之意见》一文,其中提到办理通俗教育应行之方法中指出:"属于通俗教育之图书馆,其规模不必求雄壮、书籍不必求完备,只须得房屋一二间,关于通俗教育之书籍数百册而各地方遍之。"④对于各地设立通俗图书馆无不启发。该刊第4期发表会员谢荫昌《图书馆改组系统办法议》和《巡回书库普及方法议》两文,内容多取自其译著《图书馆教育》之内容并结合时情做适当修改而成,其中"各省师范学校当仿美国制一律讲授图书馆学"⑤,为最早提出在师范学校开设图书馆学课程者。

  1915年9月6日,教育部又发起成立通俗教育研究会,会员涵盖当时国家和北京地方教育界公私立相关部门、组织和个人。1916年11月,通俗教育研究会出版编译员唐碧译述《调查日本社会教育纪要》,该书只是资料多采自日文,但并不是单纯翻译现成的著作,从性质上看与孙毓修的《图书馆》颇为相近。前三章节依次为"图书馆""通俗图书馆"和"巡回文库",足见作者认为这三者在社会教育中之重要地位,开篇即有"图书馆足以发皇国家文明,增长社会智识,为社会教育最要机关"⑥之论。1917年11月,通俗教育研究会又翻译出版了日本图书馆协会1915年编《图书馆小识》,共分22章,既有图书馆之必要与效果的论

---

① 谢荫昌.图书馆教育绪言[G]// 王余光.清末民国图书馆史料汇编:第2册.北京:国家图书馆出版社,2014:99-122.

② 本会北京社会教育讨论会纪事[J].通俗教育研究录,1912(3):11.

③ 通俗教育研究会章程[J].通俗教育研究录,1912(1):29.

④ 顾晟.对于通俗教育研究会之意见[J].通俗教育研究录,1912(1):21.

⑤ 谢荫昌.图书馆改组系统办法议[J].通俗教育研究录,1912(4):14.

⑥ 唐碧.调查日本社会教育纪要[M].北京:通俗教育研究会,1916:3.

述,又涉及图书馆之创立与经费、职员与职务、建筑与器具等管理问题,以及图书的选择、购买、目录、分类、排列、阅览与出借、消毒与清理等具体技术问题,还介绍了普通图书馆、儿童图书馆(阅览室)、学校图书馆、巡回文库、家庭文库等图书馆类型。该书是民国早期颇受欢迎、具有较大影响的图书馆学译著。

同样身为通俗教育研究会编译员的李明澈,同时也是教育部一等额外部员,翻译日本日比谷图书馆馆长金泽慈海《学校文库及简易图书馆经营法》[1],发表于1918年《教育公报》。

二、图书馆经营管理者

图书馆事业行政管理相关人员以外,较早关注图书馆学理论的是图书馆的经营管理人员和工作人员。

孙毓修(1871—1922),1907年进入上海商务印书馆编译所任高级编辑。由于他旧学根底深,又懂英文,对东西学都有造诣,被张元济选为筹建图书馆的主要助手,大量收集中外各类藏书。1909年,商务印书馆在图书室的基础上建立了图书馆,命名"涵芬楼"。孙毓修应该算是涵芬楼的第一任"馆长",他把从欧美图书馆了解到的管理知识,结合中文图书不同版本的特点,从选购、收藏、甄伪、分类、编目、流转,到借阅、修补,钻研出一套独到的图书馆管理制度,先后编印了《涵芬楼藏书目录》《涵芬楼借阅图书规则》《涵芬楼鉴藏内篇》等系列章程。

1909年商务印书馆出版之《教育杂志》第1年第11期(宣统元年十月二十五日,即1909年12月7日)在"名家著述"栏目刊载了孙毓修撰《图书馆》一文,并连载至1910年。这篇文章乃"仿密士藏书之约,庆增纪要之篇,参以日本文部之成书,美国联邦图书之报告,而成此书"[2],该文原计划包含建置、购书、收藏、分类、编目、管理、借阅七个章节,但不知何故到第四章分类以后未见继续连载。他在该文明确提出对中国古书采用四库提要分类法,对中文新书和日文书,根据欧美通行的类别目次加以变通,设哲学、宗教、教育、文学、历史地志、国家学、法律、社会、统计、数学、理科、医学、工学、兵事、美术及诸艺、产业、商业、工艺、

---

[1] 李明澈.学校文库及简易图书馆经营法[J].教育公报,1918,5(4):附录10-17.
[2] 孙毓修.图书馆[J].教育杂志,1909,1(11):48.

家政、丛书、杂书共22大类,针对西文书则采用《杜威十进分类法》。他是中国介绍杜威分类法的第一人。他这种因书分别分类的方法在民国早期颇具代表性。与其他翻译著作不同,《图书馆》并不单纯是一部译著,而是孙毓修参考古今中外相关图书馆学知识和自己的实际图书馆工作经验编写的一部图书馆学著述,尽管它并不完整。

蔡元培在1912年1月18日复孙毓修函中称:"图书馆一门,他日如有开办之力,必当借重先生,盖此事弟以为甚重要,而以弟所知,则吾国研究中外图书馆事务者,莫如先生也。"[1]可见孙毓修之于图书馆的研究在当时颇为人所注意,大概与其发表的《图书馆》一文不无关系。

1913年5月10日出版的《教育杂志》第5卷第2号刊载了王懋镕翻译日本文部省编《图书馆管理法》,此后该刊分多期连载,至1914年3月第5卷第12号刊毕。商务印书馆1917年出版的单行本《图书馆管理法》,署名朱元善,而内容与王懋镕的译文完全一致,只是署名被换作了朱元善。

王懋镕生平不详,据杨家骆编《图书年鉴》记载,江南图书馆1910年11月开放阅览之前,"由编纂丁国钧、王懋镕等编成《江南图书馆善本书目》一册,亦名《初校善本书目》"[2]。由此推定王懋镕曾任江南图书馆编纂。来新夏《清代目录提要》中亦收《江南图书馆善本书目》,注明该书目由王懋镕校订,而王懋镕条目下仅"生平不详"四字[3]。1912年1月31日,蔡元培曾访江南图书馆,当时王懋镕即出馆中最精之本相示[4]。可见他当时仍旧在江南图书馆任职。1912年4月23日,蔡元培通过上海《民立报》致电伍仲文、伍博纯、王懋镕,称"本部亟须组织,请即日北来为盼"[5]。可见王懋镕乃受蔡元培之邀入职京师图书馆。1913年10月29日,教育部要求社会教育司暂停北京图书馆借阅事务以谋改组,在训令中提到:"兹派本部金事周树人、沈彭年、齐宗正,主事胡朝梁、戴克让前往,会同该馆馆员王懋镕、乔曾劬……迅将所有收藏图书按照目录检查,装箱封

---

[1] 蔡元培.蔡元培书信集:上[M].高平叔,王世儒,编著.杭州:浙江教育出版社,2000:116.
[2] 杨家骆.图书年鉴1933:上[M].南京:中国图书大辞典编辑馆,1933:3-17.
[3] 来新夏.清代目录提要[M].济南:齐鲁书社,1997:297.
[4] 蔡元培.蔡元培书信集:上[M].高平叔,王世儒,编著.杭州:浙江教育出版社,2000:119.
[5] 蔡元培.蔡元培书信集:上[M].高平叔,王世儒,编著.杭州:浙江教育出版社,2000:142.

锁。"①可见，彼时王懋镕已是京师图书馆的馆员了。他翻译日本文部省《图书馆管理法》与他身为京师图书馆馆员有必然联系，概因业务需要而寻求理论指导。

日本文部省《图书馆管理法》最初编于1900年，1912年5月又改订再版。王懋镕所依据的版本是1912年的版本。该书前面部分为介绍近代图书馆的种类、特征，以及设立图书馆的必要性，后面部分以图书馆管理实务为主，包括图书馆建筑、馆务、书籍的选择与订购、书架的构造、图书登记与出纳、图书分类与编目、杂志与参考书、巡回文库、书籍的装订等。其中第二章"近世图书馆之特征"提到了近代图书馆与古代图书馆的本质差异，说古代图书馆"保守古籍，不事扩张，以闲散老学究充保管员，不过许一二相识者，偶一入览，无裨世用"，而近代图书馆则"广搜有用图籍，陈列整齐，编纂目录，以供社会之研究"，并将古代图书馆比作"贮池之水"，不曾流通，而近代图书馆如"喷水"，辗转流动。在述及近代图书馆的特征时，其中书库的开放和自由阅览便列为其一，此外还有儿童阅览室和分馆的设置②。该书是继谢荫昌《图书馆教育》之后又一部系统性的图书馆学译著。无论京师图书馆分馆是否受该书影响而设立，该书势必对京师图书馆，乃至其他图书馆的经营管理产生影响。尽管《图书馆管理法》单行本的译者朱元善侵犯了王懋镕的著作权，但该书的出版客观上对于图书馆学的传播还是起到了十分重要的作用。

1917年《教育公报》还发表了京师图书馆翻译的《美京华盛顿国会图书馆纪略》③以及《美国国会图书馆阅书须知》④，可见京师图书馆也是翻译国外图书馆学理论的重要力量，其翻译工作与其自身作为国家图书馆的性质密切相关，主要动力是追求该机构更好地发展。

---

① 北京图书馆业务研究委员会.北京图书馆馆史资料汇编(1909-1949)：上册[G].北京：书目文献出版社，1992：54-55.
② 王懋镕.图书馆管理法[J].教育杂志，1913，5(2)：附录5-12.
③ 京师图书馆.美京华盛顿国会图书馆纪略[J].教育公报，1917，4(9)：译述1-13.
④ 京师图书馆.美国国会图书馆阅书须知[J].教育公报，1917，4(11)：译述13-25.

三、热心图书馆事业者

随着图书馆社会影响力的增加,各类杂志中刊载图书馆相关内容也日益增多。除与图书馆事业有直接关系的行政管理人员和图书馆经营管理人员之外,不少受新式教育,尤其是有留学背景的知识分子成为引介国外图书馆学理论的主要力量。

1912年,在商务印书馆《东方杂志》任编辑的章锡琛在该杂志上发表《近代图书馆制度》[1],其内容基本来自日本文部省《图书馆管理法》,比之王懋镕的翻译更早,不过仅翻译了该书第二章,且在翻译之外略加个人意见,比如将第一点图书馆公立之特征总结为"免阅览之费",又自行增加第三个特征,即"阅书室与借书法之并行",提出阅览与外借并行。

1913年3月,《中华教育界》发表知非《美国之图书馆》,提出"美国之图书馆,其各方面较欧洲诸国为优"[2],并着重介绍了提要式目录、巡回图书馆及美国纽约、波士顿、芝加哥三处公共图书馆、国会图书馆和史密森博物院。该文在谈及巡回图书馆时指出图书外借虽有损失之风险,但"窃以为苟有相当之防法,或限制借出书籍之种类,或另取保证则既便读书之子更可藉以养成公德心",有利于促人读书[3]。该文作者很可能是梁启超门下"三少年"之一的蓝公武,其笔名为知非,且1911年毕业于日本东京帝国大学,而文中有提到日本欲仿行美国巡回图书馆之制。

1918年《教育公报》发表日本东京帝国大学图书馆植松安《美国之图书馆》[4],但并未注明译者姓名。该文介绍美国图书馆甚为详尽。《东方杂志》1918年第15卷第8号还转载了这篇译文。

从刊登图书馆学理论的平台来看,基本上以教育类刊物为主,一类是《教育公报》这类教育行政机构的官办刊物,另一类是《教育杂志》《中华教育界》这类出版商所办的教育刊物,这与图书馆事业隶属于教育行政部门主管直接相关。

---

[1] 章锡琛.近代图书馆制度[J].东方杂志,1912,9(5):14-15.
[2] 知非.美国之图书馆[J].中华教育界,1913(3):调查1.
[3] 知非.美国之图书馆[J].中华教育界,1913(3):调查2.
[4] 植松安.美国之图书馆[J].教育公报,1918,5(3):译述1-19.

《浙江公立图书馆年报》作为最早的图书馆专业期刊,虽然创刊于1916年1月,但直至1919年6月起,才开始转载图书馆学理论成果。从图书馆学理论译作的出版来看,数量较少,早期出版者也大多是教育主管部门、官方性质的教育团体,而非商业出版社。1917年商务印书馆出版《图书馆管理法》,这才说明图书馆学理论有了较为广泛的社会需求。

第四节　图书馆运动的兴起

伴随着图书馆事业的发展,图书馆界同行们越发意识到组织起来相互交流的必要,全国性的图书馆协会便首先在图书馆事业比较发达的美英等国建立起来。1876年,美国成立了世界上第一个图书馆协会——美国图书馆协会(American Library Association)。1877年,英国图书馆协会在伦敦成立。此后日本(1892)、奥地利(1896)、瑞士(1897)、德国(1900)、丹麦(1905)、法国(1906)、波兰(1917)等国相继成立了全国性图书馆协会[①]。各国图书馆协会成立后,开展了许多工作,包括出版专业学术刊物、制定统一的编目条例、编制各种联合目录、推进馆际互借工作、促进图书馆学校教育、推动图书馆职业化建设等,标志着图书馆事业进入新的历史阶段。图书馆协会的出现使得公共图书馆运动有了组织者和引领者,从而更加快速有效地扩大其社会影响。在西方图书馆界,图书馆运动就是指因公共图书馆迅速发展所带来的图书馆整体事业在各个方面取得进步的代名词,而图书馆协会的成立既是图书馆运动的产物,同时其成立与发展又极大地推动了图书馆运动的进一步开展和步入高潮。

鸦片战争以后,中国学习西方的路径从早期军事、经济层面的学习,发展到19世纪末20世纪初教育、法律、政治层面的学习。维新运动期间,受国外社会团体蓬勃发展的影响,维新派大力提倡"兴学会",强学会、粤学会、闽学会、蜀学会、南学会、保国会等各类社团蜂起。1904年,清政府发布普赦党人的上谕,并解除结社禁令。此外,清政府意识到社会团体辅助政府管理的积极作用,主动

[①] 杨威理.西方图书馆史[M].北京:商务印书馆,1988:206.

支持各地建立经济类和教育类团体,同时也以设立法规的方式加强对这些团体的规范和管理,如1904年商部奏准颁布《商会简明章程》,1906年学部奏准颁布《教育会章程》,1907年农工商部奏准颁布《农会简明章程》。这些社会团体与政府的关系较为密切,受政府监督并享有一定官方权利,但本身又按照近代社会团体的模式独立运营。1908年,清政府颁布《结社集会律》,规定民间与政治和公事无关的集会结社无须呈报,可以自由成立、自由解散;与公事有关者,应官署要求呈报;与政治有关者,必须事先呈报。这是中国近代颁行的唯一一部专门的结社集会单行法规。同年,清政府颁布《钦定宪法大纲》,其中规定臣民在法律范围内,所有言论、著作、出版及集会、结社等事,均准其自由。1912年3月11日,孙中山以临时大总统名义颁布《中华民国临时约法》。这是中国第一部资产阶级共和国性质的宪法文件,使资产阶级民主共和的观念深入人心。其中规定"人民有言论、著作、刊行及集会、结社之自由"[①],建立社团成为人民的合法权利。新文化运动使人们从封建思想的束缚中解放出来,进一步刺激了各地各种社团的涌现。因此,清末民初,政治类、经济类、军事类、联谊类、公益类、教育类、学术类、宗教类等各类社会团体风起云涌。

清末各省级公共图书馆竞相设立,"蔚成我国近代图书馆运动"[②]。中华基督教青年会和江苏省教育会是国内较早关注社会教育和图书馆的社会团体。20世纪20年代前夕,这两大社团与中国最早的图书馆学教育机构——文华图书科共同掀起了一场宣传美国式现代图书馆的运动。当代一些学者将这场运动称作"新图书馆运动",这一名称最初的提法来自于20世纪五六十年代编写的图书馆事业史教材,当时是站在批判资产阶级性质的立场来定性这一运动的,当代学者在不明渊源的情况下又将其作为与20世纪初公共图书馆运动相区分的名词来使用。事实上,20世纪20年代前夕兴起的这场运动是近代公共图书馆运动的一部分,或可称是其高潮。相比而言,由于这场运动有了社会团体的参与而具备了人为性和主动性的特点。这也为图书馆协会的产生奠定了良好的基础。

---

① 赖骏楠.宪制道路与中国命运:中国近代宪法文献选编(1840—1949).上卷[M].北京:中央编译出版社,2017:283.

② 宋建成.中华图书馆协会[M].台北:育英社文化事业有限公司,1980:7.

一、中华基督教青年会

基督教青年会(Young Men's Christian Association，YMCA)于1844年创立于英国伦敦，很快遍布欧美，成为国际性基督教青年社会服务团体。基督教青年会有针对在校学生的学校青年会和针对职业青年的城市青年会两类分会。早在1885年，在华传教士就分别在福州英华书院与华北通州潞河书院成立了学校青年会。

1895年，应在华传教团体和个人的请求，基督教青年会北美协会正式派遣传教士来会理(David Willard Lyon, 1870—1949)来华建立中国的基督教青年会组织，这一年被视作中国基督教青年会的起点。来会理发展中国基督教青年会是以天津为据点，在天津北洋大学等5所高等院校的500名学生中组织了第一个青年会。1897年，基督教青年会第一个会所在天津落成。1900年，基督教青年会在上海成立首个城市青年会，随后在全国多个省份迅速发展了城市青年会。

基督教青年会北美协会国际委员会全国干事穆德(John Raleigh Mott, 1865—1955)同时也是世界基督教学生同盟(World's Student Christian Federation, WSCF)总干事，曾多次来华推动基督教运动，对于中国基督教青年会的发展贡献甚大。1896年，穆德第一次来华，在三个月时间里作了十几次演讲，差不多访问了中国所有的高等教育机关，使学校青年会数量增加了22个，并推动成立了基督教青年会全国组织。随着中国基督教青年会规模的增长，华籍干事的人数也在不断增加，其本土化程度越来越高。

1906年，清政府五大臣考察政治回国，呈请立宪，激发了全国上下学习西方的热情，基督教青年会借教育之机快速扩张，甚至得到政府的支持。1907年，穆德第三次来华，先后在香港、广州、上海、苏州、南京、汉口、北京和天津等8个城市演讲，演讲听众平均每次达千人以上，每到一处还受到清政府官员的厚待，许多省官员还亲自到会听讲。清政府外务部专门设宴招待穆德和巴乐满等人。在天津，穆德被邀请专门对300名政府官员和1700名各官立学校的学生作题为《教育的目的》的演讲。在南京，穆德还与两江总督端方谈了有关教育、青年会和基督教会的问题①。

---

① 顾长声.从马礼逊到司徒雷登：来华新教传教士评传[M].上海：上海书店出版社，2005：404.

随着中国留学生群体日渐庞大,中国基督教青年会很快开始在海外中国留学生中发展组织。中华基督教留日青年会于1906年在东京成立,第一任总干事王正廷此前已经在天津青年会任职且颇有声望。王正廷在日本期间还加入了同盟会。1907年秋,王正廷赴美留学,由孔祥熙继任总干事。1908年秋,余日章赴美入哈佛大学研究院学习教育学。1909年9月,余日章与王正廷、郭秉文、曹云祥等基督徒学生共同发起"北美中国基督徒留学生协会",王正廷任总干事,余日章为副总干事。1910年夏,胡适等留美学生抵达美国旧金山时,余日章"特别从美国东岸来到旧金山,陪伴这些学生东行"[①]。胡适、梅光迪等不少留学生在美国时都参加过北美中国基督徒留学生协会举办的夏令营活动。

1910年12月,余日章回国。1911年春季,任文华附中校长。辛亥革命爆发后,任黎元洪总统英文秘书。1911年夏,王正廷回国,经推荐任黎元洪都督府外交司司长、临时参议院议员。1912年,中华民国成立,王正廷任唐绍仪内阁工商部次长兼代总长,6月唐绍仪因袁世凯独裁被迫辞职,王正廷亦辞职,由京返沪。1912年,中华基督教青年会向政府申请立案,正式成为合法社团。同年12月,召开中国基督教青年会第六次全国大会时议决将总部名称改为"中华基督教青年会全国协会",设庶务部、巡视部、学生部、编辑部、道德部、体育部、讲演部7个部,巴乐满为全国协会总干事,王正廷为副总干事。此时,余日章经王正廷推荐,亦加入中华基督教青年会全国协会担任讲演部主任干事。至1913年底,城市青年会已有30处,会员11300人,学校青年会105处,会员3876人[②]。青年会干事有66名外国人,68名中国人[③]。

为了迎合学生与城市青年的需求,基督教青年会举办运动会、夏令营和学术讲演活动,对青年群体颇有吸引力。中华基督教青年会的科学讲演始于20世纪初。巴乐满在与中国文人交往过程中得知他们对于西方的机械和科学感兴趣,便写信给穆德,请其派遣有专业知识的人来中国协助开展科学传教工作。1902年,美国普渡大学机械工程教授饶伯森(Clarence Hovey Robertson)受邀来华。此后,饶伯森赴中国多个城市青年会开展科学讲演,且多使用图表、仪器、

---

① 江勇振.舍我其谁:胡适(第一部 璞玉成璧1891—1917)[M].北京:新星出版社,2011:176.
② 来会理.中华基督教青年会二十五年小史[M].[出版地不详]:[出版者不详],1920:14.
③ 来会理.中华基督教青年会二十五年小史[M].[出版地不详]:[出版者不详],1920:10.

幻灯片等辅助。1912年初,饶伯森在青年会创立了讲演部,并在广东、香港、汕头、厦门、福州、上海、南京、杭州、苏州、武昌、汉口、北京、天津、太原等地讲演,甚至还到了韩国首尔和日本东京。他和基督教青年会的领导层都试图通过科学演讲"征服"中国,传播上帝的福音[①]。余日章加入中华基督教青年会时,"讲演部分为教育、卫生、农林、实验四科。教育科由余氏兼任,卫生科以西人毕德辉博士为主任,农林科以凌道扬先生为主任,实验科以饶伯森(Dr. C. H. Robertson)教授为主任"[②]。

得益于中华基督教青年会在各地组建的庞大网络,基督教青年会北美协会的穆德与另一名著名布道演说家艾迪(Sherwood Eddy,1871—1963)多次来华布道,足迹遍布全国,影响甚广。1913年1月,他们"在14处大城开布道会与科学演讲会,听讲者有137579人之多,立志研究圣经者有7057人"[③]。

中华基督教青年会与其他社团有着密切的往来与合作。1905年,在上海发起成立寰球中国学生会的李登辉,刚到上海时就加入了上海基督教青年会。寰球中国学生会的董事中很多都是上海基督教青年会的成员。1914年,担任中华基督教青年会全国协会副总干事的王正廷还担任了寰球中国学生会的副会长。1914年元旦,寰球中国学生会邀请余日章讲述游历世界各地情形[④],这是目前可查考的余日章讲演的最早报道。1915年2月6日,寰球中国学生会举行夜馆放假礼,余日章作为职员亦有演说[⑤]。寰球中国学生会的会董徐善祥、杨锦森同时又是江苏省教育会的干事,这三个社团之间关系十分紧密。余日章同时也担任江苏省教育会交际部主任。

二、江苏省教育会

在清政府教育改革的背景下,江苏省士绅为谋本省新式教育的发展于1905

[①] ROBERTSON C H.The lecture department of the Young Men's Christian Associations[N].The Chinese Recorder,1912-07-01.
[②] 袁访赉.余日章传[M].上海:青年协会书局,1948:24.
[③] 王治心.中国基督教史纲[M].上海:青年协会书局,1940:277.
[④] 演述环游地球之闻见[N].申报,1914-01-01(10).
[⑤] 寰球中国学生会夜馆休业式[N].申报,1915-02-08(10).

年在上海成立了江苏学务总会。1906年7月,学部颁布《教育会章程》,江苏学务总会因而于1906年11月改名为江苏教育总会。1908年,江苏教育总会在上海西门外购地建筑会所,1909年落成,"容数百人之会场为吾国人所建筑者,则犹以江苏教育总会会所为最早"①。1911年,江苏教育总会发起成立各省教育总会联合会以联络各省教育总会。迨民国鼎新,1912年9月6日,教育部公布《教育会规程》,规定教育会以"研究教育事项,力图教育发达为目的"②,研究事项为:学校教育、社会教育和家庭教育三类,教育会为讲求各项学术及开通地方风气,分设各项研究会或讲演、讲习会等。江苏教育总会随即改称江苏省教育会,并裁撤原经济部,增设学校教育部和社会教育部。

各省教育会虽采取社会团体的运作方式,但实质上仍是教育行政体系之一部分,受教育行政部门颁布之章程规程之约束,其定位是教育行政辅助机构,主要任务是研究教育事项,建议于教育官厅,以及处理教育官厅委任事务。由于较早开始关注和研究教育问题,江苏省教育会骨干也成为地方或中央教育行政主管部门领导人选。例如黄炎培在辛亥革命期间被任命为江苏省民政司总务科科长兼教育科科长,1912年12月任江苏省教育司长;袁希涛1912年任教育部普通教育司司长,1915年任教育部次长。这种双重身份有利于江苏省教育会与政府教育行政机关保持步调一致。

黄炎培在南洋公学特班读书时,蔡元培正担任特班总教习,黄炎培在蔡元培的介绍下加入了同盟会。在蔡元培执掌教育部提倡社会教育时,江苏省教育会很快响应,成为倡导社会教育的先驱。1912年,教育部社会教育司伍达组织通俗教育研究会时,江苏省教育会的张謇、唐文治、黄炎培均为发起人之列,而伍达同时也担任江苏省教育会社会教育部干事。1912年9月27日,江苏省召开第一次省教育行政会议,江苏省教育会提出《社会教育施行方法议决案》,其中提及设立讲演会,并注意运用幻灯、活动写真或其他有声有色之事物辅助③。1913年1月,刚刚上任江苏省教育司长不久的黄炎培就撰写了《江苏今后五年

---

① 江苏教育总会.江苏教育总会文牍四编(丙)[M].上海:中国图书公司,1909:7.
② 教育部公布教育会规程[M]// 陈学恂.中国近代教育史教学参考资料(中).北京:人民教育出版社,1987:281.
③ 江苏省教育会.社会教育施行方法议决案[J].通俗教育演讲录,1912(6):28-29.

间教育计划书》，发表在《江苏教育行政月报》创刊号上，他认为戏剧与小说是社会教育的两大利器，可以用以改良社会，还提出"设立图书馆、博物馆、组织模范讲演团、购造幻灯影片、搜集通俗教育资料等等"[1]都可次第行之。

1914年2月，黄炎培因不愿为江苏督军张勋的母亲贺寿辞去江苏省教育司长职务，遍访皖、赣、浙、鲁、冀五省考察教育。1914年8月26日，黄炎培在江苏省教育会第十次常年大会上被选举为江苏省教育会副会长。此后十年间历任该会副会长[2]，成为这一时期江苏省教育会的实际领导人。

正是出于对社会教育的重视，江苏省教育会也是较早举办讲演会的社会团体。1914年7月12日，江苏省教育会召开第一次讲演会，德文学校教员格勒尔讲演德国小学教授法，穆湘玥自美国学习农学归国讲演美国农业发展及留学感想，黄炎培讲述皖、赣、浙三省教育调查情况。8月27日，江苏省教育会再次举办讲演会，邀请郭秉文、陈容、俞子夷三人演讲欧美教育。1914年8月，江苏省教育会新增会员人数空前，共46人，教育界之外还包括商务印书馆和中华书局编辑所人士，还有不少留学生，如郭秉文、俞庆恩、徐善祥、余日章。9月4日，干事员常会有随时举行讲演会之提议，议决推定徐善祥、杨锦森主任讲演会事务。自此，讲演会成为江苏省教育会的常规业务之一。该干事员常会上又有联络外国人在本国所设学校共同研究教育方法的提议，议决推定徐善祥、杨锦森、余日章、朱友渔、郭秉文、秦汾主任，拟议联络方法。9月12日，以上6人在上海青年会开会，由徐杨二君报告省教育会组织交际部之宗旨，全体赞成，遂正式成立，公推余日章为交际部干事[3]。余日章9月拟英文一篇，报告江苏省教育会十年之成绩并宣布交际部宗旨及办法，刊登于外国基督教会组织中国教育会机关报《教育季报》，10月又撰英文公函一件发江苏省内各外国教育家400余封，又寄他省著名外国教育家10余封。江苏省教育会由此打开与在华外国教育团体和个人的联系，而且这些外国教育家还提出了不少改革教育、沟通合作的建议，中外教育家也打通了互相参观学校、调查教育的通道。江苏省教育会交际部设干

---

[1] 黄炎培.江苏今后五年间教育计划书[J].江苏教育行政月报,1913(1):宣言9.
[2] 历届正副会长[G]//朱有瓛,戚名琇,钱曼倩,等.中国近代教育史资料汇编:教育行政机构及教育团体.上海:上海教育出版社,1993:286.
[3] 交际部报告书(第一次)[J].教育研究,1914(19):会报20.

事10人,每年改选一次。1916年又于干事中推定2人兼任此事,实际就有12人之多。这反映出江苏省教育会与教育各界联系日益紧密,江苏省教育会的讲演也因此可以顺利邀请到中外教育界知名学者以及归国留学生。

江苏省教育会对于图书馆的特别关注始于1914年。1914年1月9日,黄炎培在江苏省教育会干事员常会上提议筹办图书馆,15日评议员常会一致赞成①。3月出版的江苏省教育会机关刊物《教育研究》刊发《筹办图书馆通告书》并附《图书馆简章》②。江苏省教育会附设图书馆设于教育会三楼,供人阅览而不取资,且有图书寄存之规定。1915年,江苏省教育会干事员陆规亮被派往日本考察,根据日本相关资料译述《通俗图书馆》发表于《教育公报》。1915年3月11日,江苏省教育会致函江苏巡按使请拨款扩充苏州江苏省立第二图书馆,已经意识到"东西各国于图书馆极为注重,务令学者及时探讨,所谓校外教育,实寓乎此"③。

三、巴拿马-太平洋国际博览会

1915年2月至12月,美国在旧金山举办首届"巴拿马-太平洋国际博览会"(Panama Pacific International Exposition),亦称万国博览会。美国图书馆协会作为参展单位设展位于教育及社会经济馆(Palace of Education and Social Economy)。美国图书馆协会设立巴拿马-太平洋国际博览会特别委员会负责展会事宜,主席是纽约布鲁克林公共图书馆长希尔(Frank P. Hill)。1914年11月该特别委员会给美国图书馆协会所有馆长发出通知,请他们将照片、报告、小册子、地图、图表、目录、书单、海报及其他适合展出的材料寄送至加利福尼亚州立图书馆馆长吉里斯(J. L. Gillis)处,1915年1月已经收到全国各图书馆的大量展览材料④。

中国政府也是这次博览会的参展国,同时农商部还组织游美实业团赴美考察,并参观博览会。游美实业团共有17名团员,张振勋为团长、聂云台为副团

---

① 报告(三年一月份)[J].教育研究,1914(10):会报2-4.
② 筹办图书馆通告书[J].教育研究,1914(11):会报1-3.
③ 致巡按使请拨款扩充第二图书馆书[J].教育研究,1915(23):会报1.
④ A.L.A.Exhibit at Panama-Pacific Exposition[J].Bulletin of the American Library Association,1915,9(1):39.

长,除担任名誉翻译①(书记)的余日章和随行记者黄炎培两人为教育者外,其余都是工商实业界人士。

1915年4月9日,游美实业团从上海乘船出发。5月3日,抵达旧金山,停留一周,参观博览会。5月10日开始环游美国,历时50天,6月30日回到旧金山②。在华盛顿时,黄炎培与余日章曾同访美国全国教育局长,受邀参加万国教育联合会。该会定于8月16日至27日召开,因距离会期较远,"两人定计留观博览会一月即归,不及与,乃乞吾友蒋君梦麟与焉"③。关于此次访美,黄炎培有《调查游美随笔》连载于1915年之《教育杂志》,又在商务印书馆出版《新大陆之教育》作为"黄炎培考察教育日记"的第三集(前两集则是他考察皖、赣、浙、鲁、冀五省教育的记录)。《新大陆之教育》下编专门记录居留旧金山一个月所见巴拿马-太平洋国际博览会教育馆展览品资料详情,其中对图书馆部分展览资料介绍甚详,且记述美国图书馆协会负责展馆的职员斐伦之言论,可见双方有面对面直接的交流。

1915年11月出版的美国《图书馆杂志》中有一篇惠勒(Joseph L. Wheeler)所撰具体描述美国图书馆协会在巴拿马-太平洋国际博览会上展览情况的文章。据悉,惠勒自1915年5月初起一直负责在展馆值班,对于展会情况十分熟悉。他在文中提到有不少外国人来展位观看,其中中国和阿根廷的观展者用了好几天时间观展,并将这些资料翻译成汉语和西班牙语,还有不少人提出对展览用照片、幻灯片等展品的需求④。紧接该文其后还有一篇关于展品处理的文章,明确指出中华基督教青年会的代表希望得到一部分展览材料用于在中国多个城市做巡回展览⑤。这里提及的中华基督教青年会的代表应当就是余日章。1916年1月出版的《美国图书馆协会会报》中提到,美国图书馆协会执行委员会12月29日的会议收到了巴拿马-太平洋国际博览会特别委员会主席希尔对于展品处理意见的报告。其中提到除了需要归还的资料和捐赠的图书外,剩余资料则可以作为礼物赠送给中华基督教青年会专员用于在中国各大城市和教育中心组

---

① 游美实业团出发[N].时报,1915-04-11(6).
② 游美实业团归国谈[J].中华全国商会联合会会报,1915,2(10):商界要闻2.
③ 黄炎培.万国教育联合会议预记[J].教育杂志,1915,7(12):98.
④ WHEELER J L.The library exhibit at San Francisco[J].Library Journal, 1915, 40(11):796.
⑤ Disposal of library exhibit at San Francisco Exposition[J].Library Journal, 1915, 40(11):796.

织教育展览[①]。这期刊物中还提到,这些展览资料已经送到中国由中华基督教青年会官员负责在中国各大教育中心举办美国图书馆的展览[②]。

四、沈祖荣拉开图书馆运动帷幕

韦棣华女士在1910年创办文华公书林之前,在美国就有过图书馆工作和图书馆学专业教育的经历,还积极参加美国图书馆协会年会。文华公书林的定位也不是一所大学图书馆,而是公共图书馆。公共图书馆的发展离不开宣传,这是韦棣华女士创办文华公书林之后慢慢领悟到的。沈祖荣曾在文中写道,文华公书林开放以后,"不料那时来馆阅书的人,寥若晨星,几乎门可罗雀"[③],于是他们开设公开讲座,又设立分馆和巡回文库,想方设法引导武昌各校学生到公书林阅书,"引导学生利用图书馆的工作既毕之后,我们于是又积极从事这种工作,设法宣传,鼓吹提倡"[④]。

据目前所知,沈祖荣是最早了解并使用"图书馆运动"(library movement)一词的中国人,1916年6月《图书馆杂志》发表了正在美国纽约公共图书馆学校留学的沈祖荣所撰《美国图书馆制度能够改造用于中国吗?》(*Can the American Library System be Adapted to China?*)一文,其中提到万国博览会上美国图书馆协会展出材料已经交给上海的中华基督教青年会,他认为这将对中国图书馆有极大的帮助,并且还说:"我最近了解到中华基督教青年会讲演部的饶伯森教授将使用这些材料在整个中国发起一场图书馆运动。"[⑤]可见,他将中华基督教青年会在全国各地举办美国图书馆方法的展览视作了一场"图书馆运动"。不过,沈祖荣的这则消息来源并不准确,因为根据中华基督教青年会全国协会讲演部的

---

① Executive board: Panama-Pacific Exhibit Committee[J]. Bulletin of the American Library Association, 1916, 10(1):32.

② Collection of photographs for headquarters[J]. Bulletin of the American Library Association, 1916, 10(1):28.

③ 沈祖荣. 在文华公书林过去十九年之经验[J]. 文华图书科季刊, 1929, 1(2):171.

④ 沈祖荣. 在文华公书林过去十九年之经验[J]. 文华图书科季刊, 1929, 1(2):173.

⑤ SENG S T. Can the American library system be adapted to China?[J]. Library Journal, 1916, 41(6):389.

分工,这场图书馆运动应该由教育科主任余日章而不是实验科主任饶伯森发起,很可能沈祖荣只是根据美国图书馆学期刊上的消息所做的推想,因为在他1914年出国前饶伯森的讲演已有较大社会影响,而余日章当时虽已加入中华基督教青年会讲演部,但尚未在全国范围展开教育讲演,故还不为沈祖荣所知。

对于中华基督教青年会全国协会来说,已有多年在各地开展讲演的经验,而且从美国图书馆协会处得来的素材也已经有了,这件事应该顺理成章马上落实。然而,国内媒体却迟迟不见中华基督教青年会全国协会讲演部举办图书馆展览或讲演的报道,具体原因不明。

1916年7月,沈祖荣自美国纽约公共图书馆学校毕业。他于1915年取得图书馆学证书(certificate),1916年获图书馆学文凭(diploma)[1],并获哥伦比亚大学理学学士学位(bachelor of Science)[2]。同年8月初,他与张彭春、何炳松等十多名欧美留学生回到上海[3]。沈祖荣回国后应该会向韦棣华提及美国图书馆协会赠送展品给中华基督教青年会的事,并追问这场图书馆运动进展如何。早在1901年,文华大学基督教青年会就因巴乐满的来访而建立起来[4]。文华公书林建成以后,图书馆大礼堂经常成为青年会举办讲演活动的场地,韦棣华与基督教青年会之间应该早有联系。对于已经有向社会宣传现代公共图书馆思想的韦棣华来说,不应该放过这个机会。余日章的父亲余文卿为美国圣公会武昌分会会长,余日章早年就读于武昌文华书院,后来还曾担任过文华中学校长。因此,韦棣华与余日章有师生和同事之谊。1916年,王正廷辞去中华基督教青年会全国协会总干事一职,余日章经董事会推荐任代理总干事,1917年起正式担任中华基督教青年会全国协会总干事。从私交层面说,韦棣华也有主动联系余日章寻求合作的基础。如果说,此前中华基督教青年会没有开展活动是因为缺乏图书馆学专家的话,那沈祖荣回国后,双方便可以马上着手发起这场图书馆运动。然而,沈祖荣的第一场图书馆讲演却发生在他回国半年之后,与黄炎培赴美参加巴拿马-太平洋国际博览会接触到图书馆教育直接相关。

---

[1] Library School of the New York Public Library.Student register (1911—1923)[M].New York:Library School of the New York Public Library,1924:18.

[2] Columbia University.Catalogue 1916—1917[M].New York:Columbia University,1917:261-262.

[3] 最近欧美回沪学生表[N].申报,1916-08-04(11).

[4] 马敏,黄晓玫,汪文汉.华中师范大学校史(1903—2013)[M].武汉:华中师范大学出版社,2013:7.

黄炎培随游美实业团访美时期间,得巴拿马-太平洋国际博览会中国监督处转江苏巡按使电,委托其调查社会教育①,回国后即致函巡按使并附《调查美国社会教育报告书》,《江苏教育行政月报》《教育研究》和《松江教育杂志》均刊有该信函与报告书内容。图书馆是其考察社会教育之一部分,他强调考察图书馆"规模不求其过大,方法必窥其完密,不侈言其盛况之如何而但欲识其效力所由致"②,通过对巴拿马-太平洋国际博览会上美国图书馆协会展览的介绍,黄炎培总结了美国办理图书馆事务的几个要点,均很有见地:一是以书求人非令人以就书,图书馆之设置必于多人荟萃之所而又许其借出为之流通则来者众;二是藏书务必合于社会状况与其生活所需要,于学校多备师生参考书,于农村多备农业有关之书,于文化地下之地方多备文理浅近之书;三是用流通方法,多设分馆可以增加流通且更经济;四是图书馆还有提供活动之作用,如设讲演会、赏花会等;五是先从培养图书馆管理员入手,图书馆管理员须有相当之学识经验,美国各大学特设图书馆专科,又于暑假期间设临时讲习科。黄炎培此文的刊布对于中国教育界来说,无疑强化了图书馆之于社会教育的意义,又提供了理念和方法上的指导。1916年12月,梁启超筹办松坡图书馆以纪念蔡锷将军。江苏省教育会于1917年2月致函各县教育会及公私立中等以上各学校代募松坡图书馆捐款,其文称"吾国设施新教育十有余年,所以收效迟迟者,由于缺少教育辅助之机关者"③。商绅学界纷纷参与筹募,实际上促进了社会对于图书馆的认识。

在美期间,黄炎培曾得清华留美学务处沈楚纫赠送1914—1915年留美学生英文题名录,他认为这种留学生名录不仅可以作留学者求学之方针,而且"本国各种事业机关又可于此获物色专家之机会"④。因此,当江苏省教育会意识到"年来各县正陆续筹办图书馆"⑤时,黄炎培自然就想到该名录中唯一一位赴美学习图书馆管理法者沈祖荣。

---

① 黄炎培.调查美国社会教育报告书[J].教育研究,1916(28):研究1.
② 黄炎培.调查美国社会教育报告书[J].教育研究,1916(28):研究5.
③ 致各县教育会及公私立中等以上各学校代募松坡图书馆捐款书[J].江苏省教育会月报,1917(2):1.
④ 黄炎培.新大陆之教育:上编[M].上海:商务印书馆,1917:99.
⑤ 致各县教育会各会员及中等以上各学校书[J].江苏省教育会月报,1917(4):7.

1917年4月,江苏省教育会拟函托余日章转邀沈祖荣赴会讲演图书馆办法,时间定于5月1日下午四时半,由该会召集会员暨各县办理图书馆人员前来听讲[①]。得沈祖荣复书后,又致函各县教育会各会员及中等以上各学校请派员参加[②]。

　　在此次讲演之前,沈祖荣先行在交通部工业专门学校校庆二十周年纪念会的第二日作了讲演。1916年冬,为筹备学校二十周年校庆纪念,有同学向学校提议采用募捐集资的办法建造一座图书馆大楼以作为纪念。校长唐文治当即采纳此议,组织教职员成立图书馆筹备会,并着手开展募捐活动。1917年3月,学校向师生校友及社会各界印发《南洋公学二十周年纪念图书馆募捐启》[③],募捐发起人张元济、蔡元培、范源廉等共23人,黄炎培亦在其中。唐文治还上书总统黎元洪和国务总理段祺瑞,呈请提倡捐款建设图书馆。黎元洪下令交通部督饬妥筹兴办。除交通部拨款以外,黎元洪、段祺瑞等也以个人名义捐款。1917年4月26日至28日,南洋公学举行二十周年盛大庆典活动,同时设图书馆捐款受理处。沈祖荣讲演图书馆无疑对图书馆募捐起到很好的宣传鼓动作用,又能为图书馆业务提供指导。虽然其讲演的时间早于江苏省教育会之讲演,但很可能是江苏省教育会从中安排的。4月15日《新闻报》刊载的《南洋公学纪念会预志》中纪念会的活动日程里并没有沈祖荣演讲之安排。可见,应该是江苏省教育会联系好沈祖荣来沪讲演后临时安排的。校长唐文治清末曾担任江苏省教育会会长,与黄炎培早就相熟,而且江苏省教育会会员秦汾、俞庆恩也是交通部上海工业专门学校的教授。

　　4月27日下午三时开演讲会,"由校长唐文治君报告,略谓沈祖荣先生于图书馆最有经验,先生曾在美国游学,考察欧美各国图书馆情形,并携有各国图书馆之照片及各国图书馆之比较表,并演讲图书馆各种模型,今特请沈先生演讲","旋由沈君登台演讲,叙述图书馆之功用与教育、农、工、商各界之关系,即出各标本,按图说明,并谓中国图书馆之幼稚,以现在所有之图书馆之数、之经

---

　　① 致沈绍期君请讲演图书馆办法书[J].江苏省教育会月报,1917(4月):文牍6.
　　② 沈绍期君复书[J].江苏省教育会月报,1917(4月):文牍7.
　　③ 陈进.思源籍府 书香致远:上海交通大学图书馆馆史(1896—2012)[M].上海:上海交通大学出版社,2013:22.

费、之书籍比之美、德诸国尚不能及其百一,令人感愧"①②。演讲至五时结束。经过此次讲演,也不难理解唐文治会在1918年夏杜定友中学毕业时派他去菲律宾大学攻读图书馆学专业。借助于上海工业专门学校二十周年的重大事件,沈祖荣图书馆讲演一开场就获得了主流媒体的关注。

4月30日《新闻报》刊载《图书馆功用办法之演讲会》③,对次日的讲演提前作了预告。此时已经是寰球中国学生会与江苏省教育会两家团体的名义,讲演地点则是江苏省教育会会所。5月1日下午4时,沈祖荣在江苏省教育会会所三层讲演图书馆之功用及办法。讲演会主席由黄炎培担任,演讲至七时结束。黄炎培开场介绍沈祖荣时说,他于前年在美国时与中国留学生交谈,发现他们虽"成绩均极优美,惟对于切要之学术甚少,即图书馆一事,吾国亦未尝有人研究。后在舟次得一留学界名录,乃知有沈君绍期注意斯学"④。沈祖荣的演讲内容分功用和办法两大部分,前一部分主要介绍图书馆之于工商事业和教育的意义,后一部分则介绍图书馆的组织,如职员、经济、建筑、参考、出版、选择等种种办法。黄炎培在沈祖荣演讲结束时说他拟于暑假时设一研究所,再请沈祖荣详为演讲,凡各处有志设立者及中等以上之学校均可派人来会旁听,沈祖荣亦当即首肯。当日来听演讲者共有100余人⑤。

5月2日晚8时,青年会请沈祖荣演讲。此前青年会已函邀各大学校职员学生前来听讲⑥。演说之后还用影灯逐张放映国外图书馆情形之影片,"来宾数百人,十时许始散"⑦。

5月3日下午3时,上海报界俱乐部邀请沈祖荣演说图书馆事业,由朱少屏主持⑧。上海报界俱乐部由吴稚晖、朱少屏、成舍我等20人发起,4月21日《民国日报》刊登《上海报界俱乐部简章》⑨。5月1日下午2时,上海报界俱乐部在四马

---

① 南洋公学之廿周纪念(三)[N].时报,1917-04-28(5).
② 南洋公学廿周纪念会纪盛[J].环球,1917,2(2):13.
③ 图书馆功用办法之演讲会[N].新闻报,1917-04-30(1).
④ 沈绍期先生讲演图书馆纪略[J].江苏省教育会月报,1917(5):会务录要17.
⑤ 沈绍期先生讲演图书馆纪略[J].江苏省教育会月报,1917(5):会务录要20.
⑥ 演讲图书馆功用及办法[N].申报,1917-05-02(11).
⑦ 青年会演讲图书馆[N].时报,1917-05-03(5).
⑧ 报界俱乐部之演说会[J].环球,1917,2(2):学界要闻15-16.
⑨ 上海报界俱乐部简章[N].民国日报,1917-04-21(11).

路望平街口96号三层该会所举行开幕式。朱少屏自1916年起担任寰球中国学生会的总干事,而寰球中国学生会无论与中华基督教青年会还是江苏省教育会都有极为密切的联系,沈祖荣作为留美学生与寰球中国学生会也有交集,是以有此次报界俱乐部之演说。宣传图书馆需仰赖报界,搭建起图书馆与报界的桥梁对于图书馆事业的宣传来说意义重大。事实上,沈祖荣此次在上海的4场讲演,《申报》《时报》《新闻报》《民国日报》均有报道,《江苏省教育会月报》《环球》《东方杂志》等刊物也有演讲内容的记载。

5月6日,沈祖荣自上海抵南京。次日假花牌楼南京青年会开演说会。商务印书馆《出版界》上分期连载洪有丰所撰《图书馆问题》,详细记载了沈祖荣演讲的内容。洪有丰自1916年9月起担任金陵大学图书馆副馆长,而且在他学生期间就在该大学图书馆担任学生助理工作,已经具有较丰富的图书馆实际工作经验,沈祖荣的演讲使他颇受震撼,"不但听者忘倦,实足以启发国人之聋聩,使之非亟亟组织图书馆不足以完教育而巩国基",所以详细笔记之以供众览,希望"邦人君子急起图之"①。

1918年10月,美国《图书馆杂志》刊登了一篇文华公书林进展状况的文章,内容来自于韦棣华女士制作的文华公书林宣传册,其中提到:"美国图书馆协会将巴拿马-太平洋国际博览会上一半的展品给了中华基督教青年会,这些材料连同由中华基督教青年会提供的特别仪器,帮助沈祖荣准备了一场非常生动的宣传公共图书馆在中国的必要性的讲座。他在上海和南京做了讲座,听众超过2500人。"②还提到江苏省教育会计划在暑期举办图书馆讲习班,邀请沈祖荣授课,由该组织负担所有开支。可见,这些内容的撰写时间在1917年暑假之前,而且沈祖荣的图书馆讲演的确是从上海和南京开始的,并未在他处进行。

1931年,韦棣华逝世后,《文华图书科季刊》出版特刊"韦棣华女士纪念号"。沈祖荣发表英文《韦棣华女士:中国现代图书馆运动之皇后》(*Miss Mary Elizabeth Wood: The Queen of the Modern Library Movement in China*),其中这样写道:"沈祖荣自美学成归来,文华公书林随即与中华基督教青年会全国协会的讲

---

① 洪有丰.图书馆问题[J].出版界(上海),1917(44):8.
② Library expansion in China begun[J].Library Journal, 1918, 43(10):764.

演部联合,目的是通过讲演宣传公共图书馆在中国的必要性。演讲在全国14个城市展开,同时携带了仪器,这一声势浩大的演讲使现代图书馆思想得以广泛传播。"[1]沈祖荣在《韦棣华女士略传》中亦说自己"学成归国,即联合全国基督教青年会,携带各种仪器,到处宣传,凡湖北、湖南、江西、江苏、浙江、河南、山西、直隶,足迹殆遍"[2]。从以上两篇文字并不能看出这批仪器到底属于谁,甚至很容易让人误以为这些仪器是沈祖荣准备的。不过,沈祖荣在《在文华公书林过去十九年之经验》一文中则提到"并携美国赠送之各种关于图书馆之各种展览品"[3],这才明确了沈祖荣所做的图书馆讲演的确也用到了美国赠送的展览品。

不过,沈祖荣所述声势浩大、遍及全国14个城市的讲演并未指明结束的时间,除1917年在上海和南京的几则报道外,还曾见于媒体的是1919年4月9日晚,沈祖荣受中华基督教青年会南昌分会特别邀请,在当地青年会会所演讲。青年会组织了一系列讲座,而沈祖荣这场图书馆讲座为开场讲座。听众主要是学生,主持者为程时煃。江西省教育官员和公立学校都对沈祖荣的演讲很感兴趣,并表达了愿意尽力发展图书馆的愿望[4]。程时煃于1915年自日本毕业回国,初任江西省立师范学校教员兼附属小学主任。1916年任省立第一中学校长。1917年冬,任江西教育厅第二科科长。后来因扩展教育经费受阻,辞职入京,任北京高等师范学校教授兼附中主任。1924年4月27日出版之《来复》杂志第294号报道,称沈祖荣"近来遍历各省,专为提倡此事。近自保定来太原,连日分赴自省堂国民师范学校、省教育会举行讲演会暨特别研究会,并携有标本、仪器十数巨箱,分日展览。观者无不感动。沈君开会五日,已于前日赴豫矣"[5]。据此,我们知道,沈祖荣的图书馆全国巡讲一直持续到1924年。

---

[1] Samuel T.Y.Seng.Miss Mary Elizabeth Wood:The Queen of the Modern Library Movement in China[J]. 文华图书科季刊,1931,3(3):11.

[2] 沈祖荣.韦棣华女士略传[J].文华图书科季刊,1931,3(3):284.

[3] 沈祖荣.在文华公书林过去十九年之经验[J].文华图书科季刊,1929,1(2):173-174.

[4] Library possibility described in lecture:Boone University man tells of work being done in West China [N].The China Press, 1919-04-16(4).

[5] 提倡图书馆之大讲演及展览[J].来复,1924(294):政教述闻5.

在沈祖荣之后,赴海外学习图书馆学者越来越多,自20世纪20年代起陆续学成归国,立即加入了这场宣传美国现代公共图书馆理念与方法的图书馆运动,推动了图书馆事业的发展和中国图书馆学的建立,他们也成为民国时期图书馆协会的创建者与核心力量。

中华图书馆协会的酝酿与成立

第二章

图书馆专业团体的成立需要图书馆事业发展到一定程度,需要有一定数量的专业人员。由于中国地域辽阔,经济发展不平衡,各地图书馆事业发达程度亦很不均衡,且民国时期常因战乱频繁导致交通受阻,要建立全国性图书馆专业团体实属不易。北京作为清政府和北洋政府的首都,既是政治中心又是教育文化中心,图书馆数量在全国首屈一指,且因高校云集,聚集了较多的图书馆专业人才。因此,北京图书馆协会于1918年率先成立,并积极筹备分步建立全国性的图书馆协会。1920年在北京举办的图书馆暑期讲习会成为全国范围内先进的图书馆专业人员的首次聚会,会上正式提出组织全国图书馆协会的提议,并得到参会人员的一致认可。1921年,中华教育改进社成立。鉴于教育界人士对于图书馆重要性的认识,1922年中华教育改进社第一次年会上设立了图书馆教育组,全国知名图书馆学家均被邀参加,会上议决成立中华教育改进社图书馆教育委员会。1923年,戴志骞在中华教育改进社年会上提出组织各地方图书馆协会的议案,并获通过。1924年,在中华教育改进社的督促下,北京图书馆协会、浙江省会图书馆协会、南阳图书馆协会、开封图书馆协会、天津图书馆协会、南京图书馆协会、上海图书馆协会、江苏图书馆协会、南京图书馆协会相继成立。这些地方图书馆协会的成立为全国性图书馆协会的成立奠定了坚实的组织基础。在韦棣华女士积极促成美国退还庚子赔款用于发展中国图书馆事业的过程中,鲍士伟博士代表美国图书馆协会于1925年来华考察中国图书馆事业。为欢迎鲍士伟博士来华,组织全国性图书馆协会刻不容缓,在北京图书馆协会和上海图书馆协会积极筹备下,中华图书馆协会于1925年4月25日在上海正式成立,6月2日在北京召开成立仪式。

第一节　北京图书馆协会

一、北京地区图书馆事业状况

根据《教育部行政纪要 第二辑(1916年至1918年)》"丁编 社会教育"部分《各省图书馆一览表》和《各省通俗图书馆调查表》的统计,至1918年底,全省公共图书馆(含通俗图书馆)数量在20所以上的只有山东、奉天、山西、湖北、浙江、湖南、江苏、河南、福建9省。要找到一所城市有20所图书馆,而且拥有一定数量具备现代图书馆学知识的管理员更是凤毛麟角。

1918年北京图书馆协会成立时,其会员就有20家图书馆,有规模宏大的国立京师图书馆及其分馆,还有国立及私立大学图书馆十余所,尤其是北京大学图书馆,前身是京师大学堂藏书楼,清华学校图书馆因有庚款的支持,又聘请圣约翰大学图书馆戴志骞为主任而迅速崛起。此外,还有国务院、教育部这类政府机关附设图书馆,青年会这类团体的图书馆,以及数所中学图书馆。

随着图书馆数量的增加、规模的扩大,开放利用的程度越来越深,其工作的内容必将随之发生变化,新的问题会不断产生,对图书馆管理员的专业素质要求也越来越高。虽然当时北京尚没有接受过图书馆学专业教育的图书馆管理员,但北京地区图书馆管理员的基本素质普遍较高,且已经开始学习和应用西方图书馆学理论和管理方法。清华学校图书馆主任戴志骞在1914年任职清华之前曾在教会大学——上海圣约翰大学图书馆服务多年,本身又是圣约翰大学的毕业生。担任图书馆助理的袁同礼1916年毕业于北京大学,他能在戴志骞1917年赴美留学时代理图书馆主任一职,说明他在短短一年内已经具备管理清华学校图书馆的经验和能力。李大钊在1918年任北京大学图书馆主任后,不仅带领馆员参观清华学校图书馆进行学习,还两次致函在日本早稻田大学学习的殷汝耕,请他了解该校图书馆的管理情况和方法。北京高等师范学校、法政专门学校图书馆的管理员多用本校教员或毕业生,从事图书馆工作的李贻燕、程时煃、杨昭悊等人都受过高等教育,他们在工作过程中通过自学日本与西方

第二章　中华图书馆协会的酝酿与成立

图书馆学理论也都具备相当的图书馆学知识。北京高等师范学校还曾于1918年派图书馆事务员张之轩赴日本考察图书馆组织及管理。京师图书馆馆员王懋镕早在1913年就翻译了日本文部省编《图书馆管理法》。1917年的《教育公报》还发表了京师图书馆翻译的《美京华盛顿国会图书馆纪略》以及《美国国会图书馆阅书须知》。可见，京师图书馆的管理人员早就对西方现代图书馆学理论和图书馆发展状况有一定程度的研究。

尽管可以从国外图书馆学理论中学习，甚至可以派员去国外考察图书馆，但在将理论运用于中国图书馆实际工作时，由于国情、馆情等特点，并不能直接将西方理论拿来就用。正如沈祖荣在美国留学时发表的《美国图书馆制度能够改造用于中国吗？》所指出的，"答案是可以，但需要进行一些改造"[1]。因此，共同从事图书馆工作的群体便产生了互相观摩、共同研究的需要。

由于北京地区高等院校较为发达，各类教职员和学生组成的学术团体、联谊团体等数量众多、十分活跃，而且校际之间的活动较多。例如，1913年，北京联合运动会有35所学校参加。[2]1916年春，北京大学文学会言语科与清华学校、北京高等师范学校、汇文大学和通县协和大学五校举办联合辩论会。[3]此外，各学校学生毕业后又受聘为其他高校的教师，或者不同高校的学生因同乡关系而互相对彼此学校的情形比较了解，加之基督教青年会这一团体同时集合了不同学校的学生等因素，都使得高等院校更加容易建立起相互之间的联系。

1916年秋，袁同礼自北京大学预科毕业，受聘清华学校，担任图书馆助理。据说他受聘清华是经清华学校王文显教授介绍，因其参加五校联合辩论会而受到王文显之赏识。1917年夏因图书馆主任戴志骞赴美留学，袁同礼代理图书馆主任一职。1918年1月，经章士钊推荐，蔡元培聘请李大钊继章之职任图书馆主任。1918年3月15日，李大钊带领图书馆全体职员到清华学校参观，受到校长赵国材、图书馆主任袁同礼及教职员热情招待，又由袁同礼陪同6小时导览。

---

[1] SENG S T.Can the American library system be adapted to China[J].Library Journal, 1916, 41(6):387.

[2] 学界大事记[N].教育界,1913-07-01(4).

[3] 北京大学雄辩会[M]//国立北京大学.国立北京大学廿周年纪念册.北京:国立北京大学,1918:集会一览8.

19日[①]、20日[②]的《北京大学日刊》以"通信"的形式刊登了李大钊先生给记者的来函，全面介绍了清华学校各方面的基本情况，对于图书馆的考察最为详尽，包括馆舍、卡片式目录、书籍种类、结束期限、逾期罚款制度、购书、杂志，以及为杂志中重要论文编制卡片式分类目录等，还指出清华学校图书馆备有电影片以备学生赴附近乡村演讲之用，北京大学图书馆大可仿行。1918年3月21日《清华周刊》第133期也有报道，称："上周北京大学图书馆主任李大钊先生偕同馆中办事员邓秉钧、李盛铎、章士钊、商契衡四先生参观本校图书馆。由袁同礼先生招待。"[③]

是日早上李大钊等人乘人力车，8时半出发至11时许才抵达清华学校。为何要选择远在京郊的清华学校图书馆参观，恐怕除了袁同礼是北大校友外，还因为清华学校图书馆在当时的北京来说是最为先进的图书馆，而且其新馆正在建设当中。戴志骞在1919年2月美国《公共图书馆》(Public Libraries)上发表的《中国图书馆的现状》(Present Library Conditions in China)一文中曾列举19所大学图书馆，他说就其所知其中只有3所是大致按照美国现代图书馆制度略加调整来管理的，这3所就是文华公书林、上海圣约翰大学罗氏图书馆和北京清华学校图书馆[④]。

此次参观后，北京大学图书馆与清华学校图书馆的接触日见频繁。1918年3月20日《北京大学日刊》"图书馆布告"[⑤]载，北大日刊经理部转交其他学校报刊中有《清华学报》1册及《清华周刊》16册，应为袁同礼所赠。1918年4月4日《清华周刊》记载李大钊以自著《中国国际法论》一册赠清华学校图书馆[⑥]。4月18日又记载清华学校图书馆"近以重复书籍20种与北京大学图书馆交换英文法律书22册"[⑦]。《北京档案史料》1987年第1期刊登《李大钊给袁同礼的四封信》，其中李大钊致袁同礼一函就提及赠书及交换书籍事。

---

① 通信[N].北京大学日刊(第95号),1918-03-19(5).
② 通信:李大钊先生来函(续)[N].北京大学日刊(第96号),1918-03-20(5).
③ 嘉宾莅校[J].清华周刊,1918(133):6.
④ TAI T C.Present library conditions in China[J].Public Libraries, 1919, 24(2):38.
⑤ 图书馆布告[N].北京大学日刊(第96号),1918-03-20(2).
⑥ 赠书鸣谢[J].清华周刊,1918(135):1.
⑦ 交换书籍[J].清华周刊,1918(137):4.

第二章　中华图书馆协会的酝酿与成立

赐承各件及手示均悉。拙译《国际法论》呈上一册，捐赠贵馆，并乞指正。交换书籍已按单检齐，俟法科将书送到，即汇呈尊处。敝馆所欲借阅之书，容后函告。诸蒙垂爱，感何可言！以后请教之处正多，惟进而益之①。

《李大钊文集：5》中将该信日期标注为1918年10月②，这是不准确的，其时间应该在1918年3月20日至4月4日之间。

1918年3月29日《北京大学日刊》"图书馆通告"中记载："春假期内本馆拟改编书目，所藏中西文书籍必须清理一次，以资考订。凡本校教职员学生诸君，曾由本馆借用书籍者，务乞一律赐还，是为至荷！"③为改编书目事，李大钊于4月16日致函袁同礼借阅编目相关参考书。

敬启者，敝馆编目伊始，拟广加参考以资遵循。兹就先生前次见示之书单中检出数种，如贵馆储有是书而目前可不需用者，乞暂假一阅，即付去手，阅毕奉还④。

李大钊还有致袁同礼一信，为图书馆设备事取法清华学校图书馆，但因未注年月而不知其具体时间。

前蒙赐访，以外出失迓为歉。兹有恳者，敝处欲令工人制一置放杂志之插斗与简片目录箱二具，因恐工人不谙做法，特令往贵校参观，藉作模楷，乞即就该什器指示一切。琐事相烦，尚望谅宥⑤。

由此可知，北京大学图书馆和清华学校图书馆在1918年已经建立起参观学习、互赠刊物、交换重复馆藏等形式的交流与合作，在图书馆管理制度、图书馆设备与方法上相互借鉴与学习，这说明北京图书馆协会的成立具备现实基础。

正因为当时北京地区图书馆的管理员当中尚无接受图书馆专业教育者（清华学校图书馆主任戴志骞当时正在美国留学），因此，北京图书馆协会的成立并没有直接受到美国图书馆协会的影响，完全是因北京地区图书馆事业的发展而

---

① 李大钊给袁同礼的四封信[J].北京档案史料，1987(1):31.
② 李大钊.李大钊文集：5[M].中国李大钊研究会，编注.北京：人民出版社，1999:279.
③ 图书馆通告[N].北京大学日刊(第104号)，1918-03-29(1).
④ 内容来自国家图书馆雷强向笔者见示自袁同礼后人处所摄书札照片。
⑤ 内容来自国家图书馆雷强向笔者见示自袁同礼后人处所摄书札照片。

65

自发产生了在图书馆间建立联合的需求所致,其目的也比较单纯,正如其章程所述,宗旨是"图谋北京各图书馆间之协助互益"①。

二、北京图书馆协会成立经过

1918年12月3日下午4时,由汇文大学发起,约集北京中学以上各学校图书馆主任在汇文大学开讨论会,各校代表到会十余人,议决在北京组织"图书馆协会"②,联合各图书馆,俾互相协助。由于当天到会人数不够,并没有当即成立图书馆协会,"仅指定起草委员数人"③,公推清华学校代表袁同礼、北京大学代表李大钊、协和医学校代表吉非兰④(Emily Gilfillan)、汇文大学代表高厚德(Howard Spilman Galt)⑤、税务学校代表李崇文、崇文中学代表迨维斯⑥为筹备委员,起草章程,并举定袁同礼为委员长。

12月7日下午3时,在北京大学开起草委员会,议定会章及附则若干条。12月21日下午2时,北京图书馆协会在北京大学文科事务室举行正式成立大会,各图书馆代表到会者有20人。通过委员会所拟章程,并选举职员:会长袁同礼(清华大学)、副会长高厚德(汇文大学)、中文书记李大钊(北京大学)、西文书记吉非兰(协和医学院)。李大钊与高厚德得票相同,提出高君请众认可,于是高厚德当选副会长,李大钊当选为中文书记⑦。这20人分别代表着北京地区的20所图书馆,其中学校图书馆共有13所,有北京大学、清华学校、北京高等师范学校、农业专门学校、法政专门学校、俄文专修馆(外交部管辖)、北京高等师范学校附属中学7所公立学校的图书馆,还有汇文大学、协和医学校、女子协和医学校、协和女子大学、协和华语学校、崇文中学6所教会学校的图书馆,公共图书馆有京师图书馆、京师图书馆分馆、中央公园图书阅览所、京师通俗图书馆(实

---

① 北京图书馆协会成立纪闻[N].北京大学日刊(第292号),1919-01-21(3).
②《清华周刊》提"组织北京图书馆协会",而《北京大学日刊》未提,仅说"议图书馆相互之联络"。
③ 北京图书馆联合会之组织[N].北京大学日刊(第277号),1918-12-21(3).
④《清华周刊》译为"葛飞伦"。《北京大学日刊》中吉非兰女士(Miss Crilfillon)的英文姓氏系排印错误。
⑤《清华周刊》称高德,《北京大学日刊》称其高罗题,但其通行中文名为高厚德。
⑥《清华周刊》用"德韦思",《北京大学日刊》则用"迨维斯",应指同一人,只是译名差异。
⑦ 北京图书馆协会成立纪闻[N].北京大学日刊(第292号),1919-01-21(3).

际上前三者都属于京师图书馆)4所,此外还有教育部和国务院2所政府机关附设图书馆,以及青年会1所社会团体附设图书馆,他们是北京图书馆协会最早的会员[①]。

　　汇文大学为何会在此时召集北京地区图书馆成立图书馆协会并无史料记载。经过义和团运动后,北京地区的教会学校普遍面临着重建的问题,并在20世纪初开始了不同教派学校之间实现联合的漫长过程。汇文大学自1911年发起与华北协和大学联合的动议后,至1916年进入联合的实质性阶段。由于双方都将场地、校舍、科学仪器和图书留给了各自的中学,因此组建的联合大学图书馆几乎是"白手起家"。担任图书馆馆长的高厚德这样描述当时的情况:"图书馆里有一个小书橱,里面放满了原先是谢卫楼博士个人收藏的几百本书……这样,在一间大约4.2×6米的小房间里,燕京大学就以这个小书橱,还有松木桌子上的几份报纸杂志开办了它的图书馆。"[②]北京协和医学院是美国洛克菲勒集团于1915年6月从教会手里收购了协和医学堂以后重组的,1917年才开始重新招生,同时又在其新购的东单三条胡同原豫王府的地皮上花费巨资兴建校舍。李钟履在《北平协和医学院图书馆馆况实录》中称,该校图书馆自1918年9月间始有之,"该时馆舍系位于预科(亦称学堂)校址中,即今所谓之Lockhart Hall,事属草创,未免简陋,屋宇无非二楹,书藏不逾千卷,职员亦甚寥寥,至于搜集书籍,亦乏固定之目标,无论医学图书,抑或普通典籍,罔不兼采并收"[③]。可见,无论是汇文大学还是其他教会学校的图书馆都还属于初创阶段,其规模与北京其他多数图书馆都无法匹敌。唯一可以解释为何由汇文大学发起,可能是高厚德作为美国传教士来华之前毕业于芝加哥大学,又与在哈特福德神学院学习的经历有关,他无论对协会这种社会团体组织形式,还是对美国图书馆协会的了解都较中国图书馆从业人员更为熟悉。也正由于各教会学校图书馆处于发展初期,他们更希望借助图书馆协会促进各自图书馆发展的动机更为强烈。

---

① 北京图书馆协会成立纪闻[N].北京大学日刊(第293号),1919-01-22(4).
② 艾德敷.燕京大学[M].刘天路,译.珠海:珠海出版社,2005:133.
③ 李钟履.北平协和医学院图书馆馆况实录[M].北平:中华图书馆协会,1933:2.

三、北京图书馆协会早期核心人物

虽然北京图书馆协会最早一次集会是由汇文大学发起,高厚德又当选为北京图书馆协会的副会长,但对北京图书馆协会的成立起到关键作用的核心人物却是袁同礼,当然这与清华学校图书馆在当时的先进程度直接相关。首先,第一次开会选出6人为筹备委员,负责起草章程,袁同礼为委员长。这6人当中3人为外籍人士,只有袁同礼、李大钊和李崇文为中国人,而李崇文后来并没有出现在北京图书馆协会会员名单中,可见对于这一组织并不热心,不可能是会章的主要起草者。其次,北京图书馆协会的名称最早见于清华学校的媒体,在第一次集会之后,1918年12月12日《清华周刊》就以《图书馆协会》[①]为题进行报道,且在正文中明确指出要组织一"图书馆协会",而《北京大学日刊》1918年12月21日的报道中用的题名是《北京图书馆联合会之组织》[②],且正文中并没有提到"图书馆协会"。这则消息是在北京图书馆协会召开正式成立大会当日刊出,届时大会尚未召开,但12月7日起草委员会召开时已经议定了会章及附则,作为起草委员之一的李大钊不可能不知道"图书馆协会"这一会名,为何仍以"北京图书馆联合会"称之,有点匪夷所思。至少,可以看出袁同礼对于"图书馆协会"这个名称的认同早于李大钊。而且,1918年2月21日第129期《清华周刊》上有一则《赠书志谢》[③],提到清华学校图书馆收到通俗教育研究会赠《图书馆小识》及通俗教育研究会会员录各一册。这则消息的提供者就是当时代理清华学校图书馆主任的袁同礼,因此他极有可能会翻阅这本与自己业务密切相关的图书,而该书封面明确显示原著是"日本图书馆协会"。因此,袁同礼更可能是北京图书馆协会章程的制定者。他能够当选为会长很可能也与此有直接关系,否则以他的年龄、资历、声望来看都不及李大钊和高厚德。

[①] 图书馆协会[J].清华周刊,1918(153):5.
[②] 北京图书馆联合会之组织[N].北京大学日刊(第277号),1918-12-21(3).
[③] 赠书志谢[J].清华周刊,1918(129):6.

四、北京图书馆协会的组织与活动

从北京图书馆协会成立时通过的章程及附则来看,其会员是以图书馆为单位,个人也仅是作为图书馆的代表参加会议,每馆派代表一人,有投票权,其他职员亦可到会与议,但无投票权。以个人书藏加入者,须经职员会认可,享会员同等权利,但无投票权。因此,这更像是北京各图书馆之间建立的一个议事机构,组织规模因而受到局限。由于外国教会学校图书馆几占一半比例,因此在职员上也大体按照中外籍对等比例设置,会长、副会长、中文书记、英文书记2人为中国人,2人为外国人。北京图书馆协会每年开常会2次,于春秋两季举行,每年春季常会选举职员,各图书馆报告一年之成绩。北京图书馆协会没有会费要求,仅在需要费用时,经大会议决,由各图书馆均担。除召开常会之外,北京图书馆协会主要建立的是藏书的合作。章程附则规定,各馆藏书经会员介绍得互相来往参考,各馆互借图书由各馆自为交涉,各馆之间应谋互换其出版物[①]。

关于北京图书馆协会的介绍比较常见的说法见于宋建成《中华图书馆协会》,而这段话又引用自1928年金敏甫《中国现代图书馆事业概况(续)》一文:"民国七年,北京各图书馆,有北京图书馆协会之发起,并已订定章程,因教部立案未准,加以经费困难,不久即行停顿。"[②]后来图书馆学者也多沿用此语。查1923年商务印书馆出版杨昭悊的《图书馆学(下)》,书中有极为类似的提法:"民国七年的时候,北京各图书馆发起北京图书馆协会,当时已经起草章程,修正通过,因为教育部不准立案,加以经费困难就停顿了。"[③]

因为这样的表述,学界普遍认为北京图书馆协会很快停顿,而没有开展什么活动。不过,笔者发现了一则新资料。1919年6月6日《新京报》有《北京图书馆协会开会》的报道,称:"北京图书馆协会自去岁12月成立以来,都中各图书馆得以互相联络,除贵重图书不得借出外,所有普通图书均可互相参考。教育界中人深感便利。兹闻该会定于本月7日下午2时假协和医学校举行年会,选举下届职员,并讨论进行方法。又司法部、海军部、中国政治学会、中国地理学

---

① 北京图书馆协会成立纪闻(续)[N].北京大学日刊(第293号),1919-01-22(4).
② 金敏甫.中国现代图书馆事业概况(续)[J].国立中山大学图书馆周刊,1928,1(3):23.
③ 杨昭悊.图书馆学(下)[M].上海:商务印书馆,1923:449.

会、医学专门学校、军医学校及女子师范学校各图书馆均已加入该会云。"①可见,北京图书馆协会在成立半年内很快发挥了作用,并且组织还在不断扩大。

关于北京图书馆协会在教育部立案未准一事,李大钊(署名孤松)在1919年9月28日《新生活》第6期发表的《大笑话》一文中这样提到:"听说政府近来很麻烦'联合会'这几个字,所以图书馆联合会在教育部立案,也被批驳了。这真是一个大笑话。"②

由于此前图书馆协会的名称已经确立,向教育部申请立案时并不是以"图书馆联合会"而是以"北京图书馆协会"的名义申请,因此李大钊这里所述因为名称"联合会"造成立案被批驳是不能成立的。当然,还存在一种可能就是当时"联合会"和"协会"经常混用,因此李大钊所写"联合会",实际上所指就是"协会",教育部所"麻烦"的不仅仅是"联合会"这个名字,也包括"协会"等类似团体。

李大钊还曾有致袁同礼一函,也提及北京图书馆协会立案被驳之事。

图书馆协会立案,已被教部批驳。前闻人言,这是傅次长亲自批的。日昨经过教部,果然有此批示,惜当时未带纸笔,未能将他抄下。这种腾关中外的批文,应该布之中外。不日把批文抄下寄呈,如何宣布之处,乞兄酌裁③。

该信仅署廿九日,没有年月,故具体时间难以确定。朱文通、王小梅在《关于李大钊研究的几个问题——读〈李大钊文集〉札记》一文中根据前述李大钊发表《大笑话》的时间是1919年9月28日,推断这封信的写作时间是1919年9月29日④。《李大钊文集:5》收录这封信的正文将其标注为1919年11月,而在注释中称由于傅次长(傅岳棻)自1919年6月就任教育部次长,故此信约写于1919年下半年⑤。

---

① 北京图书馆协会开会[N].新京报,1919-06-06(3).
② 李大钊.李大钊全集:第三卷[M].石家庄:河北教育出版社,1999:334.
③《北京档案史料》1987年第1期所刊登《李大钊给袁同礼的四封信》中录有此信,但因有漏页,内容不全。《李大钊文集》亦同。此处根据雷强所示袁同礼后人提供书信照片录入,为完整版本。
④ 朱文通,王小梅.关于李大钊研究的几个问题——读《李大钊文集》札记[J].北京党史研究,1997(5):21.
⑤ 李大钊.李大钊文集:5[M].中国李大钊研究会,编注.北京:人民出版社,1999:453.

1919年5月15日,教育总长傅增湘因学生风潮扩大而辞职,由教育次长袁希涛代理部务。6月5日袁希涛辞职,傅岳棻为教育次长,并代理部务。故由此信可知,北京图书馆协会立案被教育部批驳的时间应在1919年6月以后,可惜教育部的批文并未得见,不知其批驳的具体理由。

实际上,北京图书馆协会并没有因立案未准而马上陷入停顿。文华图书科首班学生查修在《文华温故集》第15卷4号(1920年11月出版)上发表《北京图书界见闻纪录》,其中有这样一段话:"中国国内办图书馆的人物非常有限,社会上对于这种人才的需求自然非常孔急。今年上春北京图书馆联合会鉴于社会上这种情形,就有意要在暑假的时候设立一个图书馆讲习会。当时联合会的会正就是清华学校图书馆主任戴志骞先生,书记就是高师附属中学主任程柏庐[①]先生。他们二位以及其余在联合会里很热心的几位,经过很有几次的磋商,才定意要用北京图书馆联合会的名义来设立这个讲习会。"[②]由于此前《北京大学日刊》和李大钊《大笑话》都曾以"北京图书馆联合会"相称,加之这一时期并没有其他图书馆团体成立,因此查修所述北京图书馆联合会应该指的就是北京图书馆协会。由这段文字可知,至少在1920年春季,戴志骞担任了北京图书馆协会会长,而此前的会长是袁同礼,因此应该是按照会章规定于每年春季召开常会重新选举的,那么也就证明北京图书馆协会直至1920年春季仍然是正常运转的,而且于1920年暑期开设图书馆讲习会原本是北京图书馆协会计划开展的一项活动。

1921年2月,戴志骞在日本东京《联太平洋》(*The Trans-Pacific*)杂志(英文)发表了《图书馆辅助中国教育》(*Libraries Aid in Educating China*)一文,而1921年2月期美国《专业图书馆》(*Special Libraries*)亦对上文的主要内容做了简要介绍,其中都有这样一段话:"清华学校图书馆在1918年北京图书馆协会的形成过程中起到了领导的作用,首都的图书馆员们现在有机会共同讨论图书馆管理中的重要问题。在该图书馆协会的主持下,引入了馆际互借制度。北京各类型图书馆之间真诚合作的精神的确是这个时代的一个很好的特征。"[③]可见戴志骞对于

---

① 即程时煃。
② 查修.北京图书界见闻纪录[J].文华温故集,1920,15(4):35.
③ 转引自:戴志骞.戴志骞文集:上[M].韦庆媛,邓景康,主编.北京:国家图书馆出版社,2016:231.

北京图书馆协会所起的作用还是十分认可的,且在他1921年的文章中仍看不出北京图书馆协会已经停顿、解散、消亡的迹象。

第二节　图书馆暑期讲习会

图书馆事业发展必然产生对图书馆专业人才和专业教育的需求。当时中国较为先进的图书馆均开始派员出国学习图书馆学,如文华公书林的沈祖荣和胡庆生分别于1914年和1917年赴美、清华大学图书馆的戴志骞于1917年赴美。美国的图书馆学专业教育模式也因此传入中国。由于正式的图书馆专业教育的兴办需要条件较多,中国最早的图书馆专业教育是从暑期讲习会的模式开始的。1918年底成立的北京图书馆协会在此次图书馆暑期讲习会的举办上起到了重要的推动和组织作用,其授课教师也以赴美留学回国的戴志骞和沈祖荣为主,中国最早赴美留学的女图书馆学家冯陈祖怡亦在讲师之列。

一、图书馆暑期讲习会的筹备

1918年,戴志骞在《论美国图书馆》中详细介绍了美国图书馆协会,并给予了高度的评价,据该文所称,他还在当年参加了美国图书馆协会及纽约州图书馆协会的年会。图书馆暑期学校是美国图书馆学教育的一种比较普遍的模式。早在1895年,威斯康星免费图书馆委员会就组织成立了威斯康星图书馆学暑期学校(Wisconsin Summer School of Library Science)[1]。1906年,美国图书馆协会的图书馆学院委员会通过了涵盖冬季(包括图书馆学校与培训班)与暑期学校的图书馆学教育标准[2]。1912年,加州大学伯克利分校开设图书馆学暑期课

---

[1] 附录:美国图书馆学教育年表(1887—2018)[M]// 周亚.美国图书馆学教育思想研究(1887—1955).上海:学林出版社,2018:367.
[2] 附录:美国图书馆学教育年表(1887—2018)[M]// 周亚.美国图书馆学教育思想研究(1887—1955).上海:学林出版社,2018:371.

程[1]。我们可以推想,在美国留学的戴志骞对于举办图书馆暑期学校这种模式应该有所了解。

1919年,戴志骞回国继续担任清华学校图书馆主任。郑锦怀推断戴志骞回国后应在上海待了相当长一段时间(一个月左右)[2]。按理,回国恰逢暑假,也应该到学校开学前夕才会回到清华学校报到。据1919年10月12日《清华周刊》报道称:"本校旧图书管理戴志骞先生已由美回国来校视事,所有图书管理现共有八人之多云。"[3]这说明戴志骞回到清华学校至少是在1919年10月12日之前。戴志骞回国后具体何时加入北京图书馆协会不得而知,从查修《北京图书界见闻纪录》的记载只能推断出他在1920年春当选为北京图书馆协会会长。

1919年12月,李大钊在北京高等师范学校图书馆二周年纪念日上发表演讲,他在结尾提到:"图书馆和教育有密切的关系,和社会教育更有关系。贵校是研究教育的,所以我希望贵校添设图书馆专科,或是简易的传习所,使管理图书的都有图书馆教育的知识。这是我个人的希望,觉得贵校是最相宜的。从前清华学校拟设图书馆专科,后来因经济不够,所以不办。他想明年暑假办一个图书馆教育传习所,但是他在城外,也有许多的不便利,所以我仍是希望贵校举行。这是关系中国图书馆前途的时期,也是关系中国教育前途的时期,请诸位注意。"[4]北京高等师范学校图书馆二周年纪念日之所以请北京大学图书馆主任李大钊发表演讲,而李大钊又提到了清华学校拟设图书馆专科,说明这三所图书馆是有联系的,同为北京图书馆协会会员便是它们最直接的关系。

李大钊所言清华学校拟设图书馆专科,以及打算1920年暑假办一个图书馆教育传习所,与查修在《北京图书界见闻纪录》所述北京图书馆协会打算在1920年暑假设立图书馆讲习会虽然不完全对应,但基本是吻合的,说明清华大学在开展图书馆教育的问题上是走在全国前列的,拟设图书馆专科的时间早于文华图书科真正创办的时间,之所以最终采用暑期讲习会的形式而不是传

---

[1] 附录:美国图书馆学教育年表(1887—2018)[M]// 周亚.美国图书馆学教育思想研究(1887—1955).上海:学林出版社,2018:373.

[2] 郑锦怀.中国现代图书馆先驱戴志骞研究[M].青岛:中国海洋大学出版社,2017:114.

[3] 图书管理增添人数[J].清华周刊,1919(173):3.

[4] 李大钊.李守常先生在本校图书馆二周年纪念会演说词[J].予同,笔记.平民教育,1919(10).转引自:在北京高等师范图书馆二周年纪念会的演说辞[J].中国图书馆学报,1979(2):36.

所,大约也是条件所限的缘故。清华学校能提出图书馆教育的设想,与戴志骞1919年秋刚从美国学习图书馆学回国,具备开展图书馆教育的基本条件直接相关。李大钊在演讲中表达了他本人对于此事的看法,他认为清华学校办此事存在地理位置上的不便,因而建议北京高等师范学校承担起开展图书馆学教育的任务,添设图书馆专科或图书馆教育传习所。

1919年11月25日,前教育次长袁希涛为视察委员长组织了一个十二人的赴美教育视察团自上海出发,北京高等师范学校校长陈宝泉作为团员一同赴美,预定视察时间为半年[①]。因此,李大钊发表演说时,陈宝泉已在美国,故并不知晓李大钊的提议,此事也就没有立刻由北京高等师范学校来兴办。

1920年春,北京图书馆协会决定设立图书馆暑期讲习会。款项一事,预备由北京大学、北京高等师范学校以及清华学校三个大学每个大学捐一百元来办这个事[②]。正计划妥当,预备施行的时候,陈宝泉等数人于1920年5月27日晨自美抵沪[③]。到上海时,听说北京有此计划,陈宝泉连忙写信给北京图书馆协会会长戴志骞、书记程时煃二位,知会他们这个计划的施行可用北京高等师范学校的名义,经济问题,由他负责。戴、程二位得了这个消息就大着胆子将这第一次图书馆讲习会开办起来[④]。

虽然清华学校办理图书馆学专科的计划没能实现,但文华图书科却由韦棣华女士在沈祖荣、胡庆生的协助下于1920年3月正式在武昌文华大学开班招生。首班共有8名学生:除学界熟知的裘开明、黄伟楞、陈宗登、桂质柏、许达聪、查修6名学生外,还有田洪都和胡正支二人[⑤]。在文华图书科正式开办之前,韦棣华收到3份用人的来函。一是中华医学基金会的顾临代表北京中国政治学会图书馆提出;二是时任商务印书馆编译所英文部主任邝富灼(Fong F. Sec)代表商务印书馆提出;三是王克私[⑥](Philipe de Vargas, 1888—1956)代表上

---

① 赴美教育视察团[N].晨报,1919-11-24(2).
② 查修.北京图书界见闻纪录[J].文华温故集,1920,15(4):35.
③ 赴美之教育团回国[N].晨报,1920-05-28(6).
④ 查修.北京图书界见闻纪录[J].文华温故集,1920,15(4):35.
⑤ 王玮.文华图书科首班"流失"学生考[J].图书馆论坛,2020,40(11):115-124.
⑥ 瑞士人,1913年以史学获瑞士洛桑大学博士学位,同年来华。先后任济南、武昌、汉口、上海、北京等地青年会干事。1919年燕京大学创设历史学系,王克私为最初负责人,此后长期在燕京大学宗教学院和历史学系任教。

海基督教青年会图书馆提出。这年暑假将近时,韦棣华女士安排裘开明、黄伟楞、胡正支、桂质柏、许达聪5人,随胡庆生去上海商务印书馆的图书馆实习,查修、田洪都和陈宗登3人,随沈祖荣去北京政治学会图书馆实习,并安排胡正支和田洪都在实习结束后分别暂时担任上海商务印书馆图书馆和北京政治学会图书馆的职务,直至黄伟楞和陈宗登1922年夏毕业后接替他们。正在此时,沈祖荣收到了北京高等师范学校暑期图书馆讲习会的授课邀请,这样一同赴京的学生正好可以借机参加讲习会。

1920年6月28日和8月2日,《晨报》刊登暑期讲习会招生广告,7月3日《申报》亦有讲习会消息之通告。北京高等师范学校又函知各省教育厅,再由教育厅下发训令请派人参会。1920年7月14日浙江教育厅发布第706号训令[1],令公立图书馆、公众运动场派人到会,并附北京高等师范学校来函及所附讲习会简章。

北京高等师范学校函开

敬启者:

查现今图书馆教育于养成学生自动能力颇关重要,故外国已立有专科以培人才。吾国办学者对于图书馆学多未研究,故校中设立图书馆者甚少,即有设立者亦或未尽合法。图书馆教育前途难期发展。本校拟就暑假期间开办一图书馆讲习会,敦请专家讲演图书馆学。自八月二日起二十三日止,凡从事于图书馆教育及中等以上学校毕业生有志研究图书馆教育者皆可入会听讲。将来于图书馆事业之发展不无裨益。兹检同简章及讲员名单函请贵厅查照转知各校派人到会讲习为荷。

北京高等师范学校图书馆讲习会简章

第一条 本会以利用假期讲习图书馆学、谋图书馆事业之发展为宗旨

第二条 本会讲习事项规定如左(下):

一、图书馆教育

二、图书馆组织法及管理法(学校图书馆、公共图书馆、儿童图书馆)

三、图书馆编目及分类(学校图书馆、公共图书馆、儿童图书馆)

---

[1] 浙江教育厅训令第七〇六号[J].浙江教育,1920,3(7):20.

四、课外实习

五、临时讲演（幻灯讲演）

六、参观及调查

第三条 本会讲习期日及时间规定如左（下）：

八月二日起二十三日止

每日午前八时至十一时

第四条 本会除由讲演员按时出席讲演外，临时得加请中外名人讲演

第五条 本会听讲人员不拘男女，须有左（下）列资格之一种：

一、从事于图书馆教育者

二、中等学校以上毕业生而有志研究图书馆教育者

第六条 本会听讲名额至多不得过一百人

第七条 本会听讲费每人五角

第八条 本会讲习地点在琉璃厂南新华街本校内

第九条 本会报名期限自七月一日起至三十一日止

附讲演员姓名表

沈祖荣　武昌文华大学图书馆长

戴超[1]　清华学校图书馆长

李大钊　北京大学图书馆主任

李贻燕　前北京高等师范学校图书馆主任

程时煃　北京高等师范学校图书馆主任

京师学务局也于7月15日发出第67号训令，照印《北京高等师范学校图书馆讲习会简章》发京师公私立中小学校查照并派人赴会[2]。福建教育厅发出第869号指令，令省立第十三中学校长选派前教员余超前往北京高等师范学校图书馆讲习会听讲[3]。《江苏省教育会月报》刊发致各中等以上学校函，转知北京高

---

[1] 即戴志骞。

[2] 训令第六七号（七月十五日）[J].京师学务局教育行政月刊，1920，1(10)：局令2-4.

[3] 指令第八百六十九号[J].福建教育行政月刊，1920，1(5)：厅令31.

等师范学校举办图书馆讲习会消息,转请派员到会①。可见,这次图书馆讲习会的招生主要是依靠教育行政力量推行的,参会人员基本上都是教育系统内人员,无论是公共图书馆馆员还是学校教师。这种行政力量比在社会上普遍撒网的招生效果要好很多,也更有针对性。

此次讲习会的讲演员以清华学校图书馆、北京大学图书馆和北京高等师范学校图书馆为主,实际上也都是北京图书馆协会的成员,与此事最初打算由北京图书馆协会来办直接相关。沈祖荣的加入,主要是由于程时煃的推荐,他曾在江西南昌主持过沈祖荣的图书馆讲演,故提出聘请沈祖荣为暑期讲习会的讲演员②。此次讲习会促使中国不同地区的图书馆专家得以第一次聚首。

然而,袁世凯去世不久,直系军阀曹锟就与皖系军阀段祺瑞为争夺政权,于1920年7月交火,直皖战争爆发,交通断绝。文华图书科师生原以为京城必定危险异常,讲习会不是闭幕就是延期,然而讲习会依然照常举办。经费一层,陈宝泉原计划从教育部挪300元用于举办这次讲习会,然而当事情已经办到不能中止的地步,经费却依然没有着落。最后印讲义的费用是一天一天结算,而且北京教员自1920年5月起就没有发薪水③。不得不说,中国最早的图书馆暑期讲习会的举办着实不易,这一切离不开热心图书馆事业者的坚持和付出。

二、图书馆暑期讲习会的举办

1920年8月2日讲习会开幕,《晨报》报道称,聘有图书馆专家担任讲演,并时有名人演说及实地练习,到会者不下百余人,内有女子十余人,多系各省或各校选派来京或有志研究此项教育者,称此为"吾国图书馆教育发展之一新纪元也"④。

戴志骞在1921年2月《图书馆辅助中国教育》一文中提到该讲习会"注册人数共有78人——69名男性和9名女性"⑤,实际上每天参会人数有所浮动。杨昭

---

① 致各中等以上学校转知北京高等师范学校开办图书馆讲习会书[J].江苏教育会月报,1920(7月):文牍2.
② 查修.北京图书界见闻纪录[J].文华温故集,1920,15(4):35.
③ 查修.北京图书界见闻纪录[J].文华温故集,1920,15(4):35-36.
④ 北高图书馆讲习会志盛[N].晨报,1920-08-08(3).
⑤ 转引自:戴志骞.戴志骞文集:上[M].韦庆媛、邓景康,主编.北京:国家图书馆出版社,2016:231.

恕在1920年8月9日给《晨报》投稿时说,"听讲的男女,共有五六十人"[1],他后来在《图书馆学(下)》第三章"图书馆讲习会"部分则称"听讲的男女共六十余人"[2]。查修则称他与沈祖荣8月18日到会时,"计这天到会者,共有八十四人,女生就有七个"[3]。据戴志骞在1926年《十五年来之中国图书馆事业》中所述,"其中三分之二,均为各省公立及学校图书馆之职员"[4]。

8月8日,《晨报》刊发《北高图书馆讲习会志盛》,列有此次讲习会的课程时间表(见表1)。

表1　北京高师图书馆讲习会时间表[5]

日期	时间	内容	讲演员
8月2日	8—9	开会式	
	9—10	讲演	陈宝泉
	10—11	图书馆教育	程时煃
8月3日	8—9	图书馆教育	李大钊
	9—10	图书馆组织法及管理法	戴志骞
	10—11	图书馆分类法	戴志骞
8月4日	8—9	图书馆组织法及管理法	沈祖荣
	9—10	图书馆教育	李大钊
	10—11	图书馆编目法	戴志骞
8月5日	8—9	图书馆教育	李贻燕
	9—10	图书馆编目法	戴志骞
	10—11	图书馆分类法	戴志骞
8月6日	8—9	图书馆教育	邓萃英
	9—10	图书馆编目法	戴志骞
	10—11	图书馆教育	李贻燕

---

[1] 杨昭恕.我对于图书馆讲习会的意见[N].晨报,1920-08-18(7).
[2] 杨昭恕.图书馆学(下)[M].上海:商务印书馆,1923:446.
[3] 查修.北京图书界见闻纪录[J].文华温故集,1920,15(4):34.
[4] 转引自:戴志骞.戴志骞文集:上[M].韦庆媛、邓景康,主编.北京:国家图书馆出版社,2016:52.
[5] 北高图书馆讲习会志盛[N].晨报,1920-08-08(3).

续表

日期	时间	内容	讲演员
8月7日	8—9	图书馆组织法及管理法	沈祖荣
	9—10	图书馆组织法及管理法	沈祖荣
	10—11	图书馆分类实习	戴志骞
8月9日	8—9	图书馆教育	王文培
	9—10	图书馆编目实习	戴志骞
	10—11	图书馆分类法	戴志骞
8月10日	8—9	图书馆组织法及管理法	沈祖荣
	9—10	图书馆分类法	沈祖荣
	10—11	图书馆编目法	戴志骞
8月11日	8—9	图书馆分类法实习	戴志骞
	9—10	图书馆分类法实习	戴志骞
	10—11	图书馆组织法及管理法	沈祖荣
8月12日	8—9	图书馆编目法	戴志骞
	9—10	图书馆编目法	戴志骞
	10—11	图书馆组织法及管理法	沈祖荣
8月13日		参观及调查（公共图书馆、通俗图书馆、儿童图书馆）	
8月14日		参观及调查（北大图书馆、高师图书馆、协和医学校图书馆）	
8月16日	8—9	图书馆组织法及管理法	冯陈祖怡
	9—10	图书馆组织法及管理法	冯陈祖怡
	10—11	图书馆分类法实习	戴志骞
8月17日	8—9	图书馆分类法	戴志骞
	9—10	图书馆分类法实习	戴志骞
	10—11	图书馆组织法及管理法	沈祖荣
8月18日	8—9	图书馆分类法	沈祖荣
	9—10	图书馆编目法	戴志骞
	10—11	图书馆编目法实习	戴志骞

续表

日期	时间	内容	讲演员
8月19日	8—9	图书馆组织法及管理法	沈祖荣
	9—10	图书馆编目法实习	戴志骞
	10—11	图书馆编目法实习	戴志骞
8月20日	8—9	图书馆组织法及管理法	沈祖荣
	9—10	图书馆教育	
8月21日		参观及调查（清华学校）、闭会式	
临时讲演演题及讲演员随时通告，幻灯讲演临时规定			

  从该表来看，相较于7月招生时所列5名讲演员之外，还安排了校长陈宝泉的演说，并请北京高等师范学校前教务主任、教育部参事邓萃英，以及北京高等师范学校教育科教员王文培讲授图书馆教育。图书馆组织法与管理法、图书馆分类与编目这样的核心课程是由沈祖荣、戴志骞和冯陈祖怡三位留美学习图书馆学的专家来主讲。冯陈祖怡原本不在7月招生所列讲师名单，也是后来增加的。1917年夏，冯陈祖怡参加寰球中国学生会组织的留美俭学会自费留美。7月29日，寰球中国学生会为出洋学生开欢送会[①]。她毕业于美国加利福尼亚大学图书馆学校。适逢1919年9月南开学校设立大学部，回国后的冯陈祖怡即担任首任南开大学图书馆主任，1920年春"因故辞职"[②]。据冯陈祖怡《北京高师图书馆沿革纪略及新图书馆》一文介绍，李贻燕于1918年1月至1919年9月任图书馆主任，辞职后程时煃继任，1920年夏程时煃辞职，学校改聘王文培为主任，12月王文培辞职，改聘冯陈祖怡为主任[③]。也就是说，北京高等师范学校四任图书馆主任：李贻燕、程时煃、王文培、冯陈祖怡都担任了此次图书馆暑期讲习会的讲演员。不过，曹配言在《北高图书馆讲习会闭会式志盛》中将冯陈祖怡发表意见归入"会员诸君演说部分"而非"讲习会教员演说"，不知是否系误记，且介绍时称她为南开大学图书馆主任，与王文山记录她离开南开的时间不符，亦需进一步考证。

[①] 李克欣.中国留学生在上海[M].上海：东方出版中心，2013：46.
[②] 王文山.南开学校图书馆[J].南开周刊，1924（南开学校二十周年纪念号）：1.
[③] 冯陈祖怡.北京高师图书馆沿革纪略及新图书馆[J].教育丛刊，1923，3(6)：3.

第二章　中华图书馆协会的酝酿与成立

杨昭悊全程参加了此次图书馆讲习会,并于8月9日将一个星期内的讲演内容写成《我对于图书馆讲习会的意见》投给《晨报》,8月18日、19日刊出该文。杨昭悊在这次讲习会前夕已经翻译出版了日本人田中敬著《图书馆学指南》,根据这本书的"译者序"可以知道,他于"己未仲夏,承王维白校长之命,主任法校图书馆。公余之暇于东西洋图书馆学之书籍,潜心搜讨"①,于是翻译该书。可见杨昭悊是自1919年仲夏起任北京法政专门学校图书馆主任。作为已有一定图书馆学基础和图书馆实际管理经验的图书馆员,他高度认可暑期图书馆讲习会对普及图书馆学的重要意义,他说:"这种讲习会在欧美各国早已盛行,确有益于图书馆教育……中国自从开办图书馆以来,大家只知道图书馆,不知道什么图书馆学,到了这会讲演图书馆组织法、管理法、分类编目,以及图书馆教育等科学,一切听讲的人,都知道图书馆学(Library Science)是一种科学,大有研究的价值。"②据杨昭悊一文记载,讲习会第一周由于沈祖荣未能到会,原本由他主讲的组织法与管理法由戴志骞兼任,分类和编目由戴志骞担任,图书馆教育一门课有四位担任:李贻燕讲图书馆沿革和近状、邓萃英讲图书馆在学校教育上的价值、李大钊讲图书馆可以促进平民教育、程时煃讲图书馆教育发展计划案。

直到8月中旬,沈祖荣和查修才获得京汉路通行消息。出发前些天,他俩准备用于政治学会图书馆的工作的杜威十进法和编目规则的资料,直到8月15日上午才做完,下午动身去火车站,乘坐晚上8点出发的火车,17日下午1点抵达北京。沈祖荣到京后,先去青年会,又赶赴各处拜访,如政治学会等地方③。18日早7点,沈祖荣与查修赴琉璃厂北京高等师范学校图书馆讲习会,在附属中学见到程时煃和戴志骞二位,座谈了一会儿,不到8点回到高师本部。始由程时煃欢迎、介绍,沈祖荣随即登台演讲,题目是《我们何以要提倡图书馆呢?》,接着由戴志骞讲目录的编辑法,查修认为由于"用的是英文,听者多感不便,结果不能十分完满"④。

---

① 田中敬.图书馆学指南[M].杨昭悊,译.法政学报社,1920:译者序.
② 杨昭悊.我对于图书馆讲习会的意见[N].晨报,1920-08-18(7).
③ 查修.北京图书界见闻纪录[J].文华温故集,1920,15(4):33-34.
④ 查修.北京图书界见闻纪录[J].文华温故集,1920,15(4):34.

8月20日讲习会闭幕,比时间表中提前了一天。上午开茶话会,到会者除会员外,有高师校长陈宝泉及各主任十余人。9点,主席程时煃报告,次由陈校长演说,后由会员自由发表。最后11点摄影散会[①]。8月22日,《晨报》还刊登了沈祖荣在图书馆暑期讲习会上的演讲《我们何以要提倡图书馆呢?》。此次讲习会利用《晨报》作了全程的报道,对于宣传和提倡图书馆事业起到了很好的促进作用。

三、组织全国图书馆协会的提议

如果讲演确如时间表安排进行的话,程时煃所作图书馆教育的讲演应在8月2日10点至11点。即使发生变动,他的讲演也应在8月9日之前进行,因为杨昭悊写于8月9日的《我对于图书馆讲习会的意见》中详细记载了程时煃《图书馆教育发展计划案》的具体内容。这份计划案首次提出组织全国图书馆协会。

图书馆教育发展计划案

一、关于学校教育

1.高等师范学校、师范学校最终学年,应加设图书馆科,以为发展图书馆事业之基础;女子职业学校,亦应设此科,以资服务于社会。

2.高等小学校国语读本中,应加设图书馆一课,以养成对于图书馆之常识及兴味。

3.小学参考书中附记参考书名,使儿童利用图书馆、练习自修,养成自动之能力。

4.学校均应设立简易图书馆,教授儿童图书馆之利用法。

5.学校与公立图书馆设法联络,以谋教学之便利。

二、关于教育行政

1.国家设立图书馆学校。

2.国家设立各种模范图书馆。

[①] 曹配言.北高图书馆讲习会闭会式志盛[N].晨报,1920-08-21(3).

3.督促地方设立公共图书馆、通俗图书馆、儿童图书馆、巡回图书馆,及奖励私人设立。

4.规定图书馆员之待遇。

5.派员留学外国,专习图书馆教育。

三、关于团体组织

1.组织全国图书馆协会及设分会于各地。

2.组织图书馆杂志。

3.组织图书馆展览会、讲演会、讲习会及读书会。[①]

针对这份计划案,杨昭悊指出:"除仿照英美陈例以外,间或有些是程先生自出心裁的。倘若能够渐次实行,中国教育一定能够普及,民治一定能够增进。"[②]他还提出图书馆协会有两件应办之事:一是译书译名,二是保存古籍。因此,图书馆协会要设立一个译书会,先译入门的书籍和辞典,再译专门的书,使有志这项学问的人,可以参考研究[③];保存古籍则是因为"新的书籍,只要有钱,就可以买,若是古来书籍,一天少一天,就是有钱,也不容易买"[④],建议协会成立后以会中名义呈请教育部,仿照《保存古物条例》,厘定《保存古籍条例》分惩劝两种方法,责成各地长官切实奉行,使古籍不致流出或损毁。已经流落外国的,务必设法赎回或抄写。

8月20日闭会当日,几位教员在演说时都提到了创办图书馆协会之事。沈祖荣对于美国图书馆年会做详细说明,并对于我国应办图书馆协会的必要性下一正确的判断。戴志骞对于欧美图书馆协会成立的历史详细说明,并对于我国图书馆协会应该急速设立的必要逐条解释如下:(1)协会可作普及教育的总机关。(2)译书统一会可由协会办理。(3)可与各国协会联络,并可加入国际联盟国图书馆会中。会员演说环节,何作霖对于协会成立的必要加以说明。杨昭悊对于图书馆与普及教育的关系进行说明。冯陈祖怡对于图书馆前途的希望说明四条:(1)希望协会成立,则各事自易解决。(2)因中国地方很大,盼望多设立图

---

① 杨昭悊.我对于图书馆讲习会的意见(续)[N].晨报,1920-08-19(7).

② 杨昭悊.我对于图书馆讲习会的意见(续)[N].晨报,1920-08-19(7).

③ 杨昭悊.我对于图书馆讲习会的意见(续)[N].晨报,1920-08-19(7).

④ 杨昭悊.再论图书馆讲习会(续)[N].晨报,1920-08-30(5).

书馆。(3)中国图书馆的组织要以国情为标准。(4)要设法养成一般人看书的兴趣①。最后,程时煃又做了两点说明。其一,他认为图书馆协会的组织要谨慎。他举出北京图书馆协会失败的若干原因:(1)组织不好,限以学校图书馆为单位;(2)职员只限于学校图书馆的干事;(3)多系外国人发起。总之,以前失败的原因,全系大家把此事认作少数人的事情,大家不愿往前帮助。其二,他提出图书馆协会组织方法的大纲:(1)全国的各界——教育界、实业界……作为重要会员;(2)全国对于图书馆教育热心的人,登诸报章,请来帮助;(3)设各种研究会,其组织要合平民治的精神,不要有会长等名词②。程时煃之所以能对北京图书馆协会的状况作出反思,是因为他于1920年春当选为北京图书馆协会的书记,对于协会的发展有切身的感悟。闭会式上,参会人员"都以筹划设立图书馆协会以谋本国图书馆教育的发达为重要,经大家通过,举出七人,作为筹备员"③。

北京法政专门学校自1918年12月北京图书馆协会成立时起就是该协会会员,因此杨昭悊担任北京法政专门学校图书馆主任后,自然也就成为该校图书馆的代表参与北京图书馆协会的活动。他在《我对于图书馆讲习会的意见》中也提到对北京图书馆协会的看法,他说:"中国自从前年京中立了一个图书馆协会,一般人才知道图书馆事业的重要。但是这种协会是有名无实的,除照例每年改选几个职员以外,简直无事可干,到了开会的时候,除了几个图书馆代表以外,更是没有一个人到会的。"④杨昭悊还在《再论图书馆讲习会》中再次提到:"我想以前的协会无形消灭的原因,不能尽怪办事的人不好,只以当时事属创举,当局的人见所未见,可怜发起的时候,教育部不但不加以辅助,给点津贴,并且大事摧残,连案都不能立。"⑤杨昭悊原本主张将那个协会加以改良,不必改造。但有人说那个会不好的地方太多,根本上不能存在。所以他后来一想,"那个会范围太小,我们另行组织一个范围推到全国,加上中国两个字样,使中国图书馆界从我们时代开一个新纪元,岂不很好?"⑥

---

① 曹配言.北高图书馆讲习会闭会式志盛[N].晨报,1920-08-21(3).
② 曹配言.北高图书馆讲习会闭会式志盛[N].晨报,1920-08-21(3).
③ 曹配言.北高图书馆讲习会闭会式志盛[N].晨报,1920-08-21(3).
④ 杨昭悊.我对于图书馆讲习会的意见[N].晨报,1920-08-18(7).
⑤ 杨昭悊.再论图书馆讲习会(续)[N].晨报,1920-08-30(5).
⑥ 杨昭悊.再论图书馆讲习会(续)[N].晨报,1920-08-30(5).

在程时煃提出《图书馆教育发展计划案》之前，戴志骞早在1918年尚未回国时就已经在《留美学生季报》中发表《论美国图书馆》，介绍美国图书馆协会成立的历史、章程、出版物、年会、具体工作等情况，不过当时将其译作"美国图书管理员会"，他说："当时美国图书馆亦如现今中国之藏书楼，专为保藏书籍非为人民自修而设也。以图书馆为普通人民自修之所，为普通人民教育之关键，始于1876年，介绍此图书馆之新理想于人民之脑海中者，皆美国图书管理员会之力。"[1]又说美国图书馆协会"以互相研究图书管理法，而以普及教育为目的……故现今美国图书馆之发达，而人民得无限之利益者，均此会之力也"[2]。文中还介绍他本人曾于1918年受邀参加了美国图书馆协会和纽约州图书馆协会的年会。戴志骞回国后，于1920年在上海圣约翰大学校刊《约翰声》上发表《图书馆学》[3]，其中写道："一八七六年，美国组织图书馆协会，英日德法比等国，全国图书馆协会相继成立，为图书馆开一新纪元。"[4]同年3月9日，《民国日报副刊·觉悟》发表戴志骞在北京高师图书馆的讲演《图书馆与教育》，有十分类似的表达，但更为具体，他说："1876年，成立图书馆协会，讨论关于图书馆一切设施的事情。所以1876这一年，不仅开美国图书馆的新纪元，可以说是开世界图书馆的新纪元。从这年以后，才讲求开放的方法，才现出长足的进步。后来英国于1898年，德国于1900年，日本于1901年都成立了图书馆协会，其余法、意各国，也相继成立。"[5]

从戴志骞在多篇论文中提到全国图书馆协会的计划，以及积极促成各地方图书馆协会成立的举动中可以看出他对此事的热心和参与程度。考虑到程时煃和戴志骞分别是北京图书馆协会的书记和会长，虽然不能肯定这一计划出自戴志骞的想法，但有理由相信程时煃的这一计划有受戴志骞影响的成分。

戴志骞在1921年2月《图书馆辅助中国教育》一文中满怀信心地向国际社会介绍这一即将诞生的组织，他说："鉴于中国对现代图书馆的需求，北京的一

---

[1] 戴志骞.论美国图书馆[J].留美学生季报,1918,5(4):123.
[2] 戴志骞.论美国图书馆[J].留美学生季报,1918,5(4):123.
[3] 该文没有署名，据韦庆媛、邓景康主编《戴志骞文集》考证，作者应该是戴志骞。
[4] 戴志骞.图书馆学[J].约翰声,1920,31(4):20.
[5] 转引自：韦庆媛,邓景康.戴志骞文集：上[M].北京：国家图书馆出版社,2016:11.

批图书馆员和教育工作者正在组织一个中国的全国图书馆协会。第一步就是要请求各省或城市组建地方图书馆协会以推动当地的图书馆学发展。中国图书馆协会将每年邀请不同城市有志于开展图书馆运动的各图书馆协会代表、图书馆员和教育工作者召开一次年会。去年秋天,已经选出了组委会,并计划在1921年夏天召开第一次年会。"①

1921年,为响应世界其他国家学习美国图书馆模式之需求,美国图书馆协会执行部成立"他国图书馆合作委员会"(Library Co-operation With Other Countries),该委员会可以指派或邀请其会员为其提供服务②。1921年7月出版的美国图书馆协会1920年至1921年度报告中该委员会的中国部分即是戴志骞所撰写的《中国的图书馆运动》(Library Movement in China),其内容绝大部分与《图书馆辅助中国教育》一文相同,结尾增加了他对于在中国开展图书馆运动的看法,他认为指望政府为这场运动提供补助是不切实际的幻想,同时普通民众对于普遍设立图书馆的意愿还不够热切,由于存在这两大困难,他认为推进图书馆运动需要循序渐进而小心谨慎,同时还要充满希望和耐心。他提出下列几点计划,并认为最迫切的需要是组织中国图书馆协会。

1. 组织中国图书馆协会,并出版有关图书馆主题的期刊和小册子。通过这一组织可以成功完成广告和宣传的任务,但首先需要实现图书馆管理的标准化。

2. 鼓励每个城市建立地方图书馆协会。这两项计划自从去年暑假就开始讨论了,但由于经济困难,仅仅只有一小部分工作落实了。

3. 影响少数高等教育机构建立图书馆学科。我曾与北京高等师范学校和南京高等师范学校校长讨论过这个计划,他们完全赞成我的提议。同样还是由于资金缺乏,该计划被临时停顿。

4. 鼓励在每个区域建立小图书馆和阅览室。长江沿岸的很多城市已经开始付诸行动。

---

① 转引自:韦庆媛,邓景康.戴志骞文集:上[M].北京:国家图书馆出版社,2016:231.
② American Library Association. Annual Reports (1920-21) [R].Chicago: American Library Association, 1921:34.

5.试图影响中国学生赴美国学习图书馆学。我们希望由受训练的图书馆员向公众提供有效的图书馆服务。[①]

在这次暑期图书馆讲习会上,组织全国图书馆协会的提议得到了与会代表的一致认同,不少会员热切盼望这一协会可以尽快组织,但杨昭悊对于组织全国图书馆协会有较为客观的判断,他说:"其实这个会事情很大,不但要联络中国教育界,还要联络中国在外国热心教育的人;不但要联络全国教育界,就是其他各界热心教育的人,也要联络。几天的工夫,哪能办到?"[②]

杨昭悊在参加过北京高师暑期图书馆讲习会后,便应尚志学会林宰平的邀请开始编写《图书馆学》。他在1921年11月出国前完成初稿,并带在路上校对,抵日本东京时返回校稿。该书1923年由商务印书馆出版,蔡元培、戴志骞、林宰平为其作序。该书是由中国人编写的第一部完整系统的图书馆学理论著作,同时又具有极强的实践指导意义。该书共分八篇,最后一篇为"促进图书馆教育的机关",包含图书馆法规、图书馆学校、图书馆讲习会、图书馆协会、图书馆报志、图书馆广告6个部分。他说:"去年北京高师开图书馆讲习会的时候,有人提议组织中国全国图书馆协会,也因种种障碍,未能成立。"他认为"倘若想图书馆发达,图书馆协会绝对是不可少的机关"[③]。该书附录中还附有1918年《北京图书馆协会章程》及《附则》。

1853年召开的全美第一次图书馆员大会没有促成美国图书馆协会成立,但其种下的"因"最终在1876年收获了"果",而催化其成熟的力量来自于教育界。1920年北京高等师范学校图书馆暑期讲习会虽然也没有促成中国的全国图书馆协会成立,但同样种下了一颗种子,也是依靠教育界的支持最终开花、结果,诞生了中国的全国图书馆协会。

---

① American Library Association. Annual Reports (1920-21) [R]. Chicago: American Library Association, 1921:62.

② 杨昭悊.再论图书馆讲习会(续)[N].晨报,1920-08-30(5).

③ 杨昭悊.图书馆学(下)[M].上海:商务印书馆,1923:446.

第三节 地方图书馆协会

虽然1920年夏在北京高等师范学校暑期图书馆讲习会上提出了组织全国图书馆协会的计划，并开始着手筹备，但全国图书馆协会并没有如戴志骞等人所计划的在1921年夏成立。据戴志骞发表于1921年的两篇英文论文所称，当时成立全国图书馆协会的计划是首先鼓励各省或城市成立地方图书馆协会。他还说，由于经济困难，这些工作只有一小部分落实了。中华教育改进社成立后，将图书馆教育纳入其业务范围，不仅在《新教育》上大量发表图书馆学论文，更建立起了与全国知名图书馆专家的联系，自1922年该社第一次年会起，图书馆教育组成为每年年会的常设分组，并成为推动全国集中成立地方图书馆协会，以及组织成立中华图书馆协会的重要推手。

一、中华教育改进社

1918年12月，江苏省教育会、北京大学、南京高等师范学校、暨南学校、中华职业教育社发起新教育共进社。成立该社的初衷原是"专事编译《新教育丛书》及《新教育》月刊"[1]。1919年1月，新教育共进社呈奉教育部批准立案，并准于1919年上半年拨给补助费1000元，从1919年度始每年度拨给补助费2500元[2]。1919年2月，《新教育》杂志创刊，编辑部设在江苏省教育会，编辑部主干蒋梦麟、通信记者黄炎培、编辑徐甘棠、发行沈肃文。由各组成团体各出数人担任编辑代表：北京大学蔡元培、胡适、陶履恭，南京高等师范学校郭秉文、刘经庶、陶行知、朱进，暨南学校赵正平、姜琦，江苏省教育会沈恩孚、贾丰臻，中华职业教育社余日章、顾树森。

郭秉文、陶行知、蒋梦麟都毕业于美国哥伦比亚大学师范学院，胡适在哥伦比亚大学哲学系学习，而杜威既在哲学系又在师范学院任教，因此他们都是杜威的学生。1919年2月，得知杜威在日本游历的消息后，时值郭秉文正欲赴美

---

[1] 呈教育部请拨放新教育共进社补助费文[J].江苏省教育会月报,1919(10):文牍8-9.
[2] 呈教育部请拨放新教育共进社补助费文[J].江苏省教育会月报,1919(10):文牍9.

考察教育，便由他途经日本时当面邀请杜威访华，并决定由胡适、蒋梦麟、陶行知分别代表北京大学、江苏省教育会和南京高等师范学校负责杜威来华接待。1919年4月，蔡元培以北京大学校长名义致电哥伦比亚大学，为杜威请了一年假期。在杜威来华前夕和访华过程中留美学生借助《新教育》广泛宣传杜威思想。自1919年4月30日到达上海至1921年7月11日离开中国，杜威足迹遍及中国14个省市，使他的实用主义哲学和教育思想在中国迅速成为一股教育思潮。杜威来华还加强了这几个教育机构的合作。1919年9月《新教育》第2卷第1期起，北京高等师范学校加入《新教育》倡办者之列。陈宝泉、邓萃英、何炳松为该校的编辑代表。1919年10月，该校编辑代表又增加了程时煃和王文培。

后来，郭秉文、余日章自欧美归，见英、法、美诸国皆有全国教育联合会之组织，国外教育界愿与中国各重要教育机关联络，但每每无从接洽。教育界同人均深信对内对外均不可无一种联合各地重要教育团体、学校或学会共同组织之机关。于是，定于1919年10月27日下午7时在江苏省教育会集议共同组织方法，请推定代表一至二人参会，并提前拟具组织办法草案届时提出讨论。相约与会各团体有北京大学、北京高等师范学校、南京高等师范学校、江苏省教育会、南京暨南学校、中华职业教育社、中华基督教青年会全国协会、上海交通部工业专门学校、上海复旦大学、上海大同学院、天津南开大学、中国科学社、南京河海工程专门学校、吴淞同济医工专门学校共14家。当天莅会代表十余人，公推蒋梦麟为主席，首先报告新教育共进社之近况，次由郭秉文报告调查各国战后教育情形，提出该社对内对外皆有扩充的必要。为免教育部怀疑，故不改社名只将章程略加修正，可少立案之手续。会上通过了修正后的简章[①]。除最初5个发起机构和后来加入的北京高等师范学校外，只有天津南开大学、南京河海工程专门学校、上海交通部工业专门学校、同济医工专门学校、中华基督教青年会全国协会成为新加入合组的机关，新教育共进社共包括11家机关。1920年1月，选举黄炎培为新教育共进社主任，郭秉文、蒋梦麟副之，沈恩孚任会计，另聘陈鹤琴为英文书记，沈肃文为中文书记，并设交际部，余日章为主任，张伯苓、陶

---

① 新教育共进社之扩充[N].时报，1919-10-28(5).

履恭、朱友渔、阮尚介为干事,办事处设于江苏省教育会内①。至此,新教育共进社合组告竣。

美国著名教育家孟禄②(Paul Monroe,1869—1947)曾于1913年6月受美国政府委托到菲律宾考察教育并研究改良的方法,当时曾顺道来中国,参观了江苏等地的学校,并在江苏省教育会做过演讲。1918年夏,严修、范源廉等在美国考察教育,经在哥伦比亚大学师范学院研究进修的张伯苓介绍,得识师范学院院长孟禄,并邀请他得暇来中国调查教育事业。1919年冬,袁希涛、陈宝泉又组织欧美教育考察团,产生了在中国创立一个研究教育的机关,并聘请美国教育专家为中国教育谋改进的想法,后在美国哥伦比亚大学师范学院攻读博士的张彭春(张伯苓之弟)将这个想法商之于孟禄,他当即表示愿意帮忙,并代筹款项介绍一二位美国教育专家到中国协助。袁、陈将这个消息商之严、范二先生,于是他们请孟禄先生先行来华一次,后因孟禄一时不能离美,此事便搁置。1921年4月,张伯苓接到张彭春电报,说孟禄博士大约于5月中旬即可到中国,请预备一切,但后来孟禄又因家事在临行前数日电告不能来华。8月,孟禄来信说要赴北京协和医学院落成盛会,并践前日之约。随即严、范二先生便召集北京、天津教育界同人,商议办法③。

1921年8月,为安排孟禄来华,由严修、范源廉、张一麐、黄炎培、张伯苓、陈宝泉、孙凤藻、张谨、梁启超、张謇、袁希涛、郭秉文、蒋梦麟、金邦正、凌冰、邓萃英16人发起组织实际教育调查社,筹备处设于北京高等师范学校,由教育科教员王文培、汪懋祖等佐理筹备事宜④。除筹措资金外,实际教育调查社还对于调查事项、调查方法、调查行程安排和接待事项提前做了准备,并商同孟禄博士拟定调查表,事先印1000份送于全国学校。

1921年9月5日上午,孟禄博士与女儿乘船抵达上海,码头迎接者有郭秉文、陶行知、黄炎培、余日章、王志莘、顾子仁等⑤。9月8日正午12时,上海各团

---

① 新教育共进社成立纪[N].时报,1920-04-18(5).
② 民国时期有译为"门罗"的。
③ 凌冰.孟禄先生来华调查教育的缘起[J].新教育,1922,4(4):665-666.
④ 本校纪事:实际教育调查社筹备处之进行[J].教育丛刊,1921,2(6):34.
⑤ 欢迎门罗博士情形[N].时报,1921-09-06.

体代表及记者一百余人在一品香设宴欢迎孟禄博士[1]。9月10日,孟禄自沪抵达北京。来京后的2周先处理协和医学院事。9月24日开始在北京参观,次日患病,因病休养数日至30日病愈。10月2日自北京出发,先后赴保定、太原、开封、南京、无锡、广州、福州、天津、奉天、北京、上海多地调查,"前后游历九省十八都市和临近的乡村,参观学校及其他机关二百余处"[2],在多个场合发表演讲,与多地教育界人士会谈,并赴广州参加全国教育会联合会。12月23日,教育界人士在北京中央公园为孟禄开饯别会[3]。1922年1月5日下午7时,上海24家团体合宴欢送孟禄博士。1月7日下午4时,孟禄乘亚细亚皇后号轮船返美[4]。

1921年12月中旬,在孟禄调查回到北京后,实际教育调查社邀集各省教育代表与孟禄博士开会讨论中国教育问题和改进的方法。实际教育调查社与新教育共进社、《新教育》杂志社便借机合并,改组为中华教育改进社。

12月16日,三社公推陈宝泉、李建勋、马叙伦、朱经农、陶行知为中华教育改进社简章起草员。21日,三社代表联合开会讨论,新教育共进社及《新教育》杂志社团体代表出席者,有北高李湘辰、北大蔡元培(谭鸿逵代表)、南开张伯苓、江苏省教育会袁希涛、东南大学暨南京高师陶行知,实际教育调查社亦有代表出席,当即通过简章草案。23日续开大会,推举蔡元培、范源廉、郭秉文、黄炎培、汪精卫、熊希龄、张伯苓、李湘辰、袁希涛9人为董事,孟禄、梁启超、严范孙、张仲仁、李石曾5人为名誉董事[5]。1922年3月以后,名誉董事增加杜威和张謇2人,共7位。

中华教育改进社"以调查教育实况,研究教育学术,力谋教育进行为宗旨"[6],每年开全体大会一次于暑假,地点由前一年大会决定。董事会每年至少开会两次[7]。

---

[1] 各团体欢宴孟禄博士纪[N].时报,1921-09-09.
[2] 孟禄的中国教育讨论[J].新教育,1922,4(4):537.
[3] 孟禄博士来华后之行踪与言论[J].教育杂志,1922,14(1):1-4.
[4] 各团体公宴美国教育家[N].时报,1922-01-06(4).
[5] 中华教育改进社成立纪要[J].新教育,1922,4(2):304-305.
[6] 中华教育改进社简章[N].晨报,1921-12-26(4).
[7] 中华教育改进社简章(续)[N].晨报,1921-12-27(7).

1922年2月6日，中华教育改进社在上海召开联席谈话会。2月8日成立董事会，选范源廉为董事部部长，董事任期为一年的是张伯苓、熊希龄、李湘辰，二年的是袁希涛、汪精卫、蔡元培，三年的是郭秉文、黄炎培、范源廉。聘陶行知为主任干事，任期三年①。董事会议决《新教育》改归中华教育改进社办理。1922年3月27日夜，陶行知抵北京②，3月28日开始组织，4月12日总事务所正式在北京成立③，最初暂借前京畿道北京美术学校，1922年11月28日迁至内务部拨给公产西四牌楼帝王庙新址④。

　　新教育共进社之所以改组就是因为郭秉文、余日章在国际交流时产生了组织一个能代表中国教育界的团体的需求，其最终目标是联合全国教育界的力量形成一个全国性的教育团体，当时已经有江苏省教育会、中华职业教育社、中华基督教青年会全国协会这样的教育团体，又有南京高师、东南大学、北京高师、北京大学、南开大学等教育实力很强的大学加入。随着郭秉文、陶行知、胡适、陈鹤琴、郑晓沧、朱经农、李建勋、汪懋祖、凌冰、庄泽宣、张彭春、邓萃英等在美国哥伦比亚大学师范学院学习教育的中国学者的增多，借由这一学缘关系以及杜威、孟禄来华，促成了中国教育界的跨机构联合，最终形成了中华教育改进社。因此，中华教育改进社集合了中国最先进的教育力量，成立以后迅速发展成为能够代表中国教育界且受到国际教育界认可的中国教育团体。

　　在中华教育改进社成立之前，其核心成员就已经与图书馆界有了密切接触和合作。1917年，促成沈祖荣讲演现代图书馆的功用与方法的是黄炎培和余日章；主办1920年暑期图书馆讲习会的是北京高等师范学校，校长陈宝泉和该校多名教职员参与了讲习会的讲演；1921年1月27日，南京高等师范学校教育研究会还曾邀请戴志骞演讲⑤，并在该研究会主办的《教育汇刊》首期刊登其讲演内容《图书馆与教育》。

---

① 中华教育改进社在上海开会议事录[J].广东省教育会杂志,1922,2(2):299-303.
② 胡适.胡适的日记[M].中国社会科学院近代史研究所中华民国史研究室,编.北京:中华书局,1985:298.
③ 中华教育改进社.中华教育改进社社务报告(1922年2月-6月)[M].北京:中华教育改进社,1922:12.
④ 社务报告[J].新教育,1922,5(5):1084.
⑤ 杨效春.本会概况与会务[J].教育汇刊,1921(1):余载2.

1921年6月，洪有丰自美国纽约州立图书馆学校毕业回国，适东南大学成立，被聘为东南大学图书部主任[①]。东南大学初创，即有建一所规模巨大、搜罗宏富的图书馆之计划。校长郭秉文谒江苏省督军齐燮元请其赞助新建图书馆时，齐督军禀承太翁孟芳先生慨允独力捐建，分期捐足十五万元。图书馆因而命名为"孟芳图书馆"，齐燮元亦由此成为东南大学名誉校董。1922年1月4日，孟芳图书馆行立础典礼[②]。

中华教育改进社成立以后，1922年1月《新教育》杂志自第4卷第2期起进行了改组，编辑部改设于东南大学教育科，发行部则设在上海江苏教育会内，编辑部主干由蒋梦麟改为陶行知担任，编辑员共分19个组，其中洪有丰为教育书报目录选编组编辑员。《新教育》杂志1919年2月创刊，在1922年1月之前从未发表过一篇图书馆学论文，而改组后的第一期就刊登了朱家治的《欧美各国目录学举要》[③]。要说与新任中华教育改进社主任干事及《新教育》杂志主编的陶行知没有丝毫关系恐怕说不过去。

陶行知、洪有丰、朱家治、姚文采几人少年时曾一同在歙县崇一学堂求学，陶行知、姚文采、朱家治都是歙县人，洪有丰为绩溪人。1909年，陶行知考入南京汇文书院，1910年金陵大学成立，转入金陵大学。姚文采、洪有丰、朱家治都随其后入读金陵大学，与陶行知的影响不无关系。朱家治从事图书馆工作应该也是受洪有丰的影响。洪有丰在金陵大学读书期间任图书馆学生助理，1916年9月毕业后担任金陵大学图书馆副馆长，1918年夏兼任南京高等师范学校图书馆主任，1919年赴美留学。朱家治在1918年至1920年间任金陵大学图书馆助理，并且在洪有丰赴美之后接替他负责南京高等师范学校图书馆事务。洪有丰回国后任东南大学图书部主任，朱家治为图书部助理。

中华教育改进社成立后，很快将图书馆教育纳入其业务活动当中。1922年2月，中华教育改进社根据董事会所确定的年度工作方针、预算和计划，开始分步推进各项工作。基础社务工作大体分为研究、调查、编译、推广四项。各门教

[①] 洪有丰,施廷镛.东南大学图书馆述要[J].新教育,1923,6(1):25-26.
[②] 孟芳图书馆立础典礼志盛[N].小时报,1922-01-07.
[③] 朱家治.欧美各国目录学举要[J].新教育,1922,4(2):261-281.

育调查中便包括请洪有丰作学术教育会社调查、沈祖荣作图书馆教育调查[①]。之所以请沈祖荣作这项调查,一方面是由于沈祖荣自1917年起就在全国多地作过宣传图书馆的讲演,洪有丰曾听其讲演且作笔记发表于《出版界》,而且他还被聘为1920年北京高等师范学校图书馆暑期讲习会的讲师,又在中国最早的图书馆教育机构——文华图书科任教授,另一方面也是因为沈祖荣早在1918年就在《教育杂志》发表了《中国全国图书馆调查表》[②]。沈祖荣的调查结果后来以《中国各省图书馆调查表》[③]为题发表在1922年10月出版的《新教育》上。除此之外,中华教育改进社的编译工作计划中有"拟将民国十年之教育分门敦请素来关心该门教育之人担任著述"一项,沈祖荣《民国十年之图书馆》[④]即受中华教育改进社邀请而作,发表于1922年11月的《新教育》。

1921年,杜定友自菲律宾回国后受广州教育局之聘,任新设立的广州市立师范学校校长。10月,在该校开设图书管理科,又被聘为广东省教育委员会图书仪器事务委员,专门司理广东省图书馆事务。该年冬,受教育委员长之命改组广东省立图书馆,并兼充馆长。1922年3月,杜定友以广东省教育会名义开设"图书馆管理员养成所","期限为三星期,专为养成广东全省中等以上学校图书馆之管理人才,报到学习者计四十余人,大都中等以上学校之教员或职员"[⑤]。4月13日,图书馆管理员养成所组织成立"图书馆研究会",杜定友被推举为会长,穆耀枢为编辑部主任,孤志成为文牍部主任,陈德芸为调查部主任,李华龙为庶务部主任[⑥]。这颗刚刚崛起的图书馆界"新星"很快进入中华教育改进社的"视线",1922年5月出版的《新教育》上发表了杜定友的《学校图书馆管理法》,同期还刊登了朱家治的《师范教育与图书馆》、洪有丰的《介绍欧美杂志》。

[①] 中华教育改进社.中华教育改进社社务报告(1922年2月-6月)[M].北京:中华教育改进社,1922:7.
[②] 沈祖荣.中国全国图书馆调查表[J].教育杂志,1918,10(8):37-45.
[③] 沈祖荣.中国各省图书馆调查表[J].新教育,1922,5(1/2):191-200.
[④] 沈祖荣.民国十年之图书馆[J].新教育,1922,5(4):783-797.
[⑤] 转引自:戴志骞.戴志骞文集:上[M].韦庆媛,邓景康,主编.北京:国家图书馆出版社,2016:52.
[⑥] 王子舟.杜定友和中国图书馆学[M].北京:北京图书馆出版社,2002:213.

二、中华教育改进社图书馆教育研究委员会

1922年4月12日，中华教育改进社董事部推定胡适、陈宝泉和陶行知拟定年会规则[①]。《年会规程》规定，年会会议分全体会议和分组会议两类，并规定分组会议有22组，"图书馆教育组"列为其一。分组会议会员由自认加入某组会议之社员和中华教育改进社邀请加入某组会议之学者组成。4月底，年会议案组向社员、邀请员、其他教育机关发出提议案格式纸征集议案。

1922年7月3日至8日，中华教育改进社第一届年会在济南召开。到会者有364人：社员（机关代表及个人）108人、邀请员141人、旁听员115人[②]。图书馆教育组编为分组会议之第十八组，担任分组会议职员的是：主席戴志骞，书记朱家治[③]。分到图书馆教育组的议案有16项之多，沈祖荣共提出7项议案，为最多者。

7月4日上午8时，图书馆教育组分组会议召开。到会者有沈祖荣、戴志骞、戴罗瑜丽（戴志骞夫人）、杜定友、洪有丰、朱家治、孙心磐7人。前五人为中华教育改进社邀请员[④]，朱家治是年会编辑组干事，孙心磐为年会总务组干事[⑤]。孙心磐曾任南京河海工程专门学校图书馆管理员和南京高等师范学校图书馆管理员，后担任上海商科大学暨上海总商会商业图书馆馆长。

5、6两日的会议，戴志骞因病缺席，议案由洪有丰代表提出讨论。其中"组织图书馆管理学会案"和"通俗图书馆内应设儿童图书馆案"因无复议，未予讨论。戴志骞后来出席了7月7日图书馆教育组第四次会议，提议请中华教育改进社组织图书馆教育研究委员会，经众人讨论后，拟有理由及组织大纲，决议通过。此项议案原先并不在提交议案之列，应为临时补充议案。

请中华教育改进社组织图书馆教育研究委员会案

理由：

（1）图书馆教育与改进问题，本有密切之关系。例如美国图书馆协会与教

[①] 社务纪要：年会筹备之进行[J]. 新教育，1922，5（4）：956.
[②] 各组事务报告：注册组报告[J]. 新教育，1922，5（3）：689.
[③] 分会议纪录：附各分组会议职员一览[J]. 新教育，1922，5（3）：372.
[④] 各组事务报告：邀请员一览表[J]. 新教育，1922，5（3）：702-708.
[⑤] 年会职员一览表[J]. 新教育，1922，5（3）：351.

育会互相独立，原非妥当办法，以致常生隔阂。

（2）中华教育改进社已设立各处办事机关，并以图书馆教育为新教育问题之一，设立图书馆教育研究委员会于中华教育改进社内，对于经济上既属节俭，而于教育事实上亦大有裨益。

中华教育改进社图书馆教育研究委员会组织大纲

一、定名　中华教育改进社图书馆教育研究委员会。

二、宗旨　本会以研究图书馆教育问题为宗旨。

三、委员　委员名额暂定15人，由改进社函请国内研究图书馆教育及热心研究教育者充之。

四、职员　本委员会设干事一人，副干事一人，书记一人，由本委员会互选之，并由中华教育改进社聘任之。

五、研究计划　本会研究计划分二种：（一）共同研究　以分组研究之结果，应由全体委员讨论决定之。（二）分组研究　暂分四组，遇必要随时增减之：（1）图书馆行政与管理。（2）征集中国图书。（3）分类编目研究。（4）图书审查。

六、出版　研究结果暂由《新教育》发表。[①]

中华教育改进社第一届年会因有图书馆教育组之设，并邀请国内知名图书馆学家参会，使得中国图书馆界专家有了再次商讨图书馆事业发展的机会。在1920年北京高等师范学校举办图书馆暑期讲习会时，仅有戴志骞、沈祖荣、冯陈祖怡三位在国外学习图书馆学的专家，此次年会冯陈祖怡虽未参加，但图书馆教育组增加了戴罗瑜丽、洪有丰、杜定友三位有国外图书馆学教育经历的图书馆专家。虽然中华教育改进社图书馆教育组使得图书馆界有了发声的平台，但这毕竟只是会议组织，一年一次提交和讨论议案，无法建立平时的沟通机制，很难发挥集体的力量形成合力。戴志骞提出"请中华教育改进社组织图书馆教育研究委员会"案，使中国图书馆界形成了一个固定的专业组织，虽然还不是独立的组织，而是附设于中华教育改进社这一教育团体之中。

1922年8月10日，中华教育改进社召开董事会，通过了《中华教育改进社委员会规程》，同时议决依据规程组织各种教育委员会，各委员会委员就赴济南年

[①] 分组会议纪录：第十八图书馆教育组[J].新教育，1922,5(3):560-561.

会参加各分组会议的社员及邀请员,由董事部加以追认并聘请[①]。图书馆教育组在年会上提出组织图书馆教育研究委员会的议案因中华教育改进社组织各种教育委员会的计划重合。因此,图书馆教育委员会与图书馆教育研究委员会只是名称的不同,实为同一个组织。该委员会为中华教育改进社下设机构,因此需遵守《中华教育改进社委员会规程》。

中华教育改进社委员会规程(1922年8月10日通过)

第一条 本社为共同研究学术,或处理特别问题起见,得依社章第四章第十一条第十项之规定,由董事部组织委员会进行。

第二条 委员会委员由董事部聘任之。

第三条 委员会设主任一人,副主任一人,书记若干人,由委员会推选任之。

第四条 委员会处理下列职务:

(一)关于该门学术或该种问题之处理事项

(二)关于该门学术或该种问题之议案审查事项

(三)关于董事部长、主任干事交议或委托事项

(四)关于本委员会建议事项

第五条 处理上列事宜之方法由委员会自定之。

第六条 委员会进行事宜应随时与主任干事接洽。

第七条 委员会所需经费由委员会主任拟具计划预算,交由主任干事提出董事会核定所需数目,超出本社预算时,得由董事会协同委员会另筹款项充之。

第八条 委员会会期由委员会自定之。

第九条 委员会为进行便利起见得设分委员会。

第十条 规程如有未尽事宜得由董事部修改之。

1922年10月印《中华教育改进社同社录》中,图书馆教育委员会共有杜定友、沈祖荣、洪有丰、程时煃、戴志骞、戴罗瑜丽6名委员[②]。1922年11月底前,图书馆教育委员会由委员推选,正主任为戴志骞、副主任为洪有丰、书记为程时

---

① 章洪熙.社务报告[J].新教育,1922,5(4):915.

② 中华教育改进社.中华教育改进社同社录[M].北京:中华教育改进社,1922:59-60.

烟①。中华教育改进社图书馆教育委员会的成立对中华教育改进社和图书馆界来说是双赢的局面,一方面可以更好地传达和执行中华教育改进社的业务指令,另一方面也建立了中国图书馆界专家的常设组织,而且研究成果也有了发表的平台。

中国图书馆学界在1920年夏就有了组织全国图书馆协会的计划,但迟迟不能实现,是因为遇到种种现实困难。如今,借助中华教育改进社建立了图书馆教育研究委员会这样的组织,那么成立全国图书馆协会的计划就向前迈进了一步。

三、组织各地方图书馆协会案

中华教育改进社为准备参加1923年6月28日至7月6日在美国旧金山举行的"万国教育会议",一方面着手进行全国教育统计,另一方面分请国内外教育专家撰写关于各种教育的英文报告,由代表携至会场分发②。戴志骞所撰《中国的图书馆运动》③(*Library Movement in China*)即列为17种报告之一,其内容是在他1921年为美国图书馆协会年度报告所写的《中国的图书馆运动》基础上进行了适当的增补和修改。1921年戴志骞就提出中国图书馆界准备组织中国图书馆协会,此次再次重申:"目前,受过专业训练的图书馆员们普遍认为第一步就是要建立全国图书馆协会并请求各城市建立地方图书馆协会。"④戴志骞在1921年2月发表的《图书馆辅助中国教育》中也曾提出过成立全国图书馆协会的实现步骤:"第一步就是要请求各省或城市组建地方图书馆协会以推动当地的图书馆学发展。"⑤鉴于戴志骞早有这样的计划,他才会在中华教育改进社第

---

① 章洪熙.社务报告:组织各种学术委员会[J].新教育,1922,5(5):1083-1084.

② 陶行知.年会开幕大会纪事:社务报告[J].新教育,1923,7(1/2):24.

③ 该册子为英文,并无中文版,《新教育》在列编纂计划时曾称之为《中国之图书馆》,并将这一套英文小册子称作《中国教育丛刊》。

④ TAI T C.Library movement in China[M].Peking:Chinese National Association for the Advancement of Education, 1923:19.

⑤ TAI T C.Libraries aid in educating China[J].Trans-Pacific, February 1921.转引自:韦庆媛,邓景康.戴志骞文集(上)[M].北京:国家图书馆出版社,2016:231.

二届年会上提出"组织各地方图书馆协会案"。

为等候赴美参加万国会议代表回国汇报会议情况,中华教育改进社将年会时间推迟至8月召开。8月20日至26日,中华教育改进社第二届年会在北京清华学校举行,到会者21省区,570人,提议案252件,议决案132件[1]。戴志骞担任年会委员会委员和执行部会务主任之职,朱家治任总务组干事、议案组副主任,胡庆生任交通组干事[2]。图书馆教育组原提案共有14件(含国际教育组移交议案1件)。

图书馆教育组于8月20日、21日、22日、24日下午召开四次分组会议,因书记程时煃缺席,由查修担任临时书记。本次年会图书馆教育组实际到会人员有23人:戴志骞、何日章、朱家治、洪有丰、施廷镛、周良熙、刘廷藩、熊景芳、冯陈祖怡、许卓、陆秀、许达聪、王文山、陈宗登[3]、胡庆生、裘开明、韦棣华、张嘉谋、查修、王警宇、戴罗瑜丽、刘昉、陶怀琳[4],远超出上一年。其中,文华图书科师生有10人。

在8月22日第三次会议上,戴志骞提出了"组织各地方图书馆协会案",该议案修正后多数通过。理由及办法如下。

理由

一、研究适中管理法。现各处图书馆逐渐成立,而同一处之二三图书馆毫无联络。管理办法及手续均不一致,此于阅书者及图书管理,颇有阻碍。

二、节省图书馆经费。同一地方之二三图书馆可合作购置新书,搜罗旧籍。譬如:甲图书馆专心搜集经、史、教育、历史、社会,各类之书籍;则同时乙图书馆即可搜集子、集、自然科学、丛书,等类书籍。于是同一地方有二图书馆所出购书费与前相等;而同一地方之书籍,则种类必倍蓰于前。近来各图书馆每缺乏经济,如能通力合作,实节省经费惟一之妙法。

三、促进图书馆学问。我国图书馆管理事业,正在萌芽,诸待创作。同一地之各图书管理员,凡关于友谊上、学问上,应有一种组织,藉以互相研究。

---

[1] 章洪熙.社务报告:举办第二届年会[J].新教育,1923,7(1):144.
[2] 本届年会职员一览表[J].新教育,1923,7(2/3):14-16.
[3] 原文为"陈家登"疑排印错误。
[4] 分组会议纪录:第三十图书馆教育组[J].新教育,1923,7(2/3):296.

办法

一、由中华教育改进社将地方图书馆协会组织之紧要,通告各地方图书馆。

二、各地方各图书馆管理员,可召集首次会议,选举职员。其召集事由,则可云"某处图书馆协会聚会"。开会次数可定为每月一次或二次。会议地点则在各图书馆轮流。章程可由各处图书馆协会自定之。

三、在某地方图书馆协会未能成立以前,或遇必要时,中华教育改进社图书馆教育研究委员会,由社员报告,应委派本社社员在该地者,充当发起人或交际员。

四、社员于收到上项委派书后,六个月内,须将该地图书馆协会进行情形,(如调查、统计、报告、困难、疑问等)详细呈报图书馆教育研究委员会,以便有所资助。

五、图书馆教育研究委员会应于前期时间内,尽力回答各委派社员所提出之疑问,困难,等项,须将本年地方图书馆协会经过情形,在第三届年会时,报告本组社员,以便明了得失,藉可改良进行。[①]

四、地方图书馆协会的集中成立

由于"组织各地方图书馆协会案"是中华教育改进社年会正式通过的议案,根据社团运作的规则,中华教育改进社应该推动这一议案的执行。

《中华教育改进社第三次社务报告(1924年6月)》记载:"1924年2月19日致函图书馆委员会主任戴志骞,并通知本社社员在各地图书馆办事者,克日发起组织图书馆协会。"[②]

由于《中华教育改进社同社录》中个人会员的地址,仅有少数留图书馆者,如章篯的地址是浙江杭州公立图书馆,但还有更多从事学校图书馆工作者,留的是学校的名称,所以很难分辨哪些会员属于办图书馆者。这也就增加了推进这一工作的难度。在实际操作过程中,中华教育改进社还曾致函各地教育行政

[①] 分组会议纪录:第三十图书馆教育组[J].新教育,1923,7(2/3):309-310.

[②] 组织各地方图书馆协会[M]//中华教育改进社.中华教育改进社第三次社务报告.北京:中华教育改进社,1924:38.

系统(含各省教育会),再由它们下发通告。虽然有中华教育改进社的推动,但地方图书馆协会能否成立既要看当地是否有一定数量的图书馆作为联合的基础,又要看当地图书馆界是否有具备专业图书馆知识或经验的领导者牵头。

在中华教育改进社和率先成立的北京图书馆协会的先后函促下,1924年集中成立了一批地方图书馆协会。

(一)北京图书馆协会

《北京图书馆协会会刊》记载:"中华教育改进社于2月20日致函清华学校图书馆原提议人戴志骞君请其担任发起人。改进社得其函复后,即邀请北京图书馆管理员于3月16日下午2时,在该社事务所开北京图书馆协会筹备会。"[1]

3月4日,《晨报》刊发《组织各地方图书馆协会》,通报"组织各地方图书馆协会案"理由和方法,并称"刻北京方面,已由本社召集于3月16日在本社举行北京图书馆协会筹备会,各省图书馆协会,亦拟由本社函请各省图书馆进行"[2]。3月12日《大公报》记载,天津县教育会于3月11日接中华教育改进社通告[3],具体内容与上述《晨报》刊文一致。由此推测,其他各地应该也在3月间收到中华教育改进社通函。

3月16日,北京图书馆协会筹备会召开。到会者有冯陈祖怡、赵廷范、许达聪、皮宗石、戴志骞、查修、高仁山诸君[4]。3月30日下午2时,北京图书馆协会在中华教育改进社总事务所开成立大会。"到会者有三十余人之多"[5],记录在案的有:北京大学图书馆、清华学校图书馆、北京师范大学图书馆、北京女子师范大学图书馆、京师图书馆、松坡图书馆、中华教育改进社教育图书馆等14家机构的代表及个人会员共18人。推定戴志骞为临时主席、冯陈祖怡为临时书记。首先将前次所拟之草章逐条讨论、修改通过后即选举职员。戴志骞当选为会长、冯陈祖怡当选为副会长、查修当选为书记,议决每月开常会一次,于各图

---

[1] 本会概略:北京图书馆协会原起[J].北京图书馆协会会刊,1924,1(1):9.
[2] 组织各地方图书馆协会[N].晨报,1924-03-04(6).
[3] 教育改进社通告图书馆办法一节[N].大公报,1924-03-12(6).
[4] 各省教育界杂讯:筹备北京图书馆协会开会纪要[N].申报,1924-03-22(10).
[5] 北京图书馆协会成立[J].清华周刊,1924(309):43.

馆轮流开会,下次常会定于4月20日(星期日)在清华学校图书馆开会并午膳。又议决本年会费于下次常会交纳,以便换取佩章①。

(二)浙江省会图书馆协会

浙江公立图书馆在收到中华教育改进社的通函后,即致函北京图书馆协会表达组织浙江省会图书馆协会之忱②,并建立了与北京图书馆协会的联系,互通消息。

1924年4月10日,浙江公立图书馆致函浙江省各学校图书馆和通俗图书馆。

欲谋图书馆教育之发达,同业中必有共同的组织以研究一切直接、间接关于图书馆之事项,此东西各国所以皆有图书馆协会也。吾浙图书馆近年逐渐增设,第就在省会者计之为数似亦不少,虽其间有公用特有之不同,有公立私立之不同,并有普通、参考与通俗之不同,其为图书馆教育则同,而乃情多隔膜,势若散沙,曾无组织之机关将何以谋事业之发达?敝馆远观各国之早成,近睹北京之韧立,窃不自揣,拟发起浙江省会图书馆协会,爰定四月十三日(星期日)下午一时在西湖敝馆先开筹备会,商榷进行事宜如荷。③

4月17日,浙江公立图书馆又致函浙江省会各图书馆,汇报13日召开浙江省会图书馆协会筹备会之情形:到会者有省教育会、工专、一中、女中、宗文、安定、通俗七馆代表,公请浙江公立图书馆先参照北京图书馆协会简章起草该会简章,下星期再邀各同业开会讨论。同时随函附上草定之协会简章,约4月20日(星期日)下午一时借公众运动场讲演厅开第二次筹备会,请各馆派代表参加④。

4月23日,浙江公立图书馆再次致函浙江省会各图书馆,称4月20日第二次筹备会到会者除浙江公立图书馆代表外,有运动场附设通俗、杭县公立通俗及青年会、省教育会、之江、一中、女中、盐中、甲商、宗文各馆代表,将简章逐条

---

① 北京图书馆协会成立[N].晨报,1924-04-04(6).
② 本会概略:要事简载[J].北京图书馆协会会刊,1924,1(1):22.
③ 本馆办理情形并一切章制文牍[J].浙江公立图书馆年报,1924,9:5-6.
④ 本馆办理情形并一切章制文牍[J].浙江公立图书馆年报,1924,9:6-7.

讨论通过，并公决于4月26日(星期六)下午二时借省教育会开成立会[①]。

4月26日，浙江省会图书馆协会正式开成立会，入会者有公众运动场附设通俗图书馆、省教育会、公立工业专门学校、省立甲种商业学校、省立第一中学校、省立女子中学校、私立宗文中学校、私立两浙盐务中学校、私立惠兴女子中学校各图书馆，通过简章，并选举浙江公立图书馆馆长章箴为会长，两浙盐务中学校图书馆主任陈益谦为副会长，省立公众运动场附设通俗图书馆管理员高克潜为书记兼会计[②]。暂借杭州横大方伯17号浙江公立图书馆分馆为事务所[③]。

1924年6月，浙江省会图书馆协会会长章箴上呈浙江教育厅厅长立案申请。6月23日浙江省教育厅准予立案[④]。

(三)南阳图书馆协会

继浙江省会图书馆协会成立不久，南阳图书馆协会于5月26日成立，推定杨廷宪为正会长，李寰宇为副会长，王洪策为书记[⑤]。南阳图书馆协会之所以较早成立，应与王洪策有直接关系。在1923年8月中华教育改进社第二届年会上，王洪策即为图书馆教育组参会社员，直接见证了组织成立地方图书馆协会议案的讨论和通过。根据《中华教育改进社同社录》(1923年7月)可知，李寰宇和王洪策均为个人社员，通讯处皆为河南南阳县东关省立第五中学校。

(四)开封图书馆协会

1924年5月29日下午4时，中华教育改进社社员何日章(开封河南第一图书馆馆长)、王芸青二君承中华教育改进社之委托，在开封发起图书馆协会，假河南第一图书馆开筹备会。会上推定何日章君为临时主席，李燕亭为临时书记。首由主席报告开会宗旨，次即讨论简章。以北京图书馆协会所定简章作为

[①] 本馆办理情形并一切章制文牍[J].浙江公立图书馆年报,1924,9:7.
[②] 本馆办理情形并一切章制文牍[J].浙江公立图书馆年报,1924,9:7-8.
[③] 本会概略:要事简载[J].北京图书馆协会会刊,1924,1(1):22.
[④] 本馆办理情形并一切章制文牍[J].浙江公立图书馆年报,1924,9:9.
[⑤] 组织各地方图书馆协会[M]//中华教育改进社.中华教育改进社第三次社务报告(1924年6月).北京:中华教育改进社,1924:39.

参考,逐条讨论,修改通过后,即选举职员:何日章君当选为会长,齐性一君当选为副会长,李燕亭君当选为书记兼会计,开封图书馆协会正式成立[①]。

(五)天津图书馆协会

天津南开大学图书馆王文山应中华教育改进社委任发起天津图书馆协会。5月22日,南开大学图书馆通知天津各图书馆定期开天津图书馆协会筹备会[②]。5月25日,在秀山堂南开中学图书馆开筹备会,到会者有省立第一中学校图书馆、南开中学校图书馆、汇文中学校图书室、南开大学图书馆、直隶第一女师范学校图书馆、直隶法政专门学校图书馆、天津甲种商业学校图书馆、天津扶轮中学校图书馆、直隶第一图书馆、教育图书馆等[③]各代表十余人[④]。公推王文山先生为临时主席,刘激清先生为临时书记[⑤]。先由主席报告开会宗旨,说明图书馆利益,拟仿照北京图书馆协会办法成立天津图书馆协会。当场分发北京图书馆协会油印简章及北京图书馆协会成立会情形以资参考[⑥],并预拟草章九条,以备成立大会通过[⑦]。

6月1日下午1时,天津图书馆协会假南马路曹家胡同天津县教育会开成立大会。到会者13人,公推王文山为临时主席,李晴皋为临时书记。主席首先报告上次开筹备会之经过情形,其次宣读所拟之简章。杨西侯、严台孙、高质甫等对简章提出修改意见,最后全体通过修改后简章。又选举王文山为正会长,严台孙为副会长,庄子良为会计,李晴皋为书记。议决先呈请教育厅转呈省长立案,并咨警察厅备案保护。又议决函询北京西四牌楼中华教育改进社该会如何立案及北京总会办事细则[⑧]。

---

① 本会概略:要事简载[J].北京图书馆协会会刊,1924,1(1):25-26.
② 本会概略:要事简载[J].北京图书馆协会会刊,1924,1(1):26.
③ 图书协会之成立会[N].大公报,1924-05-30(6).
④ 南大召集图书馆会议[N].大公报,1924-05-28(6).
⑤ 本会概略:要事简载[J].北京图书馆协会会刊,1924,1(1):26.
⑥ 南大召集图书馆会议[N].大公报,1924-05-28(6).
⑦ 图书协会之成立会[N].大公报,1924-05-30(6).
⑧ 图书馆协会开成立会[N].大公报,1924-06-03(6).

(六)南京图书馆协会

南京图书馆协会于6月3日致函北京图书馆协会称,5月31日下午开会讨论筹备事宜。又于6月20日再次致函该会称,已于6月14日成立南京图书馆协会,职员有总干事钟福庆、副干事洪有丰、文牍朱家治、交际冯绍苏女士、会计施廷镛[1]。

(七)上海图书馆协会

自接北京图书馆协会敦促成立地方图书馆协会函后,复旦大学图书馆杜定友于5月29日复函,称中华教育改进社来信并未收到,拟于日内发起组织上海图书馆协会[2]。由于杜定友在1924年7月《中华教育改进社同社录》中所留通信地址仍然是广东全省教育会,而他在1923年5月就离开了广东,6月得任复旦大学教授兼图书馆主任,又未参加1923年中华教育改进社的年会,所以通信地址并未及时更新,很可能由于这一原因并未收到中华教育改进社来函。

6月18日《新闻报》称:"中华教育改进社委托杜定友、孙心磐二君组织上海图书馆协会,以便共同研究改良图书馆事业,杜孙二君已分函邀请上海各教育机关推派代表,于6月22日(星期日)下午2时,假上海总商会图书馆开会,讨论集议办法。"[3]6月21日《申报》《时报》《民国日报》《时事新报》均刊登《建议组织图书馆协会》,《新闻报》刊登《组织上海图书馆协会之建议》,题名虽不同,但内容完全一致,刊载的是杜定友、孙心磐等发出于6月22日开会的通启。江苏省教育会干事会公推贾季英、潘仰尧二人前往参加[4]。

6月22日,上海图书馆协会假上海总商会图书馆开会,到会者有:总商会图书馆孙心磐、上海大学余寄文、复旦大学杜定友、广肇公学邓演存、上海通信图书馆沈滨掌、同济大学魏以新、清心中学宋景祁、省教育会潘仰尧、圣约翰大学黄维廉、东亚同文书院植野武雄、商务印书馆黄警顽、大同大学周景之。会议情

---

[1] 本会概略:要事简载[J].北京图书馆协会会刊,1924,1(1):27.
[2] 本会概略:要事简载[J].北京图书馆协会会刊,1924,1(1):27.
[3] 组织上海图书馆协会之先声[N].新闻报,1924-06-18(3).
[4] 江苏省教育会干事会纪[N].时事新报,1924-06-22(4).

形如下：(一)推举临时主席杜定友、临时书记孙心磐；(二)通过草章；(三)推举潘仰尧、邓演存、黄警顽为第一次大会筹备委员；(四)定下星期五(二十七日)下午三时假总商会图书馆开成立会[1]。

6月27日下午3时，上海图书馆协会在总商会图书馆开成立大会，到会者有：复旦大学杜定友、南洋大学暨民立图书馆陈天鸿、商务印书馆潘圣一、广肇公学邓演存、上海商大暨总商会孙心磐、清心中学宋景祁、省教育会潘仰尧、寰球中国学生会朱少屏、辛酉学社商业专校马崇淦、中华职业学校杨声初、东亚同文书院植野武雄、省立一商邵召南、中国公学商大赵麟华、上海流动图书馆黄警顽、上海大学余寄文、同济大学魏以新等16代表[2]。会议共有如下内容。(一)孙心磐报告上次开会之经过暨介绍今日新到会代表。(二)杜定友报告发起之宗旨，并说明图书馆之内容，略谓图书馆协会之内容有：(1)提高图书馆地位；(2)藉以参考困难问题；(3)互相交换应用；(4)协助新立之图书馆；(5)介绍图书馆人才；(6)提倡与鼓吹；(7)翻译东西洋新书以供阅览；(8)发刊；(9)办学及演讲；(10)解释一切疑问。(三)朱少屏提议，汇编各图书馆目录，以便检查。(四)陈天鸿(即陈伯逵)提议，请教育部饬各出版家赠送新书。(五)修改草章。(六)选定职员十一人，续由职员互选，支配职务如下：编辑潘圣一、陈伯逵[3]，调查马崇淦、潘仰尧，交际朱少屏、黄警顽，庶务邓演存、黄维廉，会计孙心磐，书记梁朝树，委员长杜定友[4][5]。

1924年7月3日中华教育改进社在东南大学召开第三届年会，黄警顽于图书馆教育组会议报告上海图书馆协会成立之消息[6]。

(八)江苏图书馆协会

1924年，江苏教育厅托南京东南大学暑期学校添设图书馆学程，通饬各省立学校及县教育行政机关派员听讲。各学员为谋互助协助起见，特组织江苏图书馆协会。1924年8月3日在东南大学图书馆开成立会，通过会章，并选举洪有

---

[1] 上海图书馆协会开会[N].民国日报，1924-06-23(11)
[2] 上海图书馆协会成立会纪[N].新闻报，1924-06-28(3).
[3] 《申报》与《新闻报》记载"陈仁逵"应属排印错误。
[4] 上海图书馆协会成立会记[N].申报，1924-06-28(15).
[5] 上海图书馆协会成立会记[N].新闻报，1924-06-28(3).
[6] 本会概略：要事简载[J].北京图书馆协会会刊，1924，1(1)：27.

丰为会长,施廷镛为副会长,芮逸夫、郑为钧、朱香晚、朱慰堂、陈家凤、姜镇淮等为干事[①]。

8月5日,江苏图书馆协会假江苏省立第一中学开职员会议,到会者:唐敷、郑为钧、朱慰堂、施廷镛、陈家凤、朱香晚、姜镇淮、洪有丰、朱家治(洪有丰代表)、芮慕城(即芮逸夫)、蒋楚白(施廷镛代表)等,会议由洪有丰主席。会议议决如下。(一)备文呈请省署教厅备案。(二)各部办事细则,由各部干事拟定,交职员会讨论施行。(三)职员会办事通则要点如下:(1)职员会每年开会二次,第一次在一月后举行(如无重要事故可斟酌停止召集),第二次在开年会前三日举行。各职员在开会时如因特别事故不能出席时,须请人代表。(2)各处通函,对内由各部分别办理,各部干事须用个人印章;对外由总务部办理,用本会印章。(3)会计于每届开会时,须将收支款项列表报告。(4)议决改年会地点为扬州,先由职员会在特刊特别启事,征求各会员意见,再行决定通告[②]。

(九)济南图书馆协会

宋建成在《中华图书馆协会》中记载济南图书馆协会成立于1925年[③],严文郁在《中国图书馆发展史:自清末至抗战胜利》中则提出,济南图书馆协会是1925年6月由桂质柏发起[④]。实际上这是在没有找到其成立资料的情况下,把接待鲍士伟的时间当作其成立时间。因为1925年6月13日《申报》刊载《济南教育界欢迎鲍士伟博士》,称6月7日鲍士伟在天津图书馆协会会长王文山的陪同下抵达济南,济南图书馆协会乃是赴车站欢迎的代表之一[⑤]。实际上,济南图书馆协会的实际成立时间是在1924年底。

1924年12月16日下午1时,济南图书馆协会在齐鲁大学开成立大会,到会者有济大、一师、一中、正谊、工专、女师、医专、农专、矿专、育英、新育等校附设图书馆代表及通俗图书馆、山东图书馆代表20余人。公推桂质柏为主席,报告

---

① 江苏图书馆协会之组织[J].教育与人生,1924,43:553.
② 江苏图书馆协会职员会纪[N].新闻报,1924-08-06(3).
③ 宋建成.中华图书馆协会[M].台北:育英社文化事业有限公司,1980:256.
④ 严文郁.中国图书馆发展史:自清末至抗战胜利[M].新竹:枫城出版社,1983:226.
⑤ 桂.济南教育界欢迎鲍士伟博士[N].申报,1925-06-13(13).

开会宗旨。报告毕,首先讨论简章,随后选举职员。桂质柏当选为会长,张信庵当选为副会长、尹世铎、纪文岩当选为书记,许韶九、吴国栋、汪奎昌、牛得楚、邢鼎铭、王北辰、孙怀远、王岑生等8人当选为干事。又议定12月20日开第一次大会,讨论一切进行事宜①②。

在1924年成立的地方图书馆协会当中,天津图书馆协会、济南图书馆协会的发起者王文山和桂质柏都是文华图书科的毕业生,北京图书馆协会、南京图书馆协会、江苏图书馆协会、上海图书馆协会的发起者戴志骞、洪有丰、杜定友是赴国外学习图书馆学的留学生,只有河南南阳与开封图书馆协会,以及浙江省会图书馆协会的发起者不是受过现代图书馆学专业训练者。因此,对图书馆协会的成立起重大推动作用的是图书馆学教育的发展。此外,从各地方图书馆协会成立时加入的图书馆来看,除南阳和开封未注明外,其他都在10至16家之间。一般包括当地的一至两个公立图书馆或通俗图书馆,更多的还是学校图书馆,而且与1918年北京图书馆协会成立时不同,这一时期中学图书馆的数量开始增加。这与1922年中华教育改进社第一次年会时图书馆教育组提交"呈请教育部推广学校图书馆"议决案不无关系。从地域分布来看,这些地方图书馆协会位于北京以及浙江、河南、直隶、江苏、山东、广东6省,尤以江浙一带为多,这与该地区明清以来文人荟萃、藏书事业发达有密不可分的关系。

第四节　中华图书馆协会

地方图书馆协会的陆续成立为组织全国图书馆协会奠定了基础,但成立全国图书馆协会仍需要等待其他方面条件的成熟。直至韦棣华女士在余日章的建议下开始积极奔走、力促美国退还庚子赔款之一部分用于发展中国图书馆事业,才逐步掀起了一场具有全国影响的图书馆运动,并因1925年美国图书馆协

---

① 怀民.济南通信:图书馆协会成立[N].大公报,1924-12-22(5).
② 铁崖.杂讯:济南图书馆协会成立[N].申报,1924-12-20(10).

会代表鲍士伟博士来华而达到高潮。已经筹划数年的全国性图书馆协会终于借此机会诞生。

一、韦棣华女士赴美运动庚子赔款退回中国拨充推扩中国图书馆

1925年1月10下午,韦棣华女士在上海图书馆协会为她举行的欢迎会上应邀介绍她赴美运动庚子赔款之经过,她说:"二年前余为提倡图书馆起见,曾来上海,与余日章博士晤面,余君以为以庚款发展图书馆,实为最善之法。"①("二年前"即1923年)

余日章之所以会提及庚子赔款跟他的身份角色有关。1921年3月11日,美国参议员洛志(Henry Cabot Lodge,1850—1924)提出退还庚子赔款余额的议案。8月11日,参议院未加辩论,通过了该议案,后因种种原因未能实现。1921年11月12日至1922年2月6日,太平洋国际会议在美国华盛顿举行,余日章和蒋梦麟两人以国民代表身份参加,奔走于美国朝野人士之间。1922年2月8日中华教育改进社成立"中华教育改进社附设筹划全国教育费委员会"。该委员会设立关税部、赔款部、公债部和计划部,余日章为赔款部部员之一。因此,当韦棣华女士找到余日章时,他才会提出用美国退还庚子赔款发展图书馆事业是最好的办法。

在余日章的建议下,韦棣华女士于1923年2月赴北京拜访美国驻华公使舒尔曼(Jacob Gould Schurman,1854—1942)②,以及黎元洪、颜惠庆、顾维钧、王正廷等人,并得到他们的支持③。1923年2月22日《京报》一则报道称,来自美使馆消息,"美国政府现正筹划拟将庚子赔款拨出一部分作为在华设立公共图书馆

---

① 韦棣华女士演讲,程葆成笔记.运动庚子赔款退回中国拨充推扩中国图书馆之经过[J].图书馆,1925,创刊号:34.

② 韦棣华女士在 Recent Library Development in China 一文中称1923年冬天拜访舒尔曼,但韦棣华女士1923年冬天人在华盛顿,因此实际时间应该是1923年2月。

③ Mary Elizabeth WOOD.The Boxer Indemnity and the library movement in China[M].Hankou:Central China Post Ltd,1924.转引自:王余光.清末民国图书馆史料汇编:第3册[G].范凡,等选辑.北京:国家图书馆出版社,2014:3.

之用……上述之计划已由美国政府提交国会"[①]。

为了更有力推动这一计划的落实,由余日章起草了一份给美国总统的请愿书,其中提到每年用20万美金在中国一些中心城市建设和维持5所大型图书馆和9所中等规模图书馆,这些图书馆将起到示范作用,带动其他城市的图书馆事业[②]。1923年5月1日《教务杂志》(The Chinese Recorder)的"编辑展望"一栏中又透露了更多关于这一计划的细节,这些都体现在后来提交给中华教育改进社第二届年会的提案中。

为找人在请愿书上签名一事,1923年7月下旬,韦棣华在北京逗留了一个月,其间参加了中华教育改进社第二届年会,并以文华大学图书科全体的身份提交了"呈请中华教育改进社转请政府及美国政府,以美国将要退还之庚子赔款三分之一作为扩充中国图书馆案"的议案。

1923年8月20日下午2时,中华教育改进社第二届年会图书馆教育组举行第一次分组会议,主席戴志骞报告若干事项,其中就提到文华大学图书馆馆长韦棣华女士代表该大学图书科全体呈请中华教育改进社转请政府及美国政府,以美国将要退还之庚子赔款三分之一作为扩充中国图书馆案,并提及沈祖荣、胡庆生、洪有丰与戴志骞四人已经为此事致函美国图书馆协会年会,请其在美国方面给予相当之赞助,复函亦已收到。戴志骞又提议,由于当日会议时间短暂,应将提议案件择其重要、关系图书馆事业全体者,如文华大学图书科所提庚子赔款用于扩充中国图书馆案先付讨论,其他关于图书馆内部问题可从长计议。该议案经修正后通过。由此看来,戴志骞对于促成该议案的通过起到了十分重要的作用。

呈请中华教育改进社转请政府及美国政府,以美国将要退还之庚子赔款
三分之一作为扩充中国图书馆案(文华大学图书科全体提议)

[①] 美国庚子赔款之又一用途[N].京报,1923-02-22(3).

[②] Mary Elizabeth WOOD.The Boxer Indemnity and the library movement in China[M].Hankou:Central China Post Ltd,1924.转引自:王余光.清末民国图书馆史料汇编:第3册[G].范凡,等选辑.北京:国家图书馆出版社,2014:4-5.

理由

(一)图书馆为普及教育之利器。

(1)图书馆不限程度之高下——较之贵族式之学校,或其他为最少数人谋利益之组织,不可同日而语。(如谓图书馆为平民大学校也可,谓为专门学者之智识宝库也亦无不可。)

(2)图书馆不限职业之贵贱——无论士、农、工、商均得同享图书馆之利益。

(3)图书馆不限年龄之大小。

(4)图书馆不限男女之差别——能调剂男女教育不平等之现象。

(5)图书馆能使①未受教育者,受相当之常识(如通俗演讲等);②已受教育者,继续求学,得与时并进(就智识方面言。)

(二)希望我国政府推广图书馆事业,现在已如泡影,绝无成为事实之可能。故吾人如欲发展中国图书馆事业,舍仰给于"美国退还赔款"外,并无第二捷径。

(三)各省公立图书馆之经费,异常拮据。整顿无从着手。故不得不假"美国退还赔款"用为改良中国原有之图书馆(此项图书馆须收藏较富、成绩较优、地点适宜,并能履行特别条件者。)

(四)今日中国人士之"捐助"观念日渐发达,惟对于图书馆事业,较之西人,甚形冷淡。推原其故,实因中国图书馆收效未著,不易引起多数人之同情。为今之计,应藉"美国退还赔款"建设若干设备完善之图书馆。速尽图书馆所应尽之服务;早著图书馆所应著之功效,以博国内多数人士之赞助。如是,则图书馆事业庶可普及于中华民国矣。

(五)中国尚无模范图书馆堪足取法者。一旦得此巨款,则可经营若干模范图书馆,划一各种制度标准,管理手续,以为全国公、私、省、县、市、村图书馆之赞助。

(六)中国各界领袖对于图书馆事业甚表赞同。

(七)美国为图书馆事业发达最盛之国家。故该国人士对于"退还赔款"用为扩充中国图书馆事业,势必尽力襄助。

(八)图书馆在欧美教育界所占位置之重要,识者尽知,不待赘述。今中华教育改进社既以改进中华教育为宗旨,理应以改进图书馆事业为前提。

(九)中华教育改进社为中国教育界惟一之代表,故该社所提出之议案,极易得中外人士之信仰。

办法

（一）于此后二十年内，就尚未退还之庚子赔款项下，每年提出美金二十万元。其第一年提出之全数，另行存储，作为久远基金，以年利六厘计，每年可得息金美金一万二千元，专供中华图书馆委员会之用。第二年提出之二十万金元，应存妥实之银行生息，俟第三年之款提出（连第二年之母子金共计金元四十一万二千元），可拨金元二十一万二千元，以充大图书馆一所建筑及设备之用。余剩之金元二十万，以六厘生息，年得金元一万二千元，可供维持之费。此后每间一年，可增设类于第一次所建之图书馆一所。迨至各最大城市已有大图书馆五所后，其后九年，可于较小城市中，年增小图书馆一所。每所拟用金元十万元作建筑及设备之用。而以余剩之金元十万元作为基金，以六厘生息，年得金元六千元，藉供维持。

（二）凡接收此项公共图书馆之城市，须履行以下条件：

（1）拨给为建筑该图书馆基地一块。

（2）每年拨该馆津贴费若干元。其数目之多少由图书馆委员会详定之。但其用途，须半作购置新书费，半作扩充等费。

（三）组织：

（1）选举部——由美国驻京公使，中国外交部、教育部及全国高等教育联合机关（如中华教育改进社、中华职业教育社、中国科学社）总商会等组织之。

选举部之职权概略如左（下）：选举图书部、董事部（人数多少，由选举部另定之。）

（2）董事部——由选举部推选之（但能代表中美两国者方为合格。）

董事部之职权概略如左（下）：

①对于图书馆计划，担负完全责任。

②监督各种款项及其用途。

③议决图书馆一切进行事宜。

④交付议决案件于委员会，并监督其实行。

⑤受理图书馆委员会各种建议。

（3）图书馆委员会——由董事部派选之。

图书馆委员会之职权概略如左（下）：

①委员会执行董事部议决案件。
②委员会得建议于董事部。
③委员会应编制每年预算表及各种进行计划,送呈董事部审定。
④委员会得扶助中国图书馆协会组织及其发展。
⑤委员会得随时审查各地图书馆进行情形。
⑥委员会如得同意时得资助各地公私图书馆进行事业。
⑦委员会有辞聘各地"赔款"所建设之图书馆馆员之全权等。[①]

自此韦棣华女士的计划正式获得了当时在中国教育界颇有声势的中华教育改进社的支持,以及中国图书馆界同仁的拥护。

经过韦棣华女士的积极奔走联络,最终有中国政界、教育界和商业界的150个知名人士在请愿书上签名。她随后又准备了一份请愿书请65个居住在中国的知名美籍人士签名[②]。除了签名的这些人之外,还有一些因为职位关系不便签名的官员,专门致函韦棣华女士表示支持,如湖北督军兼省长萧耀南、山西督军兼省长阎锡山、陆军检阅使冯玉祥、外交总长顾维钧[③]。

1923年秋,韦棣华女士听从参议员佩伯(George Wharton Pepper,1867—1961)的建议,亲自赴美以促成此事[④]。1923年9月16日,《申报》以《韦女士建筑图书馆之运动》为题对韦棣华女士赴美运动庚子赔款作为在中国建筑图书馆经费进行报道。该文称韦棣华女士"刻已由皖来申,定于本月22号乘船前往"美国,她在15日与《申报》记者谈话中称打算用这笔赔款退款"在全中国先设立图书馆14所,内中5所系巨大规模者,设在上海、汉口、北京、天津、广东处,9所系小规模,设在次要各城",并"拟要求美政府由中国庚子赔款拨出,分20年拨给,

---

① 分组会议纪录:图书馆教育组[J].新教育,1923,7(2-3):304-307.

② Mary Elizabeth WOOD.The Boxer Indemnity and the library movement in China[M].Hankou:Central China Post Ltd,1924.转引自:王余光.清末民国图书馆史料汇编:第3册[G].范凡,等选辑.北京:国家图书馆出版社,2014:3.

③ Mary Elizabeth WOOD.The Boxer Indemnity and the library movement in China[M].Hankou:Central China Post Ltd,1924.转引自:王余光.清末民国图书馆史料汇编:第3册[G].范凡,等选辑.北京:国家图书馆出版社,2014:3.

④ Mary Elizabeth WOOD.The Boxer Indemnity and the library movement in China[M].Hankou:Central China Post Ltd,1924.转引自:王余光.清末民国图书馆史料汇编:第3册[G].范凡,等选辑.北京:国家图书馆出版社,2014:3.

每年20万金元",而且计划于9月18日将含有详细计划的两份呈文送至上海美总领事转呈美国政府,而韦棣华本人亦即"亲自赴美,设法玉成此文化事业"①。该文被教会中文杂志《国际公报》②转载。

1923年10月6日《密勒氏评论报》(The China Weekly Review)也有报道称,"韦棣华几天前携含有数百名中美人士签名的请愿书前往美国华盛顿"③。

1923年11月7日,韦棣华女士回到她曾经就读的普拉特学院图书馆学校进行了一次讲演,介绍文华公书林、中国图书馆现状,以及她当前的重要使命——确保美国退还庚子赔款的一部分用于中国的公共图书馆④。

《密勒氏评论报》主编兼发行人鲍威尔(John Benjamin Powell)在其1945年出版的《鲍威尔对华回忆录》(My Twenty-five Years in China)中记载了他在华盛顿与韦棣华女士的一次见面。他说当时他正住在华盛顿一家旅馆,为谋求中国贸易法案议案的通过四处奔走。一天,旅馆服务员给他送来一张韦棣华女士的名片,他下楼见了韦棣华女士。韦棣华女士问他怎么做才能从庚子赔款中分得一部分款项用以发展中国现代图书馆事业。他正好看见桌上放着一份《国会公报》,便翻开指着里面的参众两院议员录,对她说:"如果你带上这本书,去拜访名录上有的议员,向他们解释你的看法,或许会获得成功。"⑤韦棣华女士马上付诸行动,据鲍威尔称,整个秋天和冬天,他常常在大厅里看见韦棣华女士的身影,她按图索骥地打电话给各种各样的人。韦棣华女士后来在给中华教育改进社总干事陶行知的信中说,她自1923年12月1日美国议院开始集会之日至1924年6月上旬闭会之日,于参议代表两院内亲往叩谒,获见参议员82人(该院共86人)、众议员420人(该院共435人)⑥。1924年5月7日《时报》刊发了韦棣华女士在美时给沈祖荣先生来信的译文,披露其过程之艰辛:"每日晨间约九时

---

① 韦女士建筑图书馆之运动[N].申报,1923-09-16(15).
② 各国善行类:韦女士建筑图书馆之运动[J].国际公报,1923(45):12-13.
③ Would use part of Boxer surplus for libraries[N].The China Weekly Review,1923-10-06.
④ Pratt Institute[J].Public Libraries,1923(28):590.
⑤ [美]鲍威尔.鲍威尔对华回忆录[M].邢建榕,薛明扬,徐跃,译.上海:知识出版社,1994:71.
⑥ Mary Elizabeth WOOD.The Boxer Indemnity and the library movement in China[M].Hankou:Central China Post Ltd,1924.转引自:王余光.清末民国图书馆史料汇编:第3册[G].范凡,等选辑.北京:国家图书馆出版社,2014:46.

许到参众两院办公室拜谒议员们,有时待至下午六钟方才回寓。要知道见一议员,真不容易,有时必须找他十几次,才能见着,甚或被他挡驾……而且予足跛不良于行……我已经拜见二十五个参议员、三十五个众议员……"①这封信里韦棣华女士还提到她曾劝说普特南(George Herbert Putnam,1861—1955)②博士到中国来,并已经为之筹款准备,她说:"我曾和巴提曼③博士说,请他到中国来组织中国图书馆联合会,以便与美国图书馆联合会结为联锁的关系。"他笑道:"中国文学极为丰富,有几千年④的历史,我以一美人能有什么关于图书馆的话向中国人说呢?自己未免不自量吗?"⑤

1923年12月6日,参议员洛志重提他于1921年3月11日就提出的退还庚子赔款余额之议案。1924年1月11日,该议案又被众议员麦奇(James M. Magee,1877—1949)提出,2月28日,众议员博德(Stephen G. Portor,1869—1930)也提出该议案⑥。后来,议案转至众议院外交委员会。1924年3月31日至4月2日,外交委员会就此议案召开听证会,邀请了一些曾在中国生活过的美国人作为证人出席,包括哥伦比亚大学汉文部博晨光教授、世界教会评议会干事温雪斯博士、长沙雅礼大学校长胡美博士、纽约长老会协会干事傅克思博士、武昌文华大学图书馆主任韦棣华女士等,此外哥伦比亚大学孟禄教授还出具了意见书⑦。韦棣华女士在听证会上将中国上美国大总统之呈请书并中华教育改进社之议案及重要文件抄录多份呈给该委员会,各人一份,以备参考。1924年5月7日和12日,美国众议院和参议院分别通过了第二次退还庚款余额与中国的议案,于21日由柯立芝(John Calvin Coolidge,1872—1933)总统批准生效⑧。得此消息,5月24日,熊希龄和袁希涛代表中华教育改进社和全国教育会联合会

---

① 美还庚赔举办图书馆之运动[N].时报,1924-05-07(2).

② 1898年和1903-1904年两度当选美国图书馆协会主席,1899年起担任美国国会图书馆第八任馆长至1939年退休,任馆长40多年。退休后仍每天按时上下班,继续为国会图书馆工作了15年。

③ 即普特南。

④ 原文"几世纪",应为翻译失误。

⑤ 美还庚赔举办图书馆之运动[N].时报,1924-05-07(2).

⑥ HUANG George W.Miss Mary Elizabeth Wood:Pioneer of the library movement in China[J].Journal of Library & Information Science,1975,1(1):73.

⑦ 徐仲迪,等.美国退还庚子赔款余额经过情形[M].上海:商务印书馆,1925.

⑧ 谢长法.借鉴与融合:留美学生抗战前教育活动研究[M].石家庄:河北教育出版社,2001:194.

联名致电驻美公使施肇基转美国国务卿表示感谢①。

1924年6月14日,美国国务卿照会驻美公使施肇基:"兹谨检奉一九二四年五月二十一日国会通过之议案一份。此案授权大总统退还一九一七年十月一日起应付之庚子赔款于中国,由大总统认为适当之时期与情形中,依国会在该案弁言内所表示之意旨,发展中国之教育及文化事业。"②

1924年7月,在中华教育改进社第三届年会第二次学术会议上,陶行知提到美国退还赔款时说:"此事应归功于文华大学图书馆长伍德女士③、湘雅医学胡梅先生、协和大学波特先生,以伍德之功最大。"④9月26日,中华教育改进社董事长熊希龄代表中华教育改进社致函韦棣华女士表示感谢,称"凡二十省、三特别区及蒙古等处到会会员一千零四十人,对于女士于敦睦友谊、赞助文化上表现此种纯洁之精神、远大之见识,与坚忍之毅力,莫不深致敬仰"⑤。

二、邀请美国图书馆专家来华

美国退还庚子赔款余额尘埃落定,但中国图书馆事业能否真正获得其中一部分资金才是韦棣华女士的初衷和最终目的。1924年6月,韦棣华亲往谒见柯立芝总统,向他提出中国上美国大总统之呈请书并中华教育改进社之议案,以证明中国人民对于美国庚款退还用途之一种建议⑥。总统明确指出美国对于庚款虽指为教育之用,但如何分配尚待研究。后来,数个中美要人向韦棣华女士提议,须以中华教育改进社名义聘请美国图书馆界中声望昭著之专家来华考察中国情形及图书馆之急需状况,并提出具体之建议,以便中华教育改进社转达中美庚款委员会申请这笔经费用于图书馆事业。韦棣华女士认为普特南是首

---

① 感谢美退赔款之中美要电[N].申报,1924-08-06(13).

② 袁希涛.庚子赔款退还之实际与希望[J].浙江省教育会月刊,1924(5):27.

③ 即韦棣华女士。

④ 学术会议纪录[J].新教育,1924,9(3):438.

⑤ Mary Elizabeth WOOD.The Boxer Indemnity and the library movement in China[M].Hankou:Central China Post Ltd,1924.转引自:王余光.清末民国图书馆史料汇编:第3册[G].范凡,等选辑.北京:国家图书馆出版社,2014:47.

⑥ 韦棣华女士演讲,程葆成笔记.运动庚子赔款退回中国拨充推扩中国图书馆之经过[J].图书馆杂志,1925,创刊号:34.

选,早在1924年5月《时报》所刊韦棣华女士给沈祖荣先生的信中已经提及。因此,她向中华教育改进社提出由她捐款、由该社聘请普特南来华的提议。然而,在1924年7月6日中华教育改进社在第三届年会期间召开的董事会上,对于此事议决暂行缓定[①]。

1924年6月30日至7月5日,美国图书馆协会第46届年会在萨拉托加温泉城(Saratoga Spring)举行。韦棣华女士在7月1日第二次全体会议上宣读论文《中国图书馆发展近况》(*Recent Library Development in China*)[②],在全面介绍了中国图书馆事业的发展状况之后,韦棣华女士介绍了她为使美国退还庚子赔款一部分用于中国公共图书馆事业所做的努力,并且强调为了实现这个目标,需要有一位美国图书馆专家来调查中国的图书馆事业。他必须在美国有代表性的图书馆工作;他必须是被视作这一领域的权威;他的话要有很重的分量;他将建议我们组成一个既让中国外交部尊重又得到美国认可的组织;他将使中国最重要的教育家吸纳进这个组织。中华教育改进社将邀请这一代表来到中国,尽可能发起一场真正的图书馆运动,推动中国图书馆协会的形成,并将之与美国图书馆协会相连。

1924年7月5日,美国图书馆协会在年会最后一天召开第二次执行委员会会议,会议主席由刚上任的新一届美国图书馆协会主席梅耶(Herman H. B Meyer,1864—1937)担任,美国图书馆协会秘书米兰(Carl H. Milam,1884—1963)为会议秘书。该次会议第12项议程就是"韦棣华女士和中国"。梅耶主席介绍说,大约两三周以前,韦棣华女士在国会与普特南博士有过一次会谈,当面请求普特南博士接受这一赴华代表的使命,但被普特南博士拒绝。普特南请梅耶到他办公室,给他看了韦棣华女士提交给他的计划,问梅耶是否愿意接受。在韦棣华女士的计划当中,这一美国图书馆界代表要么是普特南,要么也得是美国图书馆协会主席。当时梅耶就任新一届美国图书馆协会的主席已是十拿九稳的事,故普特南咨询梅耶的意见。梅耶当时回答此事将会干扰他自己作为协会主席的本职工作,所以并不愿意接受。秘书米兰介绍说,他从哥伦比亚大

---

① 董事会议纪录[J].新教育,1924,9(3):425.

② Mary Elizabeth WOOD.Recent Library development in china[J].Bulletin of the American Library Association,1924,18(4A):178-182.

学罗素博士那里得知孟禄博士很快会回到纽约,待一两周后就要去中国处理美国庚子赔款事宜。米兰给罗素拍了电报询问孟禄博士在纽约停留的时间,希望派一个代表与他面谈中国图书馆的事情,得到答复是预计在7月9日至20日。会议上还提到了这名赴华代表的费用问题,梅耶称将由韦棣华女士筹集资金支付,他认为她很难筹集到超过1000美元,而这远远不够此次行程的费用。经过讨论,议决如下:(1)与恰当的政府官员(尤其是孟禄博士)召开会议明确美国图书馆协会派人赴华的必要性;(2)国会图书馆馆长显然是从身份和效果上最能代表美国图书馆协会的人选;(3)授权美国图书馆协会主席与普特南博士交涉说服他出任代表。

10月15日《社会日报》刊载《中华教育改进社聘请图书馆专家》,其中提到:"梅乐先生为美国图书馆专家。现该社董事长熊希龄、主任干事陶行知,已致函美国,请梅乐先生来华,以便指导我国图书馆事业之进行,并闻该社在美之韦德女士。代为劝驾云。"[1]这一消息还刊于10月21日《申报》[2]、10月25日《新闻报》[3]和11月20日出版的《教育杂志》[4]等媒体。可见,中华教育改进社大约在1924年10月正式向美国图书馆协会发出了邀请,且当时已明确获知普特南不可能来华,转而改请美国图书馆协会主席梅耶。

然而,梅耶亦未能应允,美国图书馆协会于是商定改派鲍士伟为代表。鲍士伟虽不是当时在任美国图书馆协会主席,但曾经担任过美国图书馆协会主席,因此也还算是满足了韦棣华最初的期望。1924年12月30日,美国图书馆协会执行委员会在会议中讨论了派遣鲍士伟博士作为代表赴中国的议题。美国图书馆协会秘书米兰报告说,不久前鲍士伟博士、泰伊先生(Mr. Tye)和孟禄博士开了个会,其中孟禄博士表明中国的图书馆应该从中华教育文化基金董事会获得一笔资金。米兰又读了一封康宁夫人(Mrs. Frederick Cunningham)的来信,称她愿意提供5000美元作为鲍士伟博士赴华的开支和薪水。执行委员会全票通过了这一安排。康宁夫人的支持应是韦棣华女士积极争取的结果。在韦棣

---

[1] 中华教育改进社聘请图书馆专家[N].社会日报,1924-10-15(4).
[2] 地方通信二:北京[N].申报,1922-10-21(7).
[3] 中华改进社聘请美国图书馆家[N].新闻报,1924-10-25(3).
[4] 中华改进社聘请美国图书馆家[J].教育杂志,1924,16(11):8-9.

华女士的遗嘱中提到康宁夫人有500美元的纪念基金存在波士顿的"旧殖民地信托公司",且她还担任韦棣华基金会(亦设在旧殖民地信托公司)的秘书[①]。

事实上,在此次会议之前,美国图书馆协会已经决定派鲍士伟为赴华代表。12月14日下午,北京图书馆协会在美术专门学校召开第6次常会时,已经知道代表为鲍士伟,且安排该会图书馆事业推广委员会筹备调查问题,向国内各图书馆征求答复,以备美国图书馆专家来华时进行报告[②]。12月23日《申报》也有《美国图书馆总会代表将来华》的报道,指明美国图书馆协会代表鲍士伟大约来年3月来华,且"业正与上海图书馆协会筹议招待方法"[③]。

1925年1月7日,《新闻报》刊发了韦棣华女士致陶行知原函内容,汇报其在美期间运动庚子退款经过情形,其中提及"承贵改进社俯允中美诸要人之提议已函聘敝国之图书馆专家,俟该员来华调查后当作报告并拟建议书呈于贵改进社以便转达中美庚款委员会",同时提出在该专员未来以前"尚须仰赖贵社有所指导,俾早有筹备",而她在调查、宣传等事务上当竭诚服务,而专家来华之费用她也已得友人热心捐定[④]。自此时起,有关美国图书馆专家即将来华,以及庚子赔款用于图书馆事业建设的相关报道频频见诸各大报纸,为鲍士伟来华以及即将掀起的全国图书馆运动进行预热。

三、接待美国图书馆专家鲍士伟

由于邀请美国图书馆专家来华是以中华教育改进社的名义发出,请将庚子赔款三分之一用于拨充推扩中国图书馆也是中华教育改进社年会通过的议案。因此,在接待鲍士伟一事上显然主要是由中华教育改进社出面。因此,中华教育改进社于1925年1月在上海组织图书馆界人士讨论鲍士伟来华的接待事宜,韦棣华女士亦由武昌赴上海参加。

1月8日,韦棣华女士经黄炎培介绍赴沪,上海图书馆协会委员长杜定友与

---

① 彭敏惠.中国图书馆事业的缄默守护者——韦棣华女士遗嘱解析[J].中国图书馆学报,2018,44(238):123.
② 北京图书馆协会第六次常记[N].晨报,1924-12-19(6).
③ 美国图书馆总会代表将来华[N].申报,1924-12-23(11).
④ 拨美退款设图书馆运动之经过[N].新闻报,1925-01-07(3).

孙心磐、邓演存等前往迎接①。1月10日下午3时,上海图书馆协会假四川路青年会开欢迎大会,经过报纸两日来所刊预告,当日"到会者有该会会员60余人,来宾200余人"②,由主席杜定友致欢迎词,随即请韦棣华女士报告赴美运动庚款发展中国图书馆事业之经过。内容与致陶行知信件大体相同,不过明确提出美国图书馆协会"对于此举亦十分尽力,因推选图书馆专家鲍士威博士来华"③,并在演讲最后称"闻该专家将于3月到申,届时请上海图书馆协会招待一切"④。次日,《申报》《新闻报》《时报》皆有报道。

1月15日上午10时,中华教育改进社在江苏省教育会召集图书馆代表举行会议,筹备欢迎及调查进行计划⑤。当日到会者有杜定友、洪有丰、孙心磐、马崇淦、邓演存、黄维廉、韦棣华女士与中华教育改进社陶行知等十余人,讨论结果拟俟博士来华后先邀沪上各团体开一欢迎会,并欲请其在南洋大学图书馆、东方图书馆及总商会商业图书馆演讲,然后偕往杭州、南京、苏州、无锡、天津、北京、济南、曲阜、武昌、汉口、奉天、日本等处参观演讲⑥。

1月17日下午2时,中华教育改进社图书馆教育委员会假上海总商会图书馆开委员会议,再详细讨论一切,结果如下。(一)鲍氏来华之任务:①提倡图书馆,引起国人注意;②灌输图书馆新智识;③调查中国图书馆之现状及其需要;④根据调查结果,拟定改进及发展图书馆之计划;(二)鲍氏到沪后拟开图书馆专家会议,调查进行计划;(三)参观地点,假定如下:上海、杭州、苏州、无锡、南京、汉口、武昌、长沙、开封、太原、天津、北京、奉天、青岛、济南、曲阜、泰山、南通、广州等处;(四)参观调查各处完毕后,拟再开会报告结果、讨论一切⑦。

鲍士伟来华如何安排与中国方面对鲍士伟此行有怎样的期待直接相关。从韦棣华在美国图书馆协会年会上宣读的《中国图书馆发展近况》来看,她对鲍

---

① 美国图书馆专家韦棣华女士莅沪[N].申报,1925-01-09(11).
② 欢迎图书馆专家韦棣华女士纪[N].新闻报,1925-01-11(3).
③ 韦棣华女士演讲,程葆成笔记.运动庚子赔款退回中国扩充中国图书馆之经过[J].图书馆杂志,1925,1(1):35.
④ 欢迎图书馆专家韦女士纪[N].时报,1925-01-11(4).
⑤ 各图书馆代表今日开会议[N].申报,1925-01-15(7).
⑥ 各图书馆代表筹备欢迎鲍士维博士[N].申报,1925-01-16(7).
⑦ 欢迎美国图书馆协会代表鲍维士之筹备[N].申报,1925-01-19(10).

士伟来华至少有两大期望：其一是希望他作为美国图书馆界专家代表对中国图书馆事业发展提出建议，其分量足够可以影响中华教育文化基金董事会批准拨给一部分资金用于发展中国现代图书馆；其二是借助于他的身份为中国建立起一个足够被中国政府和美国政府高度认可的全国性图书馆协会，吸纳中国最有影响力的教育家加入其中，并与美国图书馆协会建立起牢固的关系。因此，是韦棣华最早建立起鲍士伟来华与建立全国图书馆协会之间的联系。

从中华教育改进社图书馆教育委员会的这次会议来看，中国图书馆界对鲍士伟来华也有三个方面的期待：第一，图书馆的社会宣传。这是针对普通社会大众的。中国图书馆界深刻感受到整个社会对于图书馆的认识和重视程度不够，图书馆事业的发展缺乏足够的社会支持。因此，期望借助鲍士伟来华引发社会对于图书馆事业的关注。第二，图书馆学知识的传播。这主要是图书馆从业人员的需求，他们需要借此机会了解美国先进的图书馆学知识。第三，图书馆事业之调查与发展的计划。这也是中国图书馆事业发展必须要做的事，中国图书馆界希望得到美国图书馆专家的指导，为中国图书馆事业切实找到发展的方向和行动的计划。

1月17日下午5时，上海图书馆协会借商业图书馆开第七次委员会会议，议决组织欢迎图书馆专家鲍博士之委员会，推定各部委员。(1)宣传：程葆成、马崇淦；(2)招待：朱少屏、邓演存、杨作平；(3)调查：马崇淦、孙心磐、宋景祁、胡惠生、黄维廉；(4)编辑：潘圣一、陈伯逵、潘仰尧；(5)书记：潘仰尧、王恂如；(6)事务：黄警顽、聂文汇、沈仲俊、杨启昌[①]。

1925年3月5日，浙江公立图书馆致函该省城各图书馆，指出接中华教育改进社图书馆教育组来函，拟调查各处图书馆情形并汇成统计，以为鲍士伟来华参观之准备，除浙江公立图书馆已有调查记录外，希将寄上之调查表代为分致在杭未经调查之各图书馆，请其从速填就寄还[②]。可以推想，中华教育改进社图书馆教育组此举应该是采用类似的方法致函全国各省主要图书馆，以它们为核心，分发调查表来完成全国图书馆事业之调查。

[①] 欢迎美国图书馆协会代表鲍士维之筹备[N].申报，1925-01-19(10).
[②] 本馆办理情形并一切章制文牍：请省城各校会图书馆填调查表函[J].浙江公立图书馆年报，1925(10)：8-9.

1925年3月间,美国图书馆协会来电,谓鲍士伟博士约于4月26日抵沪。中华教育改进社得此消息后,委托图书馆教育委员会主办鲍氏莅华事务,请该会书记朱家治①陪同鲍氏考察,并担任纪录事务,所有招待事项由该会函请经过之各省教育厅转知各图书馆,并另函请各图书馆协会主持,其无协会者则请图书馆主持。至4月12日前已得苏、浙、京、津、湘、鄂、鲁、豫、晋、粤等处函复,同时就调查全国图书馆实况一项,填到者已200余处。行程安排如表2。

表2　鲍士伟来华行程安排(1925年4月12日)②

序号	城市	停留日数	译员	招待机构
1	上海	3日	杜定友	上海图书馆协会
2	杭州	3日	杜定友	杭州图书馆协会③
3	苏州	1日	杜定友	东吴大学
4	南京	2日	洪有丰	南京图书馆协会
5	汉口	1日	沈祖荣	文华大学
6	武昌	2日	沈祖荣	文华大学
7	长沙	1日	沈祖荣	雅礼大学
8	开封	1日	胡庆生	开封图书馆协会
9	太原	2日	胡庆生	山西教育图书博物馆
10	北京	7日	袁同礼	北京图书馆协会
11	天津	1日	袁同礼	南开大学
12	济南	1日	袁同礼	济南图书馆协会
13	青岛	未定	袁同礼	青岛大学
14	奉天	未定	袁同礼	东北大学
15	广州	未定	杜定友	广州图书馆协会

　　可见,已经成立地方图书馆协会的城市,由图书馆协会负责接待,若无图书馆协会者,则由当地大学或图书馆负责接待。不过,鲍士伟抵沪之后经过面洽,

---

　　① 图书馆教育委员会初成立时,书记是程时烃。1924年7月7日,在中华教育改进社第三届年会图书馆教育组第五次会议上对图书馆教育委员会委员进行改选,正主任戴志骞、副主任洪有丰、书记朱家治。
　　② 美国图书馆专家鲍士伟定期莅华[N].申报,1925-04-12(11).
　　③ 因浙江省会在杭州,所以外界经常将浙江省会图书馆协会称作杭州图书馆协会。

最终行程方确定下来。4月28日,中华教育改进社图书馆教育委员会致函各地图书馆,附上鲍士伟博士最后订定的行程详表(见表3),请为招待欢迎。

表3 鲍士伟行程详表(1925年4月28日)[①]

序号	地名	抵达时间	离开时间
1	上海	4月26日下午3:00	4月30日上午7:45
2	杭州	4月30日下午12:27	5月4日上午7:40
3	上海	5月4日午12:00	5月5日上午7:00
4	苏州	5月5日上午9:00	5月6日上午9:00
5	南京	5月6日下午2:21	5月9日上午6:00(轮船)
6	汉口	5月11日下午	5月11日下午3:00(轮船)
7	长沙	5月12日下午	5月13日下午(轮船)
8	武昌	5月14日下午	5月17日下午
9	郑州	5月18日下午6:25	5月19日上午11:00
10	开封	5月19日下午1:19	5月20日下午4:00
11	郑州	5月20日下午6:55	5月21日上午6:09
12	石家庄	5月21日下午9:35	5月22日上午8:13
13	太原	5月22日下午3:52	5月24日上午8:05
14	石家庄	5月24日下午3:35	5月24日下午9:35
15	北京	5月25日上午6:30	6月4日上午9:10
16	天津	6月4日下午12:30	6月7日上午
17	济南	6月7日下午7:50	6月9日下午7:50
18	泰安	6月9日下午10:17	6月11日上午3:28
19	天津	6月11日下午3:48	6月11日下午11:55
20	奉天	6月12日下午7:37	6月15日上午9:10
21	圣城	6月16日下午6:40	6月18日下午6:40
22	富山	6月19日上午6:40	19日渡船
23	下关	6月19日下午5:40	6月19日下午6:00
24	横滨	6月21日	6月23日捷克逊总统船赴美

① 鲍博士今晚演讲美国图书馆[N].申报,1925-04-29(11).

1926年《中华图书馆协会会报》曾载有苏州图书馆协会简章,并注明会长彭清鹏,书记蒋怀若,通讯处为苏州图书馆[1]。后来,金敏甫在1928年《中国现代图书馆事业概况(续)》中介绍苏州图书馆协会"成立于民国十四年间"[2],但无准确时间。据《苏州各界欢迎鲍士伟博士纪》记载,5月5日鲍士伟抵达苏州,"苏州图书馆协会及各教育团体、青年会等均派代表清晨出城在车站携带旗帜,各佩欢迎徽章"[3]。由此,可以判定苏州图书馆协会成立于1925年5月5日之前。严文郁在《中国图书馆发展史:自清末至抗战胜利》中称苏州图书馆协会"14年8月成立"[4]是不正确的。

四、中华图书馆协会的成立

戴志骞自1920年起就开始筹划成立全国图书馆协会,也正是由他提出了成立中华教育改进社图书馆教育研究委员会,并担任正主任一职,又是他提出"组织各地方图书馆协会案",并率先成立了北京图书馆协会,被选为会长。因此,他很自然便希望通过北京图书馆协会促成全国图书馆协会的成立。

1924年,北京图书馆协会成立时,章程的名称和宗旨与1918年成立的北京图书馆协会完全相同,就是要强调北京图书馆协会的开创性地位。作为最早成立的地方图书馆协会,引领全国图书馆界便"名正言顺"。北京图书馆协会成立不久,1924年4月12日《申报》刊载《京图书馆协会进行计划》一文,指出:"该协会发起人,尚拟扩充范围,敦劝各地皆起而组织图书馆协会,将来联络各地协会而成一全国图书馆协会,刻下北京方面会员,正磋商办法、计划进行。"[5]1924年5月18日,北京图书馆协会在北京大学第二院召开第二次常会,由戴志骞主持会议。鉴于"各地图书馆协会尚未组织者,为数众多。全体乃议决由书记致函各地图书馆管理员,请速组织各地图书馆协会,并就本届南京中华教育改进社

---

[1] 苏州图书馆协会[J].中华图书馆协会会报,1926,1(5):9.
[2] 金敏甫.中国现代图书馆事业概况(续)[J].中山大学图书馆周刊,1928,1(3):26.
[3] 苏州各界欢迎鲍士伟博士纪[N].申报,1925-05-10(11).
[4] 严文郁.中国图书馆发展史——自清末至抗战胜利[M].新竹:枫城出版社,1983:226.
[5] 江篱.京图书馆协会进行计划[N].申报,1924-04-12(10).

年会报告经过一切"①。1924年5月23日,北京图书馆协会书记发出致各地图书馆管理员请速组织各地图书馆协会的通函②。随后,开封河南第一图书馆馆长何日章、天津图书馆协会筹备会王文山、复旦大学图书馆杜定友均复函汇报协会组织情况。

1924年8月创刊的《北京图书馆协会会刊》中还提到:"本会为中国图书馆协会之首先发轫者。自中华教育改进社与本会致各地图书馆管理员敦请组织图书馆协会通启发出后,各地图书馆协会之成立,风起云涌。中国图书馆事业,焕然一新……吾图书馆界同人当能奋发有为,将来全国图书馆联合会之成立,与夫全国图书馆事业之臻极峰,不劳屈指而可待矣。"③可见,全国图书馆协会的成立和全国图书馆事业的繁荣才是该会所希冀的。在全国性图书馆协会尚未成立以前,北京图书馆协会虽不处于严格意义上的领导地位,但的确也起到了引领、示范与指导的作用。开封图书馆协会和天津图书馆协会成立时就是拿北京图书馆协会简章作为参考。

早在1923年,韦棣华女士赴美推动美国退还庚子赔款用于中国图书馆事业之前,戴志骞就与沈祖荣、胡庆生、洪有丰一起曾为此事致函美国图书馆协会年会,请给予相当之赞助。北京图书馆协会成立后,一直十分关注并尽力支持韦棣华女士为此所做的努力。1924年夏,戴志骞赴美,在获取消息方面更加便利。1924年12月14日下午,北京图书馆协会在美术专门学校召开第6次常会时,已经知道美国图书馆协会派鲍士伟来华的消息,且安排该会图书馆事业推广委员会筹备调查问题,向国内各图书馆征求答复,以备美国图书馆专家来华时进行报告④。12月23日《申报》才有相关报道。

在得知美国图书馆协会将派鲍士伟来华的消息后,筹办全国性图书馆协会便提上议事日程。据1929年《北平图书馆协会会刊》第2期"卷头语"记载,北平图书馆协会"于十三年之冬有筹备中华图书馆协会委员会之设"⑤。1925年3月,北京图书馆协会拟定了《中华图书馆协会草章》十三条,并征询各地意见。

---

① 本会概略:会议记录[J].北京图书馆协会会刊,1924,1(1):19.
② 本会概略:会议记录[J].北京图书馆协会会刊,1924,1(1):16-19.
③ 本会概略:要事简载[J].北京图书馆协会会刊,1924,1(1):27-28.
④ 图书馆协会第六次常会记[N].晨报,1924-12-19(6).
⑤ 卷头语[J].北平图书馆协会会刊,1929(2):1.

1925年3月19日,《新闻报》刊文《组织全国图书馆协会之先声》,称开封图书馆协会通函全国各图书馆,建议尽快成立全国图书馆协会。《浙江公立图书馆年报》记载该馆于3月19日致函上海图书馆协会,称因接开封图书馆协会函件(并附草拟全国图书馆协会章程一纸),该会表示极力赞同,并请上海图书馆协会及时筹备。①3月20日,《申报》刊发《组织中华图书馆协会之发起》一文,云:"上海图书馆协会连日接得各省图书馆协会函,均建议组织全国图书馆协会,其经费即由庚子退款中拨出一部分,由上海图书馆协会协同各省之协会负责办理。北京图书馆协会业已拟就草章十三条,请各省各协会共同讨论。"②可见,开封图书馆协会是收到北京图书馆协会所拟草章之后再向全国各图书馆发出通函的。无论此前上海图书馆协会是否收到北京图书馆协会所拟草章,在《申报》这则报道之后无疑清楚北京图书馆协会已经拟就草章。

由于鲍士伟来华是从上海登岸,因此中华教育改进社于1925年1月曾在上海组织图书馆界人士讨论鲍士伟来华的接待事宜,韦棣华女士经黄炎培介绍与上海图书馆协会接洽,并请上海图书馆协会届时负责鲍士伟来华接待之事。开封图书馆协会的提议也算是合理,却忽视了北京图书馆协会早已有了牵头成立全国图书馆协会的计划以及为此已经做出的准备工作。实际上,由于各地方图书馆协会是一种平级关系,从平级关系中形成一个更高级别的组织,就存在领导权之争,尤其是在势均力敌的情况下。

3月23日,上海图书馆协会致函各处图书馆征求意见,其函云:"兹接开封、浙江等图书馆协会来函,拟推敝会筹备中华全国图书馆协会之组织,事关全国,敝会不敢草率,对于组织方法及开会地点、日期应否遵照开封协会提议在上海举行,用特征求尊见以便进行。如在上海开会则拟于4月16日至18日举行,届时贵代表能否出席请于4月3日以前赐知,以便斟酌办理。"③此函刊于3月24日的《申报》。3月26日,《京报》和《晨报》均发表《全国图书馆协会将成立》一文,称:"上海图书馆协会以组织全国图书馆协会刻不容缓,已通函各省催促进行。

---

① 本馆办理情形并一切章制文牍:请上海图书馆协会筹备全国图书馆协会函[J].浙江公立图书馆年报,1925(10):9.

② 组织中华图书馆协会之发起[N].申报,1925-03-20(10).

③ 组织中华图书馆协会之进行[N].申报,1925-03-24(11).

第二章　中华图书馆协会的酝酿与成立

闻协会地点暂设在上海,因地点适中、交通便利,可就近欢迎鲍博士。至组织协会种种手续,即归上海图书馆协会就近办理,大约于4月15日左右召集成立大会。"①②开封图书馆协会随即复函,选定李燕亭、何日章、张幼山三人为代表准期赴会③。

广东大学图书馆接上海图书馆协会3月23日发给各图书馆通函后,以广州协会尚未成立,殊非所以促进图书馆事业之道,而派遣代表事又不容稍缓,乃即召集各图书馆馆员开筹备会议。3月29日午在广东大学图书馆开会,到者有:广东省立图书馆徐信符,岭南大学图书馆陈德芸,省教育会图书馆成晓勤,广东大学图书馆吴敬轩(吴康)、渠春华、林卓夫、杨开,广州市立第一通俗图书馆陈剑秋等十数人,议决即行设立,通过规程九条,并定下星期四仍假广东大学开成立大会,出席全国协会代表亦即由此次大会产出④。会后发函邀请市内各图书馆入会,七十二行商报图书馆、番禺县立图书馆及工专、一中、女师、市师、执信、广中等校图书馆均函请加入。4月2日,广州图书馆协会在广东大学图书馆开成立大会,主席为广东大学图书馆吴康。当时入会机关会员6人、个人会员14人。选举职员:正会长吴康、副会长陈德芸、书记杨始开。不久,吴康赴法留学,由会员推举陈德芸暂代会长⑤。

3月28日,上海图书馆协会在总商会商业图书馆开第8次委员会,并招待各处图书馆协会来沪之代表,讨论组织中华全国图书馆协会一切进行事宜⑥。4月5日下午1时,上海图书馆协会假上海总商会图书馆召开全体会员大会,讨论组织全国图书馆协会事。列席者40余人,由杜定友主席汇报经上海图书馆协会通函征求意见后,已接到青岛、安徽、山西、河南、江西、苏州、山东、开封、常熟、南通、金陵等处图书馆先后来函,赞成设立在沪。经讨论4小时之久,一致议决:(一)陈友松提议上海图书馆协会先行组织全国图书馆协会筹备处,其设立地点及一切应行事宜由全国图书馆代表决定之;(二)程葆成提议以4月22日为

---

① 全国图书馆协会将成立[N].京报,1925-03-26(7).
② 全国图书馆协会将成立[N].晨报,1925-03-26(3).
③ 全国图书馆协会开封代表已选定[N].申报,1925-04-06(10).
④ 广州市筹设图书馆协会[N].申报,1925-04-13(11).
⑤ 何多源.广州图书馆协会概况[J].广州大学图书馆季刊,1935,2(1):99.
⑥ 上海图书馆协会今日开会[N].申报,1925-03-28(11).

全国图书馆代表来沪列席开会日期，25日闭会，兼可共同参与26日美国图书馆协会代表鲍博士之欢迎大会。会议又讨论招待鲍博士来沪一切手续①②。

4月9日，上海图书馆协会函全国各省各县各处图书馆，称全国图书馆协会开会地点定于上海徐家汇南洋大学图书馆，日期定在4月22—25日，并迎美国图书馆专家到沪，请选派代表到会③。4月10日《新闻报》还称各代表膳宿问题已得南洋大学凌校长赞同，由该校担任招待，上海图书馆协会已请南洋大学图书馆王永礼（寅清）等为招待委员④。4月12日，上海图书馆协会假四川路青年会举行全国图书馆协会筹备委员会暨欢迎鲍士伟博士筹备委员会联席会议，到会者：杜定友、朱少屏、沈仲俊、邓演存、孙心磐、黄警顽、程葆成、陈伯逵、宋景祁、陈友松、朱少章、周秉衡、王寅清等十余人。由杜定友主持，程葆成记录。议决组织全国图书馆协会筹备人员计有编辑：马崇淦、陈友松、何宪琦、陈伯逵；事务：程葆成、王寅清、周秉衡、沈滨掌；招待：朱少屏、黄警顽、王寅清、沈仲俊；会计：孙心磐、宋景祁；文书：潘仰尧、王恂如。鲍士伟博士欢迎筹备职员：邓演存、朱少屏、海斯、黄维廉、周秉衡、沈仲俊。演讲地点假东方图书馆或上海总商会⑤。4月14日，上海图书馆协会在《申报》头版发布《全国各图书馆公鉴》⑥，内容是4月9日所发出的致全国各图书馆之通函，宣告开会日期、地点和具体安排。

4月15日，山东代表尹世铎、江西代表陈宗蓥（杰先）、山西代表侯子文、南通代表陈保之、广东代表邹滨澜等抵沪，由上海图书馆协会欢迎招待，并请代表前往南洋大学寄宿。由于距离开会日期尚有数日，诸代表多拟往附近各处调查参观，届期返沪与会⑦。

与此同时，北京图书馆协会并未因此放弃已经着手筹办的中华图书馆协会工作。1933年《中华图书馆协会概况》在论述中华图书馆协会沿革时称"十四年

---

① 上海图书馆协会开会纪[N].申报,1925-04-07(11).
② 图书馆协会开会[N].新闻报,1925-04-07(3).
③ 上海图书馆协会请全国派代表[N].申报,1925-04-11(11).
④ 全国图书馆协会之开会期[N].新闻报,1925-04-10(3).
⑤ 上海图书馆协会开会记[N].新闻报,1925-04-13(4).
⑥ 全国各图书馆公鉴[N].申报,1925-04-14(1).
⑦ 已到沪之各省图书馆代表[N].新闻报,1925-04-17(4).

三月,北京图书馆协会以美国图书馆协会派遣代表来华,欲于中国图书馆事业有所赞助,认为有提前组织之必要,特组委员会筹备一切,设委员十人,高仁山任主席"[1]。上海图书馆协会筹备全国图书馆协会事频繁见诸报端,想必北京图书馆协会不可能不知晓此事。然而,双方却始终没有进行正面洽商,而是仍旧分头办理。

4月11日《申报》有《中华图书馆协会之筹备》一则,称"上海有组织全国图书馆协会之筹备,兹悉北京近发起组织中华图书馆协会,有教育界名人加入发起,闻已定四月十二日在北京中央公园开发起人大会,由大会中产生筹备委员,再行召集成立大会云。"[2]同日,《晨报》及《京报》也刊发《中华图书馆协会之筹备》,称:"北京、南京、上海、江苏、天津各地图书馆协会,近发起组织中华图书馆协会,以研究图书馆学术、发展图书馆事业为宗旨。尚有教育界中人加入发起。闻已定于四月十二日在中央公园来今雨轩开发起人大会,由大会中产生筹备委员,再行召集成立大会。"[3][4]《晨报》还随之刊发了《中华图书馆协会成立缘起》(附发起人名单)和简章草案,《京报》限于篇幅略去简章草案。查该简章草案与《教育杂志》所载完全相同,即3月份所拟就之草章十三条。

4月12日,在北京中央公园来今雨轩开中华图书馆协会发起人大会,公推邓萃英为临时主席、袁同礼为临时书记。先由高仁山报告筹备经过情形,当即议决组织筹备会,推定北京、南京、江苏、上海、杭州、开封、济南、天津各图书馆协会会长及邓萃英、熊希龄、范源廉、查良钊、陈宝泉、洪煨莲、沈祖荣等15人为筹备委员,并推北京图书馆协会会长袁同礼为筹备会临时干事[5]。此消息同时见载于13日之《晨报》《京报》《社会日报》。

据金敏甫1936年4月12日撰写《定友先生与图书馆协会》一文所记载,当杜定友得知北京亦有中华图书馆协会之组织,当即致电北京图书馆协会会长袁同礼,请其来沪,共商进行,"袁君以事未果,派蒋慰堂氏代表到沪"[6],"因各校正

---

[1] 中华图书馆协会执行委员会.中华图书馆协会概况[M].北平:中华图书馆协会事务所,1933:1.
[2] 中华图书馆协会之筹备[N].申报,1925-04-11(11).
[3] 中华图书馆协会之筹备[N].晨报,1925-04-11(6).
[4] 中华图书馆协会之筹备[N].京报,1925-04-11(7).
[5] 中华图书馆协会昨开发起人大会[N].晨报,1925-04-13(6).
[6] 金敏甫.定友先生与图书馆协会[M]//钱存训,等.杜氏丛著书目.上海,1936:60.

放春假，未及与上海图书馆协会委员长杜定友晤面，即因事赴杭，至4月17日方始回沪。得知上海图书馆协会对于全国图书馆协会之组织业已告竣，并定于4月22日起开大会，故蒋君即日回京报告一切"[①][②]。

4月19日上午10时，中华图书馆协会在国立北京师范大学开第一次筹备会，由熊希龄主持。出席者有：洪有丰（江苏图书馆协会代表）、钟叔进（南京图书馆协会代表）、王文山（天津图书馆协会代表）、桂质柏（济南图书馆协会代表）、袁同礼（北京图书馆协会代表）、熊希龄、陈宝泉、邓萃英（汪懋祖代）、洪煨莲、查良钊（冯陈祖怡代）等人。公推熊希龄为筹备会主席，袁同礼为干事，查良钊、洪有丰为书记。主席请袁同礼、洪有丰先后报告筹备经过情形，讨论进行方针。主席宣读简章，议决通过。又依简章第四章第四条规定，推举候选董事18人：蔡元培（国立北京大学校长）、范源廉（国立北京师范大学校长）、熊希龄（中华教育改进社）、袁希涛（江苏省教育会）、邓萃英（教育部）、张伯苓（天津南开大学校长）、邹鲁（国立广东大学校长）、徐鸿宝（京师图书馆主任）、王文山（天津南开大学图书馆主任）、何日章（开封河南图书馆馆长）、桂质柏（济南齐鲁大学图书馆主任）、杜定友（上海南洋大学图书馆主任）、沈祖荣（武昌华中大学图书馆主任）、章仲铭（杭州浙江图书馆馆长）、戴志骞（北京清华学校图书馆主任）、袁同礼（国立北京大学图书馆学教授）、钟叔进（南京江苏省立第一图书馆馆长）、洪有丰（国立东南大学孟芳图书馆主任）。议决下次筹备会于4月在上海举行，公推袁同礼、洪有丰代表筹备会京津会员届时出席。又议决中华图书馆协会成立大会于5月21日在北京举行。主席以上海亦有全国图书馆协会之发起，而上海图书馆协会会长又为北京筹备会会员，亟应统一合作，议决下次在上海举行筹备会时，得将该日议决各案向各省征求同意。最后议决该日推举之候选董事，经各省代表同意后，再由书记通告各机关会员，按董事定额通信选举[③]。

4月19日下午2时，上海图书馆协会假上海总商会图书馆开第11次委员会暨招待委员会联席会议，列席者有：杜定友、周秉衡、陈友松、黄警顽、孙心磐、宋

---

① 北京图书馆协会代表过沪[N].新闻报，1925-04-18(4).
② 北京图书馆协会代表过沪[N].申报，1925-04-18(11).
③ 图书馆协会第一次筹备会[N].晨报，1925-04-23(6).

景祁、王恂如、程葆成、沈滨掌、陈伯逵、朱少屏、邓演存、马崇淦等十余人,由杜定友主持,王恂如纪录。议决事项如下:(一)招待全国图书馆代表程序:22日下午在南洋大学图书馆开谈话会;23日上午开会,下午南洋大学杜定友演讲,并参观徐家汇各处;24日上午开会,下午参观圣约翰大学图书馆,并请海斯女士演讲,又参观中华书局图书馆、中西女塾图书馆、圣玛丽亚图书馆、东方图书馆,并请韦棣华女士演讲;26日游览龙华各处并招待鲍士伟博士;27日上午与鲍士伟博士会议,下午开欢迎大会(四川路青年会或总商会),晚七时举行聚餐会(演讲余兴)。(二)招待鲍士伟秩序俟鲍氏到后再定。(三)各团体及个人加入欢迎宴会者务请于22日以前将中西名称送交总商会图书馆汇印欢迎秩序单内①。至4月21日已有江苏省教育会、青年会、上海总商会、申报馆、学生会②、新闻报馆、圣约翰大学、南洋大学、商科大学、上海广肇公学、商业专门学校、群治大学、暨南大学、上海大学、清心中学、伊文思印书馆、商务印书馆、中华书局、上海童子军总会、中华职业学校、中华学艺社、中华农学会、中华武术会、大同大学、浦东中学、无锡泰伯市图书馆等数十团体加入③。

因蒋复聪到沪并未与杜定友取得圆满结果,杜定友再度电请袁同礼来沪。"会期前一日,袁君抵沪,即晚杜师与袁君会商两会合并办法,谈至翌晨四时,方始议妥。"④

4月22日下午2时,到沪各代表在徐家汇南洋大学图书馆开谈话会。到会者有:开封何日章、李燕亭、张幼山,江西陈宗鉴,青岛陈立廷,南通陈保之,浙江徐蒙简,山东尹世铎,山西侯子文、韩宗道,安徽胡达三、王杰,陕西郄敬斋、高楼基,无锡秦寿鲲,汕头李春涛,四川黄元吉,苏州彭清鹏,上海黄维廉、陈友松、程葆成、陈伯逵、苏建文、王永礼、沈仲俊、佘仲谋、周秉衡、孙心磐、王恂如、杜定友、黄警顽、顾炳麟、潘圣一等,由杜定友主持。由于谈话会久无结果,嗣由程葆成提议改谈话会为筹备会,仍公推杜定友为筹备会主席,议决三项:(一)23日讨论全国协会之组织法,由到会各代表以书面提出讨论,并对于北京及武昌正在

---

① 上海图书馆协会开会纪[N].申报,1925-04-20(11).
② 应指寰球中国学生会。
③ 加入欢迎鲍氏成宴会之踊跃[N].申报,1925-04-21(11).
④ 金敏甫.定友先生与图书馆协会[M]//钱存训,等.杜氏丛著书目.上海,1936:60.

筹备之中华图书馆协会应抱何种态度;(二)仍以原有上海图书馆协会之办事员为全国协会之办事职员,并添举陈宗登、佘仲谋为文书,张幼山、陈保之、韩宗道、彭清鹏为编辑委员,何日章、李燕亭、王杰、侯子文、彭清鹏、陈宗登、郗敬斋为议案审查委员;(三)迟到代表每省可举一人为议案审查委员[①]。据金敏甫《定友先生与图书馆协会》称,该日会毕之后,"杜师深恐功亏一篑,用尽力量,奔走于各代表间,以期免除各方误会,俾一国之内,不致有两个协会同时成立"[②]。

4月23日上午9时,在南洋公学图书馆开第一次讨论会,到会代表有60余人。首先,由主席杜定友报告开会宗旨。其次,书记王恂如宣读22日会议纪录。随后,南洋公学凌校长致欢迎词,韦棣华女士和教育总长王九龄随后发表演说,北京大学图书馆代表袁同礼报告北京组织中华图书馆协会之经过详情后散会。中午在南洋公学食堂午餐,下午1时继续开会,又经众推出钟福庆、袁同礼、潘寰宇、钱国栋、朱家治为审查委员。各代表口头主张太多,意见颇不一致,结果议决关于组织办法及宗旨、名称、地点等,由各代表以书面提出,交与审查会,俟审查会审查后,将结果交与大会公决,并定24日上午8时至10时开审查会。当日3点3刻散会后由黄警顽引导各代表至徐家汇参观徐家汇图书馆,并由该馆主事徐宗泽引导参观博物院、圣母院、天文台、天主堂[③]。

4月24日上午9时,仍在南洋公学开议案审查会,主席杜定友请各代表将履历、现任代表机关名称于25日一律交总商会图书馆汇集编入特刊,并称上海图书馆协会图书杂志拟刊一庚款案专号及各省图书馆历史专号,请各代表惠稿。接着,由议案审查会书记陈宗登宣读审查情形。各地提案者:北京、南京、上海、安徽、江西、山西、开封、浙江、无锡、临海,议决如下。

    名称——中华图书馆协会

    地点——事务所设北京,分事务所设上海

    年会——各省区轮流开会

    会员——机关会员以图书馆为单位,此外如个人会员、名誉会员、赞助会员等将来再议

[①] 全国图书馆协会昨开筹备会[N].申报,1925-04-23(11).
[②] 金敏甫.定友先生与图书馆协会[M]//钱存训,等.杜氏丛著书目.上海,1936:61.
[③] 组织全国图书馆协会代表会纪[N].申报,1925-04-24(11).

组织——应有董事部,董事由个人、名誉两种会员中产出,其职权为谋划经费、审查预决算、审定会员资格等;董事部外另设执行部,执行会务

会议还推定起草章程委员5人,为浙江、江西、北京、河南、上海各代表,于当晚在总商会图书馆开会。3时散会后赴圣约翰大学图书馆、中西女塾等参观[1]。

4月25日上午10时,在北四川路横滨桥广肇公学3楼开讨论会,到会代表40余人,杜定友主持。邓演存代表广肇公学校长致欢迎词,主席杜定友报告开会程序及欢迎鲍士伟之时间地点,书记王徇如宣读24日议决案。接着开始讨论组织草案,首由起草委员陈宗鎣宣读一次,经众逐条讨论后修正通过,遂由主席宣告中华图书馆协会正式成立。下午2时改开成立大会,仍推杜定友为主席,王徇如为书记。议决下列各案:(一)以该日到会各代表为基本会员;(二)选举执行部正副部长暨董事,先推出何日章、袁同礼、杜定友为提名委员;(三)此次筹备会一切费用由中华图书馆协会承担;(四)随美国庚款委员会开会时举行成立仪式;(五)1926年年会地点定在北京或武昌,时间定在暑假。会议选出中华图书馆协会职员:董事15人,分别是蔡元培、梁启超、胡适、丁文江、沈祖荣、钟叔进、戴志骞、熊希龄、袁希涛、颜惠庆、余日章、洪有丰、王正廷、陶行知、袁同礼;执行部正部长戴志骞,副部长杜定友、何日章。会毕往宝山路参观商务印书馆之东方图书馆。是晚,由商务印书馆在大东旅社宴请各图书馆代表,韦棣华女士演说。李小缘于1921年自费留学,恰于1925年4月24日自美抵沪,连续两日出席会议,24日下午在圣约翰大学图书馆为海斯女士翻译[2]。

中华图书馆协会成立后,亟须觅定总事务所地址,得松坡图书馆将石虎胡同7号第二馆房间让与数间暂作总事务所。据5月13日《时报》记载,因戴志骞赴美未回,推定袁同礼代行执行部部长职权。该则报道亦刊载中华图书馆协会通告各图书馆一函。

敬启者,本会前由各地图书馆协会、各省区图书馆及教育界同人共同发起,已于4月25日在沪成宪,当经通过组织大纲、选出职员,兹依大会之议决,

---

[1] 筹备图书馆协会代表会议续志[N].申报,1925-04-25(12).
[2] 中华图书馆协会昨日成立[N].申报,1925-04-26(12).

定于6月2日下午3时,假北京南河沿欧美同学会举行成立仪式,敬希委派代表,届时出席,共襄盛举,是为至盼。如限于期日,不克莅会,务请惠赐文字,俾有遵循。①

又言中华图书馆协山会于5月12日委任江西陈宗蓥,浙江章箴,苏州彭清鹏,南京李小缘,河南李燕亭,南通陈保之,山西侯子文,上海孙心磐、王恂如、程葆成等为执行部干事②。同日《新闻报》也刊发这则通函,并附招待程序:(一)由北京图书馆协会担任招待;(二)各代表于6月1日以前到京,迳至西单牌楼石虎胡同7号松坡图书馆注册;(三)各代表在京参观游览日程(6月1日至4日)在注册时领取,惟游览费及食宿均自备;(四)中华图书馆协会成立式定于6月2日下午3时在南河沿欧美同学会礼堂举行,晚7时由北京图书馆协会宴请各代表③。

5月18日,中华图书馆协会呈请京师警察厅转呈内务部立案。6月4日批示准予立案。5月19日下午,上海图书馆协会在总商会图书馆开第11次委员会,会上公推上海南洋大学图书馆馆长王寅清为上海图书馆协会代表赴京出席中华图书馆协会成立仪式④。

5月25日,中华图书馆协会致函江苏省教育会和浙江公立图书馆等发起单位,请介绍会员,附机关会员调查表、个人会员调查表、组织大纲等多份,请分寄各图书馆恳其即日填就寄中华图书馆协会总事务所⑤。

5月27日上午10时,中华图书馆协会在松坡图书馆召开第一次董事会,出席者有:丁文江、蔡元培(陈源代)、梁启超、袁同礼、胡适、熊希龄(高仁山代)、颜惠庆、陶行知(陈翰笙代)、范源廉(梁启超代)、洪有丰(袁同礼代)。公推梁启超为临时主席,胡适为临时书记。议决除《组织大纲》所规定之部长一人外,添举一人任书记事务,另举五人组织财政委员会。经选举,部长梁启超,书记袁同礼,财政委员会成员颜惠庆、熊希龄、袁希涛、丁文江、胡适。各董事任期一年者五人,分别是颜惠庆、袁希涛、梁启超、范源廉、袁同礼。任期二年者五人,为王

---

① 中华图书馆协会将行成立礼[N].时报,1925-05-13(4).
② 中华图书馆协会将行成立礼[N].时报,1925-05-13(4).
③ 中华图书馆协会将行成立式[N].新闻报,1925-05-13(3).
④ 上海图书馆协会委员会纪[N].申报,1925-05-20(11).
⑤ 附录:中华图书馆协会请介绍会员[J].浙江公立图书馆年报,1925(10):82.

正廷、熊希龄、蔡元培、洪有丰、沈祖荣。任期三年者五人,为胡适、丁文江、陶行知、钟福庆、余日章。会上还公推教育总长及施肇基、鲍士伟、韦棣华为中华图书馆协会名誉董事,并推举罗振玉、徐世昌、傅增湘、严修、王国维、张元济、陈垣、叶恭绰、叶德辉、李盛铎、董康、张相文、柯绍忞、徐乃昌、王树枏、陶湘、蒋汝藻、刘承干、张钧衡、朱孝臧20人为名誉会员[①]。

5月28日,《上海夜报》刊载《中华图书馆协会之进行》,预告中华图书馆协会6月2日成立仪式之安排,称由该会董事颜惠庆主席,并请梁启超、鲍士伟、韦棣华及教育总长演说,晚上由北京图书馆协会宴请中华图书馆协会董事部及执行部全体职员,并列有全体职员名单。其中,执行部干事名单如下。

北京:徐鸿宝、钱稻孙、高仁山、蒋复聪、许达聪、冯陈祖怡、马家骧、陆秀、查修

上海:程葆成、周秉衡、黄警顽、陈友松、王恂如、孙心磐

山东:桂值柏

天津:王文山

浙江:章箴

苏州:彭清鹏

广东:吴康(敬轩)

湖北:胡庆生

山西:侯舆炳(侯子文)

江西:陈宗鋆

安徽:王杰

四川:张世铃

贵州:潘宇寰

陕西:郗慎基(郗敬斋)

云南:李永清

奉天:吴家象

湖南:李次仙[②]

---

① 中华图书馆协会第一次董事会议[N].申报,1925-06-05(13).
② 中华图书馆协会之进行[N].上海夜报,1925-05-28(2).

此名单中共有干事30名,并没有5月13日《时报》中所提李小缘、李燕亭、陈保之三人。此名单还出现于5月29日《申报》之《中华图书馆协会之进行》[①]中,因此不大可能是刊印错误,很可能是人选本身在这几日中有所变化。6月30日出版《中华图书馆协会会报》首期中又列有执行部干事33人,其中上海的陈友松换为王永礼(上海南洋大学图书馆),增加河南中州大学图书馆李燕亭(长春)、吉林图书馆初宪章、厦门大学冯汉骥3人[②]。

该文还提到,中华图书馆协会"为共同研究图书馆学术,或处理特别问题起见"[③],特组织13项专门委员会:分类委员会、编目委员会、索引委员会、目录委员会、国际目录分委员会、政府出版物委员会、交换图书委员会、专门名词审查委员会、儿童图书馆委员会、乡村图书馆委员会、出版委员会、图书馆建筑委员会、图书馆教育委员会。同时,中华图书馆协会正从事搜集各国关于图书馆学、目录学书籍,拟设立图书馆学图书馆于北京,并由执行部决定1925年7月间在南京开办图书馆学暑期学校,广聘国内图书馆专家如北京袁同礼,武昌沈祖荣,南京洪有丰、李小缘、刘国钧,上海杜定友等为教授,所设课程有图书馆学术史、图书馆行政、分类法、编目法、图书选购法、图书流通法、参考部、儿童图书馆、学校图书馆、目录学、古书鉴别法、出版物、图书馆建筑、图书馆学术集要等,并于课外请国内外教育名流分期演讲[④]。

6月2日,在松坡图书馆召开中华图书馆协会第二次董事会。出席者:陶行知(高仁山代)、洪有丰(李小缘代)、范源廉(何日章代)、钟福庆(陈容代)、梁启超、颜惠庆(梁启超代)、袁同礼、蔡元培(袁同礼代)、熊希龄(袁同礼代)、胡适(陈翰笙代)、沈祖荣等。讨论中华教育改进社图书馆教育委员会所提出拟用美国退还庚款三分之一建设图书馆之提议,及美国图书馆协会代表鲍士伟意见书,议决大体赞同,惟附说明。又另推举名誉会员12人:欧阳渐、卢靖、Melvil Dewey、Herbert Putnam、E. C. Richardson、C. W. Andrews、James L Wyer、Edwin H. Anderson、John Cotton Dana、W. W. Bishop、Charles F. D. Belden、Carl H. Milam[⑤]。

---

① 中华图书馆协会之进行[N].申报,1925-05-29(11).
② 会务纪要:执行部职员[J].中华图书馆协会会报,1925,1(1):6-7.
③ 中华图书馆协会之进行[N].上海夜报,1925-05-28(2).
④ 中华图书馆协会之进行[N].上海夜报,1925-05-28(2).
⑤ 中华图书馆协会之董事会[N].新闻报,1925-06-12(2).

第二章　中华图书馆协会的酝酿与成立

《中华图书馆协会第一周年报告》中提到中华图书馆协会董事部于1925年5月27日及6月2日两次会议推举33人为名誉会员[①]，但第一次董事会所推举20人，第二次董事会推举12人，加在一起是32人而非33人。《中华图书馆协会会报》第一卷一期和第一卷三期的《会务纪要》中也都列有名誉会员名单，据统计人数也都是32人。

6月2日下午3时，中华图书馆协会在北京南河沿欧美同学会礼堂开成立会，各省代表及京中教育界到者约150余人。首由主席颜惠庆致开会辞，次由教育次长吕复代表教育总长致辞，再由美国图书馆协会代表鲍士伟演说。待鲍士伟演说完毕，颜惠庆因事退席，由梁启超主席。稍事休息后，由中国音乐队奏乐，继由梁启超演说，再由韦棣华女士演说，题为《中美国际友谊之联络》，最后摄影茶叙而散[②]。除部分图书馆及图书馆协会代表12人参加成立仪式外，还有上海南洋大学、上海图书馆协会、上海广肇公学图书馆、河南图书馆馆长何日章寄赠祝辞[③]。颜惠庆在开会辞中提到："鄙人对于图书馆有二感想，(一)中国书籍甚多，中国古书之富对西洋实无愧色；(二)中国人爱好书，此事于中国街道上之敬惜字纸即可见之。但由此二优点连带即生两缺点：(一)不知保存书籍方法；(二)中国人之爱书系贵族的，非平民的，不能普遍。我对本会有两大希望：(一)研究如何保存古书；(二)研究如何发展中国人民爱书之精神。"[④]鲍士伟在当日演讲中提到友人问他图书馆协会第一步应作何事，第二步应作何事，他答之曰，图书馆协会最重要的工作为征集会员，不必限于专门学者，凡赞成热心此事业者皆许其加入，在会中共相讨论。同时，他也提到了中国虽有很多图书馆，但实际在性质上皆属藏书楼，而图书馆不只是有书，并须使人人都能用书[⑤]。梁启超的现场演说后来以《中华图书馆协会成立会演说辞》[⑥]为题刊载于《时事新报》上，在这份演说辞中他提出中华图书馆协会应承担起两份责任：第一是建设"中国的图书馆学"，第二是养成管理图书馆人才，为中华图书馆协会的发展指

---

① 中华图书馆协会第一周年报告[J].中华图书馆协会会报,1926,2(1):3.
② 中华图书馆协会成立[N].时报,1925-06-06(2).
③ 中华图书馆协会成立举行成立式[N].晨报,1925-06-02(6).
④ 中华图书馆协会在京开成立会[N].申报,1925-06-06(13).
⑤ 中华图书馆协会举行成立式[N].晨报,1925-06-02(6).
⑥ 梁启超.中华图书馆协会成立会演说辞[N].时事新报,1925-06-06(2).

明了方向。这份演说辞是中国图书馆学史上的纲领性文献,不仅在当时起到了重要的作用,至今仍被图书馆学界奉为经典。

在中华图书馆协会的筹备和成立过程中,北京图书馆协会、开封图书馆协会和上海图书馆协会形成了一种特殊的关系,这其中的利益之争是不容忽视的。上海图书馆协会成立后在杜定友的领导下发展势头很旺,且在1925年1月4日召开了规模盛大的第一届年会,媒体报道称到会者千余人。1925年2月,上海图书馆协会团体会员有34家。杜定友本身也是留学归国的图书馆学专家。因此,上海图书馆协会在实力上已经可与北京图书馆协会比肩。加之上海图书馆协会占据地理位置适中,且可同时欢迎鲍士伟博士的便利条件。北京图书馆协会显然也是不甘于沦为"配角",因此才会发生两地各自筹备的局面。

1960年,杜定友完成的自传体回忆录《百城生活》[①]中,关于中华图书馆协会的成立有如下记载。

1924年,组织全国图书馆协会是经过一场激烈的斗争。其原因是北平方面以少数人的发起,草率成立,会内设有"董事",均时下"名流",官僚气味颇重,尤为群众所不满。当时群情汹涌,会议有分裂之势。我以图书馆界出现"南北政府",期期以为不可,乃奔走斡旋,樽酒折衷,主持会议凡三昼夜。当时北平方面仅代表三四省,而由我号召的上海方面有十七省之多。我唇焦舌烂,说服多数,为之撮合,承认北平方面,但改选职员。如果上海之全国图书馆联合成立,则我被选为首任会长,自在众料之中,而我放弃个人名誉地位,会务仍由北方戴志骞领导,由我副之,中华图书馆协会始告成立[②]。

显然,由于时间和记忆所带来影响,杜定友误将1925年写作了1924年。他所提到的其他细节也有值得进一步考究的必要。查北京方面于1925年4月19日开中华图书馆协会筹备会时所推举候选董事18人,除蔡元培(国立北京大学校长)、范源廉(国立北京师范大学校长)、熊希龄(中华教育改进社)、袁希涛(江

[①] 王子舟.杜定友和中国图书馆学[M].北京:北京图书馆出版社,2002:307.

[②] 杜定友.杜定友文集:第18册[M].广东省立中山图书馆,中山大学图书馆,编.广州:广东教育出版社,2012:194.

苏省教育会)、邓萃英(教育部)、张伯苓(天津南开大学校长)、邹鲁(国立广东大学校长)7人外,其余11人均为图书馆主任或馆长,杜定友与何日章也都名列其中,比较全面兼顾了全国各主要图书馆,不至于"群情汹涌"。蔡元培等人从其职务来说,也都是教育界而非单纯的政界,而且这几位一向对于图书馆事业有过实质性的支持。此外,董事制下董事的重要职责之一便是筹募经费。客观来说,协会中若无这些握有教育实权者的支持,争取经费是相当困难的。事实上,经过杜定友协调之后,4月25日中华图书馆协会成立时选出董事15人,图书馆界人士仅沈祖荣、钟叔进、戴志骞、洪有丰、袁同礼5人,远远少于此前名单中数量。因此,杜定友所不满的"官僚气味颇重"应该不是指董事之设。

倒是《中华图书馆协会成立缘起》后所附发起人名单①,共有56人和南京图书馆协会、江苏图书馆协会、上海图书馆协会、天津图书馆协会、北京图书馆协会。这56人中倒是不乏"名流",图书馆界人士仅韦棣华、沈祖荣、胡庆生三人。这其实正是韦棣华女士所期望的,她在美国图书馆协会年会上宣读论文《中国图书馆发展近况》,代表中华教育改进社请美国图书馆协会派出代表赴华时,表达了这样的意愿,她认为美国图书馆专家来华除进行调查提出报告以使美国退还庚款一部分用于发展图书馆事业外,还需借机促成全国图书馆协会的成立,而这一协会要是一个既让中国外交部尊重又得到美国认可的组织,且将中国最重要的教育家吸纳进这个组织。韦棣华之所以有这样的考虑,是基于她运动美国退还庚子赔款之经历,为达到这个目的,她请社会各界名流为其请愿书签名,因为她知道在政治层面中美高层看重的都是这些"名流",他们的名字具有一种力量,而这是争取到退还庚款用于图书馆事业的希望。

杜定友事后所提的理由有些站不住脚,产生矛盾的直接原因还在于缺乏很好的协调机制。不同集体存在各自的利益是正常的,如果有好的机制,就可以尽可能以公平的方式照顾到大多数人的利益。在各地方图书馆协会处于平行关系的情况下组织更高级别的组织,相互之间没有制衡,竞争就会无序。开封图书馆协会首先占了先机,虽知自己没有实力组织全国图书馆协会,却最早向各图书馆发出通函,推出上海图书馆协会,因而搭上"顺风车"。在此之前,北京图书馆协会一直自认为是图书馆界的领袖,组织全国图书馆协会义不容辞。因

---

① 中华图书馆协会之筹备[N].晨报,1925-04-11(6).

此当得知上海图书馆协会4月9日通知全国图书馆,全国图书馆协会将于4月22日至25日在上海徐家汇南洋大学图书馆开会时,北京图书馆协会马上定于4月12日在北京中央公园开发起人大会,并在前一日《晨报》中刊出《中华图书馆协会成立缘起》(附发起人名单),又于4月19日在北京召开中华图书馆协会筹备会,当时参会者有北京图书馆协会、南京图书馆协会、江苏图书馆协会、天津图书馆协会、济南图书馆协会等代表。待全国各图书馆代表陆续齐聚上海时,如这一矛盾再不解决势必会出现两个全国图书馆协会的状况,杜定友致电北京图书馆协会会长袁同礼来沪共商进行,袁同礼先是派蒋复聪赴沪,协商无果。又经杜定友电催,袁同礼于4月21日晚抵沪。

不可否认,北京图书馆协会和上海图书馆协会在筹办全国图书馆协会时都做出了贡献,双方虽然存在分歧和利益之争,但最终还是以中国图书馆事业大局为重,促成了统一的全国性图书馆协会——中华图书馆协会的成立。这段筹备中华图书馆协会过程中的矛盾最终还是留下了"后遗症"。上海广肇公学图书馆在给中华图书馆协会成立仪式的祝辞中写道:"中华图书馆协会前在敝馆成立并选出董事暨执行部长,敝馆曷胜乐幸!今在京师举行成立式,用缀数言,藉伸贺悃,猗欤协会,敬业乐群,沟通文化,福我莘莘……"[①]既表庆祝,同时又是在重申中华图书馆协会在该校图书馆成立之历史。此举并非多想,上海图书馆协会在中华图书馆协会成立历史中的位置随着时间的流逝而慢慢淡化,最终甚至连中华图书馆协会正式成立日期也由4月25日变成了6月2日。1925年,《中华图书馆协会成立宣言》明确写着:"今以十四年四月二十五日成立于沪滨,复以六月二日举会于京国。"[②]1933年印行之《中华图书馆协会概况》也同样列明这两个重要时间点,但在叙述中明显突出北京图书馆协会的主导地位。至1942年2月9日中华图书馆协会在重庆国立中央图书馆开第五届年会会员联谊会时,蒋复聪演说中华图书馆协会成立历史时就没有提到上海图书馆协会,他说:"中华图书馆协会筹备于十七年前,戴志骞、冯陈祖怡二先生正主持北平图书馆协会,主张创立,而戴先生因事出国,袁守和先生由粤来平,筹议发起,本人其时亦在北平起草会章,各方奔走追随袁先生……于十四年六月二日举行成立式于

---

① 上海图书馆协会派代表赴京[N].申报,1925-06-02(11).
② 中华图书馆协会成立宣言[J].中华图书馆协会会报,1925,1(1):3.

北平……"①丝毫未提4月25日在上海成立一节。1944年,为配合第六届年会的召开,中华图书馆协会安排袁同礼撰写《中华图书馆协会之过去、现在与将来》,他在开篇就称"本会成立于民国十四年六月"②。

1925年4月25日,简章修改通过后宣告中华图书馆协会成立,下午开成立大会并选举职员。执行部正部长为戴志骞,杜定友和何日章同为副部长。戴志骞不在国内期间,由袁同礼代理其职,且中华图书馆协会的总事务所设在北京。这一结果兼顾了中华图书馆协会筹备过程中三方的利益,同时也体现了协商后的权利分配,最高领导权实际上仍归北京图书馆协会。这与北京图书馆协会能获得教育文化界名流的支持不无关系,这对新生的中华图书馆协会来说是十分重要的社会资源,另外也是对戴志骞在图书馆界的领导地位以及他对于成立全国图书馆协会前期所付出努力的承认。中华图书馆协会成立后执行部聘定干事33名,其中9人为北京图书馆协会会员,6人为上海图书馆协会会员,其他18省每省1名,这种人员分配实际上也是各方利益考量和协商后的结果。

---

① 会务:年会报告[J].中华图书馆协会会报,1942,16(5,6):18.
② 袁同礼.中华图书馆协会之过去、现在与将来[J].中华图书馆协会会报,1944,18(4):2.

第三章 中华图书馆协会的组织与运作

早在中华图书馆协会成立之前，已有不少地方图书馆协会成立，并开展了不少活动。这些地方图书馆协会的核心领导人也构成了中华图书馆协会的领导集体，且地方图书馆协会也是中华图书馆协会的团体成员之一，地方图书馆协会的会员基本上也是中华图书馆协会的会员。因此，中华图书馆协会的组织与运作与地方图书馆协会有着密不可分的关系。中华图书馆协会成立时通过的《组织大纲》是中华图书馆协会的章程，对中华图书馆协会的名称、宗旨、会员、组织、经费、选举、会议、会所及大纲的修改情形均有详细规定，成为中华图书馆协会的"立会之本"。尽管《组织大纲》经过了数次修正，但基本上也只是随着民国时期社会团体的管理模式变化而作了些许调整，以及为增加会费收入而稍作修正，其宗旨、组织、选举等重要部分均维持了基本的稳定，这也是中华图书馆协会能在艰难时局下延续20余年的重要原因。

第一节　中华图书馆协会的宗旨

　　中华图书馆协会是在各地方图书馆协会已经建成的基础上联合而成的，其核心领导人是会员选举出来的，一般是比较活跃的地方图书馆协会的创办人及领导人，因此中华图书馆协会在确立协会宗旨时，势必会参考借鉴已经成立的地方图书馆协会的宗旨。

通过对地方图书馆协会宗旨的分析可以发现,图书馆协会的宗旨经历了从单一的"谋图书馆间协助互益"到逐步确立"研究图书馆学术,发展图书馆事业,并谋图书馆之协助"这一多元目标的过程,体现的是中国图书馆界人士对图书馆认识的不断深化。

一、图书馆间协助互益

对任何社会团体而言,沟通联络、协助互益都是最基本的目标。1918年12月21日,北京图书馆协会在北京大学文科事务室举行成立大会,通过了章程及附则各六条,明确指出"本会宗旨在图谋北京各图书馆间之协助互益"[①]。作为中国第一个图书馆协会,北京图书馆协会有其初创之功,建立了图书馆间相互协作的基本模式。由于各图书馆是独立的系统,有各自所隶属的上级主管部门,图书馆协会所能实现的联合是一种松散关系,是在不影响图书馆协会所挂靠图书馆的工作、不给图书馆增加经济负担的前提下尽可能提高图书馆效率的一种模式。当时北京各图书馆尚处于发展的初级阶段,藏书建设是其主要需求,因此从《北京图书馆协会章程附则》可以看出,各图书馆间的"协助互益"也就体现在各图书馆藏书的互借和出版物的互换上,而图书馆协会主要职责就是搭建一个交流的平台。每年春秋两季分别举行常会,每年春季常会选举职员,各图书馆于春季常会报告各该馆一年之成绩。

1924年3月30日,在中华教育改进社敦促下,北京图书馆协会在中华教育改进社总事务所开成立大会,将3月16日筹备会所拟简章进行讨论,并修改通过。会名和宗旨与1918年《北京图书馆协会章程》中所载完全一致。《北京图书馆协会会刊》之《发刊词》亦言:"故非群策群力,不足收效,此同人等所以有图书馆协会之组织也。"[②]可见,仍然强调成立图书馆协会的必要性在于可以群策群力,也就是协助互益。

图书馆协会在当时中国图书馆界仍属于新生事物,除少数有过国外图书馆学教育经历的图书馆学者外,其他图书馆界人士在组织图书馆协会时没有经

---

① 北京图书馆协会成立纪闻[N].北京大学日刊(第292号),1919-01-21(3).
② 发刊词[J].北京图书馆协会会刊,1924(1):2.

验，便以北京图书馆协会成立办法和章程作为参考借鉴的对象。一部分图书馆协会，如浙江省会图书馆协会、开封图书馆协会、天津图书馆协会的宗旨都与北京图书馆协会的宗旨完全相同，只是把"北京"替换为该地区的名称。

二、图书馆学术与事业

虽然1924年成立的北京图书馆协会完全承袭了1918年北京图书馆协会的宗旨，但在该协会成立后的新闻报道中却有这样的表述："该会之目的，一则联络京中各图书馆，互通声气、彼此辅助，使有无相通，即如非各馆必备之书，各馆合购一部即足，如此则经费可省，再则聚集各馆人员，共同研究关于图书馆之种种学问。"[①]已经将共同研究图书馆学问视为该会的目的之一，比之1918年时对图书馆协会的认识有了明显的进步。《北京图书馆协会会刊》之《发刊词》还说："更不有精密之研究，详细之讨论，何能谋图书馆之完备，闭户造车，事乌能成。"[②]其言下之意是欲谋求图书馆之完备，需要研究和讨论，这种研究和讨论非闭户造车所能成，需要建立一种交流机制。可见，北京图书馆协会已经充分意识到通过图书馆协会建立图书馆间联系之后，对于建立馆际合作和推动图书馆学研究的作用，而最终的目的乃是"谋图书馆之完备"。

1924年6月14日，南京图书馆协会成立，宗旨为"谋南京各图书馆之互助并研究改进图书馆事业"[③]，实际上是对北京图书馆协会上述思想的概括，图书馆协会目的在"互助"和"研究"两项，最终目标是"改进图书馆事业"，第一次在协会宗旨中开创性地提出了"图书馆事业"的概念。

同年6月27日，上海图书馆协会成立，宗旨有四项："图书馆之联络与互助、图书馆学术之研究、图书馆事业之改进、图书馆事业之发展。"[④]首次在协会宗旨中提出了"图书馆学术"的概念，并将其与"图书馆事业""图书馆之联络与互助"并列。8月3日，江苏图书馆协会成立，"以研究图书馆学术，促进图书馆事业，

---

① 江篱.京图书馆协会进行计划[N].申报,1924-04-12(10).
② 发刊词[J].北京图书馆协会会刊,1924(1):2.
③ 各市图书馆协会章程丛录:南京图书馆协会[J].中华图书馆协会会报,1926,1(5):9.
④ 会务:上海图书馆协会章程[J].图书馆杂志,1925,1(1):92.

并谋各图书馆之协助互益为宗旨"①,基本采用了上海图书馆协会宗旨的表述,但更为凝练。

这一时期图书馆协会宗旨中之所以会出现图书馆事业与图书馆学术的字眼,是因为拟定宗旨的这些图书馆学者们看到了"图书馆"作为个体机构之外亦是社会事业和专门学术之一,根源在于这一时期中国图书馆数量与规模的增加,以及图书馆学教育在中国的确立。不过,组织各地方图书馆协会的发起者并不都是专业图书馆学出身,对图书馆学的认识有一个发展的过程。1925年成立的广州图书馆协会和苏州图书馆协会宗旨分别是"以谋广州各图书馆间之协助利益及图书馆事业之发展为宗旨"②和"以协谋苏州各图书馆之发展及互助事业为宗旨"③,就没有包括"图书馆学术"在内。

三、多元宗旨的最终确立

1925年3月,北京图书馆协会为筹备组织中华图书馆协会,拟定草章十三条,其中规定协会宗旨为"研究图书馆学术,发展图书馆事业"④,但4月25日中华图书馆协会在上海召开成立大会时,正式通过的《组织大纲》在其后增加了"并谋图书馆之协助"⑤一句。这次大会全国有多省代表参加,可以较为全面地反映全国图书馆界人士的观念,可见普遍认为早期图书馆协会宗旨中协助互益的理念仍是不可或缺的。

此后成立的太原图书馆协会、山东图书馆协会、福建图书馆协会、浙江第二学区图书馆协会、无锡图书馆协会、安徽图书馆协会基本上沿用了中华图书馆协会的宗旨作为该会宗旨。这也说明中华图书馆协会成立以后对各地方图书馆协会起到了引领风气的作用。"研究图书馆学术,发展图书馆事业,并谋图书馆之协助"的这一多元宗旨因中华图书馆协会的成立逐步得到全国图书馆界同仁的认可。

---

① 各市图书馆协会章程丛录:江苏图书馆协会[J].中华图书馆协会会报,1926,1(5):11.
② 各市图书馆协会章程丛录:广州图书馆协会[J].中华图书馆协会会报,1926,1(5):12.
③ 各市图书馆协会章程丛录:苏州图书馆协会[J].中华图书馆协会会报,1926,1(5):9.
④ 组织中华图书馆协会之草案[J].教育杂志,1925,17(4):14.
⑤ 中华图书馆协会组织大纲[J].中华图书馆协会会报,1925,1(1):3.

第二节　中华图书馆协会的治理

中华图书馆协会作为民国时期较为知名的教育学术团体,严格遵照政府的社团管理规定,其生存与发展受政府社团管理相关制度和法律法规的约束,同时,其治理方式也因政府不同时期社团管理政策的变化而有所调整。

一、法制环境

南京临时政府颁布《临时约法》,规定人民享有结社、集会、言论自由的民主权利。据统计,民国前期,政府共制定有关民间社团的法律法规10多种,包括一系列鼓励各业结社的法规政策[1]。袁世凯统治时期视政治性结社为大忌,颁布《劝告政团学会不许干涉立法行政令》《临时大总统饬禁秘密结社令》《临时大总统解散秘密结会布告》等。1914年,北洋政府公布《治安警察条例》(后改称《治安警察法》),将结社和集会根据性质分为关于政治和关于公共事务两类,而公共事务类虽与政治无涉,但行政官署因维持安宁秩序认为必要时得以命令令其按政治类规定呈报。1916年11月2日,内务部依据《治安警察法》颁布《各省结社集会呈报程序文》,对社团立案程序进行了规范,其中提到:"近来结社、集会,多有径向本部呈报立案者,程序既属不符,办理自多周折……嗣后人民如有关于结社、集会呈报事项,应径向各该管警察官署呈报,即由该管警察官署径予查核分别批示,并将关于结社批准立案各件,于批示后由该管长官,转咨本部存案备查。"[2]因此,社团立案依法应该先向管辖的警察官署呈报,后由警察官署长官转咨内务部存案。

北洋政府时期大部分时间沿袭南京临时政府设立的官制,实行责任内阁制,国家行政事务分属外交、内务、财政、陆军、海军、司法、教育、交通、实业(又分农林和工商)九部。社会团体的管理属于内务部管辖,而不同性质的社会团

---

[1] 陈志波.清末民国社团立法比较研究及启示[J].广西社会科学,2010(12):87.
[2] 内务部咨结社集会均应按照治安警察法之规定报由该管警察官署办理并将关于结社批准立案各件送部备案文[J].政府公报,1916(304):17.

体同时还受相应各部管辖。在实际操作过程中,很多社会团体仍是呈交通部、教育部等各部立案,甚至还有很多社会团体并没有办理正式的立案手续。1919年9月5日《时报》刊登"教育部通饬各学校结社须照《治安警察法》先呈报警厅"①的专电。1925年5月26日《时报》刊登《教部立案之学术团体》,指出:"民国成立以来,各省区学术团体林立,而遵章立案者甚少。"②在教育部立案之学术团体仅有农学会、林学会、中国工程师会、教育研究会、体育研究会、中华博物研究会、中国科学社、中华教育改进社等44个学术团体。可见,北洋政府时期对社团管理还是比较松散和混乱的。

中华图书馆协会于1925年4月25日在上海正式成立,5月18日中华图书馆协会呈请京师警察厅转呈内务部立案,6月4日批示准予立案③。后来,中华图书馆协会又"援学术团体立案前例",于1925年9月26日呈请教育部立案,10月17日获批④。可见,中华图书馆协会严格遵守了政府社团立案的相关法律规定和其他学术团体立案的通常做法。

由于政府机构调整变动之故,中华图书馆协会也积极配合进行了立案手续变革。1927年4月18日,国民党在南京建立国民政府。蔡元培等人为整理学制系统,仿照法国教育行政制度改教育部为大学院,并在全国推行大学区制。1928年8月14日,五中全国第五次大会议决依《建国大纲》设立五院,在行政院下设教育部。1928年10月8日公布《中华民国国民政府组织法》,国民政府设行政院、立法院、司法院、考试院、监察院五院。处于这一变动时期,中华图书馆协会于1928年7月间援学术团体立案前例向大学院请立案,嗣行政院教育部成立,又重申前请,得批复准予立案⑤。

1929年5月23日,国民政府公布《中华民国民法总则》,同年10月10日施行,其中第二章"人"第二节"法人"第二款"社团",对社团的合法性、章程内容、登记内容、会议召集、决议表决及章程变更等作出明确规定,为此后社会团体相关法律法规奠定了基础,也是所有社会团体必须遵循的基本依据,相对于北洋

---

① 国内专电[N].时报,1919-09-05.
② 教部立案之学术团体[N].新闻报,1925-05-26(3).
③ 会务纪要:立案[J].中华图书馆协会会报,1925,1(1):6.
④ 会务纪要:教育部立案[J].中华图书馆协会会报,1925,1(3):18-19.
⑤ 图书馆界:本会在教育部立案[J].中华图书馆协会会报,1928,4(3):24.

政府时期的社团管理更加规范细致。除此之外,南京国民政府在不同时期还出台了名目众多的规范社会团体管理的法律法规。

1929年6月17日,国民党第三届中央执行委员会第二次全体会议通过《人民团体组织方案》,将人民团体分为职业团体(农会、工会、商会等)和社会团体(学生团体、妇女团体及各种慈善团体、文化团体等),同时明确人民团体与国民党之关系——"本党对于依法组织之人民团体,应尽力扶植,加以指导。对于违反三民主义之行为,应加以严厉之纠正。对于非法之团体,本党应尽力检举,由政府制裁之",还对职业团体组织程序进行了规定,并要求社会团体"在党部指导、政府监督之下组织之,并须依法呈请政府核准立案"[①]。

1929年,教育部通令各省行政机关,规定地方学术团体立案办法:"在未颁布专条以前,自应遵照普通民事法规之规定办理。兹查民法总则,业经国民政府制定公布,并规定自本年十月十日起为民法总则施行日期。查本总则第四十六条内载:以公益为目的之社团,于登记前应得主管官署之许可。学术团体为以公益为目的社团之一,各该地方如有曾经许可设立该项团体,应即遵照本总则第四十六条举行登记。其尚未呈请许可者,应先补行呈请。"[②]12月3日,教育部通令各省市颁布《教育行政机关管理学术团体办法》,将学术团体的管理交由教育行政机关,并制定了详细的管理规范。第一,对学术团体进行了界定,强调"私人组织"和"以研究学术为目的";第二,对学术团体的目的或行为进行约束,要求不得"违反党义""妨碍治安""败坏善良风俗""涉及迷信""干涉行政及其他一切学术范围以外之事""藉端敛财";第三,对学术团体的设立作出规定,要求发起人拟具章程(章程内容应遵照民法总则第四十七条之规定),并请所在地之省或特别市教育行政机关许可;第四,对学术团体的登记作出规定,要求开列事务所地址、董事相关信息、社团资金情况、社员情况,连同章程规则,向所在地之省或特别市教育行政机关登记,如前三项内容有变更,还需随时呈报备案;第五,规范学术团体的管理,指明学术团体应受所在地之省或特别市教育行政机关之监督,遇必要时教育行政机关得查核其财务或事务状况,同时须于每年度终结后,开列前年度所办重要事项、前年度收支金额及项目、前年度新加社员情

---

① 人民团体组织方案[J].中央周报,1929(55):21-22.
② 教育消息:学术团体立案办法[J].厦大周刊,1929(212):11.

况呈报在地省或特别市教育行政机关,以备查核;第六,对学术团体设立分社进行规范,允许其为谋学术发展起见在各地方设立分社,但须向所在地之教育行政机关登记;第七,要求学术团体的管理机构,即省或特别市教育行政机关,对于学术团体之登记、年终报告及临时发生重要事项,应随时核转教育部备案。12月4日《时报》刊登了这一办法,其后还附有《教育部认可之学术团体名单》,中华图书馆协会列为18个受教育部认可的学术团体之一[①]。

1930年1月23日,国民党中央执行委员会第67次常务会议通过《文化团体组织原则》和《文化团体组织大纲》。规定文化团体之章程须遵照《文化团体组织大纲》自行制定,呈请当地高级党部核准,呈报主管官署立案。2月3日,中央执行委员会第70次常务会议通过《社会团体组织程序》。7月17日,中央执行委员会召开第101次常务会议,修正1929年之《人民团体组织方案》,并废止《社会团体组织程序》。1931年2月5日,中央执行委员会第126次常务会议通过《文化团体组织大纲施行细则》,指明当地高级党部,在省为省党部,在县市为县市党部或特别市党部,而具有增进学术教育性质之团体,其主管官署中央为教育部,省为教育厅,县市为教育局。

1931年6月,教育部发布训令,要求废止1929年12月颁布之《教育行政机关管理学术团体办法》,要求全国各学术团体之组织,遵照中央执行委员会制定之《文化团体组织原则》和《文化团体组织大纲》等办理,但教育部作为"最高教育行政机关,对于各种学术团体,有指示、监督之责",嗣后凡经主管官署核准立案之学术团体,应一律连同各该学术团体章程及表册,转呈教育部审核备案,以资考核而便监督。在各学术团体每年度终结后,仍要开列前年度所办重要事项、收支金额及项目、新加社员信息呈报主管查核,并由主管官署转呈教育部备案[②]。

1937年,抗日战争全面爆发。为增强全国抗战力量,1938年3月国民党临时全国代表大会通过《抗战建国纲领》,其中"民众运动"部分有发动全国民众组织农、工、商、学各职业团体,并对于言论、出版、集会、结社给予合法之充分保障的规定。这次会议还将国民党中央执行委员会下属原民众训练部改为社会部,掌管全国社会行政。1939年5月19日,国民政府颁行《非常时期人民团体组织

---

① 管理学术团体办法[N].时报,1929-12-04(4).
② 教育:部令废止教育行政机关管理学术团体办法[J].江苏省政府公报,1931(774):8.

纲领》,要求一切人民团体均应以抗战建国为共同目的,人民团体之组织应以适合战时需要为前提,每一团体均应尽其战时之义务,对于政府所定之动员办法,国防及省城计划等应努力促其实现,各种人民团体除受中国国民党之指导,政府主管机关之监督外,关于抗战动员工作,并受军事机关之指挥。1940年10月11日,国民政府公布《社会部组织法》。11月,国民党中央六中全会作出决议,将中央执行委员会社会部取消,另在行政院内设立社会部,由党务系统转入政府系统。11月16日,社会部改隶国民政府行政院后宣告正式成立,成为全国社会行政事务的最高主管机构。

1942年2月10日,国民政府公布《非常时期人民团体组织法》,规定人民团体之主管官署在中央为社会部,在省为社会处,在院辖市为社会局,在县市为县市政府,但其目的、事业应依法受该事业主管官署之指挥监督(如以教育会为例,在中央以社会部为其一般行政管理部门,但教育部对于其目的、事业亦享有指挥监督权)。

二、组织制度

(一)组织制度的演变

中华图书馆协会是全国性的图书馆协会,成立之初采用的是董事制。设董事部和执行部两部,并对各部职权作出明确规定。

董事部职权是:

(一)规定进行方针

(二)筹募经费

(三)核定预算及决算

(四)审定会员及名誉董事资格

(五)推举候选董事

(六)规定其他重要事项

执行部职权是:

(一)编拟进行方针

(二)编制预算及决算

(三)执行董事部议决事项

(四)组织各项委员会

执行部又分文牍股、会计股、庶务股、交际股四股,由部长聘任干事若干名执行会务,还定有《中华图书馆协会执行部细则》[①]。执行部会务处理主要以事务所为单位,总事务所设于北京,部长根据各地事务繁杂情况酌情设立临时分事务所或分事务所,但须提交董事部认可。各分事务所可聘用事务员、书记及劳役。制定《中华图书馆协会总事务所办事简则》[②],规定总事务所不分股,由部长指派各干事分担事务,暂置书记一人,掌记录、缮写及保管文卷簿册。编制总预决算、会员总名簿、征收会费及总出纳,亦由总事务所办理。为共同研究学术或处理特别问题起见,执行部还组织有不同的专门委员会。委员会设主任、副主任各一人,由委员会委员互选之;书记一人,由执行部聘请之。

1929年1月,中华图书馆协会举行第一届年会时,修正《组织大纲》,改行执监委员制,设执行委员会及监察委员会,并制定了《执行委员会细则》[③]和《监察委员会章程》[④]。执行委员的职责有:规定进行方针、筹募经费、编制预算及决算、通过会员入会手续、推举常务委员及候选执行委员等。执行委员会设执行委员15人,由会员公选,并由执行委员互选5人担任常务委员。执行委员会设常任书记1人,掌理并保管记录文件及杂务事项。会计1人,掌理出纳及簿记事项。执行委员会因事务之需要得聘用雇员。同时,为处理特别学术委托起见,执行委员会可组织各项专门委员会。监察委员的职责是监察执行委员进行事项,以及核定预算及决算。监察委员会设监察委员9人,由会员公选,不得兼任执行委员。监察委员会遇必要时也可设立常务委员会。执行委员会每三月须造报告书陈述会务进行状况于监察委员会。执行委员会执行议案,有关于经济事项,必具预算书通告监察委员会,俟监察委员会通过后施行。监察委员会因事未能即行开会,执行委员会得据预算案,先行支付一部分,俟监察委员会开会

---

① 中华图书馆协会执行部细则[J].中华图书馆协会会报,1925,1(1):5.
② 中华图书馆协会总事务所办事简则[J].中华图书馆协会会报,1925,1(1):5.
③ 中华图书馆协会执行委员会细则[J].中华图书馆协会会报,1930,5(4):11.
④ 中华图书馆协会监察委员会章程[J].中华图书馆协会会报,1930,5(4):11-12.

时追认。监察委员会纠正执行委员会之议案,须监察委员 4 人以上提出经监察委员三分之二以上通过,始得提交执行委员会。执行委员会因事实上之困难难以执行议案时,得由执行委员会说明理由提交监察委员会复议。监察委员会复议认为必须依据监察委员会纠正案执行时,执行委员会不得再行提出复议。但是,监察委员会自身也是受到约束的。如监察委员会有违法事,由大会会员 20 人以上之联署提出议案于大会,经大会会员三分之二以上认为违法者,可解散监察委员会。

(二)专门委员会

民国时期,在社会团体中设立专门委员会是比较常见的。例如,中华全国体育协进会就设有运动员资格审查委员会、田径运动纪录审查委员会、运动规则委员会、运动裁判会几类常设委员会,还根据现实工作需要,临时成立各种委员会,如会务计划委员会、经费筹募委员会、选拔委员会、建筑委员会、章程修订委员会等[1]。

1924 年,北京图书馆协会成立后设有图书馆事业推广委员会和图书馆学术委员会。12 月 23 日开第 6 次常会时,议决该会图书馆事业推广委员会应备调查问题多种,向国内各图书馆征求答复,以备来年鲍士伟来华时报告调查所得。

1925 年,中华图书馆协会成立时所通过之《组织大纲》中规定执行部的职务有一项即为"组织各项委员会"。1925 年 5 月 29 日《中华图书馆协会之进行》一文指出,为共同研究图书馆学术或处理特别问题起见,特组织分类委员会、编目委员会、索引委员会、目录委员会、国际目录分委员会、政府出版物委员会、交换图书委员会、专门名词审查委员会、儿童图书馆委员会、乡村图书馆委员会、出版委员会、图书馆建筑委员会、图书馆教育委员会[2]。6 月 2 日,中华图书馆协会董事部会议推举颜惠庆、熊希龄、丁文江、胡适、袁希涛 5 人组织财政委员会,以筹划中华图书馆协会基金,"惜因时局影响,未能积极进行"[3]。

---

[1] 陈明辉.中华全国体育协进会研究(1924—1949)[M].武汉:武汉大学出版社,2019:42-43.
[2] 中华图书馆协会之进行[N].申报,1925-05-29(11).
[3] 中华图书馆协会第一周年报告[J].中华图书馆协会会报,1926,2(1):3.

1925年8月出版的《中华图书馆协会会报》第1卷第2期刊登《中华图书馆协会委员会规程》，规定委员会委员由执行部聘请，设主任、副主任各1人，由委员会委员互选，书记1人，由委员会主任推任，不过第一届之主任、副主任、书记均由执行部聘请。委员会之职务包括：(1)关于该门学术或该种问题之处理事项；(2)关于该门学术或该种问题议案之审查事项；(3)关于董事部长或执行部长交议或委托事项；(4)关于本委员会建议事项。委员会会议由书记商承主任召集之，委员会于某项问题研究完竣后，缮就具体报告交执行部。委员会所需经费，由委员会主任拟具计划预算交执行部长提出董事部核定等[1]。该规程内容很大程度上借鉴了《中华教育改进社委员会规程》，只是增加了关于会议的召集和出具报告的规定，相对来说更加完善。在规程之后还列有《中华图书馆协会委员会委员名单》[2]，与5月29日《申报》所刊载内容并不完全相同，仅设有图书馆教育委员会、分类委员会、编目委员会、索引委员会、出版委员会5个专门委员会，每个委员会设主任、副主任与书记。说明此前《申报》所载各委员会只是"计划之中"，而非事实上的真正成立。

该委员会名单中图书馆教育委员会规模最为庞大，共有20名委员，其次是出版委员会(16名)，再次为编目委员会(13名)，分类委员会和索引委员会均有10名委员。因部分委员同时身兼多个委员会，实际共有成员51人。从人员机构分布来看，在大学(或大学图书馆)任职者占80%，尤以北京大学、东南大学、北京清华学校、南京金陵大学和广州广东大学为多，来自公共图书馆系统的占16%，其他就是在北京政治学会图书馆的陈宗登和商务印书馆编译所的王云五。任职各委员会主任、副主任或书记共有13名，除徐鸿宝和傅增湘外，全部来自于大学。从个人来看，杜定友分属委员会最多，占4个，其次是洪有丰和施廷镛，均占3个，而袁同礼、朱家治、刘国钧、李小缘、李笠、沈祖荣、胡庆生、王文山、徐鸿宝、章篯均为2个(见表4)。

---

[1] 中华图书馆协会委员会规程[J].中华图书馆协会会报,1925,1(2):3.
[2] 中华图书馆协会委员会委员名单[J].中华图书馆协会会报,1925,1(2):3-4.

表4 中华图书馆协会1925年组建专门委员会委员名单[①]

序号	机构	姓名	所属委员会
1	北京大学	☆袁同礼	分类委员会书记 图书馆教育委员会委员
2		马叙伦	分类委员会委员
3		顾颉刚	分类委员会委员
4		黄文弼	分类委员会委员
5		单丕	编目委员会委员
6		☆林语堂	索引委员会主任
7		胡适	索引委员会委员
8	南京东南大学	☆洪有丰	图书馆教育委员会主任 编目委员会书记 出版委员会委员
9		☆朱家治	图书馆教育委员会书记 出版委员会委员
10		施廷镛	图书馆教育委员会委员 分类委员会委员 出版委员会委员
11		姚明辉	出版委员会委员
12		吴梅	出版委员会委员
13	南京金陵大学	☆刘国钧	出版委员会主任 图书馆教育委员会委员
14		李小缘	图书馆教育委员会委员 编目委员会委员
15		万国鼎	索引委员会委员
16		胡小石	出版委员会委员
17	广州广东大学	吴康	图书馆教育委员会委员
18		李笠	分类委员会委员 出版委员会委员
19		徐绍棨	编目委员会委员
20		陈钟凡	出版委员会委员

① 本表原始数据来自:中华图书馆协会委员会委员名单[J].中华图书馆协会会报,1925,1(2):2-5。按所属机构重新整理而成,表中姓名前标☆者担任主任、副主任或书记。

续表

序号	机构	姓名	所属委员会
21	北京清华学校	☆梁启超	分类委员会主任
22		☆赵元任	索引委员会副主任
23		戴志骞	图书馆教育委员会委员
24		查修	分类委员会委员
25	武昌华中大学	韦棣华	图书馆教育委员会委员
26		☆沈祖荣	编目委员会副主任 图书馆教育委员会委员
27		☆胡庆生	图书馆教育委员会副主任 索引委员会委员
28	圣约翰大学	钱荃博	出版委员会委员
29		黄维廉	出版委员会委员
30	北京燕京大学	☆洪业	索引委员会书记
31	北京法政大学	杨昭悊	图书馆教育委员会委员
32	北京师范大学	冯陈祖怡	图书馆教育委员会委员
33	上海商科大学	孙心磐	出版委员会委员
34	上海大同大学	朱香晚	出版委员会委员
35	上海南洋大学	☆杜定友	出版委员会副主任 图书馆教育委员会委员 分类委员会委员 索引委员会委员
36	天津南开大学	王文山	图书馆教育委员会委员 编目委员会委员
37	奉天东北大学	姬振铎	图书馆教育委员会委员
38	开封中州大学	李燕亭	图书馆教育委员会委员
39	广州岭南大学	陈德芸	编目委员会委员
40	美国哈佛大学	丁绪宝	索引委员会委员
41	北京京师图书馆	☆徐鸿宝	分类委员会副主任 图书馆教育委员会委员
42		谭新嘉	编目委员会委员

续表

序号	机构	姓名	所属委员会
43	北京松坡图书馆	何澄一	编目委员会委员
44	浙江公立图书馆	章箴	图书馆教育委员会委员 编目委员会委员
45	苏州图书馆	彭清鹏	图书馆教育委员会委员
46	江苏省立第一图书馆	钟福庆	出版委员会委员
47	江西省立图书馆	陈宗鎏	编目委员会委员
48	开封河南第一图书馆	何日章	出版委员会委员
49	北京政治学会图书馆	陈宗登	索引委员会委员
50	上海商务印书馆编译所	王云五	索引委员会委员
51	北京石老娘胡同	☆傅增湘	编目委员会主任

1927年10月,《中华图书馆协会会报》第3卷第2期刊载《中华图书馆协会第二周年报告》,其中提到:"本年本会重组编目委员会,以李小缘君为主任,章箴君为副主任,并约沈祖荣、查修、蒋复聪、爨汝僖、施廷镛、王文山六君为委员。惟条例纷繁,决非短时期所能告成,故尚无具体报告。然拟先编制普通图书编目条例,次旧籍条例,次参考书书目,均在进行中。"①

1929年1月,中华图书馆协会在南京召开第一届年会。29日下午2时,会务会议在金陵大学科学馆举行。除董事部和执行部汇报工作进行情况外,出版委员会主席刘国钧报告出版编辑之经过事项,及将来改进上之希望。编目委员会主席李小缘报告编目委员会应有之工作四点:编制普通民众图书馆编目法,编制中文旧籍编目条例,编制编目所用参考书,由协会印行卡片②。

为执行年会议决各案,及共同研究学术起见,中华图书馆协会组织分类、编目、索引、检字、图书馆教育、编纂、建筑、宋元善本书调查、版片调查9个专门委员会及季刊编辑部和会报编辑部③。每个专门委员会设主席和书记各一人。两编辑部均设主任一人,刘国钧为《图书馆学季刊》编辑部主任,袁同礼为《中华图书馆协会会报》编辑部主任。

---

① 中华图书馆协会第二周年报告[J].中华图书馆协会会报,1927,3(2):4.
② 中华图书馆协会第一次年会纪事[J].中华图书馆协会会报,1929,4(4):8-9.
③ 本会新组织之各委员会[J].中华图书馆协会会报,1929,4(5):26-27.

1932年，鉴于中华图书馆协会各执行委员散居各地，召开执行委员会会议十分不易，于是改变方针，将应讨论事项由身在北平之执行委员先开会议决，作为建议方案分发北平以外各执行委员征求意见，俟复信后，多数通过则视为议决案。照此办法，1932年12月出版之《中华图书馆协会会报》刊登了年度第一次执行委员会议决案，包括《改组各委员会案》《督促各委员会工作俾中途不致停顿案》《各委员会人选建议案》等有关各委员会的议案，建议改组各委员会，以主席、书记在同一地点为原则，各委员会委员由主席推定后，再由会函聘。此外，鉴于各委员会成绩不多的原因或无计划或无经费，提议先由主席将一年具体计划函告协会，每年6月编制工作报告，各委员会得预支30元作为经费，如用费过大可陈明执行委员会酌量增加。在北平之执行委员会提出分类、编目、索引、检字、图书馆教育、建筑、编纂、版片调查8个委员会之主席与书记之人选以及《图书馆学季刊》编辑部人选8人(刘国钧为主席)[①]，与此前相比只是将善本调查委员会并入版片调查委员会。

1933年，第二届年会后，"为研究专门问题并执行第二届年会议决案起见"[②]，中华图书馆协会组织两新委员会，一为图书馆经费标准委员会，一为审定杜威分类法关于中国细目委员会。两委员会均设委员7人，主席1人、书记1人。

从曾经加入各委员会人数来看，最多的是编目委员会，其次是图书馆教育委员会、版片调查委员会，再次为索引委员会、分类委员会、出版委员会、宋元善本委员会，以上参加人数均在10人以上，而这些专门委员会的设置也正体现了民国时期中国图书馆学和图书馆事业所最关注的话题，从大类上看，既包括西方图书馆学又包括中国传统图书馆学(见表5)。图书馆教育、分类、编目、索引都是西方现代图书馆学的核心内容，而版片调查委员会和宋元善本委员会设立的目的主要还是为了调查和保存中国古代珍贵典籍。这实际上也体现了中国的图书馆学家们既重视西方图书馆科学管理方法的运用和改良，又非常重视图书馆保护和传承中国传统文化这一重要职能。

---

① 本年度第一次执行委员会议决案[J].中华图书馆协会会报，1932，8(3):13-14.
② 本会新组织之两委员会[J].中华图书馆协会会报，1933，9(2):27.

表5　各专门委员会委员任职情况统计[①]

委员会名称	主任(主席)、副主任、书记	委员
图书馆教育委员会（3届）	洪有丰、胡庆生、朱家治、毛坤、沈祖荣、徐家麟	袁同礼、冯陈祖怡、戴志骞、杨昭悊、徐鸿宝、王文山、刘国钧、李小缘、施廷镛、杜定友、彭清鹏、章箎、沈祖荣、韦棣华、李燕亭、姬振铎、吴康、洪有丰、陈东原、蒋复聪、查修
分类委员会（3届）	梁启超、徐鸿宝、袁同礼、刘国钧、蒋复聪、曹祖彬	马叙伦、查修、顾颉刚、黄文弼、施廷镛、杜定友、李笠、单丕、王文山、毛坤
编目委员会（4届）	傅增湘、沈祖荣、洪有丰、李小缘、范希曾、裘开明、冯汉骥、章箎	章箎、李小缘、谭新嘉、单丕、何澄一、王文山、李燕亭、陈宗登、陈德芸、徐绍榮、黄星辉、徐家麟、沈祖荣、袁同礼、刘国钧、洪有丰、查修、蒋复聪、衋汝僐、施廷镛、赵万里、范希曾
索引委员会（3届）	林语堂、赵元任、洪业、杜定友、钱亚新、万国鼎、蒋一前（蒋家骧）	胡适、陈宗登、杜定友、王云五、万国鼎、胡庆生、丁绪宝、毛坤、刘国钧、钱亚新
检字委员会（2届）	沈祖荣、万国鼎、杜定友、钱亚新	王云五、张凤、赵元任、蒋一前、万国鼎
建筑委员会（2届）	戴志骞、袁同礼、吴光清	洪有丰、关颂声、李小缘、袁同礼
编纂委员会（2届）	洪有丰、缪凤林、袁同礼、向达	刘国钧、李小缘、柳诒徵、沈祖荣、刘纪泽
版片调查委员会（2届）	徐鸿宝、王重民、柳诒徵、缪凤林	庄严、杨立诚、赵鸿谦[②]、柳诒徵、陈乃乾、欧阳祖经、胡广治、侯鸿鉴、徐绍榮、何日章、聂光甫、赵万里、傅增湘、张元济、董康、徐鸿宝、周暹、瞿启甲、周延年、王重民
宋元善本书调查委员会（1届）	柳诒徵、赵万里	傅增湘、张元济、董康、徐鸿宝、周暹、陈乃乾、瞿启甲、单丕、杨立诚、欧阳祖经、周延年
图书馆经费标准委员会（1届）	柳诒徵、陈东原	王献堂、柯璜、陈训慈、杨立诚、蒋希曾

[①] 本表数据来源为：宋建成《中华图书馆协会》附录《中华图书馆协会委员会》（第285-288页），通过对历届专门委员会委员任职情况的统计分析，制成此表。

[②] 笔者认为原出处赵怡谦很可能为排印错误，应为赵鸿谦。

续表

委员会名称	主任(主席)、副主任、书记	委员
审定杜威分类法关于中国细目委员会（1届）	桂质柏、陈宗登	查修、曾宪三、裘开明、蒋复聪、刘国钧
出版委员会(1届)	刘国钧、杜定友、施廷镛	朱家治、洪有丰、姚明辉、吴梅、胡小石、钟福庆、孙心磬、朱香晚、钱荃博、黄维廉、何日章、李笠、陈钟凡
季刊编辑部(2届)	刘国钧	万国鼎、向达、严文郁
会报编辑部(1届)	袁同礼	顾子刚、于震寰

共有91人当选各专门委员会成员，其中36人是中华图书馆协会职员（中华图书馆协会选举职员共58人，也就是说其中62%被选为专门委员会委员），另有5人为中华图书馆协会执行部干事。加入委员会最多的是刘国钧(7个)，其次是袁同礼(6个)，加入5个委员会的有杜定友、洪有丰，加入4个委员会的有沈祖荣、李小缘、柳诒徵、徐鸿宝、查修、蒋复聪、施廷镛。他们基本上都是中华图书馆协会的核心职员。只有施廷镛和徐鸿宝比较特殊，他们都从未被选为中华图书馆协会职员，不过徐鸿宝曾被中华图书馆协会执行部聘为干事。这些人可以视作是综合业务能力较为全面者，不过尚不做到中西兼长，除徐鸿宝外，都不涉及版片和宋元善本调查，但中华图书馆协会非常注重吸纳在这一领域有专长的专家加入专门委员会。

三、运行机制

图书馆协会章程是保障图书馆协会正常运行的准则，其中最为关键的就是选举制度和议事制度的确立。无论是最初章程的通过还是后续章程的修正都需要有严格、合法的程序确保其代表多数会员的意见。协会建立的目的本身就是联合和团结，一旦出现意见分歧而没有很好的制度保障，则无法起到联合和团结的效果，会严重影响协会的发展。

中华图书馆协会《组织大纲》规定，修改大纲须经董事(后来是执行委员会或监察委员会，理事会或监事会)过半数，或会员20人以上之提议，大会出席会员三分之二以上之通过,但没有对出席会员人数有所规定。1944年5月在重庆举办第六届年会时,年会前一日有24位会员提议修改中华图书馆协会《组织大纲》第四章"组织"、第六章"选举"及第八章"事务所",同时还提出改选理监事的议案。这24人有皮高品、汪长炳、吴光清、岳良木、徐家麟、徐家璧、张遵俭、童世纲、蓝乾章、严文郁、孙述万等,均为文华图书馆学专科学校校友。此次年会第一日出席65人,第二日出席47人,因此已经满足会员20人以上和大会出席会员三分之二以上的修改《组织大纲》的条件。虽然它没有打破原有《组织大纲》的规定,但这种"抱团"严重影响了会议的民主精神,也引发了部分会员的不满情绪。会议第一日洪有丰提出:"《组织大纲》是本会的根本大法,修改应当特别慎重,不可草率将事。战时交通困难,今天到会人数仅占全体会员十二分之一,我们似乎不应该以少数人漠视大多数人的权利。"①但因"寡不敌众",意见没有被采纳,第二日便缺席会议。第二日会议上,陈训慈也表达了类似的观点,他指出此次年会出席人数过少,不能代表各地会员,修改会章宜特别审慎,应组织一委员会,先拟草案再征求各地会员同意。但大会依然逐条讨论《组织大纲》各款条文,并以表决方式进行决策。最终因时间关系,此次年会的《组织大纲》修正并未彻底完成。如果中华图书馆协会《组织大纲》像南京图书馆协会一样,规定三分之二会员出席才可修改章程就可以避免这种情况的出现。

沈祖荣之子沈宝环以会员身份参加了该次年会,1983年他在严文郁《中国图书馆发展史》一书序言中曾回忆这次大会,说:"大会的主席是守和世伯,也是我第二次看见他,重庆年会的气氛和青岛年会完全相反,协会有严重分裂倾向。我看守和世伯面有怒色。这次年会不欢而散。由于这次经验我学到一个教训,一个组织如果要达到精诚团结、合作无间的目的,必须要做到'党外无党,党内无派'的程度。"②1996年,他在《毛坤图书馆学档案学文选》一书序言中又揭示其"幕后新闻",称:"实际情况是协会大部分巨头,包括文华资深校友都强烈希望协会改组,他们要求家父出面领导,在开会前夕推派若干代表到我家向家父施压劝进,这次谈话我也在场旁听。家父甚感为难,随即单独约见毛师,征询意见。毛师力主团结,毛师的意见加强了家父的决心。……原来家父打算用拖延

---

① 中华图书馆协会第六次年会第一次会议纪录[J].中华图书馆协会会报,1944,18(4):9.
② 沈宝环.沈序[M]//严文郁.中国图书馆发展史:自清末至抗战胜利[M].新竹:枫城出版社,1983:17.

战术缩短讨论改组一案的时间。这次会议虽然'不欢而散',但是没有完全决裂,与毛师幕后影响力有很大关系。"①

(一)选举制度

选举制度主要是指图书馆协会选举职员的程序和规范。一般来说,图书馆协会的职员都是每年改选,连选连任,即如果第二次仍被选上,可以继续担任。选举则分为现场选举和通信选举两种。现场选举一般是在召开年会时当场进行选举,通信选举则是邮寄选票,会员填好选票后寄至图书馆协会相关部门。

中华图书馆协会由于会员人数较多,散居全国各地,参加年会所需资费不菲,出席年会的会员人数有限,因此采用的是通信选举的方式。中华图书馆协会成立大会通过的《组织大纲》规定,董事及执行部长由机关会员及个人会员通信选举;董事及执行部长以得票最多数者当选。董事部设董事15人,任期三年,每年改选三分之一,惟第一任董事,任期一年二年三年者各5人,于第一次开董事会时签定之。每年改选之董事,由董事部照定额二倍推举候选董事,由会员公选,但于候选董事以外选举者听之,董事部设部长1人,由董事互选。执行部设正部长1人、副部长2人,干事若干人,任期一年。执行部正副部长由会员公选,干事由部长聘任。据1926年7月22日《时事新报》记载,中华图书馆协会17日收到董事票128张、正副部长票131张,得票较多者:(1)董事:梁启超110票、袁同礼82票、颜惠庆80票、戴志骞75票、张伯苓60票、袁希涛54票;(2)执行部正部长:梁启超47票、袁同礼37票;(3)执行部副部长:袁同礼47票、杜定友42票、刘国钧16票。由于董事不能兼任执行部部长职务,应以次多数之袁同礼任之,副部长以次多数之杜定友、刘国钧任之,袁同礼因任执行部正部长,故辞去董事而以次多之袁希涛任之,所以当选董事者5人:梁启超、颜惠庆、戴志骞、张伯苓、袁希涛;执行部正部长袁同礼,副部长杜定友、刘国钧。

改行执监委员制和理监事制后,对执行委员会和监察委员会,以及理事会和监事会人数都有明确限制,分别都是15人和9人,任期都是3年,每年改选三分之

---

① 沈宝环.序一[M]//梁建洲,廖洛纲,梁鱣如.毛坤图书馆学档案学文选.成都:四川大学出版社,2000:序6-7.

一,惟第一任任期一年二年三年者各三分之一,于第一次开会时签定之。每年改选时,由各会照定额二倍推举候选人,由会员公选之,但于候选人以外选举者,听之。还设常务委员(常务理事)5人,由执行委员(理事)互选,任期一年。

1944年5月,中华图书馆协会第六届年会,有24名会员提出修改《组织大纲》,其修改要点就是将理监事选举规则由原来的会员公选改为出席会员公选。对此,陈训慈指出:"本会过去改选系采用通讯选举法,以求普遍,是为本会传统精神,盖在平时出席年会会员亦属少数,现在抗战期间,交通困难,各地会员更难普遍出席,如由出席少数会员改选理监事,而将不出席会员之选举权予以剥夺,殊不妥当,似应照原办法用通讯方式,由各地会员普遍选举。"后来,汪应文提出此条的修正案,即"本会设理事十五人,由出席年会会员照定额二倍票选候选人,再由会员通讯公选之,但于候选人以外选举者,听之"[①],经表决通过。最终由出席会员选举出理事候选人30人,监事候选人18人。对于现场选举的情形来说,如果不对出席会员人数进行约定,便很难保证选举结果的公平性。

(二)议事制度

议事制度是社会团体议事程序的总称,包括会议形式、会期制度、提案制度、审议制度、表决制度等。通常,社会团体通过举办不同形式的会议,征集、讨论、议决会员提出的议案,再安排相应部门或人员执行议决案来实现该社会团体的职能。

中华图书馆协会1925年成立时,其《组织大纲》规定年会"在各省区轮流举行",但1929年1月第一届年会修正《组织大纲》后删除了这项规定。通常情况下,轮流举行无疑是比较公平、公正、便捷的方式,但由于时局的影响,年会往往无法每年正常举行,因此这项规定就显得没有实际意义了。事实上,中华图书馆协会第一届年会直至1928年底才开始筹办,于1929年1月在南京召开。整个民国时期,中华图书馆协会年会仅召开了六次(王阿陶认为1947年10月26日至27日在南京召开的中国教育学术团体联合会第五届联合年会是中华图书

---

① 中华图书馆协会第六次年会第二次会议纪录[J].中华图书馆协会会报,1944,18(4):10-11.

馆协会的第七次年会①,但实际上中华图书馆协会仅是作为机关会员代表参加了联合年会)。1937年,因"耗用金钱、精力、时间过多"②,中华图书馆协会理事长拟提请改为每两年举行一次年会。

职员会,就是指面向图书馆协会职员,而非全体会员的会议。中华图书馆协会执行委员会要求每年至少开会二次,监察委员会每年至少开会三次,均以三分之二以上之出席为法定人数,委员因事不能出席者,得正式函托本协会会员为代表。

四、事务所

1925年中华图书馆协会成立时,其《组织大纲》规定"设总事务所于北京,分事务所于上海"③。不过,中华图书馆协会始终没有在上海设立分事务所。

中华图书馆协会总事务所最初的办公地址设于北京石虎胡同松坡图书馆内,"松坡图书馆当将石虎胡同七号第二馆房间,慨让数楹"④。当年年底,因会务日繁,地址渐觉不敷,由董事袁同礼在清室官产中谋得会所一处,在西城府右街18号,计瓦房十九间。12月15日,由中华图书馆协会执行部与清室善后委员会订立合同,其中规定月租大洋28元,每月十五日缴纳。惟经费困难,一时未能迁入⑤。"复经军队占用,难以设法",爰商北京图书馆,拨借房舍,暂为事务所之用,遂于1927年3月1日迁入北京图书馆(1928年10月更名为北平北海图书馆⑥),且该馆新建筑落成后,允拨给房屋数间,专作中华图书馆协会之用。

1929年中华图书馆协会第一届年会时,因首都已改在南京,袁同礼、上海图书馆协会、曹祖彬、周延年、沈孝祥、顾天枢等均有议案提议总事务所应迁至首都南京。此外,孙心磐还提出"添设分事务所三处案",认为"远道代表未能时常

---

① 王阿陶.中华图书馆协会研究[D].成都:四川大学,2012:120-121.
② 本会消息:年会两年举行一次[J].中华图书馆协会会报,1937,12(6):13.
③ 中华图书馆协会组织大纲[J].中华图书馆协会会报,1925,1(1):4.
④ 会务纪要:总事务所地址[J].中华图书馆协会会报,1925,1(1):6.
⑤ 会务纪要:总事务所地址[J].中华图书馆协会会报,1925,1(4):17-18.
⑥ 本馆更名启事[J].北平北海图书馆月刊,1928,1(5):扉页.

来总会会议,势必隔膜。倘能多设分事务所,总事务所有事可与分事务所接洽,再由分事务所就近与各图书馆接洽,较为便利",因此提议以总事务所(拟迁至南京)为中心,除上海原有分事务所外,再在北平、武昌、广州三地设分事务所,如此以总事务所为中心,东南西北都有分事务所,各事务所委员由该地推选5人,料理一切事务,经费由总事务所酌拨若干。1月29日下午召开会务会议,杜定友主席。讨论总事务所和添设分事务所议案时,"经会员互表意见,反复讨论,结果由主席提出'事务所仍在北平,不再添设分事务所'付表决,一致通过"。

1929年6月底,中华教育文化基金会在天津举行第五届年会时,董事蒋梦麟以教育部长资格提议,继续此前教育部与基金会合办图书馆之议,重新修订契约履行,并将位于中海居仁堂之北平图书馆,与北平北海图书馆合并,改称国立北平图书馆[①]。1931年6月25日,国立北平图书馆迁入文津街新馆,特开一室为中华图书馆协会事务所办公之地[②]。后因会务日繁,时感不敷办公之用,复与该馆协商,改借中海增福堂房屋,于1935年1月14日迁入办公[③]。

1936年,全国各学术团体有在南京建筑联合会所的计划,中华图书馆协会申请预留办公室2间,应摊建筑费国币1600元。除由中华图书馆协会请托热心图书馆及教育文化事业者广为劝募外,复于年度会费之外增加建筑捐,机关会员至少5元,个人会员至少1元[④]。自1937年4月1日开始募捐建筑经费,截至6月底共收到捐款1827.50元[⑤]。此后,还收到谭卓垣捐款5元,潘寺川捐款1元[⑥]。惜因战事突起,联合会所工程中辍。

抗日战争全面爆发后,中华图书馆协会会务因之停顿,《中华图书馆协会会报》亦停刊。为征求全国图书馆被炸毁事实及照片,中华图书馆协会于1938年4月间在全国各地设立通讯处14所,分别是文华公书林(武昌)、金陵大学图书馆(成都)、西北联大图书馆(城固)、岭南大学图书馆(广州)、福建省

---

① 馆讯:本馆组织之变更[J].北平北海图书馆月刊,1929,2(6):559.
② 本会事务所新址[J].中华图书馆协会会报,1931,6(6):11.
③ 会所迁移[J].中华图书馆协会会报,1935,10(4):19.
④ 本会筹募会所建筑费[J].中华图书馆协会会报,1937,12(5):15.
⑤ 捐募建筑费致谢[J].中华图书馆协会会报,1937,12(6):13—22.
⑥ 建筑会所捐款致谢[J].中华图书馆协会会报,1938,13(1):15.

立图书馆(福州)、西南联大图书馆(昆明)、震旦大学图书馆(上海)、湖南大学图书馆(长沙)、中央图书馆(重庆)、河大图书馆(鸡公山)、广西省政府图书馆(桂林)、贵州省立图书馆(贵阳)、浙江省立图书馆(永康)、北平图书馆香港通讯处(香港)[①]。

1938年7月30日《中华图书馆协会会报》复刊,并继续推进会务。《中华图书馆协会会报》封面均显示中华图书馆协会理事会的联系方式是"昆明国立西南联合大学图书馆转"。大约在1938年11月间,中华图书馆协会为办事便利计,在重庆设立理事会通讯处,地址附在川东师范国立中央大学图书馆内[②]。

战争期间,中华图书馆协会办公地址仍是随北平图书馆的迁移而变动。1938年5月,北平图书馆成立昆明办事处。随着馆员到滇人数陆续增多,馆方又在昆明柿花巷22号租赁办公地点,自理馆务[③]。中华图书馆协会亦将会所设在该处。因租期届满,房屋收回,乃于1940年9月[④]随北平图书馆迁至昆明文庙尊经阁办公[⑤]。会报编辑部于1940年暑假后移设成都金陵大学文学院内[⑥]。1941年1月29日,敌机轰炸昆明,文庙被炸毁,所幸北平图书馆及中华图书馆协会办公所在之尊经阁虽受波及,但尚不影响办公[⑦]。不过,北平图书馆还是将部分重要西文书籍运往重庆,寄存在南开大学经济研究所内,又将重要图书疏散至昆明北郊的桃源村。1941年春,为加强与政府中枢的联系,在重庆沙坪坝设立办事处,采访工作移重庆办理[⑧]。中华图书馆协会于1941年1月由昆明疏散至北郊桃源村起凤庵办公,但是该处地址偏僻,诸多不便,为办公便利起见,于1943年9月由昆明迁至重庆,暂设沙坪坝国立北平图书馆内办公[⑨]。

1947年5月24日,中华图书馆协会在南京国立中央图书馆举行理监事联席会议。常务干事于震寰报告会务时提到,鉴于经济情形恶劣,短期内难有独立

---

① 本会设立通讯处[J].中华图书馆协会会报,1938,13(1):17.
② 理事会通讯处之设立[J].中华图书馆协会会报,1938,13(3):16.
③ 孟国祥.烽火薪传:抗战时期文化机构大迁移[M].北京:商务印书馆,2015:151.
④ 本会民国二十九年度会务报告[J].中华图书馆协会会报,1941,15(5):7.
⑤ 本会迁移办公地址[J].中华图书馆协会会报,1940,15(1/2):5.
⑥ 本会民国二十九年度会务报告[J].中华图书馆协会会报,1941,15(5):7.
⑦ 本会昆明办事处因被炸房屋震坏[J].中华图书馆协会会报,1941,15(3/4):11.
⑧ 孟国祥.烽火薪传:抗战时期文化机构大迁移[M].北京:商务印书馆,2015:152.
⑨ 中华图书馆协会三十二年度工作报告[J].中华图书馆协会会报,1943,18(2):19.

会所,经理事长袁同礼与常务理事蒋复聪商定,会所由北平图书馆迁至南京中央图书馆内,所有事务亦由中央图书馆派员办理,以节开支[①]。实际上,自从国民政府设首都于南京以后,中华图书馆协会就有迁事务所于南京的计划,目的主要是便于与政府机关联系,不过第一届年会讨论决定事务所仍设北京,很可能是当时没有合适的图书馆作为事务所办公地。至1947年时,作为设于首都南京的国立图书馆——国立中央图书馆已有独立馆舍,无疑是具备作为中华图书馆协会事务所的条件的。

从中华图书馆协会事务所辗转迁移的历史可以看出,其主要依托于松坡图书馆、国立北平图书馆和国立中央图书馆三馆,尤以国立北平图书馆为主。这与袁同礼长期担任中华图书馆协会和国立北平图书馆的主要负责人有关。

五、图书馆

社会团体附设图书馆在晚清时期就已经出现,维新派所倡导设立的大批学会中很多都设有藏书楼(室)。民国以后,随着各类社会团体的活跃,例如江苏省教育会、中国科学社、中国政治学会(北京)、中华教育改进社等都有图书馆的设立。

中华图书馆协会成立之前,上海图书馆协会成立时通过的章程当中已明确写明所办事业的第十条为"设立图书馆学之图书馆"[②]。不过,因经费原因,迟迟没有开办。1925年2月,上海图书馆协会会长杜定友向上海巨商募捐,得尤菊生捐洋100元、周子兴捐50元、洪槐生捐20元、长兴公司捐20元,开始正式筹设图书馆,"专购备一切关于图书学之书籍、杂志及各项图书馆用品样式,以供图书馆界人员之参考"[③]。

中华图书馆协会成立后设图书馆于总事务所,"通函各地搜集各种图书"[④]。征集图书的门类包括:旧刊旧钞之书籍;新刊新钞之书籍,关于研究图书馆学术

---

① 留京理监事联席会议[J].中华图书馆协会会报,1948,21(3/4):5.
② 上海图书馆协会章程[J].图书馆杂志,1925,1(1):92.
③ 图书馆协会筹设图书学图书馆[N].申报,1925-02-26(11).
④ 中华图书馆协会第一周年报告[J].中华图书馆协会会报,1926,2(1):4.

之图书馆杂志;公私家藏书目录;书局及刻书家刊印书目;图书馆周年报告、阅览规则及各项格式图表;图书馆内外之摄影;关于图书馆状况之新闻裁剪。凡赠书者将刊入赠书目录,并酌报以中华图书馆协会出版之图书杂志,如捐助图书价值在千元以上者,得悬挂捐助人之照片[1]。据《中华图书馆协会会报》记载,给图书馆捐赠的有个人,也有图书馆、报馆等机构。图书馆创设不久即有姚明辉赠《汉书艺文志注解》、南开大学图书馆赠《时事集要指南(善后会议与国民会议)》、直隶省立第三中学图书馆赠《直隶省立第三中学图书馆一览》、山西公立图书馆赠欢迎鲍士伟博士摄影、大连图书馆赠《和汉图书分类表》(*Classification of European Books*)、徐鸿宝赠《影北宋本北山录》、黄文弼赠《拟续编四库书目略说明书》、桂质柏赠《杜威书目十类法》[2]。此后不久,上海新闻报馆捐赠《新闻报》一份,交通部叶总长(叶恭绰)捐赠书籍多种[3]。还有高吹万先生赠《天放楼诗集》和《天放楼文言》,石川县立图书馆赠《点字图书目录》,燕京学报社赠《燕京学报》一册,南京市立第一通俗图书馆赠规程一册,北京图书馆赠 *List of Reference Books in the Reading Room*[4]。不过,经费问题是开办图书馆的最大障碍,因此《中华图书馆协会第一周年报告》中称:"此外尚有应购置之图书及新闻杂志,均以经费有限,未能购备。此则有待于热心之同志,予以实力之援助也。"[5]

第三节　中华图书馆协会的经费

一般而言,学术团体的规模和影响力越大,越容易获得来自政府和社会的经费支持,越有经济实力去开展更多的业务,产生更大的社会影响力,但同时也会因各种活动导致经费支出增加。中华图书馆协会作为民国时期唯一全国性

---

[1] 中华图书馆协会征书简章[J].中华图书馆协会会报,1925,1(1):5.
[2] 本会图书馆通告[J].中华图书馆协会会报,1925,1(2):2.
[3] 会务纪要[J].中华图书馆协会会报,1925,1(2):11.
[4] 本会图书馆通告[J].中华图书馆协会会报,1927,3(1):2.
[5] 中华图书馆协会第一周年报告[J].中华图书馆协会会报,1926,2(1):4.

的图书馆专业团体,是中国图书馆界在国际上的代表,且会员中有不少国内外知名人士,会员数量也较多,因此相较于地方图书馆协会而言具有一定的优势。很多地方图书馆协会都因苦于缺乏经费致使其活动受限,甚至无形停顿,也只有北京图书馆协会和上海图书馆协会是延续时间较长且定期召开年会的地方图书馆协会。尽管中华图书馆协会也始终面临经费不足的困难,但仍尽可能积极开展各项业务活动,包括创办刊物、召开年会、出版著作、组织调查、参加国际学术交流等。这些活动一方面需要支出经费,但同时也可以获得经费,例如召开年会或参加国际学术交流可以获得来自政府的补助,而出版活动也能获得收入。

一、经费来源

中华图书馆协会经费来源与民国时期其他社会团体类似,主要有会费、捐款和政府补助三项,因为中华图书馆协会还有办刊和出版业务,因此还有出售出版物盈余和广告收入。此外,银行存款利息也是收入的来源之一。

(一)会员会费

1918年成立的北京图书馆协会采用的是不收会费的模式,待有支出需要时,依据附则规定:"经大会议决,由各图书馆均担之。"[1]因此,当北京图书馆协会计划在1920年暑期办图书馆讲习班时,款项一层便"预备在北京大学、北京高等师范以及清华学校三个大学每个大学里捐一百元来办这个事业"[2]。这种模式对于图书馆协会业务的开展有很大局限性。

1924年以后成立的各图书馆协会普遍都有会费要求。最早成立的北京图书馆协会确定机关会员每年5元、个人会员每年1元的会费标准。随后成立的各地方图书馆协会所定会费标准都以此为基准略有浮动。个人会员会费基本上是每年1元,只有广州图书馆协会为2元,而开封图书馆协会为4角;机关会

---

[1] 北京图书馆协会成立纪闻(续)[N].北京大学日刊(第293号),1919-01-22(4).
[2] 查修.北京图书界见闻纪录[J].文华温故集,1920,15(4):35.

员会费有2元(浙江省会图书馆协会、江苏图书馆协会、济南图书馆协会)、3元(天津图书馆协会、南京图书馆协会)、5元(上海图书馆协会、苏州图书馆协会)、10元(广州图书馆协会)四种。

在筹办中华图书馆协会期间,北京图书馆协会在1925年3月拟定《中华图书馆协会草章》,其中明显提高了会费标准:机关会员每年会费20元(中等学校以下图书馆及通俗图书馆每年得纳会费10元),个人会员每年会费4元。但4月25日中华图书馆协会成立当日通过的《中华图书馆协会组织大纲》最终确定机关会员会费每年5元,个人会员会费每年2元。此后,中华图书馆协会几次修改《组织大纲》,都维持了这一会费标准。

中华图书馆协会作为全国性图书馆协会,会员数量大大超过地方图书馆协会,且位置分散,只有年会时才可能见面,而参加年会的会员也仅是会员总数的一小部分,更何况中华图书馆协会因时局关系召开年会的次数极为有限,因此会费收取不易。由于中华图书馆协会每年有三分之一的执行委员和监察委员届满需改选,因此通常请会员寄回选票的同时缴纳会费。1930年3月20日,福建图书馆协会召开第三次执监委员及年会筹备员联席会议,报告中华图书馆协会来函催缴1929年和1930年年费共10元,以及执行委员和监察委员改选事,最终议决先行缴纳1929年度之5元会费[①]。

1935年,《中华图书馆协会第十年度会务报告》中记载:机关会员276名(其中4名为永久会员),1935年度会费已缴讫者117名,占全数二分之一弱;个人会员522名(其中11名为永久会员),1935年度会费已缴讫者142名,占全数四分之一强。

将《中华图书馆协会会报》所载1925年至1936年年度报告中会员人数与会计报告中会费数额作一对比(见表6)可知,中华图书馆协会自1925年4月成立至1936年6月这11年时间里,机关会员会费实收金额总数为4816元,应收金额总额为11230元,实收占应收近43%,个人会员会费实收金额总数为3063.47元,应收金额总额为7740元,实收占应收近40%。

---

① 会务[J].福建图书馆协会会报,1930(1):34-35.

表6　中华图书馆协会会员数量与会费收入对照表(1925-1936年)[1]

年度	机关会员数量	应缴会费(5元/年)	实收会费	个人会员数量	应缴会费(2元/年)	实收会费
1925年4月-1927年5月[2]	132	1320.00	600.00	217	868.00	241.47
1927年6月-1928年6月	129	645.00	123.00	190	380.00	84.00
1928年7月-1929年6月[3]	162	810.00	440.00	269	538.00	262.00
1929年9月-1930年6月	173	865.00	233.00	273	546.00	108.00
1930年7月-1931年6月	186	930.00	380.00	310	620.00	240.00
1931年7月-1932年6月	233	1165.00	260.00	402	804.00	249.00
1932年7月-1933年6月	258	1290.00	690.00	452	904.00	424.00
1933年7月-1934年6月	277	1385.00	795.00	482	964.00	543.00
1934年7月-1935年6月	276	1380.00	650.00	522	1044.00	440.00
1935年7月-1936年6月	288	1440.00	645.00	536	1072.00	472.00
总计		11230.00	4816.00		7740.00	3063.47

会费收缴的困难实际上反映的是中国图书馆事业发展的不均衡,除少数规模较大图书馆经费稍宽裕外,绝大多数图书馆经济极为窘迫。1929年中华图书馆协会召开第一届年会时,杜定友提出"改征本会机关会员会费案",认为该会经费支绌,而会费又不能一律增多,故拟用分级制,"凡图书馆经费每年10万元以上者,每年缴会费120元;5万元以上者每年50元;1万元以上者每年20元;5000元以上者每年10元;1000元以上者每年5元;1000元以下者每年3元"[4]。但这一意见并未被采纳。1933年8月29日上午,中华图书馆协会第二届年会期间召开会务会议,徐家璧等10人又提出《增加机关会员会费以利会务进行案》,指出"如将来会务发展,扩大编纂事业,伸张各地联络等项,其需支用款项所费

---

[1] 本表中会员数量及统计时间来自《中华图书馆协会会报》中各年度报告,会费收入及统计时间来自《中华图书馆协会会报》中各年度会计报告,其中第1行和第3行中,会员数量的统计时间与会费收入时间并不完全一致,但为方便比较,忽略这一差异。
[2] 会员数量统计时间至1927年6月,不完全一致,但为比较计,选取相近时间值参考。
[3] 会员数量统计时间至1929年1月,不完全一致,但为比较计,选取相近时间值参考。
[4] 中华图书馆协会执行委员会.中华图书馆协会第一次年会报告[M].北平:中华图书馆协会,1929:30-31.

更巨。现在各机关会员本身收入最高者每年多至十数万元,而少者乃仅得数百元,若仍一律纳费五元,其间得失相差过巨,揆诸情理,似欠公允",建议改订会章,按机关会员各馆经费多寡比例缴纳会费:每年经常费1000元以下者年纳会费5元,5000元以下者年纳会费10元,1万元以下者年纳会费30元,5万元以下年纳会费50元,10万元以下者年纳会费100元,10万元以上者年纳会费150元①。陈独醒亦在会上提出《重行厘定本会会员会费案》,指出协会无适当基金,每年赖各地图书馆及个人所纳之入会年费以为主要收入,窘迫苦况固可知矣。每年5元的会费在经费宽裕之省立图书馆、大学图书馆及专门图书馆则九牛一毛,而在县立或中小学图书馆则负担太重。因此,他也认为会费标准不应一概而论,当将公立、省立、大学图书馆年纳5元,私立、县立、中小学图书馆改为2元②。但是,这两案均被撤销。中华图书馆协会的会员会费标准始终没有更改。

放宽入会标准以广纳会员也是增加收入的途径。1929年中华图书馆协会举办第一届年会时,修正了《组织大纲》,放宽了入会标准:一方面扩大机关会员的范围,以图书馆或教育文化机关为单位,并且规定各地图书馆协会为当然机关会员;另一方面将入会须会员二人以上介绍改为会员一人之介绍。

1935年5月间,中华图书馆协会执行委员会讨论增加会费收入,议决委托专人或机关担任介绍会员及经收各地会员会费,选择会员较多(十名以上)各地分别请热心会务会员办理,南京地区代表蒋复聪、曹祖彬,苏州地区代表陈子彝,上海地区代表黄警顽,无锡地区代表无锡县立图书馆,开封地区代表李燕亭,镇江地区代表陈贯吾,杭州地区代表陈训慈,瑞安地区代表凭陈准,太原地区代表聂光甫,厦门地区代表余超,广州地区代表梁思庄,武昌地区代表毛坤,天津地区代表董明道③。中华图书馆协会所印临时收据收费,并在催缴会费通函背面印有缴费遍览指示种种便利④。此举很快便使介绍会员入会和催缴会费

---

① 中华图书馆协会执行委员会.中华图书馆协会第二次年会报告[M].北平:中华图书馆协会,1933:90-91.
② 中华图书馆协会执行委员会.中华图书馆协会第二次年会报告[M].北平:中华图书馆协会,1933:92.
③ 中华图书馆协会第十年度会务报告[J].中华图书馆协会会报,1935,10(6):7.
④ 中华图书馆协会第十年度会务报告[J].中华图书馆协会会报,1935,10(6):7.

的工作有了起色。1935年七八两月,承陈训慈、梁思庄、董明道等先后代收会费并介绍新会员,两月新增机关会员和个人会员各8个,缴纳会费者有机关会员7处,个人会员12人①。

后因物价飞涨的原因,中华图书馆协会在20世纪40年代不到4年的时间内就三次上调会员会费。1943年,中华图书馆协会理事会决议会员会费自1943年12月起个人会员会费全年20元(凡已缴50或100元者,多出部分当作捐款),永久会员200元;机关会员会费全年200元,凡民众教育馆、县立图书馆、中等以下学校图书馆全年会费100元②。抗战胜利复员后,物价上涨,邮费增加,中华图书馆协会理事会于1945年10月23日在重庆举行会议,议决会费自1945年起个人会员会费全年200元,永久会员4000元(照以前规定缴纳永久会费200元者,由协会通知请惠予捐助),机关会员会费2000元③。1947年5月24日,中华图书馆协会在国立中央图书馆举行理监事联席会议,议决个人会员会费每年1万元,机关会员每年甲种5万元,乙种3万元,由会员自行认定,永久会员会费暂不接受。

(二)政府补助

民国时期,各社会团体的会员构成不同,经济状况各异,比如新教育共进社是由各大学等机关合组而成,每个合组机关都要承担相应的合组费。中国图书馆界在筹划组织全国性图书馆协会时,设想的是"其经费即由庚子赔款中拨出一部分"④办理,但事实上这也仅是美好的想象罢了。

社会团体实际上是"中间组织",一定程度上分担了政府的某些职能。民国时期在政府财政极端困难的情况下,要兴办教育、提倡文化、提高民众素养,很大程度上要依赖各教育文化团体,因此各级政府对于这类团体是持支持态度的,也会在财政预算范围内给予一定经济补助。1925年7月6日,中华图书馆协会所有董事联名特上临时执政府一呈,请予补助。8月7日,临时执政府秘书厅

---

① 图书馆界:会员及会费[J].中华图书馆协会会报,1935,11(1):16.
② 本会消息:会理事会决议事项[J].中华图书馆协会会报,1943,18(2):18.
③ 本会消息:本会理事会报告决议事项[J].中华图书馆协会会报,1945,19(4,5,6):13.
④ 组织中华图书馆协会之发起[N].申报,1925-03-20(10).

下发公函，由该部筹拨5000元补助费[①]。这笔大额收入可算作中华图书馆协会的启动经费，确保了中华图书馆协会可以正常运营。此后，中华图书馆协会举办第一届年会、沈祖荣代表中华图书馆协会参加国际图联会议，以及外国专家来华招待等事都申请到相应政府补助。1929年1月，中华图书馆协会举办第一届年会，中央党部由戴季陶、叶楚伧两委员提议拨助一次补助费2000元，以后按月补助100元。此笔补助至1937年9月停止，后期该项费用并非按时拨付，故1936年中华图书馆协会议决中央党部津贴由王文山、蒋复聪两君负责催款，教育部方面由蒋复聪负责接洽[②]。

1938年3月，国民党中央执行委员会下属原民众训练部改为社会部。1938年，应国民党中央执行委员会社会部核查要求，中华图书馆协会向其呈报会务概况，其中提到各会员无力缴纳会费，请中央党部继续予以补助。1939年，中华图书馆协会分别向中央执行委员会宣传部和教育部呈报该会会务情况以及即将开展的工作方针，其具体工作要点有二：一为协助全国图书馆从事复兴，二为协助中央及地方政府在西南、西北各省发展图书馆事业。同时，向中宣部申请恢复每月补助100元，又向教育部申请每月补助200元，用于推进会务。中宣部批示："因本部目前经费异常困难，碍难按月津贴，兹准一次补助一百元。"[③]教育部批复：准自1939年5月至12月，每月补助经费100元，每三个月一发，同时指示在两项工作计划之外，"对于各地图书馆被敌炸毁及劫掠情形尤应注意调查，随时宣传并列报备查为要"[④]。1941年3月，中华图书馆协会再次呈请中央宣传部准予恢复补助，奉7月24日指令准自7月份起按月给予补助费100元[⑤]。

20世纪40年代，一方面因战争原因，会员星散，会费收缴数额不足，另一方面物价飞涨，各项事业成本增加，中华图书馆协会经费奇缺，又数次向教育部和中宣部、社会部申请经费补助，这一时期补助金额较此前大幅增加乃物价上涨的结果。中华图书馆协会成立以来获政府补助情况见表7所示。

[①] 会务纪要：政府补助[J].中华图书馆协会会报，1925,1(2):10-11.
[②] 中华图书馆协会第十一年度报告[J].中华图书馆协会会报，1936,11(6):21.
[③] 图书馆界：本会消息[J].中华图书馆协会会报，1939,13(5):13.
[④] 图书馆界：本会消息[J].中华图书馆协会会报，1939,14(1):11.
[⑤] 中央宣传部准予恢复拨给本会补助费[J].中华图书馆协会会报，1941,15(6):6.

表7　中华图书馆协会获政府补助情况[1]

时间	补助项目	补助费	同期总收入	占比(%)
1925年4月-1927年5月	临时执政府秘书厅拨款	5000	6353.71	79
1928年7月-1929年6月	第一届年会中央党部、行政院等部捐款	3730	8652.91	43
1929年9月-1930年6月	中央党部常年补助费(1929年3月-1930年2月)	1200	7681.67	46
	沈祖荣代表中华图书馆协会参加国际图联会议-行政院、教育部捐款	2300		
1932年7月-1933年6月	中央党部补助费	2700	8021.03	34
1934年7月-1935年6月	中央党部补助费	700	5020.80	14
1935年7月-1936年6月	中央党部补助费(1933年5月-1935年8月)	2800	5962.08	47
1939年3月	中宣部补助费	100		
1939年7月-1940年12月	教育部补助费	1100	2737.85	69
	教育部(1939年5月-12月)	800		
1941年1月-12月	教育部补助费(1月-12月)	1200	3564.095	45
	中宣部补助费(7月-10月)	400		
1942年1月-12月	教育部补助费	1200	5730.115	45
	中宣部补助费	1400		
1943年1月-12月	教育部补助费	2400	16220.49	30
	社会部补助费	2400		
1944年1月-12月	教育部本年补助费	4800	69542.55	12
	中宣部补助费(2月-12月)	3300		
1947年3月-1948年5月	教育部1946年下半年补助费	6000	28301278.69	55
	教育部1947年补助会报印刷费	1000000		
	教育部1948年补助会报印刷费	5000000		
	教育部补助沙本生招待费	3000000		
	教育部补助白朗、克莱普招待费	6561000		

[1] 本表数据来源为《中华图书馆协会会报》中各年度会计报告。

(三)捐款与基金

捐款是中华图书馆协会主要经费来源之一。中华图书馆协会成立伊始,董事梁启超、袁同礼、颜惠庆、范源廉、胡适就各捐助50元,松坡图书馆捐助100元。1925年,中华图书馆协会与国立东南大学、中华职业教育社、江苏省教育会合组暑期学校,清华学校捐助200元。此后,每遇重大事件需大笔款项时,中华图书馆协会都积极筹募捐款,如举办历届年会、参加国际会议、为办公室建筑费筹资等。从图书馆协会的捐款人来看,筹募对象主要是大学、图书馆、地方政府、其他社会团体等,个人捐款则多是图书馆协会董事、职员或会员。

中华图书馆协会成立时还设赞助会员,捐助500元以上者为赞助会员。可能这一标准过高,始终没有人达到此项条件。1929年举办第一届年会时,修正《组织大纲》,取消赞助会员,改设永久会员。规定凡个人会员一次缴足会费25元者即认定为永久会员,并将永久会员所纳会费作为协会基金。1932年,中华图书馆协会执行委员会第一次会议通过了《筹划本会基金案》,议决自本年度起多征求永久会员,此项会员会费,概充作基金,不作别用,另组基金保管委员会保管之[1]。最早成为中华图书馆协会永久会员的是王云五、戴志骞和李小缘。1933年1月3日,中华图书馆协会执行委员会第三次会议议决《征求赞助会员案》,议决征求赞助会员,赞助会员不分国籍,会费定为50元,此项会费全数充作基金。又通过《机关永久会员会费明确规定案》,议决机关永久会员会费暂定100元,自1933年起施行。

1933年8月29日,中华图书馆协会第二届年会期间召开会务会议,议决《募集基金案》,具体办法:(1)由机关会员及个人会员,依收入多寡,按比例原则,募集基金捐;(2)设募集基金委员会,请各界热心图书馆事业者加入为会员;(3)函请中央及地方行政机关予以补助;(4)俟募有成数时,再请中英及中美基金会补助;(5)已捐入之款,随时在《中华图书馆协会会报》及平沪各大报发表;(6)设立基金保管委员会,专任基金保管事项;(7)保管细则另定[2]。1933年11月3日,

---

[1] 图书馆界:本年度第一次执行委员会议决案[J].中华图书馆协会会报,1932,8(3):14.
[2] 中华图书馆协会执行委员会.中华图书馆协会第二次年会报告[M].北平:中华图书馆协会,1933:87.

中华图书馆协会募集基金委员会在文津街开成立大会,刘国钧、冯陈祖怡等20余人出席,主席刘国钧。议决通过募集基金委员会委员名单(40人),《募集基金办法》经修正后通过,推刘国钧等负责组织基金保管会[1]。

1934年2月28日发行之《中华图书馆协会会报》刊登《中华图书馆协会募集基金启》,其中包括募集基金办法五条,规定由募集基金委员会或其请托人执中华图书馆协会所印募捐册向热心教育文化事业人士募捐,同时征求赞助会员及永久会员,所有收入均为协会基金。普通捐款自1元至百千万元随意乐捐;一次交会费100元者为赞助会员,代募基金500元者或同时介绍永久会员10人者亦得为赞助会员;一次交会费50元者为永久会员,代募基金250元或同时介绍永久会员5人者亦得为永久会员;凡机关一次交会费100元者为永久会员。赞助会员及永久会员不再按年缴纳会费,赞助会员及捐款逾百元者,于中华图书馆协会有独立建筑时,得以铜牌镌其大名悬之壁间永久纪念。所有捐款除分函致谢外,还随时将捐助者姓名及捐款数目登载于《中华图书馆协会会报》及《大公报》宣布。同时还附有募集基金委员会委员70人之名单,基金保管委员会委员为戴志骞、刘国钧、洪有丰、周治春、王文山5人,戴志骞为主席[2]。中华图书馆协会将所印募捐册(有编号)分寄各募集基金委员会委员,请代为募集基金。1934年3月出版之《厦门图书馆声》在"中外图书馆消息"栏中曾记载,"本馆余馆长亦被举为募捐委员之一,日前曾寄到募捐册及收单各五本云"[3]。余馆长即余超。

此后发行之《中华图书馆协会会报》曾多期刊登《中华图书馆协会募集基金启》进行宣传。自1934年至1936年,《中华图书馆协会会报》刊载所有捐赠人名单和捐款数目,收据票号也详列于上(见表8)。经统计,收据号1至288号所有捐款共有20笔,共959.60元,经募人共有20人,所有捐款人达288人次(一人可能多次捐款)。

---

[1] 中华图书馆协会募集基金五十万[J].天津市市立通俗图书馆月刊,1934(4,5,6):21-22.
[2] 中华图书馆协会募集基金启[J].中华图书馆协会会报,1934,9(4):刊前页.
[3] 中外图书馆消息:中华图书馆协会募集基金[J].厦门图书馆声,1934,2(9):6.

表8 中华图书馆协会收据乙1-288号个人捐款纪录[1]

序号	经募人	金额(元)	收据	刊登出处	出刊日期
1	沈祖荣	86	乙1-27(后补收据)	9卷5期	1934-04
2	陈子彝	100	乙28-56	9卷6期	1934-06
3	钱亚新	51	乙57-66	9卷6期	1934-06
4	沈祖荣	25	乙67-70	10卷2期	1934-10
5	桂质柏	33.50	乙71-93	10卷2期	1934-10
6	柯璜、聂光甫	106.10	乙94-140	10卷2期	1934-10
7	焦芳泽	74	乙141-168	10卷2期	1934-10
8	黄星辉	28	乙169-185	10卷2期	1934-10
9	顾斗南	57	乙186-221	10卷2期	1934-10
10	皮高品	30	乙222-223	10卷2期	1934-10
11	严绍诚转请雷法章经募	100	乙224-233	10卷4期	1935-02
12	严绍诚(严文郁)	46	乙234-241	10卷4期	1935-02
13	施凤笙(施廷镛)	8	乙242-243	10卷4期	1935-02
14	钱亚新	24	乙244-254	10卷4期	1935-02
15	王古鲁	4	乙255	10卷5期	1935-04
16	陈登元	2	乙256	10卷5期	1935-04
17	王希尹	2	乙257	10卷5期	1935-04
18	姚书诚	40	乙258-269	11卷2期	1935-10
19	刘衡如(刘国钧)王文文	5	乙270	11卷3期	1935-12
20	陈训慈	138	乙271-288	12卷2期	1936-10
总计		959.60			

据《中华图书馆协会第九年度会务报告》(1933年7月至1934年6月)显示,基金保管委员会收到现金287元[2]。《中华图书馆协会第十年度会务报告》(1934年7月至1935年6月)显示,计共收到基金1776.60元,其中机关永久会员4名400元,个人永久会员11名550元,普通捐款(收据1至257号)826.60元(该数据统计有误,实际金额应为776.60),由基金保管委员会存入上海中国银行[3]。

---

[1] 本表数据来源为《中华图书馆协会会报》,具体见表中"刊登出处"与"出刊日期"项。
[2] 中华图书馆协会第九年度会务报告[J].中华图书馆协会会报,1934,10(1):6.
[3] 中华图书馆协会第十年度会务报告[J].中华图书馆协会会报,1935,10(6):6.

永久会员会费数目较大,一部分会员难以一次付清,中华图书馆协会于1935年5月间订立了《中华图书馆协会永久会员分期缴费办法》[①],规定个人永久会员和机关永久会员会费可分2次至10次于2个月至10个月间按月连续付清。永久会员缴清会费受赠《中华图书馆协会会报》及《图书馆学季刊》全份,以前各期亦可照补(以现存者为限)[②]。

1936年,全国各学术团体有在南京建筑联合会所的计划,邀请中华图书馆协会加入。1937年初,根据工程预算,预留办公室2间,应摊建筑费1600元。为此,中华图书馆协会不得不以募捐办法筹集,"除请托热心图书馆及教育文化事业者广为劝募外,复在本会年度会费之外增加建筑捐,机关会员至少五元,个人会员至少一元"[③]。1937年4月间开始募捐,截至6月底,共收到捐款1827.50元[④]。未料战事突起,建筑联合会所一事搁置。

1937年春,教育界同仁鉴于团体繁多,而各不相谋,认为有联合组织的必要,于是由中国教育学会约集中华儿童教育社、中华职业教育社、中国社会教育社、中国教育电影协会、中国卫生教育社、中华健康教育研究会各团体,联合组织办事处于南京,定名为"中国教育学术团体联合办事处"[⑤]。抗日战争全面爆发以后,办事处迁至重庆。1938年9月,中华图书馆协会加入该团体,"本会第四次年会正以会员遣散,交通不便,难于召集,为办事便利与集中意志起见,遂决定与各教育学术团体举行联合年会"[⑥]。这次年会收到中央党部、国立中央图书馆、国立北平图书馆、交通部图书馆、重庆大学、中央大学、文华图书馆学专科学校、金陵大学等八单位捐款共国币500元[⑦]。

1938年,中华图书馆协会在香港设立办事处,接收国外赠书,因国币跌落,维持会务困难,国立北平图书馆自1939年8月起按月补助美金100元,专作会

---

① 中华图书馆协会第十年度会务报告[J].中华图书馆协会会报,1935,10(6):6.
② 中华图书馆协会永久会员分期缴费办法[J].中华图书馆协会会报,1935,10(4):封2.
③ 本会筹募会所建筑费[J].中华图书馆协会,1937,12(5):5.
④ 本会消息:募捐建筑费志谢[J].中华图书馆协会会报,1937,12(6):13.
⑤ 会务报告:中国教育学术团体联合办事处成立及发展概略[J].建国教育,1938(1):1.
⑥ 本会消息:本会第四次年会筹备及经过报告[J].中华图书馆协会会报,1939,13(4):13-14.
⑦ 本会消息:本会第四次年会临时费收支清册[J].中华图书馆协会会报,1939,13(4):15.

中职员薪水、书箱运费及编印目录各项费用①。

1942年，中华图书馆协会第五届年会收到国立中央图书馆捐400元、文华图书馆学专科学校捐100元，以及沈祖荣、蒋一前、陈训慈、汪长炳等13人捐款共80元②。1943年，协会除教育部和社会部补助外，还收到国立北平图书馆和国立中央图书馆各2000元、国立中央大学图书馆③1000元、文华图书馆学专科学校500元、胡英捐助2000元、罗家鹤捐助120元、欧阳祖经募189.51元④。1944年收到国立西北图书馆捐款2000元，云南大学1000元，西南联合大学、复旦大学各500元，华西协和大学、金陵大学各300元，武汉大学200元⑤。同年，国际学术文化资料供应委员会开会决定补助中华图书馆协会国币5万元，指定"专作调查国内图书馆的损失及各馆的概况"⑥。中华图书馆协会成立以来所有捐款情况见表9所示。

表9　中华图书馆协会所有捐款情况⑦

时间	事由	捐款机构	捐款金额	捐款个人	捐款金额
1925	协会成立	松坡图书馆	100	梁启超	50
				袁同礼	50
				颜惠庆	50
				范源廉	50
				胡适	50
	图书馆学暑期学校开班	北京清华学校	200		
1929	第一届年会	江苏省政府	200		
		中央大学	100		
		北平大学	100		

---

① 本会消息：北平图书馆捐助本会经费[J].中华图书馆协会会报,1939,14(2,3):11.
② 年会报告：捐款[J].中华图书馆协会会报,1942,16(5,6):18-19.
③ 该刊前后不一致，此前说是中央大学捐款1000元，在财务收支报表中又列为中央大学图书馆。暂且按宋建成《中华图书馆协会》一书所列，视作中央大学图书馆。
④ 本会消息：中华图书馆协会三十二年度工作报告[J].中华图书馆协会会报,1943,18(2):19.
⑤ 本会消息：续收捐款[J].中华图书馆协会会报,1944,18(3):14.
⑥ 本会消息：国际学术资料供应会捐助中华图书馆协会[J].中华图书馆协会会报,1944,18(3):14.
⑦ 本表数据来源为《中华图书馆协会会报》，具体出处见表前文字说明。

续表

时间	事由	捐款机构	捐款金额	捐款个人	捐款金额
1929	第一届年会	北京清华学校	50		
		北京燕京大学	50		
1929	参加国际图联第一次大会	中央大学	100		
		奉天东北大学	100		
		北京清华学校	50		
		北海图书馆	100		
1933	第二届年会	中国国民党中央执行委员会	500		
		中华教育文化基金董事会	100		
1933	第二届年会	实业部地质调查所	30		
		国立北平师范大学	50		
		行政院驻平政务整理委员会	100		
		北京大学图书馆	50		
		北京燕京大学	50		
		北平市政府	100		
		中法大学	50		
		北平故宫博物院	50		
		北平社会调查所	25		
		中国文化经济协会	20		
		国立北平研究院	25		
1933	第二届年会	静生生物调查所	25		
		私立北平协和医学院	50		
		西北科学考察团理事会	20		
		河北省政府	100		
		历史博物馆	20		
		国立北平大学	50		
		国立北平图书馆	50		
		古物陈列所	20		

续表

时间	事由	捐款机构	捐款金额	捐款个人	捐款金额
1933	第二届年会	营造学社	20		
		中国大辞典编纂处	25		
1938	第四届年会	国立中央图书馆	100		
		国立北平图书馆	100		
		交通部图书馆	50		
		四川省立重庆大学图书馆	50		
		国立中央大学图书馆	50		
		文华图书馆学专科学校	30		
		南京金陵大学图书馆	20		
1939	特别捐	国立西南联合大学图书馆第四次年会	5		
1942	第五届年会	国立中央图书馆	400		
		文华图书馆学专科学校	100		
				会员捐款	80
				蒋复聪经手捐款	580
1943①		国立北平图书馆	2000		
		国立中央图书馆	2000		
		国立中央大学图书馆	1000		
		文华图书馆学专科学校	500		
				胡英	2000
				罗家鹤	120
				欧阳祖经募建筑捐款	189.51
1944		国际学术资料供应委员会	30000		
		国立西北图书馆	2000		
		国立云南大学	1000		
		国立西南联大	500		
		国立复旦大学	500		
		华西联合大学	300		
		金陵大学图书馆	300		

① 该年所收捐款为国币。

续表

时间	事由	捐款机构	捐款金额	捐款个人	捐款金额
1944		国立武汉大学	200		
				胡英	2000
	筹备招待美国图书馆学专家怀特来华	储汇局捐款	20000		
		农民银行捐款	20000		
		中央银行捐款	40000		
		交通银行捐款	20000		
		中国银行捐款	20000		
		中央信托局捐款	20000		
1945				胡英	10000
				莫余敏卿	1000
				万斯年	1000
				岳梓木	500

二、费用支出

图书馆协会的费用支出是根据经费收入量入为出的,不能"开源",就必须"节流"。中华图书馆协会因作为全国性图书馆协会,会员人数较多,会务较繁,故成立之初,经执行部议决,聘任前国立北京美术专门学校图书馆书记于震寰担任书记[1]。事务所最初借用松坡图书馆,1927年3月迁至北平北海图书馆后书记月薪由图书馆经费项下支付,会计及其他事务员亦由图书馆职员兼任,不取报酬,文具及纸墨等仍多由图书馆捐助应用[2]。

由于中华图书馆协会历次财务报告标准不尽一致,为统计比较之方便,将款项细目根据其属性统一划分为办公费、出版费、年会费、交流费和其他五类。其中,诸如办公费、薪津(薪给)、干事津贴、文具、邮费都归入办公费,纸张费、印刷费、出版费、装订费都归入出版费,年会费是举办年会的支出费用,交流费包

---

[1] 会务纪要[J].中华图书馆协会会报,1925,1(1):6.
[2] 中华图书馆协会第一次年会会务议纪录[M]// 中华图书馆协会执行委员会.中华图书馆协会第一次年会报告.北平:中华图书馆协会,1929:19.

括参加国际图书馆会议费用、国际图书馆协会联合会会费、国际图书馆大会代表登记费、汪长炳出席国际图书馆大会补助费、出席美国图书馆协会代表用费、支付联合年会会款,以及赠美国图书馆协会银碗、西北科学考察团捐助费、理事会聚餐费、招待沙本生和白朗、克莱普用费等。诸如购置费、杂费、汇费,以及1935年调查全国图书馆印件费用、1930年和1931年监察委员会用费、1930年至1933年与文华图书馆学专科学校联合招生费用都归入其他项。出版费是中华图书馆协会各项支出中占比最多,且年年不可缺少的支出。中华图书馆协会成立以来费用支出情况见表10所示。

表10 中华图书馆协会费用支出情况[①]

时间	办公费	出版费	年会费	交流费	其他
1925年4月–1927年5月	236.057	890.730	—	—	650.866
	13%	50%			37%
1927年6月–1928年6月	110.140	949.900	—	39.000	8.500
	10%	86%		3%	1%
1928年7月–1929年6月	374.63	1213.25	1755.10	2218.59	—
	7%	22%	31%	40%	
1929年9月–1930年6月	372.12	1804.76	—	—	402.20
	17%	59%			24%
1930年7月–1931年6月	265.61	907.52	—	—	370.96
	17%	59%			24%
1931年7月–1932年6月	489.29	1760.19	—	42.50	135.27
	20%	72%		2%	6%
1932年7月–1933年6月	882.18	2676.03	—	—	274.09
	23%	70%			7%
1933年7月–1934年6月	1342.65	2859.85	—	81.28	54.22
	31%	66%		2%	1%
1934年7月–1935年6月	1506.32	1109.48	—	609.98	52.78
	46%	34%		18%	2%

[①] 本表数据来源为《中华图书馆协会会报》中各年度会计报告,但经过数据处理。

续表

时间	办公费	出版费	年会费	交流费	其他
1935年7月-1936年6月	1010.87	1841.50	—	176.36	100.71
	32%	59%		6%	3%
1939年7月-1940年12月	398.5	104	—	—	883.13
	29%	7%			64%
1941年1月-12月	693.45	1200.5	—	88.30	6.80
	35%	60%		4%	1%
1942年1月-12月	262.43	3500	—	—	94.1
	7%	91%			2%
1943年1月-12月	5259	7426.46	—	1923	86
	36%	51%		13%	1%
1944年1月-12月	13527	24465.82	—	—	9604.40
	29%	51%			20%
1947年3月-1948年5月	1262353	13324229.92	—	9358900	376486.25
	5%	55%		38%	2%

第四节 中华图书馆协会的会员

1925年6月2日,中华图书馆协会在北京欧美同学会举行成立大会时,美国图书馆协会代表鲍士伟发表演说,提到要把征集会员视作图书馆协会最重要的事,他说:"五十年前美国图书馆协会成立时,其人数还不如今日贵会到者之多,但至最近已有六千余人,预定明年暑期运动会员,可满万人,其成就实为最初意料所不及者,许多人问我,图书馆协会第一步应作何事,第二步应作何事,我应之曰,图书馆协会最重要之工作,为征集会员,不必限于专门学者,凡赞成热心此事业者,皆许其加入……"[①]因此,中华图书馆协会自始至终都十分重视会员

---

① 中华图书馆协会在京开成立会[N].申报,1925-06-06(13).

工作。一方面,在会员制度方面不断调整,逐步放宽入会条件;另一方面,重视保障会员的各项权益,为会员提供业内资讯、专业知识,促进各图书馆间互助合作,乃至提供招聘求职信息等便利服务。至1937年抗日战争全面爆发前,会员总数达898人。中华图书馆协会职员对于协会的发展起到了至关重要的作用。第一届董事以中国教育文化界名流为主体,图书馆专家人数相对较少。至1929年第一届年会改选时,其执行委员会和监察委员会成员除陶行知外,清一色都是图书馆从业人员或图书馆学者,而且尤以出国学习图书馆学和文华大学图书馆学专科学校毕业生这两类受过图书馆学专业教育者为主,这也体现出中华图书馆协会非常浓厚的专业特色。

一、会员制度

部分地方图书馆协会先于中华图书馆协会成立,尤其是北京和上海图书馆协会更是促成中华图书馆协会的主要力量,其协会领导人也担任着中华图书馆协会的领导工作。因此,中华图书馆协会会员制度的确立也是建立在地方图书馆协会会员制度基础之上。

1918年,北京图书馆协会成立时,图书馆协会的会员只是图书馆,而不包括个人,个人参会也只是作为图书馆的代表。其章程规定:"会员以图书馆为单位,但须设有专任职员者始得入会。每馆派代表一人,有投票权,其他职员亦可到会与议,但无投票权。"[1]这种情况下,图书馆协会的规模就与当地图书馆的数量直接相关,同时还规定设有专任职员的图书馆方可入会,更加局限了会员的范围。对此,杨昭悊曾评论说:"但是这种协会是有名无实的,除照例每年改选几个职员以外,简直无事可干,到了开会的时候,除了几个图书馆代表以外,更是没有一个人到会的。"[2]

1924年,在中华教育改进社的推动下,北京图书馆协会重新成立。这时会员设为甲种会员和乙种会员两类:甲种会员是图书馆;乙种会员是个人,指那些

---

[1] 北京图书馆协会成立纪闻[N].北京大学日刊(第292号),1919-01-21(3).
[2] 杨昭悊.我对于图书馆讲习会的意见[N].晨报,1920-08-18(7).

"服务图书馆或对于图书馆具有兴味者",同时入会条件是须"经会员之介绍"[①]。这一模式为图书馆协会会员规模的发展提供了足够的空间,成为后来所有图书馆协会会员制度的模范。实际上,会员须经介绍入会在民国时期的教育学术团体中非常普遍,中华教育改进社简章亦有此类规定。

此后各图书馆协会对会员资格的要求尽管不尽相同,但总的来说,核心会员都是这两大基本类型:一为图书馆,二为与图书馆有关的个人。就第一类来说,其名称有叫甲种会员(如北京图书馆协会、北平图书馆协会、浙江省会图书馆协会、天津图书馆协会、南京图书馆协会、广州图书馆协会、苏州图书馆协会)的,也有叫团体会员(如上海图书馆协会、江苏图书馆协会、济南图书馆协会、山东图书馆协会、无锡图书馆协会、浙江第二学区图书馆协会)的,还有叫机关会员(中华图书馆协会、浙江省图书馆协会、福建图书馆协会、安徽图书馆协会)的,浙江第一学区图书馆协会还将其称作基本会员。有些图书馆协会在章程中规定,凡在该地区的各图书馆皆得为这一类会员,还有不少图书馆协会则更加具体地给出"公私立图书馆,机关、学校、民众教育馆附设之图书馆"(如浙江第一学区图书馆协会),或者"各图书馆及各教育机关设有图书馆者"(如上海图书馆协会),济南图书馆协会和山东图书馆协会甚至将图书室亦包括在内。这也是符合当时图书馆发展状况的,不少地区独立的图书馆数量不多,但各机关、学校、民众教育馆却不少附设图书部(图书室)。

1925年4月25日,中华图书馆协会成立大会通过《中华图书馆协会组织大纲》,规定会员分为机关会员、个人会员、赞助会员、名誉会员4种。

(1)机关会员。最初规定"以图书馆为单位",1929年修正《组织大纲》,将其改为"以图书馆或教育文化机关为单位,各地图书馆协会为当然机关会员"。可见,图书馆协会希望尽可能多地集合与图书馆相关的一切团体。

(2)个人会员。图书馆协会的个人会员最基本的构成是服务于图书馆的人士(图书馆员),不过早在1924年北京图书馆协会成立起,就将"对于图书馆具有兴味者"也涵盖在内,中华图书馆协会则表述为"热心于图书馆事业者"。不过"热心"是难以准确进行界定的,因此其会员资格主要是以会员介

[①] 各市图书馆协会章程丛录:北京图书馆协会[J].中华图书馆协会会报,1926,1(5):7.

绍作为把关的标准。中华图书馆协会最初要求会员二人以上之介绍,并经董事部审定。1929年修正《组织大纲》,改为须会员一人之介绍,经执行委员会通过。1937年再次修正《组织大纲》,要求会员一人之介绍,经理事会通过,同时考虑到有会员入会不易觅得介绍者的情况,在注释中补充:"机关会员入会不能觅得介绍者,得填具机关会员调查表径函理事会请求审查通过。个人会员入会不能觅得介绍人时,得先填具入会愿书及调查表随时向本会事务所商洽办法。"[①]可见,为了扩大会员,中华图书馆协会在会员入会资格上是逐渐放宽的。

(3)赞助会员。为了尽可能吸纳社会赞助(经济上和事业上),早期成立的地方图书馆协会就设立了名誉会员、特别会员、赞助会员等。最早是天津图书馆协会,将特别捐款或实力赞助者作为丙类会员。中华图书馆协会最初的《组织大纲》规定,凡捐助本会经费500元以上者为赞助会员。或许因为金额过高无人满足条件,1929年修正《组织大纲》,将赞助会员改称"永久会员",并规定凡个人会员一次缴足会费25元者即认定为永久会员。1937年再次修正《组织大纲》,于此项规定后加注释,称:"永久会员会费以募集基金办法中所定者为准,即个人会员缴费50元,机关会员缴费100元。"[②]

(4)名誉会员。聘请名誉会员是民国时期学术团体通行的惯例,一方面可以借名人之"盛名"扩大协会的影响、吸引会员加入、争取政府及社会资源;另一方面也希望借名人之"学识"促进该门学术之进步。中华图书馆协会《组织大纲》规定,名誉会员指"于图书馆学术或事业上著有特别成绩者"[③]。1925年5月27日,中华图书馆协会在北京石虎胡同松坡图书馆开第一次董事会,议决诸案,其中包括推举名誉会员20人:罗振玉、徐世昌、傅增湘、严修、王国维、张元济、陈垣、叶恭绰、叶德辉、李盛铎、董康、张相文、柯劭忞、徐乃昌、王树枏、陶湘、蒋汝藻、刘承干、张钧衡、朱孝臧[④]。由于中华图书馆协会首任董事部成员绝大多数是教育文化界名人,而第一次董事会实际出席者有丁文江、陈源、梁启超、袁

[①] 中华图书馆协会组织大纲[J].中华图书馆协会会报,1937,12(4):54.
[②] 中华图书馆协会组织大纲[J].中华图书馆协会会报,1937,12(4):54.
[③] 中华图书馆协会昨日成立[N].申报,1925-04-26(12).
[④] 中华图书馆协会第一次董事会议[N].申报,1925-06-05(13).

同礼、胡适、高仁山、颜惠庆、陈翰笙,故所推举之名誉会员都是在中国传统学术或目录学方面享有盛誉的知名学者。6月2日,在松坡图书馆召开中华图书馆协会第二次董事会,又另推举名誉会员12人:欧阳渐、卢靖、Melvil Dewey、Herbert Putnam、E. C. Richardson、C. W. Andrew、James I. Wyer、Edwin H. Anderson、John Cotton Dana、W. W. Bishop、Charles F. D. Belden、Carl H. Milam[①]。1929年召开第一届年会期间,在2月1日举行的会务会议上,临时动议议决聘请蔡元培、戴传贤、蒋梦麟、杨铨、胡适、叶楚伧6位为名誉会员[②]。

后来,中华图书馆协会出于更大限度获得发展基金考虑设置永久会员,一次性缴纳会费达到一定标准则给予永久会员的称号。个人永久会员应缴会费总数为国币50元,机关永久会员应缴会费总数为国币100元,所有收入均为中华图书馆协会基金。永久会员会费得分2次至10次,于2个月至10个月间按月连续付清,以后不再按年缴纳会费[③]。据1944年12月《中华图书馆协会会报》中刊登《中华图书馆协会三十三年度工作报告》称,至该年年底,个人永久会员共有70名[④]。

中华图书馆协会举办第一届年会时,借年会之机征求新会员,在媒体大肆报道中华图书馆协会年会时宣告,"凡所设立之图书馆,及在图书馆服务,或对于图书馆事业有兴趣者,经会员之介绍,皆得加入"[⑤]。为了更好地征求会员,中华图书馆协会还列出了5项会员权益:(1)受赠《图书馆学季刊》与《中华图书馆协会会报》两种期刊及其他;(2)参加年会;(3)选举权;(4)研究上之便利;(5)事务上之便利[⑥]。

图书馆协会会员标准始终坚持围绕"图书馆",要么是图书馆(各机关附设图书馆或民众教育馆),要么是图书馆从业人员,即使都不符合,还需满足对图书馆事业或图书馆学有兴趣或有志研究这样的条件。由于图书馆学是一门应

---

① 中华图书馆协会之董事会[N].新闻报,1925-06-12(2).
② 中华图书馆协会第一次年会纪事[J].中华图书馆协会会报,1929,4(4):13.
③ 中华图书馆协会永久会员分期缴费办法[J].中华图书馆协会会报,1935,10(4):1.
④ 中华图书馆协会三十三年度工作报告[J].中华图书馆协会会报,1944,18(5/6):12.
⑤ 图书馆协会年会预志[N].民国日报,1929-01-28(7).
⑥ 中华图书馆协会概览[J].图书馆学季刊,1930,4(1):126.

用性极强的学科,图书馆学师生主要还是在图书馆或图书馆学教育机构、图书馆学术团体就业。因此,图书馆协会的主体成员实际上仍然是各个图书馆,只不过包括图书馆机构和服务于其中的从业人员。不过,还存在一些图书馆学学生或图书馆从业人员转行的情况,他们很可能由于专业兴趣而保留图书馆协会会员的身份。较为知名的有胡庆生和戴志骞,都是后来转行到银行工作,但仍长期作为会员为中华图书馆协会服务。图书馆协会会员规模的扩大与其积极推动中国图书馆事业的发展有密切关系,随着图书馆数量的增加,图书馆从业人员增多,加入图书馆协会之会员就越多,而这些会员受图书馆协会之影响,能够更好地开展图书馆的工作,图书馆随之发展,也就需要更多的工作人员,便壮大了图书馆员的队伍,培养了更多的潜在会员。

二、会员数量

《中华图书馆协会会报》中自1926年至1936年(除1929年外)每年刊有年度报告(周年报告),其中都有会员人数之统计,但仅有数字而无详细信息。1926年至1928年报告中会员总数是机关会员和个人会员的总和,而不包括名誉会员。自1930年后,会员总数是机关会员、个人会员和名誉会员之总和。除此之外,各期会务消息中偶见新增会员名单,但并不能记载完全,故实际意义不大。《中华图书馆协会会报》中1935年10月所载《中华图书馆协会会员录》(同年12月印行单行本),有机关会员和个人会员姓名(字号)、地址之详细信息,且均按地区分类,机关会员在某一地区内又分为协会,以及国立、省立、市立、县立、私立、大学、中小学、特殊学校、机关团体附设图书馆、民教馆等。1948年《中华图书馆协会会报》正文前夹有两页油印《中华图书馆协会个人会员名录》,仅列有个人会员(含名誉会员)姓名。这两份会员录记载会员信息最为详尽。根据上述《中华图书馆协会会报》所载会员信息统计中华图书馆协会历年会员数,如下表11所示。

表 11　中华图书馆协会历年会员数[1]

统计时间	机关会员	个人会员	名誉会员	合计	《中华图书馆协会会报》出处
1926年3月	128	202	33	363	《本会会员名录》(1926-03,1卷5期)
1926年6月	129	202	33	364	《第一周年报告》(1926-10,2卷1期)
1927年6月	132	317	31	480	《第二周年报告》(1927-10,3卷2期)
1928年6月	129	190	31	350	《第三周年报告》(1928-10,4卷2期)
1930年6月	173	273	35	481	《第五年度报告》(1930-08,6卷1期)
1931年6月	186	310	33	529	《第六年度报告》(1931-08,7卷1期)
1932年6月	233	402	32	667	《第七年度报告》(1932-10,8卷1/2期)
1933年6月	258	452	30	740	《第八年度报告》(1933-08,9卷1期)
1934年6月	277	482	27	786	《第九年度报告》(1934-08,10卷1期)
1935年6月	276	522	27	825	《第十年度会务报告》(1935-06,10卷6期)
1935年10月[2]	285	507	27	819	《中华图书馆协会会员录》(1935-10,11卷2期)
1936年6月	288	536	26	850	《第十一年度报告》(1936-06,11卷6期)
1937年4月	299	599		898	《二十五年度会员总数及新增会员名单》1937-04,12卷5期
1940年1月	81	193		274	《抗战以后本会会员调查录》(1940-01,14卷4期)
1940年3月				360余	呈教育部《二十八年度工作概况》(1940-03,14卷5期)
1941年4月	101	280	22	403	《二十九年度会务报告》(1941-04,15卷5期)
1943年12月	142	387	18	577	《三十二年度工作报告》(1943-12,18卷2期)
1944年12月	157	465	18	710	《三十三年度工作报告》(1944-12,18卷5/6期)
1947年12月[3]		709	8	717	《中华图书馆协会个人会员名录》(1948-05,21卷3/4期)

[1] 本表数据来源为《中华图书馆协会会报》,具体见表中"《中华图书馆协会会报》出处"列所示。

[2] 该年数据由笔者根据出处所列名单统计。

[3] 该年数据由笔者根据出处所列名单统计,宋建成《中华图书馆协会》统计为769名,王阿陶《中华图书馆协会研究》统计为606,李彭元《中华图书馆协会史稿》统计为715,由于该名单中有两人姓名被划掉,笔者认为不清楚何人划去之前,应该计算在内,故比李彭元之数多出2人。该会员录数据亦不甚准确,余日章于1936年逝世,但却依然出现在这份1947年12月的会员录中。

除《中华图书馆协会会报》之外,中华图书馆协会于1933年印行《中华图书馆协会概况》,其中附录部分有《中华图书馆协会会员录(1933年9月)》,也记载有机关会员和个人会员名称及地址详细信息,机关会员按地方图书馆协会、图书馆学校、国立及省立图书馆、地方图书馆、私立图书馆、教育馆、大学图书馆、中小学图书馆、特殊学校图书馆、机关附属图书馆分类列出,个人会员则按笔画排序。根据名单统计,机关会员有260个,个人会员489人(含名誉会员31人),共749名会员。与其时间较为接近的1933年8月出版的《中华图书馆协会会报》9卷1期刊载的《第八年度报告》中记载机关会员258个,个人会员452人,名誉会员30人,总计740人,其统计时间是1933年6月,两者因统计时间有数月之差,会员数略有出入在合理范围之内。

三、职员

图书馆协会的职员与图书馆协会的组织制度直接相关。图书馆协会在不同时期通过修正章程的方式调整其组织制度,造成职员设置发生改变。

就中华图书馆协会来说,1925年成立时起连续四年采取董事制,设董事部与执行部二部,董事部15人,并从中互选董事部部长一人,董事部每年改选三分之一董事。在改革组织制度之前,董事部部长连续四届都是由梁启超担任。第一、二届董事部还设书记一职,由袁同礼和戴志骞分别担任,但第三、四届未设这一职务。1925年4月19日北京图书馆协会组织中华图书馆协会第一次筹备会时就曾推举候选董事18人,4月25日在上海广肇公学开中华图书馆协会成立大会时选出董事15人,其中袁希涛、范源廉、熊希龄、蔡元培、袁同礼、洪有丰、沈祖荣7人与4月19日之候选董事相同,其余8人为颜惠庆、梁启超、王正廷、胡适、丁文江、陶行知、钟福庆、余日章。中华图书馆协会第一届董事以中国教育文化界名流为主体,图书馆专家人数相对较少。究其原因,主要是中华图书馆协会成立的起因与争取美国退还庚子赔款用于发展中国图书馆事业直接相关,正如韦棣华女士在向美国图书馆协会提出派遣专家时所提到的,作为中国的全国图书馆协会需要得到中美两国官方的承认,而教育文化界知名人士的加盟有助于提高这一新生团体的社会声誉和威望,尤其是颜惠庆、范源廉、丁文江还是掌握美国庚子退款保管与分配大权的中华教育文化基金董事会第一任董事。虽然中华图书馆协会并不直接诞生于中华教育改进社,但其"发轫于民国十一年成立之中华教育改进社图书馆教育委员会"[1]确是不争的事实,因此中华图书馆协会的首届董事人选也带有极其鲜明的中华教育改进社特色,其中梁启超是中华教育改进社名誉董事,熊希龄、张伯苓、袁希涛、蔡元培、范源廉、王正廷也都担任过中华教育改进社董事,陶行知为中华教育改进社总干事。根据《中华图书馆协会组织大纲》规定,"每年改选之董事,由董事部照定额二倍推举候选董事,由会员公选之,但于候选董事以外选举者听之",也就决定了推举董事也多为第一届董事所熟悉之人选,造成了这一组织制度下,中华图书馆协会董事依然基本保持以教育文化界名人为主的风格。综合这四届董事部选举情况,共有21人担任过中华图书馆协会董事部成员,连任四届者有梁启超、颜惠庆、袁希涛、熊希龄、蔡元培、胡适、陶行知、沈祖荣、洪有丰9人,占比近43%,连任3届者有丁文江、钟福庆、余日章、张伯苓、戴志骞5人,占比24%,可见董事部结构还是相当稳定的。不过,由于这些名人日常事务繁忙,聚在一起开会的频率十分有限,加之对于图书馆专业不甚熟悉,主要业务工作还是由执行部负责。执行部设部长1人,副部长2人。第一届时部长为戴志骞,此后三届均由袁同礼担任,杜定友和刘国钧都曾任三届副部长,此外何日章和李小缘也曾任过副部长一次。

1929年1月,中华图书馆协会举办第一届年会,修改《组织大纲》,设立执行委员会和监察委员会取代此前的董事部和执行部。执行委员会15人(设常务委员5人,其中一人担任执行委员会主席),监察委员会9人,两委员会每年均改选三分之一,均由各委员会提出候选二倍人选供会员选举。这种每年改选三分之一的制度也就保证了组织上的稳定性和一定程度的灵活性。此次改组是中华图书馆协会的一次重大转折,其执行委员会和监察委员会成员除陶行知外,清一色都是图书馆从业人员或图书馆学研究者,王云五虽为商务印书馆编译所所长,但同时也是东方图书馆馆长,并发明四角号码检字法。这标志着中国图书馆从业人员群体的壮大已经可以独立支撑起中华图书馆协会的发展,也代表了图书馆界人士积极参与协会运营管理的主人翁精神。曾任职中华图书馆协会董事部和执行部的9位图书馆专家:沈祖荣、胡庆生、洪有丰、戴志骞、袁同

---

[1] 中华图书馆协会执行委员会.中华图书馆协会概况[M].北平:中华图书馆协会事务所,1933:1.

礼、杜定友、刘国钧、何日章、李小缘全部被选为首届执行委员,除胡庆生外,其他8人全部在实行执监委员制时期连续七届担任中华图书馆协会执行委员。胡庆生于1928年11月3日辞去文华图书科主任职务,另谋武昌上海银行之职,但直到1930年方正式脱离文华图书科,出任该行行长[①],但他自1929年1月至1935年1月连续担任五届执行委员,此后才淡出中华图书馆协会的职员群体。其中,袁同礼六次担任执行委员会主席,仅1934年2月至1935年1月这一届执行委员会主席由刘国钧担任。执行委员中设常务委员,虽然《组织大纲》规定常务委员为5人,但实际上每届有时5人有时4人。1936年2月至1937年1月这一届未选举常务委员,因此这一时期共产生6届常务委员。综合这一时期常务委员人选来看,洪有丰和刘国钧6次入选,其次是袁同礼5次,再次是杜定友3次,李小缘和严文郁2次,戴志骞、沈祖荣和冯陈祖怡各1次。监察委员会设主席一人、书记1人,前四届都是由柳诒徵任主席、杨立诚任书记,倒数第二届是由洪业任主席、毛坤任书记,最后一届未设主席与书记。

　　1936年7月中华图书馆协会在青岛召开第三届年会时,有临时议案提出其他学术团体多用理事会与监事会名称,故提议改执行委员会为理事会、监察委员会为监事会,议决通过,重新修订《组织大纲》,并定于1937年1月起实行[②]。此次主要是名称的更改,而制度上无实质性变化,袁同礼当选为理事长。不久抗日战争全面爆发,中华图书馆协会活动受到影响。1938年11月30日下午,中华图书馆协会第四次年会的会务讨论会上,于震寰提议"暂停每年改选理事及监事三分之一之举,至第五次年会之前为止",金家凤等附议,但岳良木提议仍照章改选,汪长炳附议。经表决,赞成岳者11人,赞成于者17人,但仍不及出席会员之半数,刘国钧提议延至会员总登记完毕后改选,孙心磐附议。这一新提议经大多数通过[③]。1944年5月开第六次年会时才再次讨论改选理监事,但由于选举规则的变更和会章修改争议较大,最终只选出理事候选人30人和监事候选人18人[④]。此后寄出选票,直至1944年11月29日下午举行中华图书馆协会理监事联席会议

---

① 程焕文.中国图书馆学教育之父:沈祖荣评传[M].台北:学生书局,1997:55.
② 本会消息[J].中华图书馆协会会报,1937,12(4):图书馆界13.
③ 本会第四次年会会务会纪录[J].中华图书馆协会会报,1939,13(4):11.
④ 中华图书馆协会第六次年会第二次会议纪录[J].中华图书馆协会会报,1944,18(4):10-11.

时,鉴于选票已大部分寄回,决定开票,由陈训慈、毛坤、王文山、岳良木四人监票,根据选票结果选出理事15人、监事9人[①]。当日下午7时召开理事会会议,议决推理事袁同礼为理事长,在其出国期间,会务由蒋复聪代行[②]。

表12 中华图书馆协会选举职员表[③]

1925年5月—1929年1月(共4届)		1929年2月—1937年1月(共7届)		1937年1月以后(共2届)	
董事部	执行部	执行委员会	监察委员会	理事会	监事会
梁启超(4)	杜定友(3)	※戴志骞(7)	柳诒徵(7)	陈训慈(2)	柳诒徵(2)
颜惠庆(4)	袁同礼(3)	※杜定友(7)	毛坤(7)	杜定友(2)	裘开明(2)
袁希涛(4)	刘国钧(3)	※洪有丰(7)	欧阳祖经(7)	洪有丰(2)	戴志骞(1)
熊希龄(4)	戴志骞(1)	何日章(7)	李燕亭(6)	蒋复聪(2)	何日章(1)
蔡元培(4)	何日章(1)	※沈祖荣(7)	杨立诚(5)	李小缘(2)	陈东原(1)
洪有丰(4)	李小缘(1)	※刘国钧(7)	徐家麟(4)	刘国钧(2)	姜文锦(1)
沈祖荣(4)		※李小缘(7)	钱亚新(3)	沈祖荣(2)	毛坤(1)
胡适(4)		※袁同礼(7)	万国鼎(3)	王文山(2)	欧阳祖经(1)
陶行知(4)		王云五(6)	陈训慈(3)	王云五(2)	沈学植(1)
丁文江(3)		胡庆生(5)	陈钟凡(3)	严文郁(2)	万国鼎(1)
钟福庆(3)		朱家治(4)	冯汉骥(3)	袁同礼(2)	汪应文(1)
余日章(3)		王文山(4)	洪业(3)	查修(1)	汪长炳(1)
张伯苓(3)		※冯陈祖怡(4)	杨昭悊(3)	戴志骞(1)	吴光清(1)
戴志骞(3)		田洪都(4)	裘开明(2)	桂质柏(1)	徐家璧(1)
王正廷(2)		蒋复聪(3)	汪长炳(1)	柳诒徵(1)	徐家麟(1)
周诒春(2)		桂质柏(3)	陆秀(1)	毛坤(1)	岳良木(1)
范源廉(1)		孙心磐(3)	侯鸿鉴(1)	田洪都(1)	
袁同礼(1)		陶行知(3)	田洪都(1)	汪长炳(1)	
蒋梦麟(1)		万国鼎(3)		徐家麟(1)	
李小缘(1)		※严文郁(3)			
胡庆生(1)		周诒春(3)			
		查修(1)			

---

① 中华图书馆协会理监事联席会议纪录[J].中华图书馆协会会报,1944,18(5/6):11.
② 中华图书馆协会理事会会议纪录[J].中华图书馆协会会报,1944,18(5/6):12.
③ 本表原始数据来自宋建成《中华图书馆协会》及李彭元《中华图书馆协会史稿》。括号内数字是该时期职员选举时连任次数,标※者为常任委员。

经统计，共有58人经选举担任过中华图书馆协会职员，分别是：梁启超、蔡元培、查修、陈东原、陈训慈、陈钟凡、戴志骞、丁文江、杜定友、范源廉、冯陈祖怡、冯汉骥、桂质柏、何日章、洪业、洪有丰、侯鸿鉴、胡庆生、胡适、姜文锦、蒋复聪、蒋梦麟、李小缘、李燕亭、刘国钧、柳诒徵、陆秀、毛坤、欧阳祖经、钱亚新、裘开明、沈学植、沈祖荣、孙心磐、陶行知、田洪都、万国鼎、汪应文、汪长炳、王文山、王云五、王正廷、吴光清、熊希龄、徐家璧、徐家麟、严文郁、颜惠庆、杨立诚、杨昭悊、余日章、袁同礼、袁希涛、岳良木、张伯苓、钟福庆、周诒春、朱家治。其中，最早选为中华图书馆协会职员的9位图书馆专家，除胡庆生外其余全部到协会的尾声仍当选职员（戴志骞后来也转行银行界但依然被选为理事会成员），这一方面说明他们绝大多数始终坚守图书馆员的职业，另一方面也说明他们树立了在图书馆界的极高威望。这9位图书馆专家当中，除何日章以外，都是中国早期赴美国（杜定友在菲律宾大学）学习图书馆学者，由此可见美国图书馆学教育对中华图书馆协会的发展有着深刻的影响。

这58人当中，曾受过图书馆学教育者有34人。其中文华图书馆学专科学校有18名（沈祖荣、胡庆生2名老师和查修、冯汉骥、桂质柏、姜文锦、陆秀、毛坤、钱亚新、裘开明、田洪都、汪应文、汪长炳、王文山、徐家璧、徐家麟、严文郁、岳良木16名学生），毕业于金陵大学且辅修过金陵大学图书馆学课程者有7名（洪有丰、朱家治、李小缘、刘国钧、万国鼎、沈学植、吴光清），此外，戴志骞、杜定友、冯陈祖怡、蒋复聪、李燕亭、杨立诚、杨昭悊、袁同礼8人则都曾在国外学习图书馆学。《中国图书馆名人录》记载何日章曾于1922年在东南大学举办暑期学校图书馆科学习[1]，但笔者并未找到直接证据，就目前已掌握资料，东南大学暑期学校开设图书馆课程很可能始于1923年。

梁启超、王云五、陈东原、陈训慈、洪业、侯鸿鉴、柳诒徵、欧阳祖经、孙心磐等9人虽没有受系统的现代图书馆学训练，但都担任过图书馆馆长或创办过图书馆，其中还有数位筹办过图书馆协会。1916年，梁启超为纪念爱国将领蔡锷（松坡）发起倡办松坡图书馆，并被推举为松坡图书馆馆长。1925年12月应教育部聘用任京师图书馆（1928年底从方家胡同迁至中海居仁堂，更名国立北平

---

[1] 宋景祁，等.中国图书馆名人录：中国图书馆界人名录[M].上海：上海图书馆协会，1930：38.

图书馆,1929与北平北海图书馆合并,仍称国立北平图书馆)馆长。王云五于1921年任商务印书馆编译所所长兼东方图书馆馆长,还发明四角号码检字法。柳诒徵1927年任江苏省立国学图书馆馆长。陈训慈1932年任浙江省立图书馆馆长。欧阳祖经1927年任江西省立图书馆馆长。陈东原曾任安徽省立图书馆馆长。洪业曾任燕京大学图书馆馆长。侯鸿鉴1912年参与发起创建无锡县图书馆,任福建教育厅秘书期间组织筹备福建公立图书馆和福建图书馆协会。孙心磐修业于南京高等师范学校教育科,1917年任该校图书馆管理员兼南京河海工程专门学校图书馆管理员,继任东南大学分设上海商科大学图书馆主任兼任上海总商会商业图书馆主任,1922年中华教育改进社第一届年会时即为图书馆教育组参会人员之一,1924年与杜定友一同发起成立上海图书馆协会。

蔡元培、丁文江、范源廉、胡适、蒋梦麟、陶行知、王正廷、熊希龄、颜惠庆、余日章、袁希涛、张伯苓、钟福庆、周诒春这14位教育、文化、外交界名人之所以当选为中华图书馆协会的职员,大抵由于中华教育改进社的关系,而且中华图书馆协会成立之初,也需要仰仗他们的力量更好地获得社会地位与政府的经济支持。不过他们中不少人与图书馆或多或少都有一定的关系,对图书馆事业也是持支持态度。蔡元培、范源廉、袁希涛都担任过教育部总长(次长),图书馆为其主管业务之一部分。蔡元培、蒋梦麟、范源廉、张伯苓、周诒春、钟福庆还都担任过北京大学、北京师范大学、南开大学、北京清华学校、江苏省立法政大学等校校长,对于这些大学图书馆的发展极为支持。熊希龄创办的香山慈幼院还设有图书馆。陶行知作为中华教育改进社总干事对于图书馆事业极为支持,他在主持《新教育》期间大量发表图书馆学论文,并于每届年会设图书馆教育组,对于中国地方图书馆协会和中华图书馆协会的成立有极大功劳。中华教育改进社亦成立了教育图书馆。余日章所供职的中华基督教青年会亦设有图书馆,他不仅曾协助沈祖荣开展现代图书馆之巡回讲演,更是韦棣华女士运动庚子赔款用于中国图书馆事业建设的提议人。颜惠庆与王正廷都曾多次担任外交部长,外交部也是政府机构当中较早设立图书室的机关。陈钟凡自1930年起连续3年担任中华图书馆协会的监察委员。其为国学大师刘师培弟子,曾任教于北京女子高等师范学校、东南大学、广东大学、金陵大学、暨南大学,主持国文系或文学院,著有《治国学书目》《中国文学批评史》《古书读校法》《书目举要补正》等,

1928年3月18日上海图书馆协会开会员大会,曾请陈钟凡讲演目录学[1]。

除以上选举职员以外,1925年中华图书馆协会成立后聘定干事33名,其中徐鸿宝、钱稻孙、冯陈祖怡、陆秀、查修、许达聪、蒋复聪、高仁山、马家骧9人均为北京图书馆协会会员,孙心磐、王永礼、程葆成、周秉衡、黄警顽、王恂如6人均为上海图书馆协会会员,其他干事分属18省(每省1名),设有地方图书馆协会者,干事为该协会会长,如章箴为浙江省会图书馆协会会长、彭清鹏为苏州图书馆协会会长、吴康为广州图书馆协会会长。尚未设立图书馆协会的湖北、山西、江西、安徽、四川、贵州、陕西、云南、奉天、湖南等省聘定胡庆生(华中大学文华公书林)、侯舆炳(太原山西公立图书馆)、陈宗鎏(南昌江西省立图书馆)、王杰(安庆安徽省立图书馆)、张世鉁(四川江安县图书馆)、潘寰宇(贵州遵义通俗图书馆)、郗慎基(西安山西图书馆)、李永清(云南图书馆)、吴家象(奉天东北大学)、李次仙(长沙湖南省教育会收转)为干事。干事的聘定与《中华图书馆协会执行部细则》直接相关,但由于细则制定后,并未在上海及其他各地设立分事务所,且绝大多数省份仅一人为干事,业务难以开展,此后历届大会也未再提及或续聘干事。这些干事职务只是成为一种名誉上的点缀,很大程度上是对参加中华图书馆协会成立各地区图书馆代表的一种鼓励。这33人中有10人(冯陈祖怡、陆秀、查修、蒋复聪、孙心磐、王文山、桂质柏、李燕亭、胡庆生、冯汉骥)被选为中华图书馆协会职员。

《执行部细则》规定设总事务所于北京,得聘用相关人员,"编制总预决算、会员总名簿、征收会费及总出纳,由总事务所办理"[2],又制定《总事务所办事简则》,规定"暂置书记一人,掌记录、缮写及保管文卷簿册"[3]。1925年6月,执行部聘定前国立北京美术专门学校图书馆书记于震寰担任书记[4]。10月,由于会务日繁,须有专人常川到会服务,于是聘请严文郁为常务干事[5]。严文郁当年刚毕业于文华图书科,在北京大学图书部担任西文编目员。两位在中华图书馆协会存续时期长期担任该职。于震寰后来于1931年考取文华图书馆学专科学校

---

[1] 上海图书馆协会昨开会员大会[N].申报,1928-03-19(7).
[2] 中华图书馆协会执行部细则[J].中华图书馆协会会报,1925,1(1):5.
[3] 中华图书馆协会总事务所办事简则[J].中华图书馆协会会报,1925,1(1):5.
[4] 会务纪要[J].中华图书馆协会会报,1925,1(1):6.
[5] 会务纪要[J].中华图书馆协会会报,1925,1(3):23.

助费生,与吕绍虞、吴元清、陈季杰、陈鸿飞、童世纲、强佩芬、赵福来、陶善缜(自费)同班[1]。1935年,袁仲灿任中华图书馆协会事务所书记[2]。1940年冬起由胡英任中华图书馆协会干事[3],至1943年冬因事辞职[4]。1944年11月,由李之璋担任干事。1940年5月,事务所书记张树鹄辞职,改聘爨汝僖继任[5]。

---

[1] 本校消息[J].文华图书科季刊,1931,3(4):577.
[2] 会员简讯[J].中华图书馆协会会报,1935,11(1):18.
[3] 胡英先生捐助本会[J].中华图书馆协会会报,1943,18(2):18.
[4] 胡英先生捐助本会[J].中华图书馆协会会报,1945,19(4/5/6):14.
[5] 本会民国二十九年度会服报告[J].中华图书馆协会会报,1941,15(5):7.

中华图书馆协会的历届年会

第四章

中华图书馆协会作为中国图书馆界全国性组织,会员数量较多,散居全国各地,年会的召开非一日可以完成,牵涉到经费筹措、嘉宾邀请、交通、食宿、会议及会后游览安排、讲演、议案、论文等诸多事务,工程浩大,所费人力、时间、资金颇多,而且当时受战事和时局等诸多因素影响,总共只举办了6届年会。前两届年会分别于1929年和1933年举办,都是由中华图书馆协会独立组织筹办;第三届年会于1936年举办,由中华图书馆协会与中国博物馆协会共同举办;最后三届年会分别于1938年、1942年、1944年举办,中华图书馆协会借出席中国教育学术团体联合年会之机召开中华图书馆协会第四、五、六届年会。

第一节　中华图书馆协会第一届年会

虽然中华图书馆协会《组织大纲》规定每年开年会一次,但事实上由于当时处于全国战争不断、形势动荡的时期,交通梗阻,年会的召开也就一再延误。直至1928年北伐胜利,全国形式上"统一",进入"训政"时期后,图书馆事业亦是政府重要建设事业之一,出于以下三个原因:一是图书馆事业亟须宣传;二是图书馆事业有诸多待解决的问题;三是中华图书馆协会章程有修改的必要[①],年会

---

① 戴志骞.中华图书馆协会第一次年会会务纪录:年会筹备主任报告[M]// 中华图书馆协会执行委员会.中华图书馆协会第一次年会报告.北平:中华图书馆协会,1929:23.

的召开刻不容缓。经过筹备,中华图书馆协会第一届年会于1929年1月28日至2月1日在南京金陵大学召开,此时距离中华图书馆协会成立已近4年时间。

一、筹备经过

举办年会的动议是在1928年10月21日晚袁同礼北平寓宅筵席上,后来戴志骞赴南京与刘国钧、李小缘讨论,又赴上海与王云五见面接洽[①]。预计年会所费甚巨,而中华图书馆协会没有基金,筹划经费至关重要,戴志骞返回南京向各方奔走募集。至11月底,尚无把握,乃电请袁同礼汇300元用于办事,复向教育部蒋梦麟,中央研究院蔡元培、杨杏佛磋商,并向各方请求津贴[②]。由于第一届年会在首都举行,"中央各机关之所萃聚,故所募集补助费,为数较多"[③]。先后收到教育部转呈行政院拨助1000元、卫生部30元、铁道部200元、中央大学100元、江苏省政府200元、外交部200元、清华大学50元、北平大学100元、燕京大学50元、工商部50元、中央党部2000元、内政部50元,共计4030元。

为推进年会的筹备工作,年会筹备会函聘王云五、朱家治、李小缘、何日章、杜定友、沈祖荣、柳诒徵、洪有丰、胡庆生、俞庆棠、袁同礼、徐鸿宝、陶行知、陈长伟、陈剑修、崔苹村、曹祖彬、章警秋、万国鼎、杨杏佛、刘季洪、刘国钧、钱端升、钟福庆、戴志骞、顾斗南26人为筹备委员;袁同礼为当然委员;并推定戴志骞(筹备会主席)、刘国钧(书记)、李小缘、章警秋、柳诒徵5人为常务委员。自1928年12月1日起至1929年1月20日止,共开筹备会4次,谈话会1次。

年会筹备会推中华图书馆协会董事蔡元培为大会主席,袁同礼、戴志骞为副主席。戴志骞亲谒蔡元培当面提出请求,蔡元培欣然应允[④]。除主席人选之外,还推定刘国钧为总务,另设注册组(主任朱家治,成员有曹祖彬、吴光清、陈

[①] 戴志骞.中华图书馆协会第一次年会会务纪录:年会筹备主任报告[M]//中华图书馆协会执行委员会.中华图书馆协会第一次年会报告.北平:中华图书馆协会,1929:23.

[②] 中华图书馆协会执行委员会.中华图书馆协会第一次年会报告[M].北平:中华图书馆协会,1929:23.

[③] 中华图书馆协会执行委员会.中华图书馆协会第二次年会报告[M].北平:中华图书馆协会,1933:94.

[④] 中华图书馆协会筹备会纪要[N].时事新报,1928-12-22(4).

祖规、汪兆荣、于震寰、曹祖杰、洪有章)、招待组(主任崔苹村,成员有余舜芝、冯绍苏、严文郁)、编辑组(主任顾斗南,成员有朱家治、金敏甫、黄警顽、赵吉士)、文书组(主任曹祖彬,成员有丁晓元、周雁石、何汉三、陈杰夫)、庶务组(主任陈长伟,成员有刘纯甫、向培豪、俞家齐、俞宾书)、会计组(主任谢湘,成员有于震寰)。聘定丁晓元、曹祖杰、曹祖彬、刘贵生、谢湘5人为年会职员,主要负责筹备时期各文件的拟缮,由于工作异常冗忙,故以上诸君皆酌送津贴。筹备期间多以函件沟通,共发筹备委员函、机关会员函、个人会员函、各院部公函、各省教育厅函、地方图书馆协会函、各省公私立图书馆函、江苏各县通俗教育馆函、非会员及其他机关函共计1356件,收函95件。

最初年会参会会费定为每人5元[①],后为减轻赴会会员费用起见,特将年会会费减为2元作为年会会员录及杂费之用[②]。参会人员的食宿均由年会负责,男会员住在金陵大学行政院一层、东楼宿舍及养蜂园,女会员住在金陵女子大学。膳厅用金陵大学膳堂。会员所需各项用具均由年会庶务组筹备。

第一届年会在筹备时最初设4个讨论组,图书馆行政组由袁同礼、洪有丰、刘季洪、柳诒徵、章桐等筹备;分类编目组由李小缘、范希曾、刘国钧、杜定友、黄星辉等筹备;建筑组由戴志骞、欧阳祖经、李小缘、田洪都等筹备;图书馆教育组由洪有丰、胡庆生、陈剑修、俞庆棠等筹备[③]。1928年12月底年会筹备处在中央大学开会时,提出增设索引检字组,专门讨论汉字排列的方法,并推定会员王云五、沈祖荣、万国鼎、蒋彝潜等筹备,并称已函请会外各专家,如张凤、陈文、何公敢、高梦旦、林语堂诸君参与。这次会议还推出各分组讨论会的主席:图书馆行政组主席为袁同礼、柳诒徵,分类编目组主席为杜定友、李小缘,建筑组主席为戴志骞、欧阳祖经,图书馆教育组主席为洪有丰、胡庆生,索引检字组主席为沈祖荣、王云五,推定顾斗南、赵吉士、黄警顽、金敏甫、朱家治为编辑组委员[④]。各会员须在注册时声明加入一组或数组。

---

① 中华图书馆协会今日在京金大开第一次年会[N].民国日报,1929-01-28(7).
② 中华图书馆协会年会紧要通告[N].时事新报,1929-01-11(2).
③ 中华图书馆协会筹备会纪要[N].时事新报,1928-12-22(8).
④ 中华图书馆协会年会近讯[N].民国日报,1928-12-31(4).

第一届年会讨论要点以"训政"时期之图书馆工作为中心,征集关于图书馆事业之提案,要求分主文、提议人姓名、理由、办法4项列明,连同赴会通知及关于图书馆学术论文等寄到筹备处。

二、年会概况

中华图书馆协会第一届年会有金陵大学校长及金陵大学图书馆、金陵女子大学、中央大学图书馆、国学图书馆、外交部图书馆各处职员襄助,又有中央党部、教育部及其他国民政府各部,江苏省政府、中央大学等各机关补助经费,得以圆满举办。年会主要安排开幕典礼、会务会议、分组会议、演讲、宣读论文、宴会及参观游览等项活动,共收到会员论文24篇和议案若干。算上募集来的各方补助4030元,再加上中华图书馆协会事务所拨300元,代收常年会费630元、年会会费344元及其他收入,中华图书馆协会第一届年会总收5432元,总支1625.30元[①]。

1929年1月28日,原定上午9时至12时为到会人员注册时间,结果延至下午1时半结束。下午2时在金陵大学大礼堂举行开幕典礼。出席会员及来宾共200余人,政府代表有内政部杜曜箕、工商部杨铎、外交部黄仲苏、卫生部余梦庄、教育部朱经农与陈剑修、中央大学俞凤岐与巢仲觉、江苏省政府章警秋,外国来宾有德国图书馆协会代表莱斯米博士(Dr. G. Reismuller)[②]。原计划由蔡元培先生担任大会主席,并致开会辞,再由杨杏佛、蒋梦麟、钮惕生、张君谋、陶行知、陈景唐6人发表演说,最后由袁同礼致答辞[③]。但事实上,由于蔡元培在开会前两日因事赴沪,故托杨杏佛为代。当日,杨杏佛谦逊推让,遂由年会筹备主任戴志骞为临时主席致开会辞,何日章为司仪。随后由杨杏佛、陈剑修(为教育部蒋梦麟部长代表)、章警秋(为江苏省政府钮惕生主席代表)、俞庆棠(为中央大学张君谋校长代表)、陶行知(中华教育改进社)、陈景唐(金陵大学校长)发表

---

① 中华图书馆协会执行委员会.中华图书馆协会第一次年会报告[M].北平:中华图书馆协会,1929:236.

② 中华图书馆协会第一次年会纪事[J].中华图书馆协会会报,1929,4(4):5.

③ 中华图书馆协会执行委员会.中华图书馆协会第一次年会报告[M].北平:中华图书馆协会,1929:3.

演说。随后,由副主席袁同礼致答词。当晚6时,由南京图书馆协会假金陵大学东楼设宴欢迎全体会员,刘国钧代表南京图书馆协会致辞,历述南京在图书上之历史,柳诒徵继续发言,以图书馆员之责任妙譬书僮。晚7时半在科学馆开检字法讲演会,由杜定友担任主席,听众120余人,分别由张凤讲《面点线检字法》、瞿重福讲《瞿氏号码检字法》、毛坤讲钱亚新之《拼音著者号码检字法》、蒋家骧讲《蒋氏汉字序次法》、万国鼎讲《各家检字法述评》。

1月29日上午召开分组会议,下午2时至4时召开会务会议,4时金陵大学图书馆开欢迎会。晚7时安排公开讲演,由戴志骞担任主席,先由德国莱斯米博士讲《德国图书馆发展史》(袁同礼担任翻译),继由胡庆生讲《图书馆馆员应有之责任及其工作》、沈祖荣讲《文华图书科概况》、何日章讲《河南之图书馆与文物及政治》、宋青萍讲《上海通信图书馆概况》。

1月30日上午仍是分组会议。下午2时至5时宣读论文,由李小缘宣读《中华图书馆协会之使命及将来》、刘树杞宣读《图书馆在教育上之地位》、蒋镜寰宣读《图书馆之使命及其实施》、袁同礼宣读《国际目录事业之组织》、何公敢宣读《单体检字法》。晚7时在金陵大学科学馆开交际会,有《经营浙江私立流通图书馆之经过及现状》(陈独醒)、《介绍国语罗马字》(黎维岳)、《训政时期之图书馆工作》(冯陈祖怡)之报告与演说,最后李小缘和杜定友分别以幻灯讲演美国国会图书馆内部情形和世界图书馆情形之比较。

1月31日上午召开分组会议。中午12时中央大学在学校体育馆开欢迎会,首由中央大学秘书刘海萍代表张君谋校长致欢迎词,杜定友代表会员答谢,年会主席蔡元培演说《图书馆事业在学术界之重要及其功用》,莱斯米博士报告《德国国籍出版品交换局情形》。由于时值严寒,积雪盈尺,以致道路泥泞,行旅艰难,故原招待会员游览南京各名胜的计划只得变更为车辆所能到之地。当日下午参观中央大学图书馆、科学社图书馆、通俗教育馆、国学图书馆。下午5时国学图书馆开欢迎茶会,晚6时会员公宴假金陵中学举行,晚7时召开会务会议、修改会章。

2月1日上午召开会务会议、选举职员,下午游览金陵女子大学、清凉山、北极阁。4时半国民党中央执行委员会开欢迎会,戴季陶代表中央执委会致欢迎词,次由胡展堂发言,戴志骞代表协会致答谢词,会员代表冯陈祖怡致感谢词。

晚6时教育部在安乐酒店宴会,席间先由蒋梦麟部长致欢迎词,继由蔡元培代表会员致答词,提及年会经费,得蒋部长之力,始得行政院资助。随后吴稚晖、李石曾,及教育次长马夷初均有演说。

年会会计报告记载收到年会会费344元,而会费标准是每人2元,计算下来应该是有172人缴纳了年会会费。然而,宋建成《中华图书馆协会》一书引用《国立中山大学图书馆周刊》1929年第6卷第5-6期《中华图书馆协会年会提案总目》,显示参加年会的个人会员113人,机关会员62人。这个数字与1929年2月4日《民国日报》的记载①完全一致。不过,蒋镜寰在《中华图书馆协会年会纪要》中称"此次年会到机关代表62(人),个人会员172(人)"②。

然而,根据《中华图书馆协会第一次年会报告》所列《中华图书馆协会第一次年会出席人员一览表》统计,计到会会员有个人会员109人,机关会员70人③。因部分个人会员同时亦为机关会员之代表,故实际参会会员人数为154人,其中男会员143人,女会员11人④。据中华图书馆协会第一届年会执行部报告,当时会员总数431名,机关会员162名、个人会员269名⑤。若以《中华图书馆协会第一次年会报告》的参会人数为依据的话,则参会机关会员占全体机关会员的43%,参会个人会员占全体个人会员的41%。由于年会在南京举行,故参会人员籍贯为江苏的占绝对多数(61),其次是安徽(19)和浙江(14),其他省份参会人数均为个位数,参会人员籍贯共覆盖15省。上海图书馆协会在中华图书馆协会发起成立上起到了重要作用,故对于第一次年会格外重视,赴会非常踊跃,上海各大学及公私各图书馆馆长均亲自出席⑥。参会会员中服务大学图书馆者最多(43),其次是公共图书馆(14),再次为学术会社图书馆(13)和中学图书馆(12),其他还有服务于图书馆学专门学校、通俗图书馆、国立图书馆、私立图书

---

① 中华图书馆协会年会参加之个人会员与机关会员统计[N].民国日报,1929-02-04(8).
② 蒋镜寰.中华图书馆协会年会纪要[J].江苏省立苏州图书馆馆刊,1929(1):1.
③ 中华图书馆协会执行委员会.中华图书馆协会第一次年会报告[M].北平:中华图书馆协会,1929:252.
④ 中华图书馆协会执行委员会.中华图书馆协会第一次年会报告[M].北平:中华图书馆协会,1929:252.
⑤ 中华图书馆协会执行委员会.中华图书馆协会第一次年会报告[M].北平:中华图书馆协会,1929:16.
⑥ 上海各图书馆代表赴京[N].民国日报,1929-01-27(12).

馆、流通图书馆、民众图书馆、农村图书馆、行营图书馆、党校图书馆、政府机关图书室等不同性质图书馆,另有大学(师范学校、军校)教职员、教育行政机关人员、书业人员等与图书馆事业密切相关之领域者。当时任浙江南浔嘉业藏书楼主任的周延年(子美)也受邀参加了中华图书馆协会第一届年会,他在1992年以96岁高龄发表《中华全国图书馆协会成立大会回忆》[1],讲述了参加中华图书馆协会第一、二届年会的经历。不过由于作者年岁已高,且对中华图书馆协会成立经过不尽熟悉,误以为1929年第一届年会是成立大会。

年会筹备及举办期间,《时事新报》《民国日报》《申报》等都曾刊登相关报道,对中华图书馆协会的首届年会进行宣传。年会结束后,特推胡庆生为英文报告员,撰拟年会纪事,在欧美著名之图书馆学杂志发表,以广宣传[2]。

三、分组讨论会

中华图书馆协会第一届年会共设图书馆行政组、编纂组、图书馆教育组、图书馆建筑组、分类编目组、索引检字组6个分组讨论会,安排在1月29日、30日和31日上午在金陵大学行政厅二层各教室召开。按照分组会议规则,每组由出席会员公推正副主席和书记,首先由主席报告分组会议规则,然后讨论各相关议案并议决。

图书馆行政组共开5次会议,出席人数分别是71人、35人、40人、40人、35人,主席均为袁同礼,前3次会议书记为施廷镛,第4次书记为俞家齐,第5次书记聂光甫。共讨论议案68件,除上海沪江大学图书馆"中国书籍和杂志应如何保护案及中国书籍装订及书架书橱应采何种样式为最合宜案"移交建筑组讨论外,尚有毛坤"由中华图书馆协会组织一图书馆代办部代人购订整理书籍案"和田洪都"请求教育部规定凡在己国内之出版物均须由著作人检送一份交国立图书馆收藏(如能交各省区民众图书馆一部尤佳)俾使国内出版品集中案"议决保留外,其他议案均议决通过,或并案讨论照主文(或修

---

[1] 周子美.中华全国图书馆协会成立大会回忆[J].图书馆,1992(6):71.
[2] 中华图书馆协会第五次会务报告[J].中华图书馆协会会报,1929,5(1/2):27.

正主文)通过,还有一些议案直接交执行部办理,或交各大学图书馆会商办理、交南京中学参考。

编纂组共开2次会议,出席人数分别为10人和11人,主席是李小缘,刘纪泽记录。编纂组共讨论议案14件,包括编制全国图书馆年鉴、图书馆选书书目、新旧图书馆学丛书、中国图书馆学术语、中国书志、全国地志目录、累积式中国出版图书目录、古书索引、中文杂志索引、中华人名大字典,以及筹办短期图书馆刊物、编译海外现存中国古逸典籍录及域外研究中国学术论列中国问题著作目录、调查全国定期刊物和全国学术机关。

图书馆教育组共开2次会议,出席人数分别为15人、18人,主席是胡庆生,陶述先记录。第一次会议讨论人才之培养分为专门与普通两种,专门教育就是指创立图书馆专门学校,在大学添设图书馆系,并资遣留学生出洋研究考察等;普通教育就是指设立图书馆员速成班、讲习所、暑期学校及在中等学校添加图书馆学课程、添设职业科等。第二次会议通过议案5件:训练图书馆专门人才案、请中华图书馆协会在暑期内聘请专门人才在各地轮流开办图书馆讲习所案、中学或师范学校课程中加图书馆学识(每周一二小时)案、各种各级学校应有有步骤的图书馆使用法指导案、由中华图书馆协会拟定图书馆学课程请教育部核定施行案。

图书馆建筑组开会1次,出席人员14人,由戴志骞担任主席,施廷镛为书记。首先主席报告图书馆设备不能太过简陋的理由,接着讨论议案。将建筑设备议案3件修正为"请协会组织建筑委员会,研究计划图书馆建筑案"表决通过,将用品议案4件修改为"本会应指导持约图书公司制造图书馆应用物品案"表决通过,议决照原文通过李小缘的"本协会应请专门家研究中文书籍排架法并定平排直排之标准容量及架之深浅案",并将北平图书馆协会议案修改为"请国民政府财政部对于各图书馆呈请图书馆用品免税应予免税执照案"表决通过。

分类编目组共开3次会议,出席人数分别是67人、51人、47人,杜定友和蒋复聪分别为主席和书记。该组议案比较雷同,大多都是要求确立分类编目标准和条例。经讨论,议决分类原则有4项:中西分类一致,以创造为原则,分类标记须易写、易记、易识、易明,须合中国图书情形;通过各编目议案的理由有3

个：西文编目法不尽适用于中文、编目无条例则缺严整一致之效、有标准编目条例庶各图书馆有所遵循。会议通过分类议案13件，议决将通过议案及分类原则交分类委员会采择，编制分类法；通过编目议案6件，议决将通过议案及理由交编目委员会，编订条例，于下届年会发表；通过标题议案5件，议决组织标题编纂委员会，协同编纂事交编目委员会负责办理。经过两次会议讨论，仍然议决保留黎维岳的议案"全国图书馆改用国语罗马字编目案"和"全国图书馆改用国语罗马字著者姓氏编列法案"2件。除此之外，分类编目组分组会议还安排有蒋复聪、杜定友、徐家麟、沈祖荣、黄星辉分别宣读论文《中国图书分类之商榷》《校雠新义》《中文编目论略之论略》《中文编目中一个重要问题》《中文标题问题》，此外还有刘国钧演讲《分类目录与标题之比较》。

索引检字组共开2次会议，出席人数分别为约30人和49人，均由沈祖荣担任主席，万国鼎为书记。首先是对李小缘、孔敏中、杜定友、万国鼎4件相关议案进行讨论，最终通过检字法之标准为简易（简单、自然、普及）、准确（一贯、有定序、无例外）、便捷（便当、直接、迅速），并议决设汉字排检法研究委员会，请中央研究院研究改革汉字案交前项委员会讨论，对于请用四角号码检字法案不加讨论，又一致通过胡庆生临时动议"本会决定对于各种检字法应以研究试验及鼓励发明态度为原则，暂不规定采用某一种方法"。书记报告该组收到论文6篇，分别是张凤《排检中国字标准之要则》、万国鼎《汉字排检问题》、钱亚新《从索引法去读读排字法和检字法》、何公敢《单体检字法》、蒋一前《汉字序项法》、王崔《崔巢字典》，由于时间原因，论文并未当场宣读。此外还有两封陈文所写的关于检字法的来函。这两封信此前以《完善检字法的新标准：与中华图书馆协会年会筹备处的一封信》[1]和《完善检字法的先决问题：给中华图书馆协会年会筹备处》[2]为题已经陆续刊登在《民国日报》上。后由崇明第一图书馆陈须弥、吴鸿志，东方图书馆徐能庸，暨南大学图书馆代表张凤，上海商业图书馆孙心磐，金陵大学图书馆汪兆荣、陈长伟等报告试用四角法、形数检字法、林氏汉字索引法、部首法、画数法、万氏母笔排列法等新检字法的经验，最后徐旭临时动

---

[1] 陈文.完善检字法的新标准：与中华图书馆协会年会筹备处的一封信[N].民国日报，1929-01-05(16).

[2] 陈文.完善检字法的先决问题：给中华图书馆协会年会筹备处[N].民国日报，1929-01-17(16).

议"请各发明者或出版机关将新检字法印刷品寄交各图书馆研究试用将经验报告委员会",一致通过。

四、会务会议

中华图书馆协会第一届年会期间,在金陵大学科学馆共召开三次会务会议,出席人数分别为98人、85人、87人,均由杜定友担任主席,陈重寅记录。第一次会务会议先由沈祖荣代表董事部、袁同礼代表执行部、刘国钧代表出版委员会、李小缘代表编目委员会、戴志骞作为年会筹备主任分别报告会务进展情形,其次讨论关于中华图书馆协会事务所迁移相关议案6件,议决合并整理为"本会会所迁至首都或其他适宜地点案",议决暂不迁移。第二次会务会议首先是逐条讨论修正通过新会章,最大的变化是将原董事部和执行部改为执行委员会和监察委员会,此外会员一节也有不少变化:机关会员原来只以图书馆为单位,修改会章后机关会员以图书馆或教育文化机关为单位,且各地图书馆协会为当然机关会员;取消原赞助会员(捐助经费500元以上者),增设永久会员(一次缴足会费25元者),入会条件也有所放宽,原来是机关会员和个人会员须由会员二人以上之介绍,修改之后仅须一人介绍。原会章规定设总事务所于北京,分事务所于上海,新会章修改为设事务所于北平。由于修改会章解决了部分议案的问题,故"各地方图书馆协会应向中华图书馆协会立案"(李小缘)、"改征本会机关会员会费案"(杜定友)、"添设分事务所三处案"(孙心磐)、"修改本会组织大纲案"(孙心磐、石斯馨)不另行讨论。第三次会务会议选举执行委员和监察委员。戴志骞、袁同礼、李小缘、刘国钧、杜定友、沈祖荣、何日章、胡庆生、洪有丰、王云五、冯陈祖怡、朱家治、万国鼎、陶行知、孙心磐当选为执行委员;柳诒徵、田洪都、陆秀、侯鸿鉴、毛坤、李燕亭、欧阳祖经、杨立诚、冯汉骥当选为监察委员。由于时间关系,关于事业进行程序的"请拟定本会事业之进行程序以资发展案"(刘国钧)、"请规定本会倡导图书馆事业进行大纲案"(朱金青)、"本会应筹募大规模基金以进行各项事业案"(李小缘)和关于宣传者的3件议案公决交由执行委员会处理。

五、议案施行

中华图书馆协会第一届年会开幕前已收到提案170余件[①]。最终通过议决案108件,其中图书馆行政组63件、编纂组14件、图书馆教育组5件、建筑组4件、分类编目组3件、索引检字组3件、会务会议16件。实际推行各案总计63件。

应由政府推行者,如"呈请国民政府防止古籍流出国境并明令全国各海关禁止出口案""呈请政府组织中央档案局案""请建议国民政府减轻图书馆寄书邮费案""建议国民政府通令全国各机关添设图书馆案""请全国社团及行政机关设立专门图书馆案"等,以及应由教育部施行的,如"由本会呈请教育部从速筹办中央图书馆案""呈请教育部实行去年全国教育会议关于图书馆方面之各种议决案案""呈请教育部令各教育机关关于教育书报及其他刊物一律廉价出售以广阅览案""请教育部颁布设立图书馆标准法令""请励行出版法案""呈请教育部通令各省市县广设民众图书馆案""呈请政府将庙宇改设通俗图书馆案""设立乡村图书馆以为社会之中心案"等,由执行委员会整理妥当后分别呈请国民政府及教育部审核施行。国民政府接到呈文后,由主席谕交文官处函转行政院审核办理,行政院复交教育部审核。教育部接到中华图书馆协会呈请施行第一届年会各项议决案后,发出第627号训令,要求各地教育厅局切实奉行以下六项:①转饬各级学校对于购书费,应特别注意酌量规定;②自十九年度起积极增设各种专门、普通、民众、儿童等图书馆;③对于图书馆事业,应酌量聘请专家指导;④每年考选留学生时,应视地方需要情形,酌定图书馆学名额;⑤关于各教育机关出版之各种书报及刊物,应尽量减价,以广流传;⑥转饬省立或私立大学,于文学院或教育学院内,酌设图书馆学程或图书馆学系。要求以上各节遵办情形,并仰随时具报[②]。浙江省教育厅接教育部训令后,将奉行事项遵办情形具报[③]。1929年秋浙江省政府议决派蒋复聪赴欧调查研究图书馆教育,于1930年春出国。

---

① 中华图书馆协会今日在京金大开第一次年会[N].民国日报,1929-01-28(7).
② 教部极力推行南京年会议案[J].中华图书馆协会会报,1930,6(1):30.
③ 浙教厅对于南京年会议案之推行[J].中华图书馆协会会报,1930,6(1):33.

还有函请各图书馆酌办的,如"请协会通告全国各大图书馆搜集有清一代官书及满蒙回藏文字书籍案""请各大图书馆搜集金石拓片遇必要时设立金石部以资保存案""各省市县图书馆应尽力收藏乡贤著作案""图书馆内刊行掌故丛书及先哲遗著案""采用'圕'新字案""图书馆应多用女职员案""请各图书馆设立流通借书部以求普及案"等,则于1929年7月30日发出《中华图书馆协会致全国各图书馆书》,函告各图书馆采择施行,并希望将办理情形随时报告中华图书馆协会[①]。

此外,中华图书馆协会特别组织各专门委员会负责办理相关议案。组织善本调查委员会办理"本会调查登记国内外公私所藏善本书籍编制目录以便筹备影印案",组织版片委员会办理"调查及登记全国公私版片编制目录案",组织建筑委员会办理"请协会组织建筑委员会研究计划图书馆建筑案",组织检字委员会办理"设立汉字排检法研究委员会案",组织标题委员会处理"组织标题编纂委员会案",又将"由分类委员会编制分类法案"交分类委员会办理,将"由编目委员会编订标准编目条例于下届年会发表案"交编目委员会办理。

中华图书馆协会第一届年会的召开众望所归,凝聚着众多会员对于中国图书馆事业蓬勃发展的殷切期望,众多议案汇聚了专业人士的经验和智慧,其中大部分议案得到了实施,对于推动中国现代图书馆事业发展起到了积极作用。

第二节　中华图书馆协会第二届年会

1929年2月1日,中华图书馆协会第一届年会推举产生执行委员会,是日上午举行执行委员会第一次会议,议决第二届年会在杭州、开封、广州、武昌、北平择一地举行。不过直到1933年8月28日至31日,中华图书协会第二届年会终于在北平国立清华大学举办。间隔四年方再次举行年会,袁同礼在第二届年会开会辞中将其原因总结为三点:"一为经费不敷,二为时局不靖,事实上难于实

[①] 中华图书馆协会致全国各图书馆书[J].中华图书馆协会会报,1929,5(1/2):2.

现,三则第一次年会议案甚多,推行需时也。"①

鉴于图书馆数量上"固已渐胜于前,而经费不定,故障丛生",且"国家之根本在于农村"②,第二届年会事先确定讨论问题"以图书馆经费及民众教育为中心"③,具体来说,《开幕宣言》有如下阐述:"关于图书馆经费之安定与独立,有望于政府当局及社会人士之维持与赞助;而民众图书馆事业之侧重,则今后吾辈同仁所应引以自勉。经费既定既安,图书馆事业足以言发皇张大,始足以从事于大多数国民民智之启迪,而为国家奠磐石之安。此二者一外而一内,似不同而实相成也。"④

一、筹备经过

1929年7月20日监察委员会在杭州开第一次常会,执行委员会在提交给监察委员会的半年报告中提到,杭州对于举办第二届年会已表示欢迎。10月18日监察委员会书记、浙江省立图书馆馆长杨立诚致函执行委员会主席袁同礼,提到中华图书馆协会第二届年会和中华图书馆协会监察委员会发起的全国图书展览会计划同时于1930年春在杭州举行,并打算利用此机会开浙江全省图书馆学讲习会,袁同礼在回函中提及第二届年会的召开当与各执行委员会商,一方面受时局影响,另一方面要考虑浙江省立图书馆新馆何时落成,此外还需考虑食宿招待等事宜⑤。浙江省立图书馆新馆原计划在1929年底竣工,于1930年4月开第二届年会,但因该馆工程竣工日期延期,经征求全体执行委员意见,决定第二届年会展期一年,至1931年举行⑥。后因故未能举行。

---

① 中华图书馆协会执行委员会.中华图书馆协会第二次年会报告[M].北平:中华图书馆协会,1933:9-10.

② 中华图书馆协会执行委员会.中华图书馆协会第二次年会报告[M].北平:中华图书馆协会事务所,1933:1.

③ 中华图书馆协会执行委员会.中华图书馆协会第二次年会报告[M].北平:中华图书馆协会事务所,1933:10.

④ 中华图书馆协会执行委员会.中华图书馆协会第二次年会报告[M].北平:中华图书馆协会事务所,1933:2.

⑤ 本会次届年会之讨论[J].中华图书馆协会会报,1929,5(1/2):41.

⑥ 次届年会之筹议[J].中华图书馆协会会报,1930,5(4):16.

因不少会员建议于最短时间内召开第二届年会，1932年12月中华图书馆协会召开第三次执行委员会会议，议决定于1933年4月3日至6日在北平开第二届年会，推定王文山、王云五、王献唐、田洪都、沈祖荣、杜定友、吴光清、李小缘、李文裿、李麟玉、何日章、洪有丰、洪业、施廷镛、胡庆生、柳诒徵、柯璜、桂质柏、袁同礼、徐鸿宝、陈宗登、陈东原、陈训慈、冯陈祖怡、杨立诚、刘国钧、蒋孝丰、蒋复聪、戴志骞、严侗30人为筹备委员，并推定袁同礼、王文山、田洪都、陈宗登、冯陈祖怡、施廷镛、李文裿为常务委员。后因战事临时通知延期举行。7月，时局渐定，执行委员会主席袁同礼南下，与南京、上海各执行委员见面商议，多数主张第二届年会既已延期，不宜再缓，并决定年会地点在清华大学较为合宜。恰清华大学梅校长亦在南京，于是当面将时间定在8月28日至31日。由于筹备委员散在各地，事实上筹备事宜以在北平的常委及会员负责为多，筹备委员会自1933年8月4日至27日共开筹备会3次，招待组开谈话会1次。由于年会在北平举办，除清华大学外，燕京大学图书馆、师大图书馆、中法大学图书馆亦派员协助[1]。

因中华图书馆协会没有基金，年会经费主要仰仗中央及年会所在地各机关补助。第一届年会在首都召开，中央各机关萃聚，故所募集补助费为数较多，而第二届年会在北平召开，预计补助费必少，故筹备时便尽可能从简节约。先后收到国民党中央执行委员会500元、中华教育文化基金董事会100元、实业部地质调查所30元、国立北平师范大学50元、行政院驻平政务整理委员会100元、国立北京大学50元、燕京大学50元、北平市市政府100元、中法大学50元、北平故宫博物院50元、北平社会调查所25元、中国文化经济协会20元、国立北平研究院25元、静生生物调查所25元、私立北平协和医学院50元、西北科学考察团理事会20元、河北省政府100元、历史博物馆20元、国立北平大学50元、国立北平图书馆50元、古物陈列所20元、营造学社20元、中国大辞典编纂处25元，共计1530元，金额还不到第一届年会募集资金的40%。

年会筹备委员会第一次会议即推定年会职员，后为了招待组和注册组事务便利起见，加聘会员以外若干人襄助进行。主席团由王文山、刘国钧和袁同礼3

---

[1] 第二次年会之筹备[J].中华图书馆协会会报，1933,9(1):12.

人组成，文书组成员有李文裿、于震寰、江彦雍、田献廷、吴瑞堂5人，庶务组成员有金松岑、石让斋、谭宜之、于震寰4人，会计组有宋琳、张任仆2人，招待组有王文山、李继先、毕树棠、施廷镛等25人，注册组有于震寰、陈鸿舜等11人，议案组有王文山、田洪都、施廷镛3人，论文组有陈训慈、柳诒徵、马宗荣3人。与第一届年会相比，各组皆不再设主任，同时取消原来的编辑组而改设了议案组和论文组，注册组人员从上一届的8人增加为11人，招待组更是从上一届的4人增加为25人。正因为招待方面更加细致体贴，使得第二届年会虽然经费大大少于第一届年会，但"会员所享受之便利亦不逊于第一次年会"①。筹备期间往来函件2000余件，也多于第一届年会。

与第一届年会不同的是，在此次年会召开之前(8月16日)编印出版了《中华图书馆协会第二次年会指南》分寄给首途之会员。《年会指南》包括插图15幅(国立北平图书馆、清华大学图书馆、燕京大学图书馆、两校校景和玉泉山、颐和园等照片)、到会须知、各铁路行车时刻表、铁道部优待学术团体年会乘车办法、年会职员(筹备委员和各组职员)、年会日程(附日记)等项。此外，《中华图书馆协会概况》亦在会期前编印完成，到会会员各受赠一册。还在年会开会期内逐日编印日刊分赠会员。参加年会会员均膳宿于清华大学，男会员住新建的第五院，女会员住女生宿舍，如愿就近自觅住所亦可。8月26日至28日，年会招待组职员在北平东西两车站迎候到平会员，再由大陆公司汽车按时赴站，送会员至清华大学，会员所带大件行李可交由招待组派员照料。到会会员每人应缴纳年会费5元，机关会员同。第二届年会共设图书馆行政组(主任袁同礼，副主任洪有丰)、图书馆教育组(主任桂质柏，副主任李燕亭)、分类编目组(主任刘国钧，副主任陈训慈)、索引检字组(主任杜定友，副主任洪业)、民众教育组(主任俞庆棠，副主任赵鸿谦)、图书馆经费组(主任王文山，副主任田洪都)6个分组讨论会。前4个分组延续自第一届年会，最后2个分组是因第二届年会主题之故特意新设，而第一届年会所设的编纂组和建筑组则未继续在第二届年会设立。会员得在注册时声明加入一组或数组。

---

① 中华图书馆协会执行委员会.中华图书馆协会第二次年会报告[M].北平：中华图书馆协会，1933：94.

二、年会概况

1933年8月28日至9月1日,中华图书馆协会在北平清华大学举办第二届年会。此次年会无中央政府各部的大额拨款,而是从国民党中央执行委员会、北京市政府、河北省政府、中华教育文化基金董事会及北平数所大学和科研学术团体处募集捐助,共计1530元[1],此外还收到出席会员会费442.50元,广告费56元,共收2028.50元,而年会开支为1155.95元[2],尚有少量结余。

8月27日上午9时至12时及下午2时至5时为注册时间,晚上8时在清华大学图书馆举行茶会。8月28日上午9时,中华图书馆协会第二届年会开幕典礼在清华大学大礼堂举行,据称"各省市会员及来宾二百余人"[3],其来宾规模与第一届年会大体相同。首由清华大学军乐队奏乐,大会主席团推定袁同礼主席,李文裿司仪。袁同礼致开会辞后,驻平政务整理委员会赵尊岳(黄委员长代表)、北平市党务整理委员会庞镜塘、北平市市长袁良、清华大学校长梅贻琦、北京大学樊际昌(蒋梦麟校长代表)、中法大学李麟玉(李石曾先生代表)相继致辞。李麟玉在演说中提到李石曾先生原定参加此次年会并讲演《中国国际图书馆之概观》,临时因公南下而由其代为报告。最后由刘国钧代表全体会员致答词。下午2时,召开图书馆行政组分组会议。4时半参观清华大学。晚7时开讲演会,由杜定友讲演《民众检字心理之研究》。晚8时清华大学图书馆在大礼堂前草地开欢迎会。

8月29日上午10时召开会务会议,下午2时半先后召开分类编目组和索引检字组分组会议。下午4时分乘汽车至燕京大学参观,先去图书馆而后周游全校,5时半返图书馆茶会,由杜定友代表全体会员致谢。会后返回清华大学,晚7时在第三院第12号举办讲演会,俞庆棠讲演《从欧游感想到图书馆之大众化》。晚8时半,图书馆经费组和图书馆教育组同时召开分组会议。8月30日上午8时,民众教育组和图书馆行政组开分组会议。10时开讲演会,陶兰泉(陶

---

[1] 中华图书馆协会执行委员会.中华图书馆协会第二次年会报告[M].北平:中华图书馆协会,1933:100.

[2] 中华图书馆协会执行委员会.中华图书馆协会第二次年会报告[M].北平:中华图书馆协会,1933:101.

[3] 于震寰.中华图书馆协会第二次年会纪事[J].中华图书馆协会会报,1933,9(2):22.

湘)讲演《清代殿版书之研究》。11时半宣读论文,原定宣读《经济恐慌中图书馆之新趋势》(杜定友)、《民众阅读指导问题》(徐旭)、《类分图书之要诀》(钱亚新)、《汉字检字法沿革史略》(蒋一前)、《善本图书编目法》(于震寰)、《选印古书私议》(张秀民),因时间关系未完全宣读,批载于《图书馆学季刊》。下午2时游览颐和园、玉泉山。晚6时清华大学公宴全体会员于三院食堂,教务长张子高代表梅校长致欢迎词,会员推杜定友致答词。晚8时大礼堂举办闭会式,王文山致辞后,姚金绅、田洪都、李燕亭、刘国钧、杜定友、何日章报告议决案,最后由刘国钧宣读闭会宣言。8月31日上午8时至国立北平图书馆参观宋元刊本及德国现代印刷品展览会,复周游该馆各阅览室、书库及四库全书模型室等处。10时赴故宫博物院及文渊阁参观。中午,北平图书馆协会在西车站铁道宾馆设有欢迎宴会。下午2时继续参观三大殿古物陈列所及历史博物馆。晚间赴北平22机关在外交部迎宾馆举办之欢迎茶会,北平市市长袁良致欢迎词,次由北京大学校长蒋梦麟致辞。9月1日参观孔庙、国子监、雍和宫、天坛。暨南大学图书馆派助理馆务龙自强、馆员鲍益清出席,二人参加年会之报告节录刊载于《暨南校刊》[1]上。《浙江省立图书馆馆刊》编者"辑报章之所载,并参考协会新出之二次年会报告,删繁撷要"[2],刊出《中华图书馆协会第二届年会纪略》。

根据《中华图书馆协会第二次年会报告》所列《中华图书馆协会第二次年会出席人员一览表》之统计,计到会会员有个人会员75人(共91人,另有个人会员同时为机关会员代表者16人),机关会员代表46人(代表39个机关,内有一机关派代表二人者7个),实际到会会员114人[3]。不过此次年会收会费442.50元,按每人5元会费计,只有88人缴纳了会费,其差异的原因可能是机关代表如有多人参会只需交纳一份会费。根据《中华图书馆协会第八年度报告》显示,截至1933年6月,中华图书馆协会有机关会员258个,个人会员452人[4]。因此,即使如同第一届年会统计方法,按个人会员91人、机关会员46人计,此次参会机关会员只占全体机关会员18%,参会个人会员占全体个人会员20%,参会比率尚

---

[1] 本校代表出席图书馆年会代表消息[J].暨南校刊,1933(74):12-13.
[2] 中华图书馆协会第二届年会纪略[J].浙江省立图书馆馆刊,1933,2(5):87.
[3] 中华图书馆协会执行委员会.中华图书馆协会第二次年会报告[M].北平:中华图书馆协会事务所,1933:111.
[4] 中华图书馆协会第八年度报告[J].中华图书馆协会会报,1933,9(1):2.

不及第一届年会的一半。可见,在会员数量大幅增加的同时,年会参会人员并没有同比增加。究其原因主要还是交通和经费的缘故,仅能保证距离开会地点近的会员有相当数量参会,其他距离远的省份在任何情况下也都只能派出一二代表参加。从到会会员的籍贯来看,共涉及17省,以江苏(29)、河北(23)、浙江(12)三省为多,其余省份为个位数。综合两届年会参会人员,江浙籍会员都较多。从到会会员服务机关所在地来看,北平最多,江苏、河北、河南、湖北、浙江略多,其他如山东、陕西、江西、福建、安徽都只有一到二个。参会会员中仍然以服务大学图书馆者最多(41),其次是国立图书馆(22),大学(9),省立图书馆(9)。第一届年会时就通过了郑婉锦提出的"图书馆应多用女职员案",其办法为由中华图书馆协会通函各图书馆,请尽量聘用女职员。但从两次年会参会会员性别来看,女性都只有11人,分别占比7%和10%,可见,图书馆员中女性较少的现状略有改观,但在这三四年间变化仍然不大。

三、分组讨论会

民众教育组于8月30日上午8时在清华大学三院第12号教室召开分组会议,出席52人,主席为俞庆棠,书记为何日章和徐旭。会议讨论8类议案,除"县立通俗图书馆宜扩充为县立图书馆附设通俗图书部案"无附议不成立外,其他议案经合并修正后议决通过以下6件:"请本会通函全国各图书馆注重民众教育事业案""为推广民众教育拟请本会组织民众教育委员会案""呈请教育部通令各省市县在乡村区域从速广设民众图书馆案""建议中央通令各省于各宗祠内附设民众图书馆案""县市图书馆与民众教育馆应并行设立分工合作案""编制通俗图书目录案"。

图书馆经费组于8月29日晚8时半召开分组会议,出席29人,主席王文山,书记施廷镛。会议共讨论21件议案,除"图书馆经费宜由本管机关划出的款及图书馆本身预储资金以免竭蹶而利进行案""请补助汉口邮务工会图书馆若干经费以便扩展而利工教案"否决外,其余各案经合并修正后通过以下4件:"拟定各级图书馆经费标准请教育部列入图书馆规程案""向中英庚款董事会请速拨款建设中央图书馆并请中美庚款董事会补助各省图书馆经费案""呈请教育部规定补助私立图书馆临时及经常费案""请中央拨棉麦借款美金一百万扩充全国图书馆事业案"。

图书馆行政组于8月28日下午2时在生物学馆开第一次分组会议,出席68人,主席为袁同礼,书记为冯陈祖怡和姚金绅。首先由浙江省立图书馆陈训慈、江苏省立图书馆陈子彝、江西省立图书馆杨以明、安徽省立图书馆陈东原、山东省立图书馆李蓉盛、河北省立图书馆华凤卜、山西省立图书馆张知道、天津市立图书馆姚金绅、河南大学图书馆李燕亭、清心中学图书馆宋景祁分别报告各自图书馆概况。随后讨论议案。8月30日上午8时在生物学馆召开第二次分组会议,出席38人,主席和书记同前一次会议。除"各地以修志经费委托图书馆代为搜集志料案""图书截角以防窃失案""中学图书馆及民众教育馆图书部之主任应由有图书馆知识之人员承充案"不成立外,其余各案经合并讨论修正后议决通过11件:"呈请教育部于图书馆规程中规定省立图书馆应负辅导该省各图书馆之责任案""请协会呈请教育部通令各省市县教育行政机关应聘请图书馆专家指导各中小学图书馆一切进行事宜案""国内各馆馆员得互相交换以资观摩案""通函各县市应设立儿童图书馆并规定各图书馆附设儿童阅览室案""请本会建议各省市县公共图书馆附设流动图书部案""监狱附设小图书馆案""酌量公开学校图书馆俾学校图书馆与社会合成一气补助成人的教育案""由本会通知全国公私立图书馆尽量搜罗方志舆图以保文献案""建议当局传钞及影印孤本秘籍以广流传案""建议教育部此次选印四库全书应以发扬文化为原则在书店赠本内提出若干部分赠各省市立重要图书馆暨国立各大学图书馆案""图书馆应扩大宣传方法藉谋事业之发展案"。

图书馆教育组于8月29日晚在第三院第12号教室召开分组会议,出席30人,主席为李燕亭,书记为徐家麟和邓衍林。除"请本会选聘专家组织图书馆与成人教育委员会负责研究及推行图书馆与成人教育之理论及实施方法案"议决交民众教育组讨论,"庚子退还赔款应提出一部分分配与各省图书馆为建设发展之用"移交经费组讨论外,其他议案经过讨论修正后议决通过5件:"请协会建议行政院及教育部指拨的款于北平设立图书馆学专科学校案""再请教育部令国立大学添设图书馆学专科案""请本会函请各省市图书馆人才经费设备充足者附设图书馆学讲习所以培育人才案""函请各省教育厅每年考选学生二名分送国内图书馆学学校肄业其学膳宿费由教育费中指拨案""由本会函请图书馆学校应注重语言案"。

分类编目组于8月29日下午2时至3时半在第三院第12号教室开分组会议,出席63人,主席为刘国钧,书记为刘纯甫和胡英。首先冯陈祖怡讲演《介绍一种排架编目法》,随后讨论议案9件,除议决撤销"由本会颁定图书分类法标准以期统一而免参差案""设立中国书籍分类研究会以便统一分类法案""五年内本会会员不再发表新编目分类法或索引检字法案"3件议案外,其余议案经议决通过4件:"审定杜威十进分类法关于中国历史、地理、语言、文学、金石、字画等项之分类细目案""请全国各图书馆于卡片目录外应酌量情形增编书本目录以便编制联合目录案""由本会建议书业联合会编制出版物联合目录案""请协会根据上次会议从速规定分类编目标题及排字法标准案"。

索引检字组于8月29日下午3时半在分类编目组分组会议结束之后开分组会议,出席63人,主席为杜定友,书记为钱亚新。由于该组没有提案,杜定友在28日晚讲演《民众检字心理之研究》尚有余意未尽,利用此次会议时间继续讲述约半小时。

四、会务会议

8月29日上午10时在第三院第12号教室召开会务会议,出席62人,主席为戴志骞(袁同礼代),李文裿记录。首先,主席介绍中华图书馆协会执行部每年度必编制报告通告各会员,照例发表于《中华图书馆协会会报》,其次介绍本次会议要讨论的是协会如何发展的问题,根据其个人经验认为,阻碍中华图书馆协会发展的原因有4点:①经费过少。②无力聘请专员负责进行。③各会员多服务于各图书馆,难集中精力辅助协会;各执行委员分居各地,不易召集,委员会形同虚设。④出版刊物因会员不能踊跃投稿常有延期之事。希望就以上4点进行讨论。除"增加机关会员会费以利会务进行案""本会执监各委历年改选手续繁复改用提名选举案""重行厘定本会会员会费案"撤销外,通过议案6件:"募集基金案""继续执行第一次年会议决案""下届年会地点案""本会应即行组织图书馆周刊或缩短会报出版周期以宣传图书馆事业传布图书馆消息案""规定本会事务所职员应为专任职务以增进会务效率案""本会当设图书馆人员登记并介绍部案"。

五、议案施行

由于第一届年会提出议案和通过议案较多,虽然大部分得以施行,但仍有不少议案未能得到很好推行。因此,1932年12月23日执行委员会举行第三次会议议决关于第二届年会事宜,建议全体执行委员通告协会会员,凡各种提案经第一届年会讨论者毋庸再行提出,各种提案应注重实际问题,以便施行[①]。第二届年会共通过议决案36件,其中图书馆行政组11件、分类编目组4件、图书馆经费组4件、图书馆教育组5件、民众教育组6件、会务会议议案6件。实际推行议案30件。

呈请教育部或教育厅局采纳施行的,如"呈请教育部通令各省市县在乡村区域从速广设民众图书馆案""建议中央通令各省于各宗祠内附设民众图书馆案""县市图书馆与民众教育馆应并行设立分工合作案""拟定各级图书馆经费标准请教育部列入图书馆规程案""呈请教育部规定补助私立图书馆临时及经常费案""呈请教育部于图书馆规程中规定省立图书馆应负辅导该省各图书馆之责任案""请协会呈请教育部通令各省市县教育行政机关应聘请图书馆专家指导各中小学图书馆一切进行事宜案""建议当局传钞及影印孤本秘籍以广流传案""建议教育部此次选印四库全书应以发扬文化为原则在书店赠本内提出若干部分赠各省市立重要图书馆暨国立各大学图书馆案""请协会建议行政院及教育部指拨的款于北平设立图书馆学专科学校案""再请教育部令国立大学添设图书馆学专科案"等议案,教育部汇编为《改进及充实全国图书馆案》,于1934年1月11日及12日在京召集民众教育委员会会议,交付讨论。中华图书馆协会执行委员刘国钧、洪有丰、蒋复聪三人曾联合对该案表示意见,以供会议委员参考。结果该案全体成立。教育部于6月13日批复中华图书馆协会原呈:"呈暨附件均悉,查该会第二次年会议决各案,尚多可采,应候本部分别性质,陆

[①] 第二三两次执行委员会议议决案[J].中华图书馆协会会报,1933,8(4):18.

续饬办,仰即知照。"[①]"函请各省教育厅每年考选学生二名分送国内图书馆学学校肄业其学膳宿费由教育费中指拨案",函知各教育厅自1933年起每年考选图书馆学官费学生二名,各省教育厅来函称1933年度预算已编过,须俟1934年度起再斟酌办理。

其他需通函全国图书馆或各省市图书馆、学校图书馆办理的,如"请本会通函全国各图书馆注重民众教育事业案""国内各馆馆员得互相交换以资观摩案""请本会建议各省市县公共图书馆附设流动图书部案""由本会通知全国公私立图书馆尽量搜罗方志舆图以保文献案""请全国各图书馆于卡片目录外应酌量情形增编书本目录以便编制联合目录案""请本会函请各省市图书馆人才经费设备充足者附设图书馆学讲习所以培育人才案""酌量公开学校图书馆俾学校图书馆与社会合成一气补助成人的教育案"均通函图书馆采酌办理、酌量施行。

此外,"为推广民众教育拟请本会组织民众教育委员会案",因中国社会教育社已经成立,执行委员会议定暂缓组织,以免工作重复。1934年8月17日至19日,中国社会教育社第三届年会在河南开封举行,议决不下35案,其中有"请筹设各省流通图书馆以普及乡村教育,为乡村建设之基础"一案,经修正通过。该会在年会之前委托中华图书馆协会组织编制民众图书分类法以谋各民众图书馆分类之统一,中华图书馆协会分类委员会因为期太迫不易有尽美尽善之贡献,已函该社建议暂先采用《中国图书分类法》,所用号码可因藏书多寡而增减[②]。"向中英庚款董事会请速拨款建设中央图书馆并请中美庚款董事会补助各省图书馆经费案",分别函请管理中英庚款董事会及中华教育文化基金董事会查照办理,管理中英庚款董事会审议后已决定拨款150万元为国立中央图书馆建筑费,中华教育文化基金董事会尚未见覆;"请中央拨棉麦借款美金一百万扩充全国图书馆事业案",分电南京中央政治会议及行政院并推陈东原、柳诒徵、洪有丰三人为代表向行政院及教育部面洽,行政院移交全国经济委员会核办,据委员会覆以存备参考;"监狱附设小图书馆案",函请司法行政部饬令各监狱遵照办理,据该部函复,各省新监狱及反省院已设置图书室,其尚未设置者,亦在筹划进行中;"由本会函请图书馆学校应注重语言案",函请武昌文华图书馆

[①] 中华图书馆协会第九年度报告[J].中华图书馆协会会报,1934,10(1):4.
[②] 中国社会教育社第三届年会[J].中华图书馆协会会报,1934,10(1):19-20.

学校及南京金陵大学图书馆学班查照办理①。

为推行相关议案,中华图书馆协会特组织专门委员会办理。组织图书馆经费委员会,聘柳诒徵为主席,陈东原为书记,王献唐、柯璜、陈训慈、杨立诚、蒋希曾为委员,负责调查各种图书馆经费多寡,并研究标准方法,以期对于政府贡献正确之意见。1934年1月11日至12日,教育部在京召集民众教育委员会会议,该委员会针对会议中"改进及充实全国图书馆案"第一项之图书馆经费与设备提出详细具体意见,以《对于图书馆经费案之意见草案》②为题刊登于《中华图书馆协会会报》上,该草案由陈东原君拟具草案③。组织审定杜威分类法关于中国细目委员会负责进行"审定杜威十进分类法关于中国历史地理语言文学金石字画等项之分类细目案",聘桂质柏为该委员会主席,陈宗登为书记,查修、曾宪三、裘开明、蒋复聪、刘国钧为委员;"请协会根据上次会议从速规定分类编目标题及排字法标准案"请协会分类、编目、检字三委员会查照。

图书馆教育委员会主席沈祖荣在《中华图书馆协会第三届年会图书馆教育委员会报告》中就第二届年会图书馆教育组通过的5件议案推进情况作了说明,其中"请协会建议行政院及教育部指拨的款于北平设立图书馆学专科学校案"因中央政府财政困难,一时未能指拨的款,故至今尚未举办,俟国库稍裕,再行呈请。"再请教育部令国立大学添设图书馆学专科案",就当时所知厦门大学、大夏大学、江苏省立教育学院、湖北省立教育学院、暨南大学、河南大学、河北女子师范学院等,皆有图书馆学课程之设置,沈祖荣认为这是各校当局认识图书馆学重要之故,间接亦有中华图书馆协会屡次提倡之力。"请本会函请各省市图书馆人才经费设备充足者附设图书馆学讲习所以培育人才案",因当时国内图书馆人才经费设备均充足者不多,故正式附设图书馆讲习所者甚少,不过各图书馆为其自己馆员学识之增进,组织讲习会、补习班者所在多有,收效亦大。"函请各省教育厅每年考选学生二名分送国内图书馆学学校肄业其学膳宿费由教育费中指拨案",由中华图书馆协会与武昌文华图书馆学专科学校合办之免费生,在最近三年内专科办两班,讲习班办一班,学生籍贯有13省之多,而讲习学

---

① 中华图书馆协会第九年度报告[J].中华图书馆协会会报,1934,10(1):1-3.
② 中华图书馆协会图书馆经费标准委员会[J].中华图书馆协会会报,1934,9(4):3.
③ 中华图书馆协会第九年度报告[J].中华图书馆协会会报,1934,10(1):5.

生大都受各省政府之补助。1936年秋拟再招收讲习班一班,仍由该校函请各省政府选送。沈祖荣认为只要持之以恒,将来定有美满的结果。"由本会函请图书馆学校应注重语言案",因中国图书馆学校只武昌文华图书馆学专科学校一处,该校陈述对于语言方面,除英文外尚兼习德文、法文、日文等课程。日文为选修,其余均为必修,而讲习之法与普通学习语言的目的不同,皆编有专书,专谋适合于图书馆采购、分类、编目之用[①]。

第三节　中华图书馆协会第三届年会

　　1933年召开的中华图书馆协会第二届年会议决下一届年会地点为杭州、广州、武汉三地任择其一。至1935年恰逢中华图书馆协会成立十周年,多数会员主张应举办大规模年会以庆祝。为此,袁同礼在赴欧美考察时,邀请美国图书馆专家来华考察指导,并出席第三届年会,后因美国图书馆专家来华时间不能确定,致使年会延期至1936年举行。

一、筹备经过

　　1935年2月17日下午5时,在平执行委员假国立北平图书馆开会讨论会务事宜,其中就年会议决开会时间为1935年秋季,日期稍缓决定,地点拟在南京或杭州,由袁同礼负责接洽[②]。因袁同礼年前远游欧美考察图书馆界状况,为联络国际间图书馆事业,促进我国图书馆之发展起见,拟敦请美国图书馆专家来华考察指导,并出席第三届年会。故与密歇根大学图书馆主任毕孝普(William Warner Bishop)及耶鲁大学图书馆主任凯欧(Andrew Keogh)两位商妥于秋间来

[①] 沈祖荣.中华图书馆协会第三次年会图书馆教育委员会报告[J].中华图书馆协会会报,1936,12(2):1.

[②] 在平执委会议[J].中华图书馆协会会报,1935,10(4):20.

华[①]。1935年5月4日下午4时,在平执行委员假国立北平图书馆海氏纪念室举行会议,主席袁同礼报告毕孝普及凯欧两位尚无来华确切日期,又教育部方面闻两专家来华消息后,王部长曾分别致函表示欢迎。经讨论,会期可延至当年10月举行,以在国庆日前后为最宜,确期在8月间决定。年会地点因政府方面既表示欢迎两外国专家来华视察故建议在南京召集,对此应再征求全体委员意见[②]。后因毕孝普来函称其自西班牙国际大会归后公务繁冗,须待1936年春方能来华。执行委员会就年会时间地点问题征询全体委员意见,经各委员先后复函,所言地点不出青岛、南京、武昌三处,而时间多数主张俟两位外国专家来华时举行[③]。至于具体时间和地点便由1936年新一届执行委员召集首次常会时决定,并推选筹备委员[④]。

1936年4月29日,新任执行委员在南京德奥同学会举行首次会议,除议决执行委员会主席及常务委员(仍由上届各委员连任)与其他会务进行事项外,议决于7月20日至23日在青岛山东大学召集第三届年会,与中国博物馆协会第一次年会合并举行。推青岛市市长沈鸿烈为名誉主席,何思源、雷法章为名誉副主席。同时确定此次年会注重论文及研究成绩与实际问题之商讨,至于一般提案过于理想者,不必提出,以期节省讨论时间。要求年会开幕前未印有概况及馆务报告各图书馆分别编印,交年会办事处代发。联合年会共分10个讨论组:属于图书馆协会的有图书馆行政组(洪有丰为主任,袁同礼为副主任,蒋复聪和田洪都为书记)、图书馆教育组(沈祖荣为主任,李小缘为副主任,李燕亭、毛坤为书记)、分类编目组(刘国钧为主任,吴光清为副主任,皮高品、施廷镛为书记)、索引检字组(杜定友为主任,何日章为副主任,查修、钱亚新为书记)、民众教育组(王文山为主任,赵鸿谦为副主任,李文裿、姚金绅为书记);属于博物馆协会的有博物馆行政组(马衡为主任,李济为副主任,王献唐、刘节为书记)、建筑及陈列组(梁思成为主任,严智开为副主任,庄尚严、齐念衡为书记)、发掘及考古组(李济为主任,徐炳昶为副主任,梁思永、黄彅为书记)、古物保存组(叶

---

① 年会之筹议[J].中华图书馆协会会报,1935,10(5):21-22.
② 在平执行委员会议[J].中华图书馆协会会报,1935,10(6):14.
③ 中华图书馆协会第十年度会务报告(1934年7月至1935年6月)[J].中华图书馆协会会报,1935,10(6):4.
④ 筹开年会[J].中华图书馆协会会报,1936,11(5):12.

恭绰为主任,滕固为副主任,吴其昌、裴善元为书记)、档案整理组(沈兼士为主任,顾颉刚为副主任,徐中舒、方甦生为书记)。学术讲演分为两种:一种为协会会员而设,为发表专门研究之结果,鼓励学术研讨;一种为小学教员而设,注重儿童图书馆、儿童读物、读书方法及关于图书馆运动之资料。年会期间还安排图书馆用品展览会及博物馆建筑陈列展览会。最后两日参观青岛市乡各项新建筑并游览崂山,会毕可分组前往邹平、济南、泰山、曲阜等处观光。此外,教育部社会教育司于6月22日致函中华图书馆协会,请借年会之机讨论商定各县市图书馆或民众教育馆阅览部图书馆设备与工作标准,函附拟定改进图书馆行政要点7条:县立图书馆至少限度应备图书标准、县立民众教育馆阅览部应备图书标准、县立图书馆工作标准、县立图书馆全县巡回图书办法、各县木刻古版保存办法、县立图书馆或民教馆阅览部分类编目标准、省立图书馆辅导及推进全省图书馆教育工作办法,请中华图书馆协会给出具体办法[①]。中华图书馆协会执行委员会于4月28日将该司原函及所拟要点分寄全国各图书馆研究,并开具体意见,要求于7月10日前寄交中华图书馆协会事务所[②]。会议议决请主席推定筹备委员会及论文委员会,但筹委应加入青岛市教育局局长、山东大学图书馆主任及山东省立图书馆馆长[③]。

4月30日发行之《中华图书馆协会会报》第11卷5期封二登有中华图书馆协会执行委员会关于第三届年会的启事,称年会定于7月20日至23日在青岛山东大学举行,论文之宣读尤为年会之重要目的,宜及早征集,望会员将论文(约5千字)及其摘要(约二三百字)于6月底前送交北平北京大学图书馆严文郁处,论文摘要将汇编后在年会指南内刊登[④]。

6月15日下午4时,中华图书馆协会在国立北平图书馆召开第三届年会筹备会议,袁同礼主席,袁仲灿记录,出席者有田洪都、严文郁、何日章,吴光清列席。主席报告称为筹备此次年会,曾赴青岛与市政当局及山东大学接洽,会址决定在山东大学,日期定在7月20日至24日,与中国博物馆协会年会同时举

---

① 教部委本会拟具改进图书馆行政要点[J].中华图书馆协会会报,1936,12(1):18.
② 中华图书馆协会第三届年会[J].学觚,1936,1(5):13-15.
③ 中华图书馆协会第十一年度会务报告(1935年7月至1936年6月)[J].中华图书馆协会会报,1936,11(6):21.
④ 敬启者[J].中华图书馆协会会报,1936,11(5):封二.

行,过济南时,曾晤教育厅长何思源,谈及年会应开办一民众图书馆讲习会,俾该省同人就近听讲。会议议决出席年会会员须先注册,注册时除缴纳常年会费外,每人应缴纳年会会费5元,机关会员同。注册完毕后中华图书馆协会方能向铁道部领取乘车证明书,持证明书者单程七五折,来回五折。年会职员方面,除事务组暂缓设置外,先设总委员会、论文、招待三委员会,并公推青岛市长沈鸿烈为年会名誉会长,山东教育厅长何思源、青岛市教育局长雷法章为名誉副会长,总委员会委员有王文山、王云五、王献唐、田洪都、皮宗石、皮高品、沈祖荣、沈缙绅、杜定友、吴天植、吴光清、李文裿、李燕亭、李小缘、何日章、洪有丰、施廷镛、柯璜、胡鸣盛、查修、俞爽迷、姚大霖、姚金绅、柳诒徵、秦光玉、桂质柏、袁同礼、马宗荣、陈训慈、董明道、谈锡恩、刘国钧、蒋复聪、欧阳祖经、谭卓垣、戴志骞、严文郁37人。论文委员会委员长柳诒徵,委员严文郁、陈训慈、李小缘、毛坤4人。招待委员会委员长雷法章,委员张煦、杨吉孚、胡鸣盛、孟礼先4人。图书馆行政组主任洪有丰,副主任袁同礼,书记田洪都,成员有蒋复聪。图书馆教育组主任沈祖荣,副主任李小缘,书记毛坤,成员有李燕亭。分类编目组主任刘国钧,副主任吴光清,书记施廷镛,组员有皮高品。索引检字组主任杜定友,副主任何日章,书记钱亚新,组员有查修。民众教育组主任王文山,副主任赵鸿谦,书记姚金绅,组员有李文裿。至于年会经费,议决向山东、青岛当地各机关进行募捐,并函请国内各庚款机构略予补助。议决于年会闭幕后,设民众图书馆讲习会,授课三星期,除推定陈训慈至各处视察民教状况,以调查所得作为参考外,关于其他课程内容,请沈祖荣、刘国钧、严文郁、吴光清、莫余敏卿5人组织一委员会,拟具体计划。讲习会自7月27日起开课,8月15日结束。非会员而愿意出席年会并听课者可临时加入成为会员,享会员待遇。会后之伙食费自备,另缴杂费及讲义费3元[①]。

1935年6月中华图书馆协会出版《中华图书馆协会、中国博物馆协会联合年会指南》,内容有到会须知、各路行车时刻表、铁道部优待学术团体年会会员乘车办法、联合年会职员名单及联合年会日程,末附青岛、济南学术机关、名胜名单及其关于青岛、济南、泰山、曲阜的相关书籍。

---

① 第三次年会之筹备[J].中华图书馆协会会报,1936,11(6):25-26.

二、年会概况

1936年7月19日,各地会员相继抵达青岛山东大学办理注册手续。当日,中华图书馆协会执监委员举行临时联席会议,推定大会主席团由叶恭绰、袁同礼、马衡、沈兼士、沈祖荣、柳诒徵6人组成,同时推定柳诒徵、田洪都、姚金绅、严文郁为图书馆行政组提案审查委员,何日章、皮高品、钱亚新、陈训慈为分类编目索引组提案审查委员,沈祖荣、毛坤、李文裿为民众教育组提案审查委员,各组委员分开审查会,午夜始报罢。

20日上午9时,开幕典礼在山东大学大礼堂举行,到会会员及来宾150余人,主席叶恭绰、司仪李文裿。青岛市长沈鸿烈、山东大学校长林济青、青岛教育局长雷法章、胶济路委员长葛光庭相继致词,由马衡代表联合年会致答词。最后摄影散会,已午正矣。此外,尚有中央图书馆、中央博物院、成都国益图书馆及教育部陈礼江发来贺电。午后2时,在科学馆大讲堂开联合讲演会,主席叶恭绰。青岛市长沈鸿烈作《青岛市政各项建设》讲演。后分开讨论会,田洪都为主席。当晚6时半,青岛市长宴全体会员于迎宾馆。馆舍建筑华丽,在青岛市为第一,初为德国驻军军官所经营建造。

21日早8时,在科学馆大讲堂开讲演会,主席严文郁。沈祖荣讲演《公立图书馆在行政及事业上应有之联络》,陈训慈讲演《天一阁之过去与现在》,侯鸿鉴讲演《漫游青甘宁之感想》,皮高品讲演《关于分类之几点意见》。9时半,联合讲演会仍在科学馆大讲堂举行,主席叶恭绰。李石曾即席讲演《中西文化与国际图书之关系》,演辞甚长,主张亦多,标新立异。11时至12时宣读论文,所有论文都将于《图书馆学季刊》发表。会后两协会在科学馆前分别摄影。下午2时至4时,开分组讨论会。4时至6时,两协会开合组讨论会,主席沈兼士。讨论中国档案整理问题,就故宫文献馆印发之程序各抒己见。晚6时山东大学校长林济青宴全体会员于第三校舍。饭后续开讨论会,午夜始毕。

22日早9时,中华图书馆协会在科学馆大讲堂开讨论会,主席沈祖荣,讨论教育部交议之八案,原案经由协会分寄各图书馆及地方图书馆协会,当场就各方拟复之意见详加讨论。下午4时开会务会议于科学院大讲堂,主席袁同礼。随后举行闭幕式,由叶恭绰主席致闭会词,后由严文郁报告图书馆协会分组讨论会经过,马衡报告博物馆协会讨论会经过,袁同礼和马衡再分别报告两会会务情形。沈祖荣报告教育部提交议案讨论之经过。临时动议议决:①两会下届年会仍联合举行,地点拟在西安、武汉、南京、北平,由两会商洽决定;②以大会名义函谢青岛市政府、山东省政府、山东大学及胶济铁路局招待之盛意。

23日全体会员参观青岛市区建设。晚6时,全体会员公宴青岛市各长官于迎宾馆。24日参观青岛乡村建设,并游崂山。

大会期间,由年会办事处假《青岛时报》副刊栏编印"联合年会专刊"凡4日(7月20日至23日)。除论文、演说词外,会中消息、议事日程,无不刊载。加印单页,每晨分发会员[①]。不知何故,年会结束后并未举办民众图书馆讲习会。

据上海中国国际图书馆代表唐鉴英所写《出席中华图书馆协会第三届年会报告》称,"中华图书馆协会共到各省市县区二十五单位,计一百三十一人"[②]。据《中华图书馆协会第十一年度报告》显示,截至1936年6月,中华图书馆协会有机关会员288个,个人会员536名[③]。因此,第三届年会参会之会员约占全体会员之16%,又略低于第二届年会之会员参会比率。

三、分组讨论会

中华图书馆协会议决议案中关于一般者有"请本会建议教育部,就法规中明定各省市至少应设一所省立图书馆,不得随意改组,并分函各省市政府予以保障助其发展案""拟请本会组织委员会从速审定图书馆学名词术语公布备用案""拟请本会函请教育当局及各大学,于所属各重要图书馆,拨款建筑地下室或其他适当方法以防意外事变案""本会宜设立儿童图书馆事业咨询委员会案""拟请本会规定各类图书馆应用表格标准样式,以供各图书馆参考案"(该案移交会务会议)5件;关于人事者有"请教育部保障图书馆服务人员,并令饬订颁待遇标准案""各图书馆主要职员,应援用专门技术人员案""请确定图书馆经费与职员人数之比例案"3件;关于经费者有"由本会呈请中央通令各省市县,确定并

---

① 李文椅.写在第三届年会之后[J].中华图书馆协会会报,1936,12(1):1-5.
② 唐鉴英.出席中华图书馆协会第三届年会报告[J].工读半月刊,1936,1(10):307.
③ 中华图书馆协会第十一年度报告[J].中华图书馆协会会报,1936,11(6):21.

保障各图书馆经费案""本会应设法请求各庚款委员会,拨款补助各省市县公私立图书馆事业案""由本会呈请教育部拨款补助各省市县优良公私立图书馆案"3件;关于购书者有"拟请教育部对于图书馆向书店购书享受九折之规定,予以变更减低,并函请各书业公会维持优待图书馆购书办法案""图书馆向各书局函购书志往往发生脱缺情事,请通函各书局及邮政当局注意寄递案""请函交通部邮务司转知各地邮局关于无法投递之刊物,于一定时日后移赠当地图书馆案""由本会函请各出版界对于刊物图书应刊印书名页(或版权页)目次及索引案""为增进各图书馆购书效率及便利阅览起见,拟请协会编制全国图书馆联合目录,并通知各馆推广馆际互借案""请本会代向各报馆交涉,每次另印质料优良之报纸若干份,并于每月杪汇寄各图书馆案""请本会于最近期间筹办消费合作社,经营订购图书、承办图书馆用品等业务,以谋便利而资撙节案"7件;关于图书馆教育者有"呈请教育部命令中等以上学校增设图书馆学课程案""请各省教育当局办理图书馆学暑期讲习会,并请以训练图书馆服务人员案""为图书馆员谋进修机会请厘订方案案""武昌文华图书馆学专科学校增设图书馆学函授部案""呈请教育部在每届英庚款及清华留美公费生名额内,列入图书馆学一科俾资深造案"5件;关于民众教育者有"请各图书馆推进非常时期教育及国难教育事业以期唤起民众共同御侮案""县市图书馆举办推广事业,以期发展城市与乡村民众教育案""呈请教育部令各省市县及公立小学及未经设儿童图书馆者应从速设立或附设儿童图书馆案""由协会函请各省市教育当局令各民众图书馆于其经费内抽出百分之五,专在附近茶园中办理借书处,以资推广民众教育案""请中央划定专款补助各省特制汽车图书馆,利用公路提高内地民智水准案""呈请教育部通令全国各教育机关、民众教育馆及图书馆增设流通图书馆及巡回书车案"6件;关于推广事业者有"呈请教育部组织图书馆设计委员会或添设专员案""呈请教育部令各县内设立县图书馆及乡村图书馆案""函司法行政部设立监狱图书馆并以之为中心实施监犯教育案""函请中国全国各地公私立图书馆增设舆图部案""函请各公私立图书馆及藏书家尽量公开所藏图书,以广阅览藉便研究案""请协会规定全国读书运动周日期,以资宣传而鼓励读书风气案""请各图书馆应设阅览指导员以增进读者效率案""由本会拟定普通图书馆最低标准书目案""函请各图书馆所藏复本图书互相交换流通案""呈请教育部严禁古籍出国盗卖私借等事并设法迁移至适中安全地点案"(此案之前年会提过)10件;其他提案有"由各省省立图书馆调查各该省区内有关于清一代之著述,汇为目录案""请教育部令国立编译馆设一委员会,审定外国人名地名之标准译名以资统一案""请协会会同中国博物馆协会呈请中央设法于庚款中拨款一百万元,以建设中央档案库案""请协会组织编辑委员会负责编印《中国图书版本辞典》以资利用案"4件;关于划一分类法有"各省立图书馆划一图书分类法案""本会应从速编定图书分类法俾全国图书馆的图书分类有一定标准案""请协会规定政府机关出版品分类标准,以便各图书馆有所遵循案""各图书馆应统一图书分类法案""请拟定儿童图书分类法以备全国儿童图书馆采用案""请制定图书分类统一办法案"6件;关于编印各种书目有"呈请教育部筹拨经费,刊印全国图书馆联合目录案""发刊全国出版物编目汇刊案""应编全国图书馆善本联合书目案""请教部命令各大书店每年编制出版联合目录案""请本会设法编印出版月刊及中国图书年鉴案""请协会负责印行全国图书馆藏书簿式联合目录案""请由协会编辑关于编目时所用最基本之参考书籍案"7件;关于目录排检及索引有"规定统一索引检字法案""提议函请各地图书馆采用音韵编目索引法,以济闻名未见,或忘记字形写法者之穷案"2件[①]。此外,就教育部交议之改进图书馆行政要点案,除会前收到书面意见外,临时发抒者颇多,俱皆汇入纪录,历三小时始毕。因仍有再事慎重研究讨论之必要,又有特别委员会产生于会后,复一再研究讨论具体办法,始告完成。

四、会务会议

会务会议由袁同礼主席,首先报告如下事项:①会员无论出外留学或在图书馆学校肄业,中华图书馆协会均尽力助助;②协会主张在中国图书馆事业幼稚时期,维持免费生办法;③为使国内外人士明了图书馆事业之重要,出版中英文刊物;④中华图书馆协会经常费情形;⑤出席国际图书馆会议情形;⑥美国图书馆专家将来华视察指导,经与教育部商洽,已由中华图书馆协会复函欢迎。

[①] 李文裿.写在第三届年会之后[J].中华图书馆协会会报,1936,12(1):1-4.

接着由执行委员会提出"南京会所建筑费案"和"会员会费应如何催缴案"2件,会员提案有"请本会每年编印全国图书馆各项统计案""请本会通函委托各省市立图书馆逐年编制各省市图书馆概况并由本会汇编全国图书馆概况案""本会宜设立儿童图书馆事业咨询委员会案""拟请本会规定各类图书馆应用表格标准样式以供各馆参考案""各省市应设立图书馆协会联络各省市公私立图书馆会员藉资研究以补本会不能每年开会之不足案""本会通信改选职员时应于被选人姓名下附以略履及其著作俾会员便于选举案""本会会址应移京及年会应在京举行案""为求年会议案实现起见应选举一执行年会议案委员会以专其事案""明年年会地点拟定在武汉大学图书馆或庐山图书馆案"9件,此外还有临时提案"改执行委员会,为理事会监察委员会为监事会案"1件[①]。

五、议案施行

第三届年会后,教育部社会教育司交中华图书馆协会的议案经一再讨论研究,拟具具体办法交教育部,并在《中华图书馆协会会报》披露其行政要点之办法。据《中华图书馆协会会报》记载,第三届年会的报告书经整理完竣,一俟审查完毕,即可付印。年会议决各案亦正在推行中[②]。不过后来学者在研究中均未提到这一届年会的报告书,是没有如期付印还是未能保存下来并被发现,尚不得知。

第四节　中华图书馆协会第四届年会

1937年"七七事变"后,中华图书馆协会会务停顿一年之久,后虽复刊《中华图书馆协会会报》,并继续推进会务,但已然是勉力进行的状态,以当时的社会状况、经济状况和图书馆协会的现状,再举办如前三次规模的年会显然是不现实的。由于召集会员不易,因此中华图书馆协会最后三届年会(1938年、1942

---

① 李文褀.写在第三届年会之后[J].中华图书馆协会会报,1936,12(1):1-5.
② 年会报告书行将付印[J].中华图书馆协会会报,1936,12(3):17.

年、1944年)都是以会员身份出席中国教育学术团体联合办事处所举办联合年会的同时召开中华图书馆协会年会。

一、筹备经过

民国成立以来学术团体日渐增多。1912年至1925年,计有44个学术团体,其中研究教育者仅3个;1925年至1933年,学术团体增至80余,而教育学术团体有9个;1933年至1937年,学术团体达150余个,其中教育学术团体亦达25个。1937年春,教育界同人因鉴于团体繁多而各不相谋,有联合组织以谋相互密切联系之必要,于是由中国教育学会约集中华儿童教育社、中华职业教育社、中国社会教育社、中国教育电影协会、中国卫生教育社、中华健康教育研究会等联合组织办事处于南京,定名为"中国教育学术团体联合办事处"[1]。处址原设于南京珠江路728号,1937年冬由南京迁入四川,处址设于重庆中四路曾家岩112号[2]。该联合办事处最初的目的在于谋国内各个教育学术团体的行政结构之联络而便于交换知识、沟通消息而已,但自从卢沟桥事变发生以后,该联合办事处同仁认为敌人有消灭我国教育文化之野心和行动,因而不得不讲求自卫之道,也就是国内各个教育学术团体首先要有一种精诚团结的有力组织[3]。1938年心理卫生协会、中华图书馆协会、中国测验学会、中国民生教育学会、中华体育学会相继加入,计共有12家单位[4]。

由于各教育学术团体依组织章程,均应举行年会,而全面抗战时期会员分散各地,均未能如期举行。中国教育学术团体联合办事处以亟待商讨关于抗战建国时期各项教育问题,主张举行联合年会。中华图书馆协会于1938年9月加入中国教育学术团体联合办事处[5],因会员遭散,交通不便,难于召集,为办事便利与集中意志起见,决定参加中国教育学术团体联合年会并借机举办中华图书馆协会第四届年会。

---

[1] 中国教育学术团体联合办事处成立及发展概略[J].建国教育,1938,1(1):会务报告1.
[2] 中国教育学术团体联合办事处成立经过及现状[J].教育通讯(汉口),1938(36):4.
[3] 中国教育学术团体联合办事处.发刊辞[J].建国教育,1938,1(1):1.
[4] 中国教育学术团体联合办事处成立及发展概略[J].建国教育,1938,1(1):会务报告2.
[5] 本会第四次年会筹备及经过报告[J].中华图书馆协会会报,1939,13(4):13.

中华图书馆协会推派沈祖荣、蒋复聪二位为代表参加筹备,后又加推洪有丰,共3人参加联合年会筹委会①。中国教育学术团体联合年会筹委会于1938年10月9日、10月16日、10月23日、10月30日、11月6日、11月13日、11月20日先后召开7次筹委会,通过提案均经分别执行②。其重要事项包括:①确定联合年会讨论的中心问题定为"抗战建国中之各种教育实施问题",联合年会于1938年11月27日(原定双十节举行,后因筹备不及改期③)起在重庆举行。②联合年会筹备委员会分设总务组、提案组、宣传组、招待组、会序组5个分组。③由联合办事处登报通告各会员出席大会,并创刊《建国教育》季刊,首期于年会开幕日出版,内容由各会论文及会务报告组成,印刷费由中央党部补助,每期300元。④年会时在《中央日报》《扫荡报》《新蜀报》《国民公报》各出特刊,由各会分别撰述论文。⑤不收年会会费,大会期间午餐由大会招待,住宿及晚餐由会员自备。⑥大会经费由教育部补助600元,军事委员会委员长重庆行营补助300元,四川省政府补助2000元,每会应各认缴50元至100元④。

中华图书馆协会在筹备方面有如下举措。10月20日,蒋复聪、洪有丰在柴家巷远东酒楼宴请会员,有沈学植、孙心磐、汪长炳、王文山、岳良木、汪应文、舒纪维、涂祝颜等人到会。讨论筹备事宜及用协会名义发表论文《抗战建国时期中之图书馆》。其后蒋复聪因其叔蒋百里之丧赴桂,由沈祖荣、洪有丰召集2次座谈会,一次是11月10日上午10时在文华图书馆学专科学校沈祖荣公馆,另一次是11月22日下午3时在青年会西餐堂。会员金家凤、金敏甫、汪长炳、汪应文、钟发骏、毛坤、孙心磐、张吉辉、岳良木、于震寰均曾出席。11月25日,刘国钧由蓉飞渝。26日下午在都城饭店举行理事监事联席会议。经几次商讨决定以下重要事项:①电请理事长袁同礼通告全体会员踊跃参加年会并来渝主持(袁同礼后来电,因事忙不克来渝参加年会),在重庆、成都、贵阳三处报纸用协会名义刊登召集年会广告。②推定袁同礼担任联合年会主席团,因其不能来

---

① 本会推派代表参加中国教育学术团体联合年会筹备委员会[J].中华图书馆协会会报,1938,13(3):16.

② 中国教育学术团体联合办事处成立及发展概略[J].建国教育,1938,1(1):会务报告2.

③ 本会推派代表参加中国教育学术团体联合年会筹备委员会[J].中华图书馆协会会报,1938,13(3):16.

④ 本会第四次年会筹备及经过报告[J].中华图书馆协会会报,1939,13(4):14.

渝,改推洪有丰,而其以居住乡间往返不便,请沈祖荣担任。③由金家凤、杨学渊、钟发骏、毛坤组成交际组,办理招待会员及对外交际事宜;由孙心磐、岳良木、汪长炳组成议案论文组,办理议案论文之征集、审查、编拟事宜,因联合年会筹备委员会规定每会应用团体名义提出议案至少5件,由议案论文组编拟提出;由沈祖荣、洪有丰、彭用仪、汪应文、于震寰组成事务组,办理文书、会计事宜以及会员参观事项的介绍;推请金家凤为年会总招待,会员登记由于震寰负责办理。④在青年会蟾秋图书馆设中华图书馆协会会员招待处,备办宿舍,自会前一日至会后一日供给早晚两餐;在车船码头张贴通告标明本会年会会员报到及招待地点。⑤以中华图书馆协会名义发表的论文题为《抗战建国时期中之图书馆》,由于震寰起草寄昆明袁同礼审阅,略有修润,但寄回较迟,《建国教育》中此部分已印成,不及更改,而中华图书馆协会会务报告部分因时促不及寄到,请于震寰赶写一篇补入。⑥报纸上年会专刊应用论文请金敏甫、沈祖荣、毛坤各撰一篇,题目分别为《抗战时期之政府机关图书馆》[1]《图书馆教育的战时需要与实际》[2]《建国教育中之图书馆事业》[3]。⑦中华图书馆协会除参加联合年会全体会议外,仍单独举行专门问题讨论会(洪有丰主席)、会务会(王文山主席)、联谊会(蒋复聪主席)。⑧由刘国钧代表中华图书馆协会参加联合年会座谈会。

二、年会概况

1938年11月27日至30日,联合年会在重庆新市区川东联立师范学校礼堂举行。27日上午10时至12时召开开会式,会员出席者有12单位500余人[4]。张伯苓任开会式主席并致开会辞,次由汪兆铭副总裁、教育部长陈立夫、委员长行营主任张群、重庆市长蒋志澄(代表四川省政府主席王缵绪)、中央委员吴稚晖分别发表演说,最后摄影结束。下午2时至5时由各会代表分别报告会务情况,中华图书馆协会由沈祖荣报告。28日上午9时行仪举行纪念周,四川省教育厅

---

[1] 金敏甫.抗战时期之政府机关图书馆[J].中华图书馆协会会报,1939,13(5):3-4.
[2] 沈祖荣.图书馆教育的战时需要与实际[J].中华图书馆协会会报,1939,13(4):4-6.
[3] 毛坤.建国教育中之图书馆事业[J].中华图书馆协会会报,1939,13(5):2.
[4] 中国教育学术团体联合年会报告[J].建国教育,1939,1(2):9.

代表刘奇对各教育学术团体致欢迎之意,并报告四川省政府1939年度教育行政计划①。9时半至12时,艾伟、胡清溪、邰爽秋等7人宣读论文,并无中华图书馆协会代表宣读。下午2时至6时,分组审查议案,中华图书馆协会分在第三组(社会教育、电化教育、图书馆)。29日全天讨论议案。30日上午8时至10时半,召开中华图书馆协会议案及图书馆技术讨论会,洪有丰主席,汪应文记录,出席人员有汪长炳、金敏甫、沈祖荣、陈东原、刘国钧等48人,讨论联合年会28日下午第三审查组交中华图书馆协会单独讨论议案和大会秘书处临时议案②。10时半至12时,举行闭幕式,顾毓琇、邵力子、王克仁发表演说,此后召开大会事务会议,宣读大会宣言,讨论提出"加强中国教育学术团体联合办事处组织案"和"致谢协助指导联合年会各机关案"。30日下午1时至2时中华图书馆协会召开会务会。2时至5时联合年会举行座谈会,与教育部茶会同时举行,到会380余人,由张伯苓主席,继由陈立夫、吴稚晖、程其保、梁寒操、刘百闵、江恒源、顾毓琇相继发言③。根据会序可知,陈立夫报告《统一的教育理想与中国文化之根本精神》,吴敬恒(即吴稚晖)报告《教育的最高理想》,程其保报告《现今教育制度》,梁寒操报告《何谓三民主义的教育》,刘百闵报告《教育与主义的宣传》,江恒源报告《社会教育之重要》,顾毓琇报告《教育的影响》。下午6时中华图书馆协会召开会员联谊会④。

中华图书馆协会第四届年会未单独发表年会宣言,中国教育学术团体联合年会发表《中国教育学术团体联合年会大会宣言》⑤及《中国教育学术团体联合年会致各国文化教育团体宣言》⑥。

出席第四届年会的中华图书馆协会个人会员有61人,机关会员21人(代表19家图书馆、文华图书馆学专科学校、四川图书馆协会),因有个人会员同时为机关会员代表,实际出席会员人数为63人,男47人,女16人⑦。参加年会的女

---

① 刘奇.参加中国教育学术团体联合年会归来[J].新教育旬刊,1938,1(4):3.
② 本会第四次年会讨论会纪录[J].中华图书馆协会会报,1939,13(4):11-13.
③ 刘奇.参加中国教育学术团体联合年会归来[J].新教育旬刊,1938,1(4):4.
④ 本会第四次年会参加中国教育学术团体联合年会会序[J].中华图书馆协会会报,1939,13(4):8-9.
⑤ 中国教育学术团体联合年会大会宣言[J].中华图书馆协会会报,1939,13(4):6-7.
⑥ 中国教育学术团体联合年会致各国文化教育团体宣言[J].中华图书馆协会会报,1939,13(4):7.
⑦ 本会第四次年会出席会员录[J].中华图书馆协会会报,1939,13(4):15-17.

会员比例明显高于第一、二届年会，可见中华图书馆协会此前鼓励图书馆聘用女性馆员的议案推进逐渐有了成效。

中华图书馆协会第四届年会收中央党部、国立中央图书馆、国立北平图书馆捐款各100元，交通部图书馆、四川省立重庆大学图书馆、国立中央大学图书馆捐款各50元，私立武昌文华图书馆学专科学校捐款30元，金陵大学图书馆捐款20元，会员会费107元，共607元。交联合年会经费50元及广告费、茶点伙食费等共209.78元，结余397.22元①。

三、会务会议

30日下午1时至2时，中华图书馆协会在重庆都成饭店召开会务会，王文山主席，于震寰记录，出席人员有洪有丰、沈学植、沈祖荣、刘国钧、陈东原、金敏甫、孙心磐、毛坤、岳良木、汪长炳、蒋复聪等46人。此次会议由主席王文山宴请全体会员，先由年会筹备委员沈祖荣报告相关事项，再讨论相关议案10件，其中严文郁提"请协会转呈交通部将'圕'一字列入电报书内以利电讯而省费用案"，于震寰报告交通部已于1925年编入《明密电码新编》书中，故此案不讨论；颜泽霪提"中华图书馆协会本年年度应即征募临时办公费以利进行一切抗战救亡工作案"经表决交理事会参考；徐家璧提"本会历次年会议决案应厘定实施办法案"，孙心磐发言称应请协会先编印第三次年会报告以供稽查，因无附议，此案不成立；于震寰提"暂停每年改选理事及监事三分之一之举，至第五次年会之前为止案"，经议决改选理事及监事三分之一延至会员总登记完毕后举行；陈东原提"由理事会参酌本会之人力与事业，拟具本会在抗战期间之工作计划，发动本会全体会友，以期增强抗战力量案"获大多数通过；"本会加入中国教育学术团体联合办公处，请推举代表三人案"经表决通过洪有丰、蒋复聪、沈祖荣为代表，互推一人为值年代表；此外一致通过"正式函谢此次年会捐款及协助本会各机关案""年会余款及所收会费于会毕后移交昆明总事务所并请推举一人审查账目案""年会会后在短期内编成《中华图书馆协会第四次年会报告》送交事务所案"②。

---

① 本会第四次年会临时费收支清册[J].中华图书馆协会会报，1939,13(4):15.
② 本会第四次年会会务会纪录[J].中华图书馆协会会报，1939,13(4):10.

四、联谊会

30日下午6时,中华图书馆协会在青年会西餐堂举办会员联谊会并聚餐,首由主席沈祖荣介绍南开大学校长张伯苓,张伯苓盛赞图书馆在教育事业上地位之重要,称其早年虽曾参与图书馆协会,但因未谙门径,未能共同努力工作,继述及对此次12教育学术团体联合举行年会的感想,认为具此精神,精诚团结、一致图强,可信抗战必胜、建国必成。听者一致鼓掌。旋由毛坤为在座会员一一唱名,详为介绍。主席又介绍青年会总干事黄次咸对本次年会的赞助,如会员食宿安排等。蒋复聪适自广西返渝,赶来参加,应主席之请,讲述中华图书馆协会成立前后之故实。沈祖荣亦详细说明文华图书馆学专科学校之沿革与现状。教育部社会司陈礼江司长因公忙,来较迟,主要谈及三件事:一是社会教育人员任用及待遇之法规屡经拟定,部中均未通过,最近重新编订提出,或须再经立法院审定,大致可有施行希望;二是教育部拟引用巡回戏剧的方式组织巡回图书馆,由馆长一人率领馆员数人随同图书巡行各地,将来尚需图书馆协会推荐人才;三是各种图书馆标准书目编订的问题。对此,沈祖荣和蒋复聪均发表意见。蒋复聪认为编订标准书目之事图书馆协会可以接受,请由文华图书馆学专科学校编成后再交图书馆协会审定,呈送教育部公布。后又有多人建议国立中央图书馆与文华图书馆学专科学校合办此编辑之事。孙心磐对于图书馆协会开会之感想,涂光隽对于图书馆事业独立系统之意见,皆有论述。散会已晚9时矣。会后蟾秋图书馆在青年会民众影院放映影片《雷雨》供会员观看[①]。

五、图书馆相关议案

中国教育学术团体联合年会经讨论通过有关图书馆事业议决案共有8件,其中通过以中华图书馆协会名义提出原案者有6件:"全国各文化机关征购图书应集中办理案""分区编制联合目录案""请教育部咨军事委员会政治部设立专门机关办理军营图书馆及战区内公私书藏之安全事项案""设立难童及难民

---

① 本会第四次年会会员联谊会纪事[J].中华图书馆协会会报,1939,13(4):13.

图书阅览室案""请开办西南及西北各省图书馆服务人员讲习会案""请筹设文化机关及图书馆旧书复本交换处案"。此外，还有杨廉提出"拟请建议中央拨款补助内地各省普设县市乡镇图书馆案"照审查意见修正通过，严文郁提出"请教育部筹设国立图书馆专科学校在未成立前先于各师范学院添设图书馆学系并指定目录学及参考书使用法为大学一年级必修课程案"议决照原案通过[①]。

联合年会第三审查组交中华图书馆协会6件议案，经合并修改后最终通过4件："在西南及西北各主要县市成立《中小学巡回文库》以提高一般教育水准案"与"在西南及西北各主要市成立图书馆站，教育农民灌输民族意识，发扬抗敌情绪案"合并讨论，"请协会负责编订标准抗战文献书目案""以国产材料制造图书馆用品案""抗战时期中图书馆藏书方法应行改革案"。此外，大会秘书处临时交议"请中央党部令饬各省市县党部追认地方图书馆协会案"[②]。

年会之后，中华图书馆协会接中国教育学术团体联合办事处函称，年会会员姜琦提"全国文化应如何统一案"和陆殿扬提"建立中国本位教育哲学以确定今后教育设施案"经第一组审查由大会议决通过，请各团体特别研究，作为下期《建国教育》季刊中心问题[③]。不过事实上，《建国教育》第2期发表的是各团体提交的今后二年之某种教育，中华图书馆协会由沈祖荣撰写《今后二年之推进图书馆教育》[④]。

第五节　中华图书馆协会第五届年会

中华图书馆协会第五届年会是借中国教育学术团体联合会第二届联合年会之机召开的，而联合年会召开时间一再延期，至1942年2月才仓促举办，为

---

① 中国教育学术团体联合年会有关图书馆事业议决案汇录[J].中华图书馆协会会报，1939,13(4)：9-10.

② 本会第四次年会讨论会纪录[J].中华图书馆协会会报，1939,13(4)：11-13.

③ 中教学联办事处函请本会研究"全国文化应如何统一"等二案[J].中华图书馆协会会报，1939,13(5)：14.

④ 沈祖荣.今后二年之推进图书馆教育[J].建国教育，1939,1(2)：169-174.

此,中华图书馆协会参会人员极少,且没有安排会务会议和议案讨论,仅召开谈话会和联谊会。

一、筹备经过

中国教育学术团体第一届联合年会之后,各团体以联合组织之重要,有加强办事处组织一案,经联合年会会员议决每个团体推派代表二至四人为中国教育学术团体联合办事处之理事。中华图书馆协会推蒋复聪为常务理事,沈祖荣、洪有丰为理事[1]。

1939年,经中国教育学术团体联合会第三次全体理事会议议决,定于当年双十节前后举行第二届联合年会。后又经第四次理事会讨论,议决分函各团体征求意见,拟定1940年二三月在蓉举行。中华图书馆协会复函表示赞同。1939年12月3日中国教育学术团体联合会第五次全体理事会又议决第二届联合年会日期,以在寒假内,地点在重庆为宜[2]。同时组织筹备委员会,推定张伯苓为筹备主任,程穈秋为秘书长,章友三为总干事,各团体常务理事为当然筹备委员,从事筹备工作。1940年2月17日中午12时在重庆一心饭店开第一次筹备会,决定于暑假内,在峨眉山四川大学举行[3]。终因各种原因联合年会又延期举行[4]。

1942年1月,中华图书馆协会接到中国教育学术团体联合办事处通知,于2月1日至3日在重庆召开第二届联合年会,因时间紧迫除分别通知全体会员参加外,另函请中华图书馆协会理事蒋复聪全权主持,终经延期于1942年2月8日、9日两日在重庆国立中央图书馆举行第二届联合年会和中华图书馆协会第五届年会,由蒋复聪以中华图书馆协会重庆办事处名义派员筹备[5]。

2月7日下午3时,中华图书馆协会在重庆国立中央图书馆召集在渝理监事联席会议,毛坤、沈祖荣、汪长炳、岳良木、洪有丰、陈训慈、蒋复聪出席,由蒋复聪任主席。商讨出席年会事宜4件:①中华图书馆协会出席年会代表事宜。原

---

[1] 本处消息[J].建国教育,1939,1(2):96.
[2] 中教学团联合会第二届联合年会改期开会[J].中华图书馆协会会报,1940,14(4):11.
[3] 中国教育学术团体第二届联合年会定期暑假在峨眉举行[J].中华图书馆协会会报,1940,14(5):10.
[4] 本会民国二十九年度会务报告[J].中华图书馆协会会报,1941,15(5):7.
[5] 本会第五次年会述略[J].中华图书馆协会会报,1942,16(5/6):14.

定出席代表5人,而洪有丰、陈东原、刘国钧3人不能出席,蒋复聪提出由出席该次联席会议理监事代表中华图书馆协会出席,而毛坤发言凡中华图书馆协会会员皆得自由参加年会,无需推派代表,议决不另推派代表出席,由本会会员自由参加,本次会议出席理监事应全参加。②议决会员联谊会事宜。定于9日下午6时举行会员联谊会,由中华图书馆协会备便餐招待与会会员。③设置中华图书馆协会在渝办事处事宜。陈训慈发言为开展协会工作起见,宜在陪都设立办事处,并以设在国立中央图书馆内为宜。蒋复聪发言以前曾由理事会之决议通知在渝设立通讯处,迄未办理,现为便利起见,或应照此决议设立一办事处,而中央图书馆虽有一部分在渝,但大部办公均在白沙,文华图书馆学专科学校人才鼎盛,以设于该校为宜。沈祖荣发言以设于国立中央图书馆为便,不过办事处工作范围及与在事务上之划分应与昆明中华图书馆协会详商规定,议决提请年会会员大会决定。④经费事宜。因协会经费支绌,会报印刷费困难,议决由协会备函呈请中央党部秘书处及中央宣传部特予补助,公函缮就寄渝,由沈、陈、蒋三理事面致吴秘书长及王部长。此外,在年会开会时,由与会会员随意乐捐,另由协会通知向全体会员劝募[①]。

二、年会概况

联合年会于2月8日晨9时在重庆国立中央图书馆开幕,到党政机关首长及13个团体会员代表共200余人,主席团成员有陈果夫、张伯苓、张道藩、黄炎培、陈剑脩、蒋复聪、章益。林主席和蒋委员长均特颁训词。按联合年会会序,黄炎培致开会词,王雪艇、陈立夫发表演说。上午11时召开联合办事处事务会议。午间摄影散会,同赴陈教育部长午宴。由于联合年会未安排各团体个别开会时间,故中华图书馆协会临时于下午1时半召开会员谈话会。下午3时联合年会召开议案分组审查会,中华图书馆协会会员参加第4组,中华图书馆协会提出2件议案均得成立。是晚中央宣传部欢宴与会同人,潘副部长当场宣布承英国大使馆盛意接洽,赠与国立中央图书馆英文图书1000册,各专科以上学校

[①] 本会在渝理监事联席会议纪录[J].中华图书馆协会会报,1942,16(5/6):16-17.

各50册。2月9日上午9时纪念周,10时宣读论文,午赴陪都六大学公宴,下午2时讨论议案,5时召开闭幕式,下午7时,中华图书馆协会举行会员联谊会[①][②]。

出席中华图书馆协会第五届年会的机关会员有6家:国立中央图书馆、国立编译馆、国立北平图书馆、文华图书馆学专科学校、巴县私立图书馆、国防最高委员会图书馆,个人会员共33名[③](包括6家团体会员的代表,原刊记为34人,而实际上根据所载会员录和参会会员的籍贯统计,均只有33人)。从性别来看,有26名男性和7名女性。此时女性参会会员比重明显增加。从籍贯来看,湖北最多(8),其次是南京(5)、浙江(5)。

中华图书馆协会第五届年会收国立中央图书馆捐款400元,文华图书馆学专科学校捐款100元,会员捐款80元,会员会费568元,共收1148元,付各项费用417.44元,结余730.56元[④]。

三、谈话会

由于联合年会会序中未安排各团体个别开会时间,故中华图书馆协会临时于2月8日下午1时半[⑤]召开会员谈话会。蒋一前、姜文锦、毛坤、张遵俭、汪长炳、胡文同、颜泽霶、梁慕秦、杨芸甫、舒纪维、沈祖荣、何国贵、陈训慈、岳良木、皮高品、陆华深、刘銋远、蒋复聪、彭道真19人出席,由沈祖荣担任主席,颜泽霶、张遵俭记录。沈祖荣报告协会事务原在袁同礼主持之下,进行十分顺利,在国内学术团体中颇著声誉,在国际图书馆界亦有地位,今者香港沦陷,袁先生迄无电到,近得电报国立北平图书馆北平馆址书藏已于前日被敌侵据,协会委托蒋复聪主持年会筹备事宜;蒋复聪报告7日理监事联席会议情况及决定;陈训

---

① 本会第五次年会述略[J].中华图书馆协会会报,1942,16(5/6):14.
② 本会第五次年会参加中国教育学术团体第二届联合年会会序[J].中华图书馆协会会报,1942,16(5/6):14.
③ 本会第五次年会出席会员录[J].中华图书馆协会会报,1942,16(5/6):15-16.
④ 本会第五次年会临行收支清册[J].中华图书馆协会会报,1942,16(5/6):19.
⑤《本会第五次年会参加中国教育学术团体第二届联合年会会序》记载谈话会时间是下午1时半,下午3时开议案分组审查会,而《本会第五次年会会员谈话会纪录》记载谈话会时间为下午3时,与议案分组审查会时间冲突,疑为排版失误。

第四章　中华图书馆协会的历届年会

慈报告浙江省立图书馆馆藏及馆务情况,并对今后协会工作提出个人见解,如应努力促使政府当局及社会人士对图书馆事业之重要作更深切之了解,如在报章谋开图书馆学专刊发表文字等,会报内容亦宜充实,请协会建议会报编辑部参考;何国贵报告国立北平图书馆昆渝两办事处工作如常进行,对于抗战史料书籍搜集成绩尚佳。主席临时动议,在座会员酌捐款补助协会经费,每人至少5元,全体通过[①]。

四、联谊会

2月9日下午7时[②],中华图书馆协会在国立中央图书馆召开会员联谊会。杨芸甫、蒋一前、舒纪维、张遵俭、何国贵、陆华深、汪应文、毛坤、汪长炳、徐家麟、岳良木、姜文锦、高韵璋、高韵琇、蒋复聪、沈祖荣、陈训慈、王铭悌、胡文同、彭道真、李鼎芳、徐觉、梁慕秦、颜泽霆、毛宗荫、韩孝□26人出席。会上蒋复聪演说中华图书馆协会历史,沈祖荣讲述图书馆事业之重要,姜文锦临时动议组织陪都区图书馆员联谊会案议决通过,推沈祖荣、陈训慈、蒋复聪筹备,沈祖荣负责召集[③]。9时许尽欢而散[④]。

第六节　中华图书馆协会第六届年会

中华图书馆协会第六届年会的召开同样因中国教育学术团体第三届联合年会的时间一再延期而改期,最终于1944年5月5日至6日在重庆召开。此次年会参会人员接近第五届年会参会人员的两倍,但文华图书馆学专科学校学生就超过三分之一。年会共召开两次会议,提出10件议案,讨论议案7件(另有3

[①] 本会第五次年会会员谈话会纪录[J].中华图书馆协会会报,1942,16(5/6):17.
[②] 《本会第五次年会参加中国教育学术团体第二届联合年会序》记载联谊会时间是下午7时,而《本会第五次年会会员联谊会纪录》记载联谊会时间为下午6时,为统一起见,暂按《会序》时间为准。
[③] 本会第五次年会会员联谊会纪录[J].中华图书馆协会会报,1942,16(5/6):17-18.
[④] 本会第五次年会述略[J].中华图书馆协会会报,1942,16(5/6):14.

件提交联合年会讨论）。袁同礼作会务报告时称，因身体欠佳已向理事会提出辞去理事长。会务会议主要讨论徐家麟、严文郁、汪长炳等文华图书馆学专科学校毕业校友多人于会前一日提出的《组织大纲》修改案和改选理监事案。洪有丰、陈训慈等人认为修改《组织大纲》需要慎重，此次年会出席人数较少，难以代表全体会员的意见，但寡不敌众，还是启动了《组织大纲》修改，并选出了理监事候选人。但此次年会最终未完成《组织大纲》的全部修改工作，对《组织大纲》的修改最终也并未真正落实。第六届年会已显现出中华图书馆协会内部分裂严重的态势。

一、筹备经过

中国教育学术团体第三届联合年会计划于1944年2月在重庆举行，大会讨论中心问题为：战后世界和平与教育改进问题；实行实业计划最初十年所需人才培养问题。希望会员就以上两个问题范围加以研究，拟具提案，提会讨论[①]。

中华图书馆协会理事会计划于1944年2月6日至8日举行第六届年会，故于1943年12月8日在重庆召开理事会会议，议决5件事项：①参加联合年会同时举行中华图书馆协会第六届年会，推戴志骞、沈祖荣、王文山、蒋复聪、洪有丰、严文郁、汪长炳、岳良木、陆华深、袁同礼、陈训慈、刘国钧、李小缘、杜定友、桂质柏为年会筹备委员会委员，并以蒋复聪为筹备主任，关于到会会员招待、注册、收费事项除由中华图书馆协会职员协助外，委托重庆中央图书馆指定专员办理；②出席会员膳宿等费一律自理，开会期间由联合年会招待午餐，出席旅费可由会员代表之机关津贴全部或一部分，应请各机关负责人自行决定；③讨论中心问题，战后图书馆复原计划和战后图书馆所需人才培养计划，视出席会员人数之多寡分组讨论，第一组由袁同礼、陈训慈召集，第二组由沈祖荣、汪长炳召集；④年会提案以关于上述两项中心问题范围以内者为限，应特予注重具体计划，避免不切实际之文字；⑤协会开支不敷应用，除由理事会筹款外，关于会员会费自1943年起规定个人会员会费全年20元，永久会员会费200元，凡已缴50或100元者，请惠予捐助以达永久会员会费，机关会员会费全年200元，凡民

---

① 中国教育学术团体第三届联合年会定期举行[J].中华图书馆协会会报,1943,18(1):11.

众教育馆、县立图书馆、中等以下学校图书馆得缴全年会费100元[1]。同时,在《中华图书馆协会会报》刊登了年会延期通告[2]。

后中国教育学术团体第三届联合年会展期于1944年4月1日至3日仍在重庆国立中央图书馆举行[3],又以筹备不及再度延期于5月5日举行,中华图书馆协会第六届年会也因此延期同时举行,登报并分函各机关会员转知各会员,因个人会员人数众多,未能个别分函通知[4]。

二、年会概况

1944年5月5日,中国教育学术团体第三届联合年会在重庆国立中央图书馆举行[5]。联合年会于上午8时开始宣读论文,由朱经农主席,会员送论文29篇,因时间关系选读陈鹤琴、艾伟、邰爽秋等7篇。11时半会员应中国滑翔总会邀请参观滑翔表演。12时半中央党部各部会在该部礼堂设宴招待,戴院长、吴秘书长分别致词。下午2时半举行大会讨论议案,由程天放主席,通过战后世界和平与教育改造意见案、实业计划最初十年所需培养人才问题案等60余件,并决定下届联合年会在成都举行。6时举行闭幕式,主席程天放致闭幕词,继由陈部长致训词后,宣读大会宣言闭幕[6]。

中华图书馆协会还在5月5日《中央日报》开辟"中华图书馆协会年会特刊",刊发袁同礼《中华图书馆协会之过去现在与将来》、蒋复璁《战后我国图书馆事业之瞻望》、陈训慈《闲话省立图书馆》、沈祖荣《战后图书馆发展之途径》4篇文章。后来,袁同礼、蒋复璁和沈祖荣的三篇在《中华图书馆协会会报》第18卷第4期上进行了转载。

5日下午1时起至6时,中华图书馆协会在国立中央图书馆杂志阅览室召开第六届年会第一次会议。出席会议代表65人,列席者为文华图书馆学专科

---

[1] 本会理事会决议事项[J].中华图书馆协会会报,1943,18(2):18.
[2] 本会年会延期通告[J].中华图书馆协会会报,1943,18(2):24.
[3] 文化消息[J].文化先锋,1944,3(9):23.
[4] 本会第六次年会展期[J].中华图书馆协会会报,1944,18(3):15.
[5] 五月五日本会举行第六次年会[J].中华图书馆协会会报,1944,18(4):16.
[6] 中国教育学术团体联合年会圆满闭幕[N].中央日报,1944-05-07(3).

学校23名学生。中华图书馆协会理事长袁同礼主席,协会干事李之璋纪录。袁同礼致开会辞,首对中央图书馆蒋复聪馆长暨该馆同人筹备招待之盛意表示感谢,次述上次年会之后数年来中华图书馆协会会员工作之努力,与战后复兴工作之重要,希望今后图书馆界同志之工作能与国策相配合,恪尽文化工作者之责任。又论此次年会之旨趣有二:一为集思广益,二为联络感情,以精诚团结克服当前之困难。最后说因为交通梗阻,本届参加年会之会员不及全体会员十二分之一,未能到会之会员,关怀协会至为殷切,在通讯中屡有表示,希望年会之成就得以满足未能出席各会员之希望。年会筹备主任蒋复聪报告,谓协会会员在种种艰难困苦中,尚能在此聚会甚感愉快,次报告当晚6时由中央图书馆、北平图书馆、国际学术文化资料供应委员会、社会教育学院、文华图书馆学专科学校、中华图书馆协会6个团体联合招待第六届年会会员晚餐,中华图书馆协会及中央图书馆各备住房,可供住宿。华西协和大学图书主任邓光禄代表成都各图书馆致辞,述成都私立五大学图书馆近况,谓抗战后五大学图书馆在工作上是联合性质,在行政上是分别的,成都图书馆协会正在请求备案中,尚未开成立大会,希望能促进蓉市图书事业之发展。

随后开始讨论议案,由于前3件议案已提交联合年会讨论,故此次会议仅讨论第4—10号7件议案。

继由主席作会务报告,介绍以下情况:①已登记者有团体会员150单位,个人会员约550人;②经费有补助费、会费和捐款三种来源,每年会计报告均在年报制表;③目前沦陷区文献损失、各省市县图书馆、民众教育馆之调查材料已搜集不少,正在整理中;④办理英文通信,将我国图书馆近况译成英文,择要对国外发表;⑤美国图书馆协会将派专家来华调查中国图书馆状况,准备作战后两国图书馆界合作之参考,教育部陈部长已来函表示欢迎,将来希望各会员尽量协助于考察时给予便利;⑥至于改进会务,拟建议多设专门委员会,以期对于各种专门事业有所贡献,并本会事业改由各委员会积极推动。最后,袁同礼称近来身体欠佳,对于理事长一席未能兼顾,当日已向理事会辞职,今后愿以会员资格协助会务。

最后会务讨论部分主要讨论会前一日王铭悌、皮高品、任宗炎、汪长炳等24位会员提出《组织大纲》修改案和改选理监事案。修改中华图书馆协会《组织大纲》提案的理由有3点:①为使会员对于会务能积极参加;②为使理监事会组织加强以利会务推进;③为使《组织大纲》适应非常时期之需要。具体修改意见是第四章"组织"部分,将原来15个理事和9个监事由会员公选改为由出席年会会员公选;取消原来理监事每年改选三分之一条款;建议从常务理事中推出理事长、书记、会计各1人;理事及常务理事、监事连选得连任一次;理事会职权的变动是将原来推举常务理事和候选理事改为仅推举常务理事。第六章"选举"部分,将原来理监事由机关会员和个人会员票选改为由出席年会之机关会员和个人会员票选。第八章"事务所"部分将设事务所于北平改为设事务所于国都所在地。改选理监事案的理由是根据《组织大纲》理监事任期最多3年而抗战全面爆发以来一直未改选,且前任理事中有在沦陷区不能履行职权者。会议中徐家麟首先作为提案人之一申述理由。洪有丰认为《组织大纲》是协会的根本大法,修改应该特别慎重,而因战时交通困难到会会员仅占全体会员十二分之一,似乎不应以少数人漠视大多数人的权利。汪长炳、严文郁、岳良木、陆华深主张立刻修改《组织大纲》。最后主席付表决,赞成由年会出席会员修改会章者占多数。主席称已下午六时半,请用饭后再行讨论,但餐后多数退席,留会者人数过少,因之流会①。

6日上午10时至12时,中华图书馆协会在中央图书馆三楼召开第六届年会第二次会议,继续商讨第一次会议提出的修改中华图书馆协会《组织大纲》和改选理监事案。会议由中华图书馆协会理事长袁同礼主席,协会干事李之璋记录。共47人出席会议,除徐觉等4人为未出席第一次会议者,其余43人皆为前一日出席第一次会议者,而出席第一次会议的沈祖荣、洪有丰、傅振伦、张申府、王育伊、何国贵等22人并未出席第二次会议,而且列席第一次会议的23名文华图书馆学专科学校学生亦缺席第二次会议。首由徐家麟请主席照24人提交提案讨论,陈训慈发言称《组织大纲》确应修改,但此次年会出席人数过少,不能代表各地会员,例如过去各大学图书馆及省立图书馆对会务最热心,出席最踊跃,现因交通困难,或以职务缠身,不能出席,但他们的意见应当尊重,故修改会章应特别审慎,应组织一委员会,先拟草案,再征集各地会员同意。汪应文认为《组织大纲》的修订不限于这24人提案中所提及的几点,而应全部逐条修改,唯以时间限制,应仿照一般立法程序,由大会推定若干人组织委员会修改之,再提

---

① 中华图书馆协会第六次年会第一次会议纪录[J].中华图书馆协会会报,1944,18(4):6-9.

入会通过。童世纲提出修改会章现只收到24人提案,应照此提案讨论,其他会员如有提议,应下次年会提出。姜文锦提出昨日通过修改会章,但未限定只修改24人提案中之条文,其他各条目应全部讨论。皮高品拟请从第一章逐条讨论,多数附议。经商讨表决,以汪应文提出的将《组织大纲》第四章第六条修改为"本会设理事十五人,由出席年会会员照定额二倍票选候选人,再由会员通讯公选之,但于候选人以外选举者,听之"以22票多数通过(在场人数共39人)。随后,姜文锦提出第四章第八条书记、会计两职应由不兼常务理事之理事担任,汪应文附议,但徐家麟认为应维持24人提案的原文(即从常务理事中推出理事长、书记、会计各一人),严文郁请付表决。最后经表决,24人提案修改条文以多数通过。关于第四章第七条条文,24人提案建议取消每年改选三分之一理事,但汪应文认为原条文分歧改选法甚富弹性,请维持原条文,徐家麟坚持照24人提案条文修改,严文郁请付表决,经表决24人提案修改之条文以多数通过。严文郁提议因中午须赴中央党部招待宴会,而第七条以上各款既已通过,拟请停止讨论,先行选举理监事候选人,主席付表决,多数附议通过。共收42票,有2票未记名作废,实际共有40名(含国立北平图书馆,但大多数机关代表未代其服务机构投票)候选人,由李之璋、颜泽霮、皮高品、徐家麟4人开票,票选结果当选理事候选人30人,分别是:沈祖荣(39票)、蒋复聪(38票)、汪长炳(37票)、洪有丰(36票)、陈训慈(34票)、徐家麟(34票)、严文郁(34票)、陆华深(34票)、岳良木(34票)、杜定友(34票)、毛坤(33票)、刘国钧(32票)、童世纲(32票)、李小缘(31票)、皮高品(29票)、王云五(19票)、孙述万(16票)、袁同礼(14票)、裘开明(14票)、桂质柏(14票)、汪应文(13票)、黄元福(13票)、钱亚新(11票)、陈东原(11票)、王文山(11票)、戴志骞(11票)、姜文锦(11票)、颜泽霮(10票)、刘子钦(10票)、沈学植(10票)。当选监事候选人18人,分别是:袁同礼(21票)、徐家璧(19票)、颜泽霮(19票)、陈东原(17票)、沈学植(15票)、黄元福(15票)、汪应文(14票)、熊毓文(12票)、蓝乾章(11票)、刘子钦(11票)、裘开明(11票)、柳诒徵(10票)、胡文同(10票)、姜文锦(9票)、王文山(9票)、戴志骞(8票)、王云五(8票)、何日章(8票)[①]。

[①] 中华图书馆协会第六次年会第二次会议纪录[J].中华图书馆协会会报,1944,18(4):9-11.

会议最终仍未完成《组织大纲》的全部修改工作,且理监事改选也仅是选举出理监事候选人,最终人选的确定仍需全体会员票选。1944年,经教育部及社会部备案之《中华图书馆协会组织大纲》内容基本上与1937年修订的《组织大纲》一致,仅删去了第八章"事务所"一条,且将与会费相关条款作了修改[①]。可见,第六届年会对《组织大纲》的修改并未真正落实。

三、图书馆相关议案

中华图书馆协会第六届年会收到各方提案10件。其中1、2、3号三案因关系比较重大,经理事会议决提送中国教育学术团体第三届联合年会讨论,俾引起更广大之注意而利推行。这三件议案分别是:①"关于抗战期间全国图书文物损失责成敌人赔偿,本会应如何准备案",议决办法第三条第三项删除,其余照原案通过;②"充实中小学图书馆设备案",议决照原案通过;③"大学图书馆应直隶校长以利实施案",议决通过,送教育部参考[②]。

在中华图书馆协会第六届年会第一次会议上讨论的是第4—10号共7件议案。①"充实原有训练图书馆人员机构,积极培养人才以应战后复兴之需要案"和"培养战后图书馆需用人才案",议决二案原则通过,文字由理事会指定专人审查修正;②"增加各省图书馆图书经费案",议决主文在"省"字下加添"市县"两字;③"提高社会教育人员待遇增进效能案"议决照蒋复聪意见修改主文为"呈请教育部修改图书馆工作人员待遇规程,提高待遇,以增进其效能案";④"省立图书馆采编组应分为采购、编目两组案",议决通过,并照姜文锦提议将办法中"将来"二字取消;⑤"由政府视察教育人员多注意图书馆事业以促进其发展案",议决通过,并照陆华深意见于办法中增加"呈请教育部增设图书馆督学"一项;⑥"确定图书馆节案"议决此案保留;⑦"成立地方图书馆协会以资联系案",议决照陈训慈意见修正主文为"促进各地方图书馆协会之设立或恢复,以加强联系促进事业案"[③]。

---

① 中华图书馆协会组织大纲[J].中华图书馆协会会报,1944,18(4):20-21.
② 本会第六次年会第一、二、三号提案[J].中华图书馆协会会报,1944,18(4):11.
③ 中华图书馆协会第六次年会第一次会议纪录[J].中华图书馆协会会报,1944,18(4):6-8.

  1945年中国教育学术团体第4届联合年会举办前,中华图书馆协会接到通知后召开理监事会议,议决推全体理监事代表协会参加,并通知会员自由参加,中华图书馆协会不另举行年会①。1945年8月18日上午,中国教育学术团体第4届年会假北碚儿童福利所礼堂举行,中华图书馆协会等12团体会员共300余人到会,年会共收提案85件,多集中于战后实施计划教育一中心问题②。

  1947年5月24日中华图书馆协会留京(南京)理监事举行联席会议,理事长袁同礼主持会议,议决参加中国教育学术团体联合年会③。中华图书馆协会理事会照联合年会筹备会之规定,推举蒋复璁、刘国钧、柳诒徵、李小缘、陈东原、顾斗南、于震寰、陈训慈、汪长炳、洪有丰、王文山为代表。1947年10月26日至27日,中国教育学术团体联合会第五届年会在南京首都文化会堂举行。26日上午10时举行开幕式,17单位出席代表160余人,下午2时开分组审查会,中华图书馆协会代表全部参加第二组会议(社会教育与电化教育)。27日上午10时举行全体大会,通过提案30余件,其中建议政府增加地方图书馆经费及西文图书杂志进口应请政府予以便利二案④,为中华图书馆协会代表所提。下午3时举行会务会议,5时举行闭幕式。此次联合年会之后,中华图书馆协会在京理事主张不再继续参加该会,理由是"联合会成立之初,主要目的之一在举行联合年会,俾各团体会员均可出席参加,此种办法在交通不便之时,确为需要,惟本届年会,出席者仅限于少数人,似与原意大有出入"⑤。可见,中华图书馆协会之所以加入中国教育学术团体联合会的主要目的在于借其力量实现举办年会的目的,如果每次联合年会中华图书馆协会仅有少数人参加,便无法借机聚集本会会员召开年会,因此加入联合会也就失去了意义。

  王阿陶将中华图书馆协会参加1947年中国教育学术团体第五届联合年会当作是中华图书馆协会的第七届年会⑥,实际上是误解了参加中国教育学术团体联合年会和中华图书馆协会自身举办的年会。中华图书馆协会虽然也参加

---

① 本会筹备参加教育学术团体联合年会[J].中华图书馆协会会报,1945,19(1/2/3):13.
② 中国教育学术团体第四届联合年会开幕[N].中央日报,1945-08-19(3).
③ 留京理监事联席会议[J].中华图书馆协会会报,1948,21(3/4):6.
④ 中华图书馆协会出席中国教育学术团体联合会第五届年会[J].图书展望(复刊),1947(5):33.
⑤ 参加中国教育学术团体联合会第五届年会[J].中华图书馆协会会报,1948,21(3/4):5.
⑥ 王阿陶.中华图书馆协会研究(1925—1949)[D].成都:四川大学,2012:120.

第四章　中华图书馆协会的历届年会

了中国教育学术团体联合前三届年会(1938年、1942年、1944年),但同时还召开了中华图书馆协会的第四、五、六届年会,这期间虽然出席年会会员人数远不及前三届年会,但毕竟联合年会没有限制各团体参加年会会员人数,而且中华图书馆协会有充分时间安排独立的会务会议,乃至谈话会、联谊会等,但1945年中国教育学术团体第四届联合年会,中华图书馆协会只是通知会员可以参会,但并不举行中华图书馆协会年会,1947年中国教育学术团体第五届联合年会,则限定中华图书馆协会参会人数,只推派了11人作为代表,且没有中华图书馆协会单独的安排,因此也不能算作中华图书馆协会的第七届年会。

举办年会对于中华图书馆协会和参会人员来说都须付出极大成本,正如余少文所言:"查一二次年会开支每次皆在千金以上,各处远近会员,冒寒受暑,跋涉山川,其耗费金钱,当备胝年会诸费,虚掷宝贵光阴,尤难以价值计算。"[1]其所希望的正是尽可能更有效地发挥年会的作用,切实改进图书馆事业。第一届年会通过议案百余件,至第二届年会时仍有不少未能执行,故当时有不少会员提出继续执行第一届年会会议决案,指出"既议决而不实行,则开会讨论殊乏价值"[2],"惟成案既在,似不宜久置,任其废弛,否则恐影响下届各会,愈积累愈不易施行"[3]。余少文在第三届年会前也建议"择其言必可行者付议,俾免空耗时间,议必实现为率,以收会议效果"[4]。然而,对中华图书馆协会来说,全部落实每项议案的确存在不少困难。第一届年会时,董事报告即称"董事部自成立以来,以时局及种种关系,未能常开会议,致对于会中无若何之贡献"[5]。正如第二届年会会务会议上主席报告称,该会所以不能发展之原因有四:(一)会中经费过少;(二)会中无力聘请专员负责进行;(三)各会员多服务于各图书馆,难集中精力辅助协会,各执行委员分居各地,不易召集,委员会形同虚设;(四)出版刊

---

[1] 对中华图书馆协会第三次年会的希望[J].厦门图书馆声,1936,3(10/11/12):5.
[2] 中华图书馆协会执行委员会.中华图书馆协会第二次年会报告[M].北平:中华图书馆协会,1933:89.
[3] 中华图书馆协会执行委员会.中华图书馆协会第二次年会报告[M].北平:中华图书馆协会,1933:88.
[4] 对中华图书馆协会第三次年会的希望[J].厦门图书馆声,1936,3(10/11/12):5.
[5] 中华图书馆协会第一次年会会务纪录:第一次会议[M]//中华图书馆协会执行委员会.中华图书馆协会第一次年会报告.北平:中华图书馆协会,1929:15.

物,因会员不能踊跃投稿,亦常有延期之事①。会上针对以上四个原因分别提出多项议案,如规定事务所职员为专任职务、增加机关会员会费等,然而实际上并没有很好解决以上困境。不过,中华图书馆协会六届年会的召开不仅向政府、学术界和社会宣传了图书馆学和图书馆事业,更重要的是凝聚了图书馆界的各种力量,以议案、论文、讲演等形式表达日常研究和工作的心得,提出问题并集思广益,共同推进图书馆学研究和图书馆事业的发展。

---

① 中华图书馆协会执行委员会.中华图书馆协会第二次年会报告[M].北平:中华图书馆协会,1933:87.

第五章 中华图书馆协会的出版活动

与其他所有社会团体类似,中华图书馆协会的编辑出版活动也有对内和对外两大主要目的。对内是服务于图书馆协会的会员,包括机关会员(图书馆、图书馆协会)和个人会员,为其提供了解会务、沟通交流、协作互助的平台;对外是宣传图书馆协会和图书馆事业,使外界有机会了解图书馆协会的情形,从而普及图书馆学知识,引起社会的关注和对图书馆事业的支持。

编辑出版作为图书馆协会的活动之一,同时又是极为特别的一类活动,因为它同时也是展现图书馆协会其他活动成果的一个平台,与其他活动存在交叉关系。例如,图书馆协会年会及其他会议的议案、讲演及论文都会以文字的形式刊发于图书馆协会的刊物或以单行本的方式出版,图书馆协会的各类调查结果也以出版的方式发布,因此出版活动实际上近乎囊括了图书馆协会的大部分活动。

从出版物的类型来看,中华图书馆协会的出版分为期刊出版和图书出版两类。

第一节 期刊出版

中华图书馆协会先后出版了《中华图书馆协会会报》和《图书馆学季刊》两种刊物,前者是中华图书馆协会机关刊物,定位为图书馆界及会员间传达消息之刊物;后者是民国时期图书馆学领域的第一份专业期刊,定位为研究图书馆学及与图书馆学相关学术之刊物。这两份刊物与文华图书馆学专科学校创办的《文华图书馆学专科学校季刊》一并被学界称作民国时期比较著名的三大图书馆学期刊[1]。

一、《中华图书馆协会会报》

《中华图书馆协会会报》是由中华图书馆协会执行部于1925年6月30日在北京创办的中华图书馆协会机关刊物，"以为传达消息之用，并兼为全国图书馆事业之通讯机关"[2]。1925年7月25日，按《出版法》在京师警察厅领得出版执照[3]。9月5日，在北京邮务管理局挂号，认定为新闻纸类[4]。1944年，由于前向内政部请领之警字第一六九八号登记证已不适用，中华图书馆协会呈请重庆市政府社会局转请内政部补发登记证，经奉准颁发警字第九四二〇号杂志登记证，又根据邮政规程向东川邮政管理局申请将会报登记为第一类新闻纸类，亦经该局核准并发给第九九三号新闻纸类登记执照[5]。

《中华图书馆协会会报》为双月刊，每6期为一卷。1937年6月出版至第12卷第6期后，《中华图书馆协会会报》因北平沦陷而被迫停刊，直至1938年7月在昆明复刊（出版第13卷第1期），最终于1948年5月31日出版第21卷3/4期合刊后停刊。《中华图书馆协会会报》自创刊起延续24年，是民国时期三大图书馆学期刊中发行时间最长的一种。其中有14次2期合刊和4次3期合刊，如果合刊按2期和3期计算则总出版期数为124期，但如果合刊按1期计算，则总出版期数为102期。抗日战争全面爆发前仅在1929年和1932年各发生一次2期合刊情况，但1939年以后至最终停刊几乎每年都有多次2期甚至3期合刊情况出现。相较于抗战全面爆发之前，无论是纸张质量还是内容篇幅都大打折扣。

---

[1] 程焕文.百年沧桑 世纪华章：20世纪中国图书馆事业回顾与展望（续）[J].图书馆建设，2005(1)：16.
[2] 中华图书馆协会第一周年报告[J].中华图书馆协会会报，1926，2(1)：4.
[3] 会务纪要：会报立案[J].中华图书馆协会会报，1925，1(2)：10.
[4] 中华图书馆协会成立举行成立式[N].晨报，1925-06-02(6).
[5] 本会会报呈准内政部发给杂志登记证并向邮局登记为一类新闻纸类[J].中华图书馆协会会报，1944，18(5/6)：9.

第五章　中华图书馆协会的出版活动

《中华图书馆协会会报》由中华图书馆协会执行部（后改为执行委员会、理事会）编辑发行,地址设在中华图书馆协会总事务所,因此随着总事务所的办公地址而变迁,最初是在西单石虎胡同7号,1927年2月第2卷第4期起至6月第2卷第6期改为北京北海公园北京图书馆筹备处,自1927年8月第3卷1期至1931年4月第6卷第5期改为北平北海公园,自1931年6月第6卷第6期至1934年10月第10卷第2期改为北平文津街1号,自1934年12月第10卷第3期至1937年6月第12卷第6期停刊一直是在北平中海增福堂,自1938年7月第13卷1期复刊至1939年5月第13卷第6期是由昆明国立西南联合大学图书馆转的状态,自1939年7月第14卷第1期至1930年3月第14卷第5期改在昆明柿花巷22号,1940年6月第14卷第6期在昆明文庙街民众教育馆后院尊经阁,1940年10月第15卷第1/2期合刊至1943年6月第17卷第3/4期合刊在成都金陵大学文学院,自1943年10月第18卷第1期至1946年6月第20卷第1/2/3期合刊在重庆沙坪坝,1946年12月第20卷第4/5/6期合刊在南京邮箱529号,1947年4月第21卷第1/2期合刊和1948年5月第21卷第3/4期合刊是在南京成贤街48号。

《中华图书馆协会会报》由执行部长（即袁同礼）负编辑之责[1]。1929年第一届年会后,中华图书馆协会组织季刊编辑部和会报编辑部,其中会报编辑部主任为袁同礼,成员包括同在北平北海图书馆工作的顾子刚和于震寰[2]。全面抗战期间由于滇越路中断,在上海印校的第14卷第6期积滞海防多日未能按时发行,经多方设法,自第15卷起改由刘国钧主编,于成都继续出版发行,会报编辑部也就迁至刘国钧所在的成都金陵大学文学院[3]。1943年9月,中华图书馆协会会址由昆明迁至重庆,在沙坪坝国立北平图书馆内办公[4]。此后《中华图书馆协会会报》的编辑出版又回归到中华图书馆协会执行部。

《中华图书馆协会会报》定价每期1角,全年6角。有国内和日本两大特约经理处,国内为南京的南京书店,日本为东京的文求堂书店[5]。凡国内图书馆及

---

[1] 中华图书馆协会执行委员会.中华图书馆协会第一次年会报告[M].北平:中华图书馆协会事务所,1929:20.
[2] 本会新组织之各委员会[J].中华图书馆协会会报,1929,4(5):27.
[3] 会报改由刘国钧博士主编兼发行[J].中华图书馆协会会报,1941,15(3/4):10.
[4] 本会会址由昆迁渝[J].中华图书馆协会会报,1943,18(1):13.
[5] 本报每年出版六期 每期定价一角[J].中华图书馆协会会报,1928,4(1):21.

各报馆、通讯社,均按期赠阅,以促进图书馆事业之推广[1]。每期印千份,除上述赠阅名单之外,亦免费分寄各中华图书馆协会会员[2]。

《中华图书馆协会会报》的封面有三种样式。从创刊至1928年第3卷第6期为第一种样式,封面上端是自右向左书写的中文刊名(中华图书馆协会会报)及卷期号(如第一卷 第一期),自上而下、自左向右书写的英文刊名(*Bulletin Library Association of China*)及卷期号与出版时间(如vol. 1 June 30, 1925 no. 1),中间是要目,下端是自右向左书写的发行者信息(发行者中华图书馆协会执行部)、出版时间(如民国十四年六月三十日出版)、总事务所地址(如总事务所北京西单石虎胡同七号),左侧是竖排的中文刊名和卷期号,右侧是竖排的"中华邮政特准挂号认为新闻纸类"。不过自第3卷第1期起,封面不再印左侧的中文刊名和卷期号。自1928年8月31日第4卷第1期起至1937年停刊为第二种样式,即封面分为上下两部分,上为中文、下为英文,且与此前样式的最大差别在于英文部分增加了要目的英文翻译,这种将主要内容以要目的形式翻译成英文列于封面的方式有助于中国图书馆界的国际交流。在这期间,封面样式在不同时间段又有细微的调整。英文部分变化不大,基本上始终自上而下分别是刊名(BULLETIN OF THE LIBRARY ASSOCIATION OF CHINA)、卷期号与出版时间(如VOL. IV July-August 1925 NO.1)、英文要目、出版者英文信息(Published Bi-Monthly by the Library Association of China, Peking),底端靠右是中文自左向右书写的"中华邮政特准挂号认为新闻纸类",自1932年第8卷第3期起,底端左侧增加内政部登记证号(如内政部登记证警字第一六九八号)。1928年8月第4卷第1期起至1931年6月第6卷第6期止,封面上半部分为两栏,右侧是竖排的四列,自右向左分别是刊名、卷期号、"中华图书馆协会执行部编辑"、发行时间(如中华民国十七年八月卅一日发行)、总事务所地址,左侧是中文要目;自1931年8月第7卷第1期起至1934年第9卷第6期止,上半部分不再分左右两栏,而是直接自上而下通栏横排,文字行文是自左向右;自1934年第10卷第1期起至1937年第12卷第6期止,又回到最初上半部分左右两栏的样式。经历了停刊之后,1938年第13卷第1期复刊之后至1946年第20卷第4/5/6合刊期间,封面不

---

[1] 中华图书馆协会第一周年报告[J].中华图书馆协会会报,1926,2(1):4.
[2] 中华图书馆协会第三周年报告[J].中华图书馆协会会报,1928,4(2):4.

再有任何英文,乃至连英文的刊名和卷期号也没有了。封面大致分为左右两栏,右栏的上半部分是自上而下书写的刊名,下半部分自右向左分别是"编辑兼发行者""中华图书馆协会理事会"及地址、印刷者名称及地址,左栏自右向左竖排为目录,还包括卷期号和出版日期。不过1947年出版的21卷第1/2期合刊和1948年出版21卷第3/4期合刊又恢复了上半部分左右两栏中文、下半部分有英文要目的样式。

《中华图书馆协会会报》的内容大体可分为两类。首先,作为中华图书馆协会的机关刊物,向会员传达会务消息是其最基本的内容。简短消息一般在"会务纪要",以及"图书馆界"栏目下"本会消息"或"协会"中刊登,如中华图书馆协会新加入会员、聘用职员、职员改选、附设图书馆近况、捐款鸣谢、暑期学校情况、会员调查、协会组织专门委员会或召开各类会议等,而与协会组织相关、文字较多的重要文件则单独刊登,如《中华图书馆协会缘起》《中华图书馆协会成立宣言》《中华图书馆协会组织大纲》《中华图书馆协会执行部细则》《中华图书馆协会总事务所办事简则》《中华图书馆协会委员会规程》《中华图书馆协会委员会名单》等,以及中华图书馆协会历年年度报告、成立会及历届年会相关文件,如《中华图书馆协会成立会演说辞》《中华图书馆协会第一届年会宣言》《中华图书馆协会第二次年会宣言》《中华图书馆协会第二次年会纪事》等。最后,《中华图书馆协会会报》还刊登有不同时期统计的会员名录。

其次,作为图书馆界创办的专业期刊,服务全国图书馆事业的发展也是其职责之一,而图书馆学术的发展对于图书馆事业亦有促进作用。因此,《中华图书馆协会会报》中既有图书馆事业相关的"新书介绍""图书馆界"栏目,还刊登促进图书馆学术的论文、目录等。"新书介绍"选择国内外最近出图书报刊(以北京大学图书馆、国立北平图书馆所入藏者为准),既以供研究与实施之参考,各图书馆亦将以之为采访之借鉴,如《先秦经籍考》《故宫方志目》《山东省立图书馆季刊》;"图书馆界"注重中华图书馆协会与各地方图书馆协会会务之进行,个人会员之现状及活动状态,并记述国内外图书馆界之大事、零讯,有沟通消息、保存史实之用。为与中华图书馆协会的另一本专业刊物《图书馆学季刊》有所区别,《中华图书馆协会会报》刊登论文、目录以简短精要为贵[1],内容上亦相对

---

[1] 中华图书馆协会会报凡例[J].中华图书馆协会会报,1931,6(4):2.

偏重于图书馆实际业务工作,论文有原创也有翻译作品,原创论文如袁同礼《国立北平图书馆之使命》、冷衷《河北省立图书馆视察记》、裘开明《韦师棣华女士传略》、田洪都《中学图书馆最低限度设备之大纲》、金敏甫《图书馆员的生活》,翻译作品如于震寰译《图书馆员立身准则》、余文豪译《目录学对于科学研究的功用》、觉明译《俄国大革命以后图书馆事业概况》。除此之外,还刊登少量图书馆学界讲演稿,如《民众图书馆问题》是由杜定友讲演,岳科、陈金龙笔记,《公立图书馆在行政上及事业上应有之联络》由沈祖荣讲演,李尚友记。

广告也是《中华图书馆协会会报》的组成部分。据学者统计,《中华图书馆协会会报》自创办之日起至停刊共刊登广告476个,其中出版广告370个,机构广告60个,其他广告46个[①]。其中,中华图书馆协会自身出版发行的出版物广告占重要部分,如《中华图书馆协会会报》《图书馆学季刊》以及中华图书馆协会出版的专著。其他广告也都具备较强的文化属性,尤其是与图书馆事业的相关性,其中以出版广告为主,包括图书广告和杂志广告。这些广告对于各图书馆采购人员的工作也是有所帮助的,尤其是对于那些交通不够便利、信息不够畅通的边远地区图书馆来说更有指导意义,同时《中华图书馆协会会报》不仅在图书馆界具有较高的权威性和影响力,而且其会员还包括非图书馆领域的其他教育文化界人士,社会影响力较广泛,图书出版商也正是看中了这一点才于此投放广告。图书广告以商务印书馆出版品为主,有其《英汉模范字典》[②]《百衲本二十四史》[③]《王云五大辞典》[④]等单本书的广告,更多的还是丛书[⑤]、各科英文书[⑥]、新译及创作小说[⑦]、教育学书[⑧]以及一般新书广告,也有启明学社[⑨]、博物馆、图书馆、图书馆学专科学校等文化机关,乃至个人的出版品广告,如《故宫博物院古

---

① 刘劲松,张书美.推广文化,服务社会:《中华图书馆协会会报》广告评析[J].山东图书馆学刊,2013(4):23.
② 商务印书馆最近出版英汉模范字典[J].中华图书馆协会会报,1929,5(3):38.
③ 商务印书馆影印百衲本二十四史[J].中华图书馆协会会报,1930,5(5):48.
④ 依照四角号码检字法编次的王云五大辞典[J].中华图书馆协会会报,1930,6(1):48.
⑤ 商务印书馆出版丛书[J].中华图书馆协会会报,1929,5(1/2):78.
⑥ 商务印书馆出版各科英文书[J].中华图书馆协会会报,1930,5(4):34.
⑦ 商务印书馆最近出版新译及创作小说[J].中华图书馆协会会报,1931,6(4):36.
⑧ 商务印书馆出版教育学书[J].中华图书馆协会会报,1931,6(5):44.
⑨ 启明学社新出丛书八种[J].中华图书馆协会会报,1933,9(3):46.

物馆的金拓片出售》①、故宫博物院图书馆编辑的《故宫善本书影初编》②、北平北海图书馆的《后汉书三国志札记出版预告》③、《涵江图书馆出版部发行》④、岭南大学图书馆编《中文杂志索引》⑤、浙江省立图书馆出版《名人像传》⑥、《刘氏嘉业堂丛书发售预约》⑦、《文华图书馆学专科学校出版刊物目录》⑧，以及《清代外交史料全书告成特价展期》⑨《历代方镇年表录》⑩等书的广告。杂志广告包括《介绍学衡杂志》⑪《北平北海图书馆月刊》之"永乐大典专号"⑫、《清华周刊》⑬《教育与民众》⑭《中国新书月报》⑮《史学年报》⑯等广告。此外，其他广告包括环球书报杂志社⑰、大同书店⑱、上海龙门书局北京图书公司驻滇办事处⑲、中国图书服务社⑳、中外图书公司㉑、东亚书社㉒、抱经堂书局㉓、来薰阁书店㉔等书报经销商广告，以及开智印刷公司广告㉕和为图书馆提供卡片表格和文具用品的中华图书

---

① 故宫博物院古物馆金拓片出售[J].中华图书馆协会会报,1928,4(1):22.
② 故宫善本书影初编[J].中华图书馆协会会报,1929,4(6):27.
③ 后汉书三国志札记出版预告[J].中华图书馆协会会报,1929,4(6):27.
④ 涵江图书馆出版部发行[J].中华图书馆协会会报,1933,9(2):44.
⑤ 中文杂志索引[J].中华图书馆协会会报,1934,10(1):39.
⑥ 名人像传[J].中华图书馆协会会报,1935,11(1):40.
⑦ 刘氏嘉业堂丛书发售预约[J].中华图书馆协会会报,1935,10(4):54.
⑧ 文华图书馆学专科学校出版刊物目录[J].中华图书馆协会会报,1936,11(5):52.
⑨ 清代外交史料全书告成特价展期[J].中华图书馆协会会报,1935,10(6):46.
⑩ 历代方镇年表录[J].中华图书馆协会会报,1935,10(6):46.
⑪ 介绍学衡杂志[J].中华图书馆协会会报,1926,2(1):14-16.
⑫ 北平北海图书馆月刊[J].中华图书馆协会会报,1929,4(5):34.
⑬ 清华周刊第三十五卷第三期目录,1930,6(3):31.
⑭ 教育与民众第二卷第一期要目[J].中华图书馆协会会报,1930,6(1):47.
⑮ 中国新书月报第一卷第十、十一号[J].中华图书馆协会会报,1931,7(3):60.
⑯ 史学年报第四期目录[J].中华图书馆协会会报,1932,7(6):42.
⑰ 环球书报杂志社[J].中华图书馆协会会报,1930,6(1):47.
⑱ 大同书店[J].中华图书馆协会会报,1933,9(3):46.
⑲ 上海龙门书局北京图书公司驻滇办事处独家经售影印西书[J].中华图书馆协会会报,1938,13(1):25.
⑳ 中国图书服务社[J].中华图书馆协会会报,1939,14(2/3):27.
㉑ 中外图书公司[J].中华图书馆协会会报,1940,14(4):40.
㉒ 东亚书社专订英美书籍杂志[J].中华图书馆协会会报,1947,21(1/2):封2.
㉓ 抱经堂书局[J].中华图书馆协会会报,1947,21(1/2):封3.
㉔ 来薰阁书店[J].中华图书馆协会会报,1947,21(1/2):封3.
㉕ 开智印刷公司广告[J].中华图书馆协会会报,1938,13(3):31.

馆服务社①、商务印书所图书馆部②、青年印刷所图书馆用品部③、金兴印刷所图书馆部④广告,还登有图书馆界人士的求职广告⑤等。

根据《中华图书馆协会会报》多期所载广告价目可知,广告费标准为全面12元,半面6元,1/4面3元。为服务图书馆界起见,安排版面刊登各图书馆或个人交换复本书籍、杂志或征补书籍、期刊缺册等项广告,1/4面大小广告收费2元,如扩大或缩小则按比例计算。凡系中华图书馆协会会员收费减半。用字大小,由二号至六号,可任意指定⑥。1935年又在《中华图书馆协会招登广告简章》⑦中对刊登广告作出更细致的规定,另指出:在正文中及会报里底封面印载者广告费加倍;自行印就之广告,欲订入会报者,每页收费20元,页数愈多折扣愈低;连登多期价目从廉,可以函洽或面商。不过,至1939年7月《中华图书馆协会招登广告简章》上调了广告价目,全面14元,半面7元,1/4面4元⑧。

二、《图书馆学季刊》

《图书馆学季刊》是中华图书馆协会在《中华图书馆协会会报》之后创办的另一份期刊,定位为学术期刊。自1926年3月创刊至1937年6月出版第11卷第2期后因抗日战争全面爆发而停刊,历经12年共出版11卷42期(如第3卷第1、2期合刊,第4卷第3/4期合刊,第5卷第3/4期合刊和第9卷第3/4期合刊均按单期计算,则总期数为38期)。《图书馆学季刊》经中华邮政挂号认定为新闻纸类,内政部登记证警字第一八〇一号。

随着图书馆事业和图书馆教育的发展,图书馆界人士为追求图书馆学知识的研究和交流产生了创办专业学术刊物的需求。早在1924年7月中华教育改

---

① 中华图书馆服务社启事[J].中华图书馆协会会报,1940,14(4):40.
② 商务印刷所图书馆部是国内首创专办图书馆用品的机关[J].中华图书馆协会会报,1940,14(5):2.
③ 青年印刷所图书馆用品部[J].中华图书馆协会会报,1940,14(5):31.
④ 金兴印刷所图书馆部[J].中华图书馆协会会报,1947,21(1/2):封2.
⑤ 求职[J].中华图书馆协会会报,1935,10(4):46.
⑥ 招登广告[J].中华图书馆协会会报,1934,10(1):38.
⑦ 中华图书馆协会招登广告简章[J].中华图书馆协会会报,1935,11(1):41.
⑧ 中华图书馆协会招登广告简章[J].中华图书馆协会会报,1939,14(1):31.

进社第三届年会上,裘开明就提出"刊行图书馆季报案",并经图书馆教育组议决通过。其理由有四:"(一)近来国内研究图书馆教育者,日见增加,关于斯学文字,颇多发表;惟散见于各种杂志之中,研究者欲作参考,不易检阅。(二)本组于第一次年会时,曾设有图书馆教育研究委员会,并规定将所研究结果,刊印出版;有此季刊,则不但可作图书馆教育研究委员会之言论机关,更能鼓励此种研究而促进吾国之图书馆事业。(三)吾国先进图书馆,究有若干,现状如何,及各地办理图书馆者之境况又若何;虽有少数私人及机关之调查,然无应时报及记载,故各处图书馆管理员,颇感隔膜,不能互通声息;若有季报之刊行,则可作通讯之机关,得以彼此联络感情。(四)凡一种新创事业,欲求发达坚固,必借组织宣传之力。图书馆事业之在欧、美及日本,所以能如此发达者,虽原因众多,大要不外此一途;故各国皆有图书馆协会及学报之行世。吾国图书馆事业虽已有组织,(指中华教育改进社图书馆教育组而言)而宣传则无专刊,故急宜筹出版图书馆学季报。"[1]当时议决办法中对其性质和内容有如下规定:"(一)此时暂出季报,将来改为月刊。(二)凡关于图书馆学,目录学,印刷事业种种学理及实际问题,皆在本报讨论范围之内。(三)仿中国中英社会学杂志体例发刊;文字应用中英二种;中文门以作国人讨论研究之利器,英文门以联络国外图书馆,及图书馆专家为目的"[2]。当场选举编辑部职员:编辑主任沈祖荣、副主任戴志骞,经理主任洪有丰、副主任朱家治。同时决定自1925年1月起,以后每季出版一次。经费由广告费收入和组员认募组成,当场有19人认募。后因种种原因,这一计划也就搁置了。

中华图书馆协会成立之后设有出版委员会,刘国钧任主任,杜定友任副主任,施廷镛任书记,其他成员有南京东南大学朱家治、洪有丰、姚明辉、吴梅,南京金陵大学胡小石,南京江苏省立第一图书馆钟福庆,上海商科大学孙心磐,上海大同大学朱香晚,上海圣约翰大学钱荃博和黄维廉,开封河南第一图书馆何日章,广州广东大学李笠和陈钟凡[3]。出版学术刊物是出版委员会的首要任务。原本计划由出版委员会成立专门的编辑部负责《图书馆学季刊》所有编辑发行

---

[1] 中华教育改进社第三届年会图书馆教育组纪闻[J].北京图书馆协会会刊,1924(1):60-61.
[2] 中华教育改进社第三届年会图书馆教育组纪闻[J].北京图书馆协会会刊,1924(1):62-63.
[3] 中华图书馆协会委员会委员名单[J].中华图书馆协会会报,1925,1(2):4.

事务,出版委员会处于评议地位,协助筹划。后因经费无多,由中华图书馆协会独立担任编辑发行事务,力有未逮,故经洽商,与南京之南京书店订立共同发行契约。因而,季刊无需组织发行部,而编辑部则仍旧,"并请各地方图书馆协会会长为编辑员,而编辑主任暂以出版委员会主任兼任"[1]。在1925年6月30日出版的《中华图书馆协会会报》第1卷第1期的《本会启事三》[2]中就提到,拟于当年9月间刊印图书馆学杂志(季刊),作为会员交换知识之定期刊物,并为新刊征求稿件,寄金陵大学刘国钧。可见当时尚未最终确定刊物的名称,但该刊由出版委员会主任刘国钧担任主编当时已是确定下来了的。不过,当年9月并未如期创刊,后来定每年1月、4月、7月、10月出版,又因1925年底各地忽起战事导致稿件不得如期到齐,付印后又屡屡延误,《图书馆学季刊》最终于1926年3月创刊,改为每年3月、6月、9月、12月出版[3]。在民国时期基本能保持每年3月、6月、9月、12月定期出版(少数时间延期出版,或出两期之合刊),且稿件质量水准很高,《图书馆学季刊》堪称图书馆界学术刊物的模范。

《图书馆学季刊》的封面版式基本保持一致,封面自上而下分别是刊名、卷期、要目、出版信息,除要目的题名和作者是竖排之外,其余横排文字皆自右向左的顺序。给中文刊名题字的有周作人、蒋梦麟、沈兼士、马叙伦等人。封底全为英文,分别是英文刊名"LIBRARY SCIENCE QUARTERLY"、卷期和出版时间、要目、出版者。封三上半部分为《本刊宗旨及范围》以及定价信息的英文,下半部分是中文的出版信息和广告价目。

《图书馆学季刊》作为图书馆学的专业期刊,聚焦于图书馆学理论与实践,正如该刊征稿文案中所指出的,"本刊为公开讨论图书馆理论及实施之机关"[4]。此外,《图书馆学季刊》作为中国创办的首个图书馆学专业期刊,还有另外一个重要使命,即建立"中国的图书馆学"。该刊《发刊辞》指出:"图书馆学之原理、原则,虽各国所从同,然中国文字自有特色故,以学术发展之方向有特殊情形故,书籍之种类及编庋方法,皆不能悉与他国从同。如何而能应用公共之原则,斟酌损益,求美求便,成一'中国图书馆学'之系统,使全体图书馆学之价值缘而

---

[1] 出版委员会第一周年报告[J].中华图书馆协会会报,1926,2(2):10.
[2] 本会启事三[J].中华图书馆协会会报,1925,1(1):扉页.
[3] 本刊特别启事一[J].图书馆学季刊,1926,1(1):扉页.
[4] 本刊征求投稿[J].图书馆学季刊,1926,1(1):封二.

增重？此国人所宜努力者又一也。"这种思想实际上承袭了梁启超在中华图书馆协会成立仪式上演说辞之要义。该刊扉页所载办刊宗旨——"本新图书馆运动之原则，一方参酌欧美之成规，一方稽考我先民对于斯学之贡献，以期形成一种合于中国国情之图书馆学"[①]实为《发刊辞》精义之凝练表达。该刊在《时事新报》的广告上也列明该刊宗旨是"研究现代图书学及图书馆界种种问题，创造合于中国国情之图书馆学"[②]。

《图书馆学季刊》在初创时就明示收文范围包括五项:(一)提出关于图书学及图书馆种种问题并研究其解决方法,尤注重于本国图书馆之历史,现状及改进之方法。(二)引起公众对于图书馆之兴趣,促进图书馆之设立,并供给组织上所必需之知识。(三)介绍中外各种目录及关于目录学之研究。(四)供给关于各学科之书目作读者自修之参考;(五)关于与图书学有联属之其他学术,如版本、印书术等,本刊亦为相当之介绍与批评[③]。对来稿格式也作出严格要求:用真姓名,且另纸注明著者的经历、最近事业、已有之图书馆学著作及通信地址,这些信息也都列在每期末尾的"著者略历"部分;翻译稿件则须注明出处,原著者的原文姓名及篇名,如译自杂志,还需注明杂志的卷数、页数及出版时间;外国人名、地名及专门名词均需附注原文;文体及句读不加限制,但用新式标点者需将句读符号置于字之右边,特别名词符号置于字之左边[④]。作者来稿一旦印出以刊物一册作为稿酬,也可以放弃领取刊物而取现金。

《图书馆学季刊》的栏目从名称上看共有20个,分别是:时论撮要、论著、通论、记载、序跋、序跋汇录、专著、调查、调查及报告、讨论、书目、目录、杂俎、索引、文艺、附刊、附载、插图、补白、通讯,但实际上不少只是名称不同但性质是相似的,如"论著"和"通论","序跋"和"序跋汇录","调查"和"调查及报告"等。其中,"纪载"和"时论撮要"都是文摘报道性的栏目,报道国内外图书馆事业和图书馆学(包括目录学)进展;"论著""专著""通论""讨论"这4个栏目都是刊登研究性论文,据统计这4个栏目发表论文共227篇[⑤]。1937年中华图书馆协会编制

---

① 本刊宗旨及范围[J].图书馆学季刊,1926,1(1):封二.
② 图书馆学季刊[N].时事新报,1926-04-01.
③ 本刊宗旨及范围[J].图书馆学季刊,1926,1(1):封二.
④ 本刊征求投稿[J].图书馆学季刊,1926,1(1):封二.
⑤ 刘宇,宋歌.《图书馆学季刊》载文计量研究[J].图书馆,2008(3):50.

出版的《图书馆学季刊总索引(第1—10卷)》中的分类索引部分将全部载文分为"图书馆学"和"目录学"两大类,前者实际上指的就是西方现代图书馆学的内容,包括通论、建筑、行政、管理、利用、国际关系、协会,以及各类型图书馆和图书馆教育;后者既有图书学、校雠学等中国传统图书馆学的内容,也有书目、排检法、索引法等西方现代图书馆学的内容。有学者提出,在《图书馆学季刊》所刊载的研究性论文中,文献学研究论文占比24.7%,位居全部研究性论文各分支第一位,目录学研究论文占比12.78%[1]。相对于同是图书馆学专业期刊的《文华图书科季刊》(后改名《文华图书馆学专科学校季刊》)来说,《图书馆学季刊》最显著的特色就是中国传统图书馆学与西方现代图书馆学内容平分秋色,这也与该刊的办刊宗旨相契合。

《图书馆学季刊》初创时即由南京金陵大学刘国钧为主编,故校对邮寄等事,金陵大学图书馆同人,"均力与匡助"[2]。虽然出版《图书馆学季刊》是出版委员会的主要职责,但基本上是以刘国钧一人担当主要工作。据吴稌年研究,刘国钧在1926年至1937年间共发表论文55篇,其中发表在《图书馆学季刊》上的论文达42篇,占这一时期发文量的78.18%[3]。《中华图书馆协会第九年度报告》显示,该刊仍由刘国钧主持,并由李文裿负编排校印之责[4]。编辑部于1935年改组,仍请刘国钧为主编,并议决编辑部各委员每年应撰论文2篇,关于编排校印诸事由事务所负责,由于协会经费困难,不克增添助手,由国立北平图书馆派员无给协同助理。该刊初以稿件缺乏,致有延期,旋因校者更替,诸事未能熟手,复因主编与校者两地遥隔,颇感接洽不便,以致季刊出版期一再延迟[5]。经中华图书馆协会执行委员会会议议决《图书馆学季刊》仍在北平印行,编辑人以在北平会员中推选为宜,应设法谋京平两地之联络,并请严文郁为《图书馆学季刊》编辑部副编辑[6]。同时议决文稿悉由主编者审阅纂排,候稿件集有成数,再

---

[1] 刘宇,宋歌.《图书馆学季刊》载文计量研究[J].图书馆,2008(3):50.
[2] 出版委员会第一周年报告[J].中华图书馆协会会报,1926,2(2):11.
[3] 吴稌年.刘国钧先生学术研究成就与《图书馆学季刊》[J].图书情报工作,2006,50(5):136.
[4] 中华图书馆协会第九年度报告(1933年7月至1934年6月)[J].中华图书馆协会会报,1934,10(1):4.
[5] 中华图书馆协会第十一年度报告(1935年7月至1936年6月)[J].中华图书馆协会会报,1936,11(6):22.
[6] 中华图书馆协会第十一年度报告(1935年7月至1936年6月)[J].中华图书馆协会会报,1936,11(6):21.

交事务所发印,出版后即由会所径寄各会员[1]。1936年12月21日出版的《中华图书馆协会会报》第12卷第3期封二曾登《本会事务所启事二则》,其一就是征求改良中华图书馆协会所办两种刊物《中华图书馆协会会报》和《图书馆学季刊》意见的,认为创刊已逾十载,刊物应力图改善而加以刷新,如《中华图书馆协会会报》可增添"问题解答""通讯讨论""职业介绍""征求与出让刊物",《图书馆学季刊》可增添"各馆新法介绍"和"图书馆学书评"等栏,因而征求各会员之意见,要求分别于1937年1月和2月前将对于《中华图书馆协会会报》和《图书馆学季刊》的意见寄到[2]。然而由于抗日战争全面爆发,《图书馆学季刊》在1937年只出版2期就停刊了,不过的确新设了"书评"栏,刊载沈丹泥《刘国钧氏中国图书分类法评》[3]。

《图书馆学季刊》由南京书店总发行,代售处有:上海的亚东图书馆、民智书局、梁溪图书馆;武昌的时中合作书社;北京的北新书局;长沙的北门书店、南华书社;开封的河南书店及各埠各大书店。北京大学出版部售书处亦为代售处之一[4]。定价每期大洋四角,全年一元五角。除利用《中华图书馆协会会报》对每期《图书馆学季刊》进行宣传外,还在《北京大学日刊》《时事新报》刊登广告,载明每期要目、宗旨及价目信息等。作为定价对外发行之刊物,该刊除销往国内各地方外,还销行海外,第一年"日本曾订购十二份,英美亦有四五份"[5]。该刊对于会员有半价优待的政策,对于协会董事、名誉会员,及国外各大图书馆与各国图书馆协会,均常年寄赠,第一期赠送者达180余册(赠与作者及其他机关者尚不在内)。自第二期起,执行部有赠送机关会员之提议,将多增加百余册。据该委员会估计,除从南京书店无偿获得200本外,还须照合同购置百本用于赠送[6]。《图书馆学季刊》原对于会员订购有半价优惠,后因战事影响,印刷工料日昂,自第2卷第1期起,按7折计算,而之前订购者不再加价[7]。

---

[1] 中华图书馆协会第十一年度报告(1935年7月至1936年6月)[J].中华图书馆协会会报,1936,11(6):22.

[2] 本会事务所启事二则[J].中华图书馆协会会报,1936,12(3):封二.

[3] 沈丹泥.刘国钧氏中国图书分类法评[J].图书馆学季刊,1937,11(1):103-110.

[4] 图书馆学季刊第一卷第一期要目[N].北京大学日刊,1926-04-26(2).

[5] 出版委员会第一周年报告[J].中华图书馆协会会报,1926,2(2):10.

[6] 出版委员会第一周年报告[J].中华图书馆协会会报,1926,2(2):10.

[7] 本会启事二[J].中华图书馆协会会报,1927,3(2):2.

除销售收入外,《图书馆学季刊》还通过刊登广告的方式来增加收入,每期封三处都印有广告价目:单期广告全面12元,半面6元,1/4面3元,1/8面2元,全年广告分别是44元、22元、11元、7元。所刊登广告绝大多数为出版商的图书广告,也有伊文思图书公司为各图书馆采办西书的广告。

第二节 图书出版

中华图书馆协会出版的图书分为两大类,一类是单行本,另一类是《图书馆学季刊》抽印本。

一、单行本

据统计,中华图书馆协会共出版单行本24种(见表13)。一类是学术专著,主要指"中华图书馆协会丛书",其中索引最多,有7种,其余就是书目、联合目录、作家笔名录等;另一类是与中华图书馆协会业务相关的,如图书馆调查表、协会概况与年会报告、会议论文集、会员录等。

表13 中华图书馆协会出版单行本图书一览表[①]

序号	书名	作者	出版时间	售价(元)	备注
1	老子考(上下2册)	王重民	1927.7	1.60	中华图书馆协会丛书第一种
2	全国图书馆调查表(第三次订正)	中华图书馆协会	1929	0.10	

[①] 数据来源:以《商务印书馆图书目录》(1897—1949)、《图书馆学季刊》之中华图书馆协会出版品目录、《中华图书馆协会会报》之本会出版图书期刊要目、新书介绍,以及上述图书中丛书介绍之线索,并通过大学数字图书馆国际合作计划CADAL、国家图书馆出版社中国历史文献总库"民国图书数据库"及"民国图书馆学文献数据库"、瀚文民国书库、国家图书馆民国图书数据库、读秀等进行检索和核实,只有书中明确印有出版者为中华图书馆协会者方列入本表。

第五章　中华图书馆协会的出版活动

续表

序号	书名	作者	出版时间	售价(元)	备注
3	国学论文索引	北平北海图书馆编目科	1929.7	1.00	中华图书馆协会丛书第二种
4	中华图书馆协会第一次年会报告	中华图书馆协会执行委员会	1929.7	1.00	
5	中国图书馆概况（Libraries in China）	中华图书馆协会	1929	0.30	第一次国际图书馆协会联合会英文论文集
6	日本访书志补	杨守敬著,王重民辑	1930	0.30	中华图书馆协会丛书第三种
7	全国图书馆调查表（第四次订正）	中华图书馆协会	1931	0.10	
8	国学论文索引续编	北平图书馆编纂部索引组	1931.7	0.80	中华图书馆协会丛书第四种
9	文学论文索引	陈璧如、张陈卿、李维墀	1932.1	1.60	中华图书馆协会丛书第五种
10	中华图书馆协会概况	中华图书馆协会执行委员会	1933.8	0.10	
11	中华图书馆协会第二次年会指南	中华图书馆协会	1933.8.18	无	
12	官书局书目汇编	朱士嘉	1933.9	0.50	中华图书馆协会丛书第七种
13	中华图书馆协会第二次年会报告	中华图书馆协会执行委员会	1933.10	0.50	
14	文学论文索引续编	刘修业	1933.11	1.60	中华图书馆协会丛书第六种
15	国学论文索引三编	刘修业	1934.10	1.00	中华图书馆协会丛书第二种
16	现代图书馆编目法[①]	(美)毕孝普著,金敏甫译	1934.3	定价1.00元,特价0.60元	

[①] 该书后于1937年在商务印书馆出版。

续表

序号	书名	作者	出版时间	售价(元)	备注
17	中华图书馆协会会员录	中华图书馆协会执行委员会	1935.12	无	
18	全国图书馆及民众教育馆调查表(第五次订正)	中华图书馆协会	1935	0.20	
19	中国之图书馆(Libraries in China)		1935	2.00	第二次国际图书馆协会联合会英文论文集&中华图书馆协会十周年纪念论文集
20	文学论文索引三编	刘修业	1936.1	1.60	中华图书馆协会丛书第六种
21	现代中国作家笔名录	袁湧进	1936.3	1.00	中华图书馆协会丛书第十一种
22	国学论文索引四编	刘修业	1936.6	1.25	中华图书馆协会丛书第二种
23	北平各图书馆所藏中国算学书联合目录	邓衍林	1936.6	0.80	中华图书馆协会暨北平图书馆协会印行
24	中华图书馆协会、中国博物馆协会联合年会指南	中华图书馆协会、中国博物馆协会	1936	无	
25	图书馆学季刊总索引(自第1卷至第10卷)	中华图书馆协会	1937	无	

1926年,中华图书馆协会出版委员会在《出版委员会第一周年报告》中提到对协会出版事业的几点建议,其中第一条就是"宜刊印丛书"[①],其理由一方面是《图书馆学季刊》属于杂志性质,对于过长文字不便于登载,且出版周期长、成本高,这些都不利于学术传播,另一方面是图书馆事业的发展需要实用书籍指导业务工作。由于中华图书馆协会的执行部设在北平图书馆,因此所出版的单行本要么是由中华图书馆协会执行部编辑,要么就是由在北平图书馆工作的相关

---

① 出版委员会第一周年报告[J].中华图书馆协会会报,1926,2(2):11.

人士编辑,其中很大一部分都得益于王重民。

1927年王重民的《老子考》作为中华图书馆协会丛书第一种正式出版,《中华图书馆协会会报》对此专门做了详细介绍,评价颇高,"所参考史志及辅史志与夫官私家藏书目藏书志等百数十种,复著录中外学者关于《老子》之著述五百余家,又博访当代藏书家,于现存各书之下,著明版本。且于清代朴学大师如纪昀、王昶、丁国钧、侯康诸家学说,颇有所商榷,虽复起诸大师而质之,或亦有不能不首肯之处。"[1]王重民所辑《日本访书志补》于1930年出版,列为中华图书馆协会丛书第三种。

1929年中华图书馆协会第一届年会所通过议决案中有"本会应编刊新旧图书馆学丛书案",再次将刊印丛书提上议事日程。索引是中华图书馆协会丛书的重要组成部分,而这也与王重民密不可分。王重民1924年考入北京高等师范学校(后改名为北京师范大学),师从陈垣、杨树达、高步瀛、黎锦熙等人[2],在校时他和同学张陈卿在黎锦熙指导下分别辑成《国学论文索引》和《文学论文索引》,只是一时未能印行[3]。1928年王重民进入北平北海图书馆工作,中华图书馆协会发起编纂杂志索引之议,北平图书馆即分任"国学""文学"两索引[4]。1929年,《国学论文索引》作为"中华图书馆协会丛书第二种"出版,虽然版权页署名是北平北海图书馆编目科,但《北平北海图书馆月刊》的"馆讯"记载,该索引是该馆编目科王重民所编[5]。随后张陈卿也增补了之前所辑《文学论文索引》,但终因工作变动未能公之于世,王重民考虑社会急需此类工具书,请图书馆索引组陈璧如为之续补,后因陈璧如离职又请李维墀继续增补,王重民还承担了最后的校订工作,最终于1932年出版,列为中华图书馆协会丛书第五种。由于北平北海图书馆后来合并入国立北平图书馆,因此1931年出版的《国学论文索引续编》由北平图书馆编纂部索引组编辑,列为中华图书馆协会丛书第四种。《国学论文索引三编》和《国学论文索引四编》编辑者都是刘修业,她于1932年毕业于燕京大学国文专修科,1933年初到北平图书馆索引组工作,组长是王

---

[1]《老子考》已出版[J].中华图书馆协会会报,1927,2(6):20.
[2] 王余光.王重民先生的生平与著述[J].图书情报工作,2003(5):5.
[3] 王重民.序[M]// 陈璧如,张陈卿,李维墀.文学论文索引,北平:中华图书馆协会,1932:序1.
[4] 王重民.序[M]//刘修业.文学论文索引续编,北平:中华图书馆协会,1933:序1.
[5] 国学论文索引出版[J].北平北海图书馆月刊,1929,2(6):560.

重民。这两部索引均沿用《国学论文索引》的编号,也列为中华图书馆协会丛书第二种,分别于1934年和1936年出版。

《官书局书目汇编》作者朱士嘉毕业于燕京大学,1928年获学士学位,1932年获硕士学位,历任辅仁大学讲师和燕京大学图书馆中文编目部主任[①]。据作者在该书引言中介绍,这是他1930年读书期间因研究西北史地的题目搜集材料而注意到官书局书目,在老师顾颉刚和几位同学的支持下着手编了这本书[②]。最终于1933年作为中华图书馆协会丛书第七种正式出版。

《现代图书馆编目法》是金敏甫翻译美国图书馆学家、中华图书馆协会名誉会员毕孝普的译作,译毕请刘国钧为之作序,该序[③]发表于1934年3月《图书馆学季刊》上,且当期的《中华图书馆协会出版品目录》中也列有该书,可见其出版时间应在这个时间前不久。该书后来于1937年在商务印书馆出版,除载有刘国钧这篇序之外,还有顾树森和杜定友为之作序,金敏甫在自序中阐述其翻译该书是因其从事编目工作有年,公务之辖经常翻阅西文编目之书,一般来说以条例为多,概述者较少,而该书"概论编目事业之全体,立论精当,为他书所未及"[④],故特为译之,以供同好。

《现代中国作家笔名录》的作者袁涌进在北平图书馆担任编目工作,编这本笔名录也可说是工作需要。因作者常使用不同笔名,导致著者款目不同,同一作者的书因而分散多处,当然这本笔名录还有帮助读者系统了解作者及其作品的功用,有利于文学研究的开展。

《北平各图书馆所藏中国算学书联合目录》的作者邓衍林1930年至1931年就读于武昌私立文华图书馆学专科学校讲习班,1931年至1937年间任北平图书馆参考组馆员[⑤]。学者李俨见北平图书馆编有北平各图书馆英文联合书目,遂致函北平图书馆馆长袁同礼,请图书馆调查北平各图书馆所藏中文算学书,以便于

[①] 朱士嘉.自传[M]//北京图书馆《文献》丛刊编辑部,吉林省图书馆学会会刊编辑部.中国当代社会科学家第2辑.北京:书目文献出版社,1983:88.

[②] 朱士嘉.官书局书目汇编[M].

[③] 刘国钧.现代图书馆编目法序[J].图书馆学季刊,1934,8(1):142-143.

[④] 金敏甫.译者序[M]// William Warner Bishop.现代图书馆编目法.金敏甫,译.上海:商务印书馆,1937.

[⑤] 周文骏.图书馆学情报学词典[M].北京:书目文献出版社,1991:84.

第五章　中华图书馆协会的出版活动

学者研究之用,后该馆邓衍林于工作之余着手调查,编成此书,并请李俨担任校对[①]。

除上述学术类著作之外,中华图书馆协会所出版图书都与协会工作有直接关系。首先,中华图书馆协会作为全国图书馆的枢纽机关,对全国图书馆状况进行调查是基础性工作。因此《全国图书馆调查表》系列是中华图书馆协会出版单行本的重要组成部分。最早是1925年《中华图书馆协会会报》刊发了《全国图书馆调查表》,1928年又做了更新。由于全国图书馆数量的不断增长,便有了刊行单行本的必要性。1929年中华图书馆协会出版了单行本的《全国图书馆调查表(第三次订正)》,1931年出版第四次订正版,1935年出版的第五次订正版命名为《全国图书馆及民众教育馆调查表》。其次,召开年会是中华图书馆协会的重大活动,《中华图书馆协会第一次年会报告》《中华图书馆协会第二次年会报告》《中华图书馆协会第二次年会指南》《中华图书馆协会、中国博物馆协会联合年会指南》都是应年会之需而印行的,只不过年会指南是会前发放给参会会员的,因此并没有标价出售。再次,中华图书馆协会需要为参加图书馆界国际交流准备论文集。国际图书馆协会联合会(International Federation of Library Associations and Institutions, IFLA)成立于1927年,韦棣华女士作为中华图书馆协会代表签字,中国成为IFLA的15个创始国之一。1929年沈祖荣携两大箱展品代表中华图书馆协会参加在罗马召开的IFLA第一次大会,其中由国内图书馆专家撰写的会议论文分别是:戴志骞的《现代图书馆之发展》(*Development of Modern Libraries in China*)、胡庆生的《中国之图书馆馆员教育》(*Training of Librarianship in China*)、顾子刚的《中国图书制度之变迁》(*Evolution of the Chinese Book*)、沈祖荣的《中国文字索引法》(*Indexing Systems in China*),这4篇英文论文在北平结集付印,题为《中国图书馆概况》(*Libraries in China*),也就成为中华图书馆协会出版的图书之一。除此之外,参会论文还有留美的裘开明撰写的 *A Brief Survey of Bibliography in China* 和桂质柏撰写的 *An Outline of*

[①] 邓衍林.北平各图书馆所藏中国算学书联合目录[M].北平:中华图书馆协会暨北平图书馆协会,1936:引言.

Libraries in China，分别由作者直接寄送罗马大会处[①]。1935年是中华图书馆协会成立十周年，中华图书馆协会征集纪念论文，不限中文西文，内容以注重国内图书馆实况及十年来之改进与今后发展之方针为宜，并向24位专家发出邀请，并附题目，其中英文论文为在IFLA第二次大会提出，仍以 *Libraries in China* 为书名先行印刷[②]。最终该英文论文集共收录9篇论文，分别是裘开明的《中国现代图书馆运动》(*Modern Library Movement in China*)、吴光清的《中国十年来之分类法与编目法》(*Ten Years of Classification and Cataloguing in China*)、沈祖荣的《中国图书馆员专门教育》(*Professional Training of Librarianship in China*)、查修的《中国图书馆立法》(*Library Legislation in China*)、严文郁的《中国图书馆间之合作》(*Co-operation Between Chinese Libraries*)、蒋复聪的《中国的国立图书馆》(*National Libraries in China*)、柳诒徵的《中国的省立图书馆》(*The Provincial Libraries in China*)、戴罗瑜丽的《中国之医学图书馆》(*Medical Libraries in China*)、杜定友的《中国之公共图书馆与成人教育》(*Public Libraries and Adult Education in China*)。

虽然1939年7月出版的《中华图书馆协会会报》第14卷第1期中《中华图书馆协会出版书籍目录》里列有《国际图书馆合作指南》(英文本)，定价1元，但笔者并未在各大数据库中搜到该书电子版，而吴澍时[③]所提到会报中曾有消息指出协会拟编制英文本中国中央图书馆指南，且该指南拟于毕少博博士来华以前出版，但明显这是向国际社会介绍中国重要图书馆，而《国际图书馆合作指南》明显应该是介绍国际上各图书馆以便于合作的，所指定不是同一出版物。笔者在1931年中华图书馆协会会报第6卷第4期上见到一则消息，提到国际智育合作社推出《国际图书馆合作指南》，中华图书馆协会曾以廉价订若干以备各处之用，每册取价1元[④]。价格也与上述出版目录吻合，因此所指乃为同一出版物，但鉴于该出版物并非中华图书馆协会编辑出版，只是重新定价销售，故不能视为中华图书馆协会出版图书之一种。此外，《中华图书馆协会第二次年会

[①] 中华图书馆协会筹备参加国际图书馆会议报告[J].中华图书馆协会会报，1929,4(6):9-10.
[②] 十周年纪念论文[J].中华图书馆协会会报，1935,10(4):20.
[③] 吴澍时.民国时期中华图书馆协会图书出版概述[J].图书馆论坛，2017,37(7):107.
[④] 国际图书馆合作指南之补编[J].中华图书馆协会会报，1931,6(4):28.

图书馆教育组报告暨意见书》只是教育组在第二次年会上提交的报告和意见书,也不能算作是中华图书馆协会的出版物。

二、《图书馆学季刊》抽印本

正是由于《图书馆学季刊》作为学术期刊的定位,自创刊起就存在来稿篇幅过长难以全部刊载的问题。第1卷第1期的《特别启事》提到,由于稿件极形拥挤、佳作尤多,限于篇幅未能全部登载,长篇稿件多临时抽去,当于以后各期陆续发表[1]。第1卷第2期又在《启事》中提到,第二期预告中所列各文因篇幅过长不能发表者颇多,拟刊印单行本小册陆续发行[2]。除了篇幅过长有单行之必要外,"又有时为酬投稿者雅意,另印单行本若干为赠"[3]的情况。这类抽印本并非正规的出版物,不便于收集统计,故不同学者对《图书馆学季刊》抽印本的统计有所差异。吴澍时统计抽印本共37种[4],而王阿陶统计中华图书馆协会共出版69种著作[5],其中属于《图书馆学季刊》抽印本的有39种,而笔者依据《中华图书馆协会会报》和《图书馆学季刊》中正文及广告页上所刊载《图书馆学季刊》抽印本目录,并在各大数据库中查找抽印本实物电子版,目前能检索到的确属于《图书馆学季刊》抽印本的有以下28种(见表14)。

表14 《图书馆学季刊》抽印本

序号	书名	作者	出版时间	售价(元)	备注
1	图书馆术语集	金敏甫	1930.3	0.40	4卷1期
2	鉴止水斋藏书目	许宗彦	1931.12	不明	5卷3-4合期
3	方言考	崔骥	1932.3	0.20	6卷2期
4	翁何宝真斋法书赞评校	叶启勋	1932.9	0.20	6卷3期

---

[1] 本刊特别启事二[J].图书馆学季刊,1926,1(1):扉页.
[2] 本刊启事[J].图书馆学季刊,1926,1(2):扉页.
[3] 中华图书馆协会第九年度报告(1933年7月至1934年6月)[J].中华图书馆协会会报,1934,10(1):4.
[4] 吴澍时.民国时期中华图书馆协会图书出版概述[J].图书馆论坛,2017,37(7):107.
[5] 王阿陶.中华图书馆协会研究[D].成都:四川大学,2012:216.

续表

序号	书名	作者	出版时间	售价(元)	备注
5	英国国立图书馆藏书源流考	李小缘	1932.9	0.20	6卷3期
6	玄赏斋书目	董其昌	1933.3	0.40	6卷4期、7卷1期
7	编辑中国史籍书目提要之商榷	傅振伦	1933.6	0.20	7卷2期
8	簿式目录中著录详略之研究	刑云林	1933.6	0.20	7卷2期
9	方志艺文志汇目	李濂镗	1933.6	0.20	7卷2期
10	图书馆参考论	李钟履	1933.9	1.20	5卷2期、6卷2期、6卷3期、7卷3期
11	善本图书编目法	于震寰	1933.12	0.50	7卷4期
12	江苏藏书家小史	吴春晗	1934.3 1934.6	0.40	8卷1期、2期
14	北平协和医学院图书馆馆况实录	李钟履	1934.3 1934.6 1934.9	0.40	8卷1、2、3期
15	明清蟫林辑传	汪誾	1934.12	0.60	7卷1期、8卷4期
16	大学图书馆之建筑	(美)吉罗德著,吕绍虞译	1935.3	0.50	9卷1期
17	书志学	(日)小见山寿海著,李尚友译	1935.6	0.60	8卷3期、9卷2期
18	儿童图书馆经营与实际	李文裿	1936.3	0.30	10卷1期
19	中国方志编目条例草案	毛裕良,毛裕芳	1936.6	0.20	10卷2期
20	元太祖成吉思汗生平史料目录	邓衍林	1936.6	不明	10卷2期
21	四部分类号码表	张英敏	1936.6	不明	10卷2期
22	图书馆事业合理化之刍见	毛宗荫	1936.9	不明	10卷3期
23	档案处理中之重要问题	毛坤	1936.9	0.30	10卷3期

续表

序号	书名	作者	出版时间	售价(元)	备注
24	存素堂入藏图书河渠之部目录	朱启钤编，茅乃文补	1936.9	0.30	10卷3期
25	中国之图书馆事业	陈训慈	1936.12	不明	10卷4期
26	中国图书馆事业十年来之进步	李小缘	1936.7	不明	10卷4期
27	图书馆博物馆美术馆间的关系	罗伯赐（Henry D. Roberts）讲，章新民译	1936.12	不明	10卷4期
28	两年来之师大一小儿童图书馆	王柏年	1937.6	不明	11卷1、2期

中华图书馆协会的调查活动

第六章

调查是了解实际情况的必要手段，也是进行研究以图改进的前提。教育团体中设职员从事调查在民国时期并不少见。江苏省教育会自清末起就设有调查部，最多时有干事员12人，黄炎培即长期担任常任调查员[1]。1921年，因孟禄来华成立实际教育调查社，对全国教育状况进行大范围的调查。中华教育改进社的基础社务工作大体分为研究、调查、编译、推广四项，调查也是其中重要组成部分。在中华图书馆协会成立前，不少地方图书馆协会的章程中已经就职员的具体分工设有调查一职，最早始于上海图书馆协会。中华图书馆协会成立以后，除了对中华图书馆协会会员进行调查之外，还组织开展了针对图书馆、书店、图书馆馆藏资源的各类调查。

第一节 图书馆调查

民国时期图书馆隶属教育部管辖，对图书馆进行调查最早始于教育部，其调查是出于行政管理的需要。《教育部行政纪要》（1912年4月至1915年12月）及《教育部行政纪要第二辑》（1916年至1918年）"丁编社会教育"中分别列有全国各省图书馆及通俗图书馆之调查统计。不过所记载各项均十分简要，大体仅能反映全国不同省区图书馆的数量，关于经费、藏书、阅览情况等虽有记载，但

---

[1] 孙广勇.社会转型中的中国近代教育会研究[M].武汉：华中师范大学出版社，2007：257.

并不完整。1918年,沈祖荣以私人之力亦作过全国图书馆调查,仅收集到33个图书馆的调查回复,但对各图书馆业务方面颇多关注,如使用编目方法、图书馆开放与收费情况、图书能否借出、采用何种装订方式等。中华教育改进社成立后,请沈祖荣再作中国各省图书馆调查,调查结果于1922年发表于《新教育》。自1924年地方图书馆协会成立便相继开展了图书馆调查工作,1925年中华图书馆协会成立后,图书馆调查也成为中华图书馆协会最重视的业务工作之一。从调查范围来看,有全国性的大范围图书馆调查,也有局部区域小范围的图书馆调查;从调查深度来看,有调查图书馆数量和区域分布情况的普查性质的调查,也有为了解决图书馆事业进行过程中存在的问题而开展的图书馆业务工作调查。此外,由于日本侵华对我国图书馆事业造成了严重破坏,对图书馆被毁和恢复情况的调查也是中华图书馆协会当时最重要和紧迫的工作。

一、全国图书馆调查

中华图书馆协会的成立与鲍士伟来华考察有直接关联。为准备鲍士伟来华考察,中华教育改进社图书馆教育组分函调查全国各图书馆,目的是帮助鲍士伟了解中国当时图书馆的状况,以便于他提出改进建议以推动中国图书馆事业的发展。1925年10月出版之《中华图书馆协会会报》刊载《全国图书馆调查表》[1],应该就是鲍士伟来华前发函调查的结果,仅记图书馆名称与地址两项,据调查统计,首都北京,以及直隶、山东、山西、河南、陕西、甘肃、江苏、浙江、安徽、江西、湖北、湖南、四川、福建、广东、广西、云南、贵州、奉天、吉林、黑龙江21省和热河、察哈尔两特别区域共有502所图书馆。云贵等省只有两三所图书馆,但江苏省(含南京、苏州、上海、无锡)共有145所图书馆,占全国图书馆总数的29%,居各省之首。

1926年10月《中华图书馆协会会报》又刊载《全国图书馆调查表再补》[2],增加北京、青岛、上海、江苏、浙江、安徽、成都、四川、福州、福建等地图书馆20所。1927年10月《中华图书馆协会会报》刊登《中华图书馆协会第二周年报告》,称

---

[1] 全国图书馆调查表[J].中华图书馆协会会报,1925,1(3):7-19.
[2] 全国图书馆调查表再补[J].中华图书馆协会会报,1926,2(2):9-10.

该年"陆续增补者又数十余馆"[①]。鉴于1925年《全国图书馆调查表》刊出后,"图书馆界同人,以及各出版机关,各官署,莫不引以为便,纷纷函索早经绝版",而"年来各省行政刷新,图书馆之创立者甚多"[②],中华图书馆协会于1928年10月重编《全国图书馆调查表》,刊载于《中华图书馆协会会报》第4卷第2期。该表体例结构与1925年相同,只是因行政区划的变化,北平、天津、南京、上海、广州成为五特别市,直隶省改为河北省,察哈尔和热河从特别区改为省,又增加绥远省,全国图书馆数量642所,与1925年10月调查相比,三年间增加了140所。

1929年12月,中华图书馆协会第三次订正《全国图书馆调查表》,发表于1930年4月《中华图书馆协会会报》第5卷第5期,同时印行单行本。此次调查表中,武汉为特别市,南京特别市改称首都特别市,调查增加宁夏、青海、西康三省,但缺新疆、蒙古、西藏各地之调查。全国图书馆数量距离上一次调查仅隔一年二个月,便新增786所图书馆,共达1428所。于震寰认为"此于中华图书馆协会南京年会之举行及年来政府之倡导,皆不无关系"[③]。该表末尾"附言"部分对全国图书馆进行分类统计,国立图书馆1所(国立北平图书馆)、省立图书馆47所、普通图书馆(市县立及私立)878所、学校图书馆387所、会社图书馆38所、机关图书馆36所、专门图书馆(儿童图书馆占多数)41所[④]。

1931年,中华图书馆协会第四次订正《全国图书馆调查表》,不仅刊载于《中华图书馆协会会报》第7卷第3期,还另印有单行本若干,每册售价一角[⑤]。此次全国图书馆总数为1527所,调查表末尾附分省统计和分类统计。分省统计显示,江苏、河南、河北、浙江四省图书馆数量远远多于其他省份,尤其是江苏省,达274所(含南京和上海),比第二名河南省多87所,占全国图书馆数量18%,比重比1925年有所下降,说明其他各省图书馆数量增长更快,图书馆分布的地区不平衡状况在改善。图书馆分类统计显示,国立图书馆仍然为北平图书馆1所(中央图书馆尚未成立)、省立图书馆49所、普通图书馆921所、学校图书馆413所、会社图

---

① 中华图书馆协会第二周年报告[J].中华图书馆协会会报,1927,3(2):3.
② 全国图书馆调查表[J].中华图书馆协会会报,1928,4(2):7-20.
③ 全国图书馆调查表[J].中华图书馆协会会报,1930,5(5):34.
④ 全国图书馆调查表[J].中华图书馆协会会报,1930,5(5):34.
⑤ 全国图书馆调查表[J].中华图书馆协会会报,1931,7(3):3.

书馆45所、机关图书馆44所、专门图书馆(小学及儿童图书馆占多数)54所[1]。

1935年,中华图书馆协会出版《全国图书馆及民众教育馆调查表》,此为全国图书馆调查表的第五次订正,调查时间在1934年12月前,同时包括了民众教育馆,而规模太小的阅书报处则不列入。全国图书馆及民众教育馆共2818所,其中民众教育馆1002所,各类图书馆1816所。图书馆分类方法与此前略有不同,公共图书馆(国立、省立、县立、市立、私立和儿童图书馆)933所、学校图书馆(大、中、小学图书馆)497所、专门图书馆(专门学校、政府机关和文化团体图书馆)377所、特种图书馆(为外国人用者)9所。这一时期公共图书馆数量增幅不大,学校图书馆和专门图书馆的增长比较明显。从图书馆和民众教育馆的总数来看,江苏省仍然居于各省之首,而浙江仅次于后,其次是山东、河南、广东,均在200所以上。

浙江省立图书馆也曾组织全国范围的图书馆调查,虽然这不是直接由中华图书馆协会出面组织,但浙江省立图书馆是中华图书馆协会的团体会员,而且作为调查直接负责人的浙江省立图书馆馆长陈训慈也是中华图书馆协会的重要职员。浙江省立图书馆所编《全国图书馆一览》(1931年出版)记图书馆名称与地址,体例与中华图书馆协会《全国图书馆调查表》相似,但没有图书馆总数和分类汇总的统计数字。据韦庆媛统计,该项调查中全国图书馆共有1421所[2]。这一数字与中华图书馆协会1931年第四次订正《全国图书馆调查表》共收1527馆相比,比较接近但略少。

上海《申报年鉴》设有"图书馆"这一部分,1934年出版的《第二次申报年鉴》中《十九年度各省市图书馆概况统计表》直接摘录教育部《十九年度全国社会教育概况》,但自1935年起,《申报年鉴》中"图书馆"部分即与浙江省立图书馆合作,调查表为双方会同制定后,分发各省市教育厅局及各大图书馆,文字材料撰稿人为浙江省立图书馆馆长陈训慈。这一合作方式使得年鉴中有关图书馆的内容质量大为提升,不仅有全国图书馆统计数据,还有关于数据的分析解读,还包括图书馆事业发展概述和特定图书馆发展状况的介绍。该年《全国各省市各种图书馆数量统计表》共包括28省4直辖市、2行政区,由于发出调查表"收到者

---

[1] 全国图书馆调查表[J].中华图书馆协会会报,1931,7(3):44.
[2] 韦庆媛.民国时期图书馆学者的数量及地域分布[J].大学图书馆学报,2017(2):116.

仅及半数"[1],故参酌教育部社会教育司1931年度统计中图书馆及民教馆数据，无较新统计者则用教育部1930年之统计数据，而学校图书馆数量则以教育部1932年度高等教育统计与1930年度中等教育统计中学校数量为据，分为单设图书馆、民教馆图书馆、机关附设图书馆、学校图书馆(中等以上学校)四大类共5828所，其中单设图书馆有1534所。由于东北四省先后沦陷，这些地区图书馆如果不计入内，则有5380所[2]。该年鉴在全国图书馆统计之后还附有《中国各省市立图书馆概表》，调查其名称、地址、藏书总数、中文图书、全年经费、购书费、组织、馆长、职员人数、成立年月等，还有《全国重要大学图书馆概表》，图书馆名称、地址、藏书、经费、阅览人数、馆长一一揭示。1936年《申报年鉴》的"图书馆"部分同样与浙江省立图书馆合作。该年修正上一年度全国图书馆调查数据，计全国图书馆共5196所(除去东北失地则为4745所)，其中单设图书馆有1502所[3]。同时亦新编《全国省市立图书馆简表》与《全国大学图书馆简表》。

二、图书馆实地调查

全国图书馆调查是一种普查工作，主要用于统计全国不同地区各类型图书馆的数量，无法展现图书馆事业发展过程中更为具体的问题。为此，中华图书馆协会还组织了多种形式的图书馆实地调查活动。此类调查虽然不尽全面，但可弥补发函调查之弊。因为对于交通不便的偏远省份，可能找不到图书馆的通信地址，即便根据地址发函，亦存在得不到有效、真实回复的可能。实地调查更能反映该地区图书馆事业方方面面真实的细节，也更容易发现各图书馆实际工作中存在的问题，并立即给予反馈，予以指导，对于图书馆事业的改良和发展起效更快。这种实地调查一般安排较有经验的图书馆学专家负责。除对中国图书馆事业的调查之外，中华图书馆协会会员一般借出访国外的机会调查国外图书馆事业。

---

[1] 申报年鉴社.申报年鉴(1935年)[M].上海:申报馆特种发行部,1935:1074.
[2] 申报年鉴社.申报年鉴(1935年)[M].上海:申报馆特种发行部,1935:1074-1075.
[3] 申报年鉴社.申报年鉴(1936年)[M].上海:申报馆特种发行部,1935:1236.

(一)鲍士伟考察中国图书馆事业

1925年鲍士伟代表美国图书馆协会来华考察中国图书馆事业,期间"参观了约五十所图书馆,作公开讲演约五十次,遍历十行省十四大城"[1],并向中华图书馆协会及中华教育改进社提交二次报告书。第一次报告书就他在上海、杭州、苏州、南京、长沙、汉口、武昌、开封、太原、北京等地参观学校图书馆(中等学校及大学)、省立图书馆、城市图书馆、会社图书馆、商业图书馆所见而作。他认为中国图书馆在当时存在七项不足:公费来源之缺乏或不足、现代图书之缺乏或稀少、不借出馆外之限制、书架不开放、编目法之不适用、推广事业及加增阅览能力之薄弱、适用建筑之缺乏,但同时也认可中国图书馆事业存在发展壮大的条件和少数做得比较好的图书馆,最后他提出了改进中国图书馆事业的数点建议,并认为最急需者在于通力合作之团结及各种方法之划一,而这正是图书馆协会要着力解决的[2]。第二次报告书是在参观济南、奉天各图书馆之后所作,他列举了武昌文华大学公书林同时作公共图书馆的工作、杭州浙江省立图书馆设立通俗图书馆、开封河南省立图书馆采用新式方法组织学生图书馆、杭州公共体育场附设图书馆、南京市民公会经营新式图书馆并附设巡回文库、长沙教育促进会附设图书馆将省立图书馆书籍一律迁入、北京师范大学及他处创办儿童图书馆等事,认为中国已有成立美国式公共图书馆的需要,并介绍美国公共图书馆成功的两大秘诀是书籍自由取用和家庭借读,最后他就书籍的保存与增加、藏书组织方法、书籍利用与传播、图书馆经费等问题提出建议[3]。

(二)李文裿调查河北图书馆事业

1932年春,河北省教育厅"拟改进全省图书馆,委托国立北平图书馆派员视

---

[1] 裘开明.世界民众图书馆概况:中国.章新民,译[J].文华图书科季刊,1934,6(2):44.
[2] 鲍士伟.鲍士伟博士致本会及中华教育改进社报告书.朱家治,译[J].中华图书馆协会会报,1925,1(2):5-7.
[3] 鲍士伟.鲍士伟博士致本会及中华教育改进社第二次报告书[J].中华图书馆协会会报,1925,1(3):3-4.

察指导"①,中华图书馆协会派会员李文裿调查图书馆之设施②。调查费时三月,凡历20余县、20院校③,所至四五十处④。除详查各馆之梗概,且知其优劣,附加改进意见,报告于教育厅外,还就调查所见分别撰《河北省立三学院图书馆视察记》⑤和《河北省立图书馆视察记》⑥发表于《中华图书馆协会会报》,分别记录3个学院图书馆和2个省立图书馆,内容包括图书馆历史与现状的简要介绍,以及组织与经费、书籍之征购与登录、分类与编目、藏书、阅览及参考等,并略加个人意见之评点。又在《图书馆学季刊》发表《河北全省图书馆视察记》⑦,以路线和市县为纲串联各馆,全面介绍了河北省40余处图书馆的基本情况。

(三)毛坤调查四川图书馆事业

1932年夏,中华图书馆协会乘担任该会监察委员的毛坤暑期返乡之便,由执行委员会备函请其就近代为调查四川图书馆现况,并"随宜加以指导"⑧。此次调查的动机和目的,执行委员长袁同礼在信中有详细交代:"(一)此次协会调查之动机:(1)中华图书馆协会,乃为全国图书馆事业及会员谋利益者,为明了各地情形之故,各省各市皆在着手调查,川省自亦在调查之列;(2)四川近年颇注意于建设,凡道路、市街、公园、图书馆多有可观者,藉此调查知其优劣之处何在,可以借镜,或补助也。(二)此次调查之目的,其总原因在于设法使川省图书馆事业得以发展促进,发展促进之道,不外两途:一曰联络,一曰辅助,所谓联络者,约分数端:第一须使各图书馆中之馆员自相联络,以谋智识或工作之利益;第二须使四川各图书馆与各馆员互相联络,即组织各县市协会及全省图书馆协会等;第三须使省县市各协会、各图书馆、各馆员与中华图书馆协会互相联络,加入协会互通声息。所谓辅助者,亦分数端:第一,对于会员个人之能力方面,

---

① 中华图书馆协会第七年度报告[J].中华图书馆协会会报,1932,8(1/2):2.
② 中华图书馆协会第八年度报告[J].中华图书馆协会会报,1933,9(1):3.
③ 李文裿.河北省立三学院图书馆视察记[J].中华图书馆协会会报,1932,7(5):3.
④ 李文裿.河北全省图书馆视察记[J].图书馆学季刊,1932,6(2):279.
⑤ 李文裿.河北省立三学院图书馆视察记[J].中华图书馆协会会报,1932,7(5):3-5.
⑥ 冷衷.河北省立图书馆视察记[J].中华图书馆协会会报,1932,7(6):3-5.
⑦ 李文裿.河北全省图书馆视察记[J].图书馆学季刊,1932,6(2):279-289.
⑧ 调查四川图书馆现况[J].中华图书馆协会会报,1932,7(6):27.

如遇困难问题,不能解决,询问协会,协会得量力辅助之;第二,对于各图书馆方面,如建筑、购订、用人及求各地会社之捐赠书报等,函告协会,协会得量力辅助之;第三,对于省县市协会方面有所提议,或开展览会,或办补习学校,或新创立图书馆等报告协会,协会得量力辅助。"[1]毛坤将此次调查经过写成《调查四川省图书馆报告》[2],发表于《中华图书馆协会会报》。毛坤于8月15日自宜宾启程,经过自流井、资中、资阳、简州而至成都,再由成都而至叙府、泸州、重庆。除亲自调查之图书馆外,毛坤还记录了学友互助社图书馆调查四川各县图书馆情形。调查之后,毛坤认为四川省图书馆与全国各省图书馆比较,可云量之发达,而非质之发达,原因一半由于提倡之人,此去彼来,宗旨未能一定;一半由于缺乏人才,办理不当。他还发现当地多数馆员对于协会虽甚关心,但不晓其内容与工作,因而建议中华图书馆协会将会报或季刊按地址赠阅一二期。此次调查还发现多数青年馆员有继续深造的愿望,但感觉文华图书馆学专科学校的录取资格过高,因而提议中华图书馆协会辅助文华图书馆学专科学校办理一民众图书馆班,或自办类似之训练班于北平或各省之省城。最后,关于各馆所采用分类法、编目法,毛坤认为并非较量优劣长短之后选择,概因有书籍可资依据,因此建议中华图书馆协会采用一般较为适用之分类编目检字之法而印行公布。

(四)沈祖荣调查多省图书馆事业

中华图书馆协会为改进图书馆教育方针,并促图书馆事业发展起见,又委托沈祖荣自鄂经赣、皖、江、浙等省至北平,沿途调查各图书馆一次[3]。1933年4月6日,沈祖荣开启调查之旅,离汉后先抵河南开封,再赴定县、北平、天津、济南、青岛、上海、杭州、南京等地,共调查图书馆30所,分布于十余城中,往返费时一月,还在三处对图书馆同志作公开讲演,并与胡适、高厚德(燕京大学代理校长)、顾临(北京协和医学院代理校长)、戴维士(齐鲁大学代理校长)、蔡元培、叶恭绰、黄炎培等中外教育名流晤谈,对于图书馆之改进及图书馆人才训练方法问题一一商讨,并与图书馆专家讨论图书馆界新兴之各种问题,以及训练人

---

[1] 毛坤.调查四川省图书馆报告[J].中华图书馆协会会报,1932,8(3):1.
[2] 毛坤.调查四川省图书馆报告[J].中华图书馆协会会报,1932,8(3):1-6.
[3] 各省图书馆之调查[J].中华图书馆协会会报,1932,8(3):15.

才时应如何使其适应需要。沈祖荣就此次调查所得撰《中国图书馆及图书馆教育调查报告》[1]刊于《中华图书馆协会会报》。他在报告中不仅记载了各省图书馆的最新进展,总结了图书馆界的种种进步,同时也指出若干存在的问题,例如大学当局常有干预图书馆本身行政之处,教授方面对于图书馆工作不守规约、缺乏好感,大学图书馆无供图书馆人员购置专门参考书籍之费、图书馆间缺乏合作等,提出可通过购置专业书籍、到其他图书馆考察实习、成立图书馆学研究会等方式改善图书馆人员专业训练。对于图书馆学教育的内容,沈祖荣提出,民众教育馆成为当前急务,故民众教育图书馆人才的训练刻不容缓,同时簿记之学亦应成为图书馆学训练必修科目之一,而图书馆学教育亦应根据不同图书馆的需求,有所区别:对于大规模图书馆的馆员应习编目、分类、参考、管理等高深图书馆学术,而一般普通图书馆的图书馆人员应了解图书馆整体工作,以应对图书馆中各方面业务。毛坤和沈祖荣的调查是受中华图书馆协会所托,并由协会支付了调查所需之旅费。

(五)冯陈祖怡调查上海图书馆事业

1933年冬,上海世界社图书馆扩充为上海中国国际图书馆,冯陈祖怡负责该馆之筹备,一方面"欲备悉本市各图书馆之所侧重以为发展之标准",另一方面"凡他馆所已进行者则不再从事,凡他馆所未具备者则力补充,俾收分工合作、殊途同归之效而期有当于文化上之贡献"[2],于是计划对上海各图书馆做实际调查。同时,中国主席团代表李石曾拟将国内外文化事业上最近状况分别搜集或调查惠存馆内以为国际文化合作参考之资料,命崔竹溪、冯陈祖怡两人作图书馆调查,先从上海开始。调查工作自1933年12月1日开始至1934年3月11日脱稿[3]。根据公私刊物所载及平日所闻知,按其馆名地址一一走观,以编者实地考察及各馆所填送调查表为根据,并参考各图书馆之刊物或该馆所属机关之一览、概况及其他有关图书馆之公私出版品等合编而成,共汇集上海80家图书馆之概况,编为《上海各图书馆概览》,于1934年出版。其内容包括每馆之名

---

[1] 沈祖荣.中国图书馆及图书馆教育调查报告[J].中华图书馆协会会报,1933,9(2):1-8.
[2] 冯陈祖怡.上海各图书馆概况[M].上海:中国国际图书馆,1934:序.
[3] 冯陈祖怡.上海各图书馆概况[M].上海:中国国际图书馆,1934:引言.

称、馆址、电话、所属机构概略、图书馆沿革及成立年月、馆舍建筑、藏书、职员、经费、分类、编目、检字、阅览时间、阅览人数、阅览办法、借出办法、将来计划等。

(六)吕绍虞调查上海图书馆事业

1938年,中国图书服务社发行吕绍虞著《最近之上海图书馆》,该书作为上海图书馆协会丛书之一种,实际上可视作吕绍虞之图书馆学文集性质,收录其曾经发表于报刊介绍上海图书馆之文字,其中《今日之上海图书馆》是为上海图书馆协会第九届年会特刊而作。全书介绍了上海的专门图书馆、通俗图书馆、大学图书馆、流通图书馆、租界中的图书馆等,按作者所言,"上海的图书馆,大的、小的,总数原在二百以上,可是到了今日,却打了一个很大的折扣,就著者所知,比较著名的实在不过本书所介绍的几个,即有遗漏,恐怕也属少数"[1]。因此,该书也可视为对上海图书馆进行调查的成果。

(七)其他图书馆调查

1941年,《中华图书馆协会会报》刊载杜定友所编制的《大学图书馆调查表》[2],他在上一期《中华图书馆协会会报》发表《大学图书馆问题》,此表可视作这篇论文的姊妹篇。不过这仅是调查设计表,可供有意进行大学图书馆调查者使用,至于杜定友是否发出调查表进行调查就不得而知了。1942年,中华图书馆协会对重庆市图书馆展开调查,可惜仅在《中华图书馆协会会报》第17卷1/2合期刊登第一部分"国际团体图书馆"就没有下文了。因属于团体附设图书馆,因此调查项目不仅包括图书馆藏书,更多内容还是介绍该团体之沿革历史、宗旨、工作情形、会员、经费、职员、地址、电话等[3]。

(八)国际图书馆调查

1929年,沈祖荣代表中华图书馆协会赴罗马参加第一次国际图书馆及目录

---

[1] 吕绍虞.最近之上海图书馆[M].上海:中国图书服务社,1938:序言1.
[2] 杜定友.大学图书馆调查表[J].中华图书馆协会会报,1941,15(3/4):5-7.
[3] 重庆市内图书馆一览[J].中华图书馆协会会报,1942,17(1/2):10-12.

学会议,并受委托在大会闭幕后考察了欧洲国家的图书馆事业,他在《参加国际图书馆第一次大会及欧洲图书馆概况调查报告》[1]中除汇报大会相关事项外,还详述了德国、意大利、荷兰、英国、法国、瑞士、俄国、奥地利8个欧洲国家的图书馆状况。

三、图书馆被毁与复兴状况调查

抗日战争全面爆发后,中华图书馆协会会务停顿一年。1938年7月《中华图书馆协会会报》复刊后第一期即在《复兴工作》中提到:自1937年10月起,中华图书馆协会即"从事两种工作:(一)全国图书馆被毁状况之调查;(二)协助全国图书馆积极复兴。关于调查工作,曾托中外人士亲至各地访问,惠寄确实报告,分类保存,并将报纸所载者,予以剪裁,编成英文报告,以作国际之宣传。关于复兴工作,首将被毁概况,报告欧美各国,次则征求书籍,在各国通都大邑,指定收书地点,广募图书,免费运华,并与美国图书馆协会商妥,一俟战事结束,由该会派定专家一人,来华视察,协助我国图书馆积极复兴"[2]。同时,中华图书馆协会为征求全国图书馆被毁事实及照片起见,于1938年4月间在全国各地设立通讯处14所:武昌文华公书林、成都金大图书馆、城固西北联大图书馆、广州岭南大学图书馆、福州省立图书馆、昆明西南联大图书馆、上海震旦大学图书馆、长沙湖大图书馆、重庆中央图书馆、鸡公山河大图书馆、桂林广西省政府图书馆、贵阳省立图书馆、永康浙江省立图书馆、香港北平图书馆香港通讯处[3]。

1938年9月《中华图书馆协会会报》又刊发《继续调查全国图书馆被炸状况》[4]的消息,指出对于新近被毁或情况不明之图书馆,已由中华图书馆协会委托当地人就近调查,并继续以中华图书馆协会的名义通启,函征实际被炸情况。中华图书馆协会此前已将中国图书馆被毁经过以英文撰成报告,分寄各国,后

---

[1] 沈祖荣.参加国际图书馆第一次大会及欧洲图书馆概况调查报告[J].中华图书馆协会会报,1929,5(3):3-29.
[2] 本会消息:复兴工作[J].中华图书馆协会会报,1938,13(1):15.
[3] 本会消息:本会设立通讯处[J].中华图书馆协会会报,1938,13(1):17.
[4] 本会消息:继续调查全国图书馆被毁状况[J].中华图书馆协会会报,1938,13(2):17.

又将教育文化机关被毁实况以英文撰成报告,于1938年9月脱稿正设法排印①。

全面抗战期间,《中华图书馆协会会报》频频刊登各地图书馆之被毁消息,如《杭州图书馆图书遭敌焚烧》《汕市立图书馆遭敌机炸毁》《平津图书馆之遭劫》等。1938年第11卷3期刊登钱存训《上海各图书馆被毁及现况调查》、洪薇《抗战期中江西省立图书馆的动态》,该期还引用重庆《时事新报》夏颂明对于抗战全面爆发一年来我国图书馆损失的调查数据,据称一年中全国损失的图书馆合计有2166所,估计损失图书约达866万余册②。1941年9月,中华图书馆协会为关心北平市图书馆界状况者之明了起见,多方设法托人调查,并据调查所得撰《七七事变后平市图书馆状况调查》③一文刊于《中华图书馆协会会报》第16卷1/2合期和3/4合期,调查涉及国立北平图书馆、国立清华大学图书馆、国立北京大学图书馆、国立北平师范大学及所属各校图书馆、燕京大学图书馆和北平协和医学院图书馆。

抗战胜利以后,《中华图书馆协会会报》在第20卷第4/5/6期合刊发表《广州、香港各图书馆近况》一文,记录了位于广州的国立中山大学图书馆、岭南大学图书馆、广东省立文理学院图书馆、广州大学图书馆、广东省立图书馆、广州市立中山图书馆、广东文献馆图书室,以及与广州比邻之香港大学图书馆的调查结果。

第二节 馆藏资源调查

图书馆资源大体来说分为新书(含报刊)和旧籍两大类。一般来说,省级公共图书馆和大学图书馆收藏旧籍较为丰富,而一般规模较小图书馆或新建的图书馆收藏旧籍较少,一方面是缺乏古书的积累,另一方面当时古籍已日渐稀少而且价格高昂导致无力购买。从资源类型来看,图书馆资源调查具体包括图书调查、报刊调查,以及版片、善本书调查。这些调查有多重意义:一是可以当作

---

① 本会消息:《中国教育文化机关被毁记实》脱稿[J].中华图书馆协会会报,1938,13(2):17.
② 国内消息:抗战一年来我国图书馆的损失[J].中华图书馆协会会报,1938,11(3):21-22.
③ 七七事变后平市图书馆状况调查[J].中华图书馆协会会报,1941,16(1/2):4-12.

图书馆采购的指南,二是有助于不同图书馆了解其他馆所拥有的资源以促进馆际合作,三是有助于读者了解相关资源的馆藏处所以便于阅读和研究。需要指出的是,此类调查有些是由图书馆协会托付其职员从事调查,还有些是中华图书馆协会会员(图书馆或个人)自身主动去做的调查。这两者之间存在相互影响的关系,有时是图书馆协会认为某图书馆的做法比较好而由协会出面去做,有时是图书馆、地方图书馆协会或个人会员觉得中华图书馆协会的调查给他们以启发,进行相关调查以进行补充或突出地方特色。

一、图书调查

由于图书数量巨大,关于图书的调查一般有新书调查和专题书目调查两类。

在中华图书馆协会成立之前,上海图书馆协会曾在《申报》发文征求各书局新书目录,称"为便利图书馆及各读者采购书籍起见,拟于杂志中加刊新书目一栏"[1],杜定友在该刊《发刊趣旨》中提到该杂志内容的第三项就是"新书书目",内容是国内每月新出之书,分类编列,详载内容、著者、价值等件,以备学者及图书馆采购[2]。同时,该刊创刊号上刊载了黄警顽所辑《上海各书局新书汇录》[3],既方便购书者按图索骥,又起到了新书广告的作用,有助于书商推销新书。《中华图书馆协会会报》自创刊后,每期设有"新书介绍"栏目,介绍国内外最新出版图书,不仅有著者、出版时间、出版者、定价等基本信息,针对内容还有详略不等的介绍及评价文字。

《中华图书馆协会会报》还刊登不少专题书目。其中,《图书馆学书目举要》[4]列图书馆学初学书目,包括《澹生堂藏书约》《流通古书约》《藏书纪要》《藏书纪事诗》《书林清话》等中国古代图书馆学书籍以及《图书馆管理法》《图书馆小识》《图书馆指南》《图书馆学》《图书馆简说》《儿童图书馆之研究》《阅览室概

---

[1] 上海图书馆协会征求新书目录[N].申报,1925-03-02(11).
[2] 杜定友.上海图书馆协会图书馆杂志发刊趣旨[J].图书馆,1925(1):10.
[3] 黄警顽.上海各书局新书汇录[J].图书馆,1925(1):101-102.
[4] 图书馆学书目举要[J].中华图书馆协会会报,1925,1(3):4.

论》等现代图书馆学书籍14种，还有日本田中敬著日文《图书馆学概论》1种，另有西文书籍43种，分别按图书馆经济（总论）、图书馆建筑设备、图书选择与采购、编目、索引、装订分类。

《近两年来出版之国学书籍简目》[①]按经、史、子、集、丛书五部列出新近出版的国学书籍143种。

《易经集目》在《中华图书馆协会会报》第4卷3期[②]和第5卷1/2期合刊[③]连载易经相关书目1000余种，并附日本著述18种、高丽著述33种，以及纬书9种。

《民国十九年来出版之地志书简目》[④]辑录全国24个省份出版地方志245种，仅著录书名、卷数、著者和出版时间。

《近见译书目录》[⑤]由于震寰所编，按哲学、心理学、自然科学、社会科学、教育、社会学、经济学、政治学、财政学、法律、史地、文学、美术、小说共15类著录译书180种，列有著者、书名、译者、出版社及所属丛书名。作者在目录的末尾说明所录大半为1930年下半年所见，并以社会科学书为最多，此一时之潮流，初非中国有如是之需要也，日本和俄国也有类似的出版倾向，认为这或许是我国现代思潮之先导，同时指出小说类中遗漏当较他书为多，可参考真美善书店出版虚白编《汉译东西洋文学作品编目》。

鉴于时局的原因，读者对于中日关系较为关注，故图书馆界出现了不少中日关系方面的专题书目。1928年，明远中学校长陈伯华安排学生于"五七"纪念日参观图书馆，并请杜定友将关于日本之书籍检出若干，以资参考，认为这样比空泛的纪念更有意义。于是，杜定友就馆中书籍中检出若干种，并就中选择数种为首类，标以《救国雪耻》为题，附以各种反日标语及反日宣言等，以资警惕，于日本之历史现状、政治经济者共有日文书200余种。1931年"九一八"事变后，杜定友乃将近来所有关于日本书籍加以增补，著《对日问题研究书目》[⑥]，发表于《中华书局图书月刊》。该书目收图书60种，包含书目、作者、出版者、出版

---

① 颂生.近两年来出版之国学书籍简目[J].中华图书馆协会会报,1928,4(3):12-15.
② 慰.易经集目[J].中华图书馆协会会报,1928,4(3):16-22.
③ 慰.易经集目[J].中华图书馆协会会报,1929,1(1/2):6-26
④ 和.民国十九年来出版之地志书简目[J].中华图书馆协会会报,1930,6(2):7-13.
⑤ 于震寰.近见译书目录[J].中华图书馆协会会报,1930,6(3):5-10.
⑥ 杜定友.对日问题研究书目[J].中华书局图书月刊,1931(3):1-8.

年、页码及内容提要。此外,《国立北平图书馆读书月刊》《图书馆周刊》等也刊行其他中日问题之书目数种。1931年,《中华图书馆协会会报》刊登冷衷《研究中日问题参考书目》[1],收书较为全面,按图书内容分六大类,共包括图书145种,但仅提供书目、作者和出版社信息。

二、报刊调查

(一)全国期刊调查

1927年2月出版的《中华图书馆协会会报》中《会务纪要》记载:"本会以国内杂志日多,拟从事调查其名称及性质,以供各图书馆之参考,俟调查就绪后当陆续在本会会报上发表云。"[2]1929年,中华图书馆协会第一届年会议决通过李小缘提出"本会应详细调查全国定期刊物案",提到这类调查无论读者及图书馆均极感需要,既可知各科已有之杂志,并其学科之发展概况,又可以为杂志索引之根据,可由杂志索引委员会附带进行[3]。

冷衷编辑《中国定期刊物调查表》在1927年至1930年间连载于《中华图书馆协会会报》2卷5期、2卷6期、3卷1期、3卷2期、4卷1期、5卷6期,记载刊物的刊名、出版者及地址信息。1930年,中华图书馆协会还委托国立北平图书馆中文期刊组组织孙诚书编辑《中文期刊生卒调查表》,以该馆入藏期刊为根据,自1934年1月1日起,每两月制为一表,在《中华图书馆协会会报》按期刊布[4]。该调查表按创刊期刊和停刊期刊分别著录,创刊期刊著录项目包括刊名、刊期性质、出版地、出版者、创刊年月、价目,停刊期刊著录项目包括刊名、出版者、期数、停刊年月,两者皆按笔画多少排序。该项调查最早发表于1934年2月《中华图书馆协会会报》第9卷4期,至1937年4月第12卷5期登毕。

---

[1] 冷衷.研究中日问题参考书目[J].中华图书馆协会会报,1931,7(2):8-12.
[2] 会务纪要:调查杂志[J].中华图书馆协会会报,1927,2(4):16.
[3] 中华图书馆协会执行委员会.中华图书馆协会第一次年会报告[M].北平:中华图书馆协会,1929:168.
[4] 中文期刊生卒调查表[J].中华图书馆协会会报,1934,9(4):7.

(二)地区期刊调查

地区期刊调查主要由中华图书馆协会会员组织,包括各地方图书馆协会、图书馆馆长或主任。1925年,上海图书馆协会《图书馆》创刊号刊载孙心磐所辑《上海各图书馆杂志名目汇录》[1],根据上海10家图书馆收藏期刊信息进行汇总,不仅记录期刊名称和卷期信息,还给出每种期刊的馆藏地。

1930年,《辽宁省立图书馆馆刊》第一卷刊有《东北定期刊物一览》[2],1930年6月调查,以该馆收到刊物为限,按刊物出版周期排序,分别有日刊、周刊、旬刊、半月刊、月刊、季刊等,共有53种,分别记录刊名、出版者和当时收到的期数。

1935年,时任岭南大学图书馆馆长的谭卓垣在《岭南学报》发表《广州定期刊物的调查(1827-1934)》[3]。据作者所言,搜集刊物总计竟达800份之上。此次调查所依据的材料十之八九来自岭南大学图书馆,除此之外,作者也参考过几所著名大学所编印的定期刊物目录和基本重要书籍,如戈公振的《中国报学史》和《广州指南》等,还调查西南政务委员会和出版审查会的登记。这份调查以年代为先后记录了刊物的名称、出版状况和内容,包括不少英文刊物和年代较为久远的刊物,而且开篇对广州定期刊物的历史和特点进行了十分详尽而深入地分析,不失为一篇优秀的论文,在所有定期刊物调查中独树一帜。

1936年,任大夏大学图书馆主任的吕绍虞在《大夏图书馆报》发表《大夏大学出版刊物调查》[4],调查结果共有刊物45种,按出版者分有学校、学生会及同学会、学术团体、同乡会等。每种刊物记载出版者、创刊时间与出版期数、定价等,少数附有内容简介。

(三)专题期刊调查

期刊的专题调查还有数种。其一是1930年《中华图书馆协会会报》发表的冷衷编辑《中国政府出版期刊调查表》[5],专门调查汇集中央各院部及省市县各机关

---

[1] 上海各图书馆杂志名目汇录[J].图书馆,1925(1):103-105.
[2] 东北定期刊物一览[J].辽宁省立图书馆馆刊,1930(1):5-6.
[3] 谭卓垣.广州定期刊物的调查[J].岭南学报,1935,4(3):1-91.
[4] 吕绍虞.大夏大学出版刊物调查[J].大夏图书馆报,1936,2(3):1-2.
[5] 冷衷.中国政府出版期刊调查表[J].中华图书馆协会会报,1930,6(1):15-24.

出版之定期出版物，按中央、特别市(首都、北平、天津、上海、汉口、广州、青岛)以及各省市县分别列举刊名及出版者，共录刊物257种；其二是1931年《中华图书馆协会会报》发表的《江苏各县社会教育期刊表》[①]，共收江苏省各县社会教育类期刊81种；其三是1932年《国立北平图书馆读书月刊》刊载的《关于抗日刊物调查表》[②]，收集抗日刊物50余种；其四是1935年商务印刷所图书馆部《图书馆通讯》刊登淑彬《国内定期出版图书馆刊物调查表》[③]，列有国内图书馆及图书馆协会发行图书馆刊物25种；其五是1935年《中华图书馆协会会报》发表的《杂志专号集目》[④]，由丁瀞集目，于震寰编次，以1934年12月为断，专门收录杂志中专门讨论某一问题的专号(不含特大号、新年号、革新号等)，按文化、学术会议、图书馆及目录学、哲学与宗教、教育等专题分类，共涉及171种杂志约560条专号。

(四)新刊调查

陈丽泉认为，"中国杂志种类繁杂，而殊鲜持久性，且多困于经济，故昙花一现即杳无声息"[⑤]，新刊的调查对于图书馆和读者来说很有实用价值，故编辑《二十年度新刊中国期刊调查表》发表于《中华图书馆协会会报》，收1931年度出版的期刊211种，著录刊名和期刊所在机构。

(五)外文期刊调查

1926年，《中华图书馆协会会报》刊载《日本图书馆学杂志目录》[⑥]，收图书馆学杂志14种，记刊名、出版者、地址信息。这实际上属于外文专题期刊调查。

1931年，《中华图书馆协会会报》刊载《现代图书馆应备之日文期刊目录》[⑦]，分总类、哲学、宗教、自然科学、应用科学、社会科学、地理历史、美术等类，有些类目下还设二级类目，共收录295种日文期刊。

---

① 陆铨.江苏各县社会教育期刊表[J].中华图书馆协会会报,1931,6(4):8-10.
② 丽.关于抗日刊物调查表[J].国立北平图书馆读书月刊,1932,1(7):35-37.
③ 淑彬.国内定期出版图书馆刊物调查表[J].图书馆通讯,1935(1):9-10.
④ 丁瀞,于震寰.杂志专号集目[J].中华图书馆协会会报,1935,10(5):5-18.
⑤ 陈丽泉.二十年度新刊中国期刊调查表[J].中华图书馆协会会报,1932,7(4):12-17.
⑥ 日本图书馆学杂志目录[J].中华图书馆协会会报,1926,1(6):4.
⑦ 冷衷.现代图书馆应备之日文期刊目录[J].中华图书馆协会会报,1931,6(5):10-21.

(六)期刊专号调查

期刊专号是指期刊针对特定主题所出专号,不包括特大号、新年号、革新号等无特别主题的专号。丁瀞集目、于震寰编次而成《杂志专号集目》[1],收1934年12月前171种杂志的专号约560条,归入文化、学术会议、图书馆及目录学、哲学与宗教、教育、体育、社会科学、妇女与家庭、经济、法律、政治、市政与自治、财政关税、军事、外交、国际问题、自然科学、卫生、医药、农林、工程及工业、商业、交通、水利、中国、国际情势、人之纪念号、语言学、文艺、艺术30门类。

(七)报纸调查

报纸调查相对期刊调查来说,数量较少。1925年上海图书馆协会《图书馆》创刊号刊载过《上海的报纸和通信社》[2]。1932年《中华图书馆协会会报》还刊载了严文郁所撰《美国之华文报纸》[3],介绍美国旧金山、纽约、芝加哥以及古巴、檀香山等地华文报纸16种,包含报纸名称、地址、出版周期和定价。

三、版片善本调查

民国年间,随着新书及报刊日益普及,旧籍继续刊行者日稀,又因战乱等因毁损,或流失海外,使文化界人士,尤其图书馆界人士忧心,中国古代文化的保护和传承问题迫在眉睫。中华图书馆协会一方面提出若干防止典籍流失的议案,一方面开展相关调查工作,以期明了状况和实施补救。

1926年《中华图书馆协会会报》曾刊登《南京家刻版片调查初录》[4],未注明作者,但据1933年出版之《中华图书馆协会概况》所言"会员刘纯先生前于十五年间即有南京家刻版片之调查"[5]可知,该文作者正是刘纯。他之所以调查家刻

---

[1] 丁瀞,于震寰.杂志专号集目[J].中华图书馆协会会报,1935,10(5):5-18.
[2] 中夏.上海的报纸和通信社[J] 图书馆,1925(1):69-75.
[3] 严文郁.美国之华文报纸[J].中华图书馆协会会报,1932,7(5):
[4] 南京家刻版片调查初录[J].中华图书馆协会会报,1926,2(2):11-13.
[5] 中华图书馆协会执行委员会.中华图书馆协会概况[M].北平:中华图书馆协会事务所,1933:40.

版片,是因为局刻和坊刻"或有目录可稽,调查尚易,独家刻一种,既无集中之处所,复往往畏为人知,深秘固藏,甚难得其真相"①,因而就南京家刻版片之版权人、书名、现存处所一一揭示。据1926年12月出版《图书馆学季刊》末尾著者略历显示,刘纯,字纯甫,南京人,金陵大学图书馆馆员②。查《中华图书馆协会第一次年会报告》,"出席人员一览"中有刘纯甫,籍贯江苏江宁,所属机构亦为金陵大学图书馆。由此可知,孟国祥在其著作中提到"1927年,时为国立中央大学图书馆馆员的刘纯先生对南京书肆作过调查"③,对刘纯任职图书馆有所误解。

1929年1月29日,刘纯在中华图书馆协会第一届年会上提交"调查全国家刻版片资助印行案",同时袁同礼也提出"请各省市政府调查及登记所属区域内所藏之书板、经板及档案,遇必要时得设法移送图书馆保存案"。两案经图书馆行政组第一次会议讨论,并为一案——"调查及登记全国公私版片编制目录案"通过,其办法为"由本会执行委员会特组委员会办理"④。

此次年会还有国立中央大学国学图书馆"请本会调查登记公私中外现存宋版书以便筹谋影印使勿亡佚案"、刘纯"调查国内善本书籍编制目录案"、河北省立第一图书馆"孤本书籍立行重印以广流传案"、上海沪江大学图书馆"请国民政府转咨教育部下令全国民间所保存古籍社会未能见者应请在附近书店仿印出版以便张明我国古学亦可藉免古学湮没案"和"请国民政府收回庚子年被外人掳去之各种古籍(如永乐大典等)及其他陆续收去者准我国影印收回以保存国粹案",五案议决合并为"本会调查登记国内外公私所藏善本书籍,编制目录以便筹谋影印案",办法为"由本会执行委员组织善本书籍调查委员会办理"⑤。

为执行第一届年会议决议各案,及共同研究学术起见,中华图书馆协会特组织9个专门委员会⑥,其中就有宋元善本书调查委员会和版片调查委员会。

---

① 南京家刻版片调查初录[J].中华图书馆协会会报,1926,2(2):11-13.
② 图书馆学季刊第一卷第四期著者略历[J].图书馆学季刊,1926,1(4):著者略历(无页码).
③ 孟国祥.南京文化的劫难(1937-1945)[M].南京:南京出版社,2017:115.
④ 中华图书馆协会执行委员会.中华图书馆协会第一次年会报告[M].北平:中华图书馆协会,1929:75.
⑤ 中华图书馆协会执行委员会.中华图书馆协会第一次年会报告[M].北平:中华图书馆协会,1929:71-72.
⑥ 本会新组织之各委员会[J].中华图书馆协会会报,1929,4(5):26-27.

显然，这两个委员会的设立与上述两项议案直接相关。

版片调查委员会主席徐鸿宝、书记王重民（北平北海图书馆），委员有庄严（北平古物保管委员会）、杨立诚、赵鸿谦（中央大学国学图书馆）、柳诒徵、陈乃乾、欧阳祖经、胡广诒（安徽省立图书馆）、侯鸿鉴（福建省教育厅）、徐绍棨（广州中山大学）、何日章（河南图书馆）、聂光甫（山西省立图书馆）。宋元善本书委员会主席柳诒徵任职南京中央大学国学图书馆，书记赵万里任职北平北海图书馆，委员有傅增湘、张元济、董康、徐鸿宝、周暹、陈乃乾、瞿启甲、单丕（上海国立中央研究院）、杨立诚（浙江省立图书馆）、欧阳祖经（江西省立图书馆）、周延年（南浔嘉业藏书楼）。

1929年10月，《中华图书馆协会会报》第5卷1/2合期刊登《中华图书馆协会版片调查委员会启事》和《中华图书馆协会善本调查委员会启事》，《图书馆学季刊》也有刊载。两委员会皆制作调查表式，其中版片调查表需向国立北平图书馆徐鸿宝或王重民函索[1]，善本调查表则向南京龙蟠里国学图书馆柳诒徵或北平北海图书馆赵万里函索[2]。

"版片调查委员会曾经努力进行，惟因困难稍多，成效较鲜"[3]，至1930年6月完成者只有河南、江苏、江西各处。善本调查委员会成绩颇为可观，至1930年6月已完成江苏省立国学图书馆、东省（方）[4]文化委员会图书馆、国立北平图书馆、江苏省立苏州图书馆、浙江省立图书馆的调查[5]。

1932年10月，善本调查委员会并入版片调查委员会，以柳诒徵为主席、缪凤林为书记[6]。该委员会计划将嘉业藏书楼、松江韩氏藏书、南海康氏藏书之宋元刊本，一一调查完尽[7]。善本委员会之调查成果主要是善本书目的形式，由于规模较大，多由各馆自行刊印。笔者曾在相关数据库中见到赵万里撰集《国立

---

[1] 中华图书馆协会版片调查委员会启事[J].中华图书馆协会会报，1929,5(1/2):2
[2] 中华图书馆协会善本调查委员会启事[J].中华图书馆协会会报，1929,5(1/2):2
[3] 中华图书馆协会第五年度报告[J].中华图书馆协会会报，1930,6(1):6.
[4] 《中华图书馆协会会报》为"省"，而《中华图书馆协会概况》中为"方"，以后者为正确。
[5] 中华图书馆协会第五年度报告[J].中华图书馆协会会报，1930,6(1):6.
[6] 中华图书馆协会执行委员会.中华图书馆协会概况[M].北平：中华图书馆协会事务所，1933：40-41.
[7] 中华图书馆协会第八年度报告[J].中华图书馆协会会报，1933,9(1):4.

北平图书馆善本书目(四卷)》(1933年10月刊印),又有《康氏藏善本书目》和《嘉业藏书楼善本书目》等,但仅从善本书目本身难以判定与善本委员会的关系。

《永乐大典》是明永乐年间由明成祖朱棣先后命解缙、姚广孝等主持编纂的一部集中国古代典籍于大成的类书,初名《文献大成》,后明成祖亲自撰写序言并赐名《永乐大典》。《永乐大典》保存了我国明初以前大量文献资料,规模远超前代所有类书,堪称世界有史以来最大的百科全书。正本在明代隆庆以后已下落不明,副本在近代亦命运多舛,屡遭劫难,1900年庚子事变前尚存800余册,1912年翰林院所藏《永乐大典》移交京师图书馆时仅剩64册[1]。自近代以来,国内外许多藏书机构及个人都在积极地搜求《永乐大典》残本。

中华图书馆协会对《永乐大典》极为关注,屡次在其所办刊物中披露《永乐大典》最新发现,其中贡献最大者当属袁同礼。1921—1923年间,袁同礼在美国学习图书馆学,毕业后在英国、德国、奥地利等欧洲多国游学考察。他深知《永乐大典》的价值,在欧期间遍访各大图书馆,对其遗存卷目作了较为详细的调查,未及归国,就自伦敦寄出《永乐大典考》发表于《学衡》杂志,概述《永乐大典》的形制、历代收藏等情况,详细记录所见闻之150余册,列其卷数、允目、内容及馆藏地。1925年《中华图书馆协会会报》刊载袁同礼《永乐大典现存卷目》[2],录161册,除京师图书馆所藏外,还包括他1923年冬在英国、1924年春游德奥、1925年游大连时所见,分别记卷数、韵、标题、页数、现藏。1927年《中华图书馆协会会报》刊载袁同礼、刘国钧合编《永乐大典现存卷数续目》[3],共录58册。同年6月,袁同礼在日本见《永乐大典》27册,又编《永乐大典现存卷数续目》,同时补在京中所见者12册,共39册,发表于《中华图书馆协会会报》[4]。1929年,袁同礼在《北平北海图书馆月刊》发表《永乐大典现存卷目表》[5],汇总此前所闻见者共得286册。此后在《北平北海图书馆月刊》和《国立北平图书馆馆刊》上陆续更新,记载新近发现的《永乐大典》,至1932年,袁同礼在《近三年来发见之永乐

---

[1] 孙壮.永乐大典考[J].北平北海图书馆月刊,1929,2(3/4):191.
[2] 袁同礼.永乐大典现存卷目[J].中华图书馆协会会报,1925,1(4):4-10.
[3] 袁同礼,刘国钧.永乐大典现存卷数续目[J].中华图书馆协会会报,1927,2(4):9-13.
[4] 袁同礼.永乐大典现存卷数续目[J].中华图书馆协会会报,1927,3(1):9-11.
[5] 袁同礼.永乐大典现存卷目表[J].北平北海图书馆月刊,1929,2(3/4):215-251.

大典》①中汇总了1929年的286册，以及陆续访求得到的60册《永乐大典》。同年，袁同礼在《国立北平图书馆馆刊》发表《永乐大典存目》，这是根据当时北平图书馆新收的写本《永乐大典》目一本，上有翰林院印，目中于存佚各卷详为注明，袁同礼判断这很可能就是乾隆时期馆臣检查之底册，故加"存目"二字将其公之于世。

除袁同礼以外，《图书馆学季刊》于1926年发表李正奋《永乐大典考》②，据其统计，当时京师图书馆有《永乐大典》74册。担任中华图书馆协会善本书委员会书记的赵万里则在《北平北海图书馆月刊》上发表《永乐大典内之元人佚词》《馆藏永乐大典提要》《永乐大典内之周美成佚诗》等文。

第三节　其他调查

除对图书馆和图书馆馆藏资源进行调查以外，中华图书馆协会还对国内外书店和学术团体的情况进行调查。

一、书店调查

图书馆是收藏文献供读者阅读的机构，而出版业是从事文献生产和销售的行业，两者是上下游的关系，相互依赖。作为图书馆工作而言，资源采购是一项重要工作，需要了解有什么资源，更要知道从何处获得资源。因此，书店调查对于图书馆采购的重要性不言而喻。

中华图书馆协会的调查事业，"关于各地书店一项，向极勤力。惟我国幅员辽阔，势难由本会专人一一调查。故必须仰赖各地图书馆之赞助，方能举事"③。因此，中华图书馆协会成立不久，执行部即着手调查全国书店名称、地址，首先

---

① 袁同礼.近三年来发见之永乐大典[J].国立北平图书馆读书月刊,1932,1(6):40-46.
② 李正奋.永乐大典考[J].图书馆学季刊,1926,1(2):115-123.
③ 广西书店调查表[J].中华图书馆协会会报,1932,8(3):10.

通函各都市公立图书馆，请其协助，后又委托各大学图书馆代作书店调查[1]。这类调查以"一览"为名，主要列书店名称和地址两项，如1926年3月《中华图书馆协会会报》率先刊登《北京书店一览》[2]。1926年12月《中华图书馆协会会报》第2卷第3期又刊登《济南各书店一览》《上海各书店一览》《苏州各书店一览》《长沙各书店一览》《福州各书店一览》《厦门各书店一览》《云南省城书店一览》，均只记店名与地址。1927年《中华图书馆协会会报》第2卷第5期又刊有《上海书店一览表（二）》《宁波书店一览表》《桂林书店一览表》《昆明书店一览表》。1927年《中华图书馆协会会报》第3卷第2期刊登《北京书店一览补表》[3]。1929年《中华图书馆协会会报》第5卷第1/2期合刊刊有《哈尔滨书店一览》，并用不同标记标注各书店资本情况。1930年《中华图书馆协会会报》第5卷第4期刊有《沈阳书店一览》。

除此之外，中华图书馆协会"复委托各会员调查"，并打算"一俟全国调查竣事，再为汇成一编"[4]。1927年《中华图书馆协会会报》刊登刘纯所撰《南京书肆调查表》[5]，较之此前的"书店一览"信息更加丰富，除名称、地址外，尚有经理姓名、创办时间、有无书目、定价折扣情形，以及经营性质和书籍种类，调查表前后又加入不少对于南京书业的个人经验之谈，指导作用更大。1932年《中华图书馆协会会报》刊登《安庆书店调查表》[6]，列有店名、地址、性质、资本、每年营业额、售书种类、经理姓名、店员人数等项。同年还有《广西书店调查表》[7]，该表为广西统计局图书馆所制，包括名称、所在地、开设年月、店东与经理姓名、资本组织、资本总数、每年营业额、代理何处书局及备注项，涵盖桂林、百色、南宁、梧州四地。1933年《中华图书馆协会会报》第9卷3期还刊载有《桂林书店调查表》和《温州书店调查表》，前者除店名、地址外，还列有经售书籍种类，后者则列店名、地址、资本情况和经营范围。1937年抗日战争全面爆发后，金陵大学自南京西

---

[1] 会务纪要：调查书店[J].中华图书馆协会会报，1926，2(3)：10.
[2] 北京书店一览[J].中华图书馆协会会报，1926，1(5)：5-7.
[3] 北京书店一览补表[J].中华图书馆协会会报，1927，3(2)：10-11.
[4] 广西书店调查表[J].中华图书馆协会会报，1932，8(3)：10.
[5] 南京书肆调查表[J].中华图书馆协会会报，1927，2(4)：13-16.
[6] 安庆书店调查表[J].中华图书馆协会会报，1932，8(1/2)：43.
[7] 广西书店调查表[J].中华图书馆协会会报，1932，8(3)：10-13.

迁至成都。金陵大学图书馆陈长伟就地调查,撰成《成都书店调查表》发表于《中华图书馆协会会报》第15卷3/4合期和5期,分别介绍成都的旧书业和新书业。

除调查国内书店外,《中华图书馆协会会报》还刊登国外书店资料,如《德法著名书店一览》[①]《日本著名书店一览》[②]《英美著名书店一览》[③],以方便国内图书馆购买外文书籍。1929年沈祖荣赴罗马参加第一次国际图书馆及目录学大会并调查欧洲图书馆事业,在对德国图书馆进行调查之外,还对德国出版界与书店状况进行了调查[④]。

二、学术团体调查

学术团体调查也是中华图书馆协会调查事业的一部分,其原因在于图书馆学者认为图书馆有服务学术界之责任。1929年李小缘在中华图书馆协会第一届年会上提出"本会应调查全国之学术机关以供全国图书馆参考案",其理由为:"(一)全国学术机关向缺调查无以参考;(二)如有此专册则可凭为交换或购书之根据;(三)全国学术机关之存废,可有详细记录,藉可以稽考。"[⑤]该议案提出办法包括由协会设立调查委员会以董其事、由各地图书馆负责照规例填表报告、由委员会整理稽核制为专册、由该委员会负责继续进行报告并每五年出一续册等。不过,这一议决案并未得到很好执行,但中华图书馆协会会员有不少从事相关调查者。如国立北平图书馆李文裿编《北平学术机关指南》[⑥],于1933年由北平图书馆协会出版,包括学会、研究院、博物院及陈列所、图书馆、大学及专科学校五大类,末尾增加"补遗",增补5家学术机关。调查内容包括名称、会

---

① 德法著名书店一览[J].中华图书馆协会会报,1925,1(4):14-16.
② 日本著名书店一览[J].中华图书馆协会会报,1926,1(6):4-5.
③ 英美著名书店一览[J].中华图书馆协会会报,1926,1(6):5-9.
④ 沈祖荣.参加国际图书馆第一次大会及欧洲图书馆概况调查报告[J].中华图书馆协会会报,1929,5(3):15-16.
⑤ 中华图书馆协会执行委员会.中华图书馆协会第一次年会报告[M].北平:中华图书馆协会,1929:167.
⑥ 李文裿.北平学术机关指南[M].北平:北平图书馆协会,1933.

址及电话、沿革及成立年月、组织、现在会务概况、将来计划、会长姓名、职员人数、经费、出版物等。1935年,《中华图书馆协会会报》刊载李景新译《各国出版事业社团表》[①],这是日本江原四郎漫游欧美时于其所经之国调查关于图书事业之团体状况,发表于《日本出版年鉴(昭和九年)》,共计出版事业团体50家,包括国际团体,以及英国、德国、法国、挪威、瑞典、丹麦、荷兰、意大利、奥地利、瑞士、美国、日本12个国家,内容包括名称、组织、事务所、职员、刊物等信息。

---

① 李景新.各国出版事业社团表[J].中华图书馆协会会报,1932,10(4):8-15.

第七章 中华图书馆协会的国际学术交流

自1914年韦棣华女士派沈祖荣赴美学习图书馆学起,"到1925年,共有16位学者赴海外学习图书馆学"[①],除杜定友留学于菲律宾、杨立诚留学于欧洲外,其他都留学于美国,他们搭建起了中国图书馆界与国际图书馆界联系的桥梁,尤其是与美国。同时,美国图书馆协会海外服务业务的拓展以及对其他国家和地区图书馆事业的关注,有助于中国图书馆学者获得国际化视野。中华图书馆协会的成立是中美图书馆界交流的产物,作为代表中国图书馆界的全国性图书馆组织,中华图书馆协会成立以后十分重视参与国际图书馆界的交流。

第一节 国际图书馆协会联合会

中华图书馆协会是国际图书馆协会联合会发起组织之一,对于国际图书馆协会联合会的会议十分重视。1929年派沈祖荣专程参加第一次国际图书馆及目录学会议。由于政府补助不足,中华图书馆协会难以支付派员参会所需开销,此后基本上委托在国外的会员就便参会,同时积极准备各类材料宣传介绍中国图书馆事业,即使未派代表参会也对会议情况进行报道,使中国图书馆界得以了解国际图书馆事业的发展动态,推动图书馆事业的国际间交流。

---

① 庆媛.民国时期图书馆学留学生群体的构成及分析[J].大学图书馆学报,2018(3):103.

一、发起成立国际图书馆协会联合会

随着公共图书馆运动自英美向全世界范围深入发展，国际图书馆间谋求联络协助的需求也日渐高涨，20世纪20年代初出现了建立国际图书馆组织的呼声。1923年美国召开世界教育会议（万国教育会议），会上就有世界图书馆局（International Library Bureau）案的议决[1]，当时中国派出的参会代表是教育部普通教育司第二科科长谢冰。

同年，中华教育改进社第二次年会为等赴世界教育会议代表回国汇报情况推迟至8月召开，在这次年会上，国际教育组移交图书馆教育组一项"世界图书馆案"，便是由世界教育会议中国代表团根据参加世界教育会议而提出的[2]。会上讨论时因"范围过大，设施之举尚毫无把握"[3]而保留此案。1924年，中华教育改进社第三次年会上图书馆教育组收到的议案中除上次年会保留的"世界图书馆案"外，还有国际教育组新移交议案"世界图书馆事业案"[4]。7月6日图书馆教育组第三次会议讨论这两项议案，由于图书馆教育组同人对于此二案所提理由及办法多有未明了之处，如"图书局""图书馆局"究何所指，且其办法离题过远，未能清晰，似非现实所能办到，故议决将此二案退还国际教育组，请原提案人妥拟详细办法[5]。

1926年6月，捷克在布拉格邀集世界图书馆专家举行大会，法国代表Gabriel Henriot提议有成立图书馆员的国际组织的必要，辞意激烈、远近响应，然而并没有形成具体决议[6]。

1926年10月，美国图书馆协会举行五十周年纪念大会，有23个国家代表共57人赴会，在大会、私人交谈和两次非正式会议中有颇多国际图书馆合作方面的讨论。1927年2月1日，美国图书馆协会总秘书长米兰致函中华图书馆协会执行部部长袁同礼，表示在美国图书馆协会五十周年纪念大会上各国代表达成

---

[1] 中华图书馆协会筹备参加国际图书馆会议报告[J].中华图书馆协会会报，1929，4(5):4.
[2] 图书馆教育组(甲)原提案目录[J].新教育，1923，7(2/3):296.
[3] 图书馆教育组(乙)会议纪要：第四次会议[J].新教育，1923，7(2/3):303.
[4] 图书馆教育组(甲)原提案目录[J].新教育，1924，9(3):649.
[5] 图书馆教育组(乙)会议纪要：第三次会议[J].新教育，1924，9(3):653-654.
[6] 沈祖荣.国际图书馆大会[J].武昌文华图书科季刊，1929，1(3):335.

共识,由美国图书馆协会发起通告世界各国图书馆协会,建议组织一国际图书馆委员会并征求各协会意见,但此种讨论之正式提出当在次年爱丁堡举行英国图书馆协会五十周年集会时[①]。

1927年5月30日,国际智育合作协进社(International Institute of Intellectual Cooperation)科学联合部部长斯定威克(J. E. de VOS van STEENWIJK)致函中华图书馆协会执行部部长袁同礼,称国际联盟智育合作委员会(International Committee on Intellectual Cooperation)于1926年7月29日的大会上曾议决召集其附设的目录分委员会之图书馆专家开会讨论各国图书馆之协助办法,与会专家有牛津大学图书馆馆长(会议主席)、美国国会图书馆驻欧代表、瑞士国立图书馆馆长、德国国立图书馆馆长、法国国立图书馆馆长、美国图书馆协会国际联会委员会主任、国际联盟智育合作委员会秘书、国际协进社科学联合部部长。会议通过国际智育合作协进社的议案,并希望将议决案分送各国图书馆馆长及图书馆协会会长,征询意见,并拟于英国图书馆协会举行五十周年大会时讨论[②]。

对于这二项议案,中华图书馆协会各复函表示赞同,并委托当时在美国的韦棣华女士作为代表出席1927年英国图书馆协会成立五十周年纪念大会。1927年9月26日,英国图书馆协会爱丁堡大会首日即组织一委员会专门讨论国际图书馆联络协助之事,并于9月30日集会,议决设立国际图书馆及目录委员会(International Library and Bibliographical Committee),15国图书馆协会代表签署了该议案,韦棣华女士代表中华图书馆协会在该议案上签字。不过,该议案须得志愿加入该委员会及曾有代表签署议案之各国图书馆协会之赞同方能有效,故担任国际图书馆及目录委员会第一任主席的瑞典皇家图书馆馆长柯林博士(Dr. Isak Collijn)于1927年11月29日致函中华图书馆协会执行部部长袁同礼函,请准予通过,同时推举代表一人,候补代表一人以便代表中华图书馆协会行使职权。中华图书馆协会董事部以此事关系国际图书馆之联络甚巨,决定正式加入,并推定戴志骞、袁同礼、沈祖荣三位为中华图书馆协会代表[③]。

---

① 国际图书馆联合之进行[J].中华图书馆协会会报,1927,2(4):20.
② 国际图书馆之联络[J].中华图书馆协会会报,1927,3(1):14-18.
③ 国际图书馆界之联络[J].中华图书馆协会会报,1928,3(4):17-21.

1928年春,各国图书馆协会相继正式承认该组织,于是国际图书馆及目录委员会正式成立,后改名为国际图书馆协会联合会(International Federation of Library Associations and Institutions,IFLA),简称国际图联。

二、参加国际图书馆协会联合会会议

(一)1929年罗马-威尼斯会议

1929年6月15日至30日在罗马及威尼斯召开第一次国际图书馆及目录学会议(The First Congress of Libraries and Bibliography)。中华图书馆协会推派沈祖荣代表中国图书馆界出席大会,同时呈请国民政府教育部兼委沈祖荣为国民政府代表与会。国民政府外交部王正廷部长有祝词一篇经由中华图书馆协会递送大会①。为准备此次会议,1928年3月8日,中华图书馆协会组织16名专家组成了筹备委员会,约请专家撰写参会论文,同时征集图书馆展品。后来顾子刚、戴志骞、沈祖荣、胡庆生的英文论文在北平印成英文论文集 *Libraries in China*,由沈祖荣携往参加大会交流,同时约请在美国的裘开明和桂质柏将英文论文直接寄往罗马大会主席。

此次参加国际会议,有论文刊印、展览品运送和代表旅费等,所需甚巨,但教育部因无此项预算,只酌拨津贴银300元。故中华图书馆协会致函中央研究院请求补助千元,后又再次致函,称此次会议对于国际交换出版品事项有重要讨论及决议,而国际交换事务现由中央研究院主持,可否由中央研究院委托沈祖荣任其代表出席关于国际交换一切会议,补助半数亦可。中央研究院来函称经济困难,力不从心,所请一节,实难照办,建议中华图书馆协会直接向政府请款为宜。中华图书馆协会又向中华教育文化基金董事会再行请款,亦未通过。只能在《中华图书馆协会会报》上请求各机关会员尽力予以财力援助②。最后是由教育部代向行政院请准津贴2000元,托执行委员会戴志骞向财政部、教育部

---

① 国际图书馆大会续志[J].中华图书馆协会会报,1929,4(6):10.
② 国际图书馆大会续志[J].中华图书馆协会会报,1929,4(6):7-8.

第七章 中华图书馆协会的国际学术交流

奔走接洽,最终方于1929年10月24日汇至中华图书馆协会事务所[①]。

沈祖荣受中华图书馆协会委托,在大会闭幕后考察了德国、意大利、荷兰、英国、法国、瑞士、苏联和奥地利等欧洲国家的图书馆事业。在考察莱比锡德国国家图书馆时,沈祖荣受到馆长邬兰德博士的热情接待,当沈祖荣提出将来中国派人来欧洲研究图书馆时,请其协助。邬兰德馆长竭诚接受,并表示"凡由华赴该馆研究之人,在服务时,非特照拂其衣食住,尤愿酌给津贴与凭证"[②]。在参观普鲁士省立图书馆后拜会克柔司馆长时,沈祖荣再次提出将来双方互派人员研究交流的提议,对方亦极愿赞助,故沈祖荣回国后在给教育部的呈文中提出:"望我政府与协会遇有此项人才,即行派遣,予以深造之机也。"[③]此后,中德间图书馆员之学习交流与此次沈祖荣参观调查德国图书馆事业时打下的基础不无关系。沈祖荣带去参展的书籍、照片等展览品除委托北平意使馆送回,还有一部分书籍赠给罗马图书馆[④]。

国际图书馆协会联合会书记塞文司马(T. P. Sevensma,也译作塞文斯马)于1929年12月2日致函中华图书馆协会,并附在威尼斯集会时议决通过的该会《组织大纲》一份。根据该《组织大纲》,会名定为国际图书馆协会联合会,会务由国际图书馆委员会主持,其中常年会费一项要求会议协会应缴瑞士国币25至50森帝母或于其所收会费中提交5%或10%,但不得超过2500瑞士法郎。中华图书馆协会执行委员会议决承认该《组织大纲》,并于所收会费中提交5%为该会会费[⑤]。根据国际图书馆协会联合会1930年收支状况报告,其中美国会费为2575瑞士法郎,日本会费为295.75瑞士法郎,菲律宾最少,为20瑞士法郎,而中国缴纳会费合50.08瑞士法郎[⑥]。

[①] 参加罗马大会补助费之具领[J].中华图书馆协会会报,1929,5(1/2):40.
[②] 沈祖荣.参加国际图书馆第一次大会及欧洲图书馆概况调查报告[J].中华图书馆协会会报,1929,5(3):10.
[③] 沈祖荣.参加国际图书馆第一次大会及欧洲图书馆概况调查报告[J].中华图书馆协会会报,1929,5(3):13.
[④] 国际图书馆大会代表沈君返国[J].中华图书馆协会会报,1929,5(1/2):39-40.
[⑤] 国际图书馆协会联合会之组织[J].中华图书馆协会会报,1930,5(4):13-16.
[⑥] 国际图书馆协会之收支[J].中华图书馆协会会报,1931,6(5):39-40.

(二)1933年芝加哥-阿维尼翁会议

1933年,国际图书馆协会联合会于10月14日在美国芝加哥,以及11月13日至14日在法国阿维尼翁(Avignon)举办第6次会议。中华图书馆协会委托中华图书馆协会会员、时任哈佛大学汉和图书馆主任的裘开明为代表出席在芝加哥的会议。裘开明在开会不久前有《中国之国立图书馆》一文登载于美国《图书馆季刊》,以抽印本在会场发布,又有《世界之民众图书馆》一书中关于中国一章,提示与会诸人注意。此外,更特编述《中国图书馆情形报告》一篇,述及《四库全书》之影印、国立中央图书馆之建设、日内瓦及上海中国国际图书馆之创立、东方图书馆之复兴、中华图书馆协会之工作及北平年会、叶鸿英之捐金资助图书馆等;还编写《中国图书馆与出版之统计》一篇,包括各种图书馆之进展表、各省图书馆与土地、人民、县数比较表、未绝版新书分类统计、最近杂志分类统计[①]。

(三)1934年马德里会议

1934年5月28日至29日,国际图书馆协会联合会在西班牙首都马德里的国立图书馆举行第7次会议,到会代表25人,代表10国,有国际联盟代表1人。5月28日上午11时行开幕礼,西班牙国立图书馆馆长阿提喀斯(Artigas)与西班牙图书馆协会主席及书记相继致欢迎词,会议主席国际图书馆协会联合会副会长郭载特致答词,旋宣告开会。主席致开会词,次由国际图书馆协会联合会秘书长报告会务及财政状况,继为各国出版品统计分委员会、图书馆统计分委员会及医院图书馆分委员会报告与讨论。下午4时开第二次会议,首先是大学论文交换分委员会报告与讨论,然后是上次年会会议结果之报告和世界文化合作社在图书馆与目录学界之事业报告。5月29日上午10时,各协会会员代表交换消息及意见,发言者有德国、奥地利、比利时、中国、梵蒂冈城、西班牙、法国、英国、希腊、意大利、荷兰、瑞典、瑞士、捷克各地代表。代表中国的是中国国际图书馆馆长胡天石,当时还提出德文报告(*Die chinesischen Bibliotheken*)一篇,介绍

[①] 国际图书馆委员会会议[J].中华图书馆协会会报,1934,9(5):34-36.

建立三所中国国际图书馆的意图和发展情况,重点讲了与西方合作并得到许多国家慷慨援助的事例[1]。随后讨论马德里第二次国际图书馆大会筹备事宜。下午4时开第四次会议,完成国际图书馆大会会序草案,遂由主席声明下次于必要时与马德里国际图书馆大会同时召开国际图书馆协会联合会会议[2]。

(四)1935年马德里-巴塞罗那会议

国际图书馆协会联合会在马德里开第7次会议时接受西班牙教育部之敦请,议决在马德里及其他西班牙名城召集第二次国际图书馆及目录学大会,日期定在1935年5月20日至29日,凡到会者,经过西班牙铁路,一切费用均可受半价优待。此次大会议案只限于有国际性质者(即关于国际目录学及各图书馆之国际联络),或有普通性质者(即世界图书馆所共同注意之问题)。主要讨论国际之图书馆互借图书及民众图书馆、大学图书馆、专门图书馆之问题。中华图书馆协会在《中华图书馆协会会报》上向会员征集对于以上问题的撰著论说[3]。

中华图书馆协会鉴于此次大会各国政府及学术团体莫不踊跃参加,我国虽值经济紧缩亦未可后人,经执行委员会议决,请正在美洲考察图书馆事业的汪长炳为出席代表。因路途较近,费用大约最低国币1200元即可,仍援往例。呈请教育部委任其为部派代表并发给旅费。教育部准予委任,但补助费仅发600元。该项补助由蒋复聪代领汇交汪长炳,其余半数由中华图书馆协会补足汇出。汪长炳定于5月11日由美启程[4]。中华图书馆协会执行委员冯陈祖怡适因公至日内瓦,亦就近参加。会员章新民提出《中国图书馆宣示馆中藏品之方法》英文论文一篇,在民众图书馆组会议席上宣读[5]。

国际图书馆协会联合会于1935年5月19、20两日在西班牙首都马德里,30日在巴塞罗那举行第8次会议。到会代表65人,代表26国,国际联盟秘书处及

---

[1] 丘东江.中国图书馆界早期参与国际图联重要活动的追溯[J].图书馆杂志,1995(5):55.
[2] 国际图书馆委员会七次会议[J].中华图书馆协会会报,1934,9(6):30.
[3] 第二次国际图书馆及目录学大会会期已定[J].中华图书馆协会会报,1934,10(2):32.
[4] 国际大会之参加[J].中华图书馆协会会报,1935,10(5):21.
[5] 中华图书馆协会第十年度会务报告[J].中华图书馆协会会报,1935,10(6):6.

国际文化合作社亦各派代表列席参加。5月19日下午5时半行开幕礼,主席毕孝普宣布开会次序并致开会词,继由国际图书馆协会联合会秘书长报告一年中会务进行及财政状况,随后国际文化合作社代表罗斯(A. Rossi)报告该社的图书馆与目录事业之推进情形,并特地介绍其关于图书馆事业合作重要书籍三种。随后,德国、奥地利、比利时、中国、丹麦、西班牙、美国、芬兰、法国各协会会员代表报告其国内图书馆事业发展状况,汪长炳代表中国报告中华图书馆协会工作之梗概。20日晨9时半开第二次会议,由英国、印度、意大利、日本、挪威、荷兰、瑞典、瑞士等协会会员相继报告。30日晨9时半开第三次会议,首由诸非会员国家代表报告,嗣为秘书长报告第一届国际图书馆及目录学大会通过之议案,最末讨论国际交换借书、专门图书馆、图书馆合作、民众图书馆事宜,并讨论下期开会地点,中国、印度、波兰均有申请在各该国开会,经过讨论决定下期开会地点在波兰[①]。

(五)1936年华沙会议

国际图书馆协会联合会于1936年5月31日至6月2日在波兰华沙举行第9次年会,中华图书馆协会将最近一年来中国图书馆之发展编撰英文报告,与英文论文集《中国之图书馆》(*Libraries in China*)一同寄送该会,借资宣扬。以此次非大会性质,未派员参加,函托日内瓦中国国际图书馆馆长胡天石博士就近代表,而胡氏以事赴德,故转托驻波兰使馆虞和瑞先生[②]代表参加,请其在大会宣读中华图书馆协会所撰文稿[③]。

(六)1937年巴黎会议

1937年8月24日至25日,国际图书馆协会联合会第10次大会在法国巴黎举行。国际图书馆协会联合会秘书长塞文司马致函中华图书馆协会,希望派遣

---

① 国际图书委员会第八次会议纪事[J].中华图书馆协会会报,1935,11(2):53-54.
② 国际图书馆会议在波兰瓦萨举行[J].图书展望,1936,1(11):87.丘东江《中国图书馆界早期参与国际图联重要活动的追溯》和埃文斯《中国图书馆界早期在国际图联活动的追溯》都将出席人员记为俞鸿钧,而《中华图书馆协会会报》上记为虞和德,据查《外交部公报》第347号命令,应为虞和瑞。
③ 国际图书馆协会开会[J].中华图书馆协会会报,1936,11(6):43-44.

代表参加,且8月16日至21日为国际档案大会开会日期,各国派遣代表可获一举两得之便。中华图书馆协会正商洽推派代表之事,闻我国派遣出席国际文化协会代表李石曾亦将出席报告,并将大会会序在《中华图书馆协会会报》予以披露[1]。据埃文斯[2]和丘东江[3]记载,这次大会余德春报告了1937年日本全面发动侵华战争前一年中国图书馆的情况:山东和湖北建起新的图书馆;在南京中山陵附近修建中央图书馆;中华图书馆协会在青岛举办年会;武昌文华图书馆学专科学校处于发展的全盛时期;北京图书馆已完成书目索引的编纂工作,并正在从事中国图书馆西文图书联合目录编纂和出版书目卡片服务工作。

(七)1947年奥斯陆会议

国际图书馆协会联合会自1928年起每年召开年会,直至1939年在荷兰海牙和阿姆斯特丹举办第12次大会,此后7年未召开年会,直至1947年5月20日至22日,在挪威首都奥斯陆举办第13次会议。会前,国际图书馆协会联合会秘书长塞文司马于1947年1月30日致函中华图书馆协会,邀请派员参加并附议事日程[4]。中华图书馆协会拟请留欧会员胡天石博士代表出席,嗣因旅费未能及时汇出,改托使馆秘书雷孝敏代表出席,以资联系,并有书面报告《复员后之中国图书馆概况》航寄雷氏[5]。

三、参与国际图书馆协会联合会会议

中华图书馆协会即使没有派代表参加国际图书馆协会联合会的会议,但一般也在《中华图书馆协会会报》上介绍会议情形,宣传国际图书馆事业进展,或以致电等其他方式与国际图书馆协会联合会取得联系,向国际图书馆界介绍中国图书馆事业的状况,积极争取国际援助。

---

[1] 国际图书馆协会将在法举行[J].中华图书馆协会会报,1937,12(6):34-35.
[2] 埃文斯.中国图书馆界早期在国际图联活动的追溯[J].图书馆学通讯,1989(4):52-54.
[3] 丘东江.中国图书馆界早期参与国际图联重要活动的追溯[J].图书馆杂志,1995(5):54-56.
[4] 参加国际图书馆协会年会[J].中华图书馆协会会报,1947,21(1/2):8-10.
[5] 参加国际图书馆委员会十三次会[J].中华图书馆协会会报,1948,21(3/4):3.

(一)1928年罗马会议

1928年3月31日由意大利教育部长赞助,国际图书馆协会联合会在罗马开第一次全体会议。澳大利亚、比利时、捷克斯洛伐克、芬兰、荷兰、德国、意大利、挪威、瑞典、瑞士、美国代表赴罗马参加了此次会议。据主席报告,澳大利亚、比利时、加拿大、中国、捷克斯洛伐克、丹麦、法国、德国、英国、荷兰、意大利、挪威、瑞典、瑞士、美国共14个国家正式批准了爱丁堡决议,丹麦代表当时在决议上签字了,但其图书馆协会还没有开会认可。此次会议选出了执行委员会,主席是柯林(Collijn),副主席是毕孝普(Bishop)和法戈(Fago),秘书长是塞文司马(Sevensma)。虽然中华图书馆协会并没有派代表参加此次会议,但在《中华图书馆协会会报》上以《国际图书馆及目录委员会近讯》[1]为题简要介绍了此次会议,指出会议结果决定于1929年6月中旬在罗马召开国际图书馆协会联合会下一次大会。

(二)1930年布鲁塞尔会议

1930年8月20日至21日,国际图书馆协会联合会在瑞典首都举行第3次会议,瑞典教育部招待一切,会后至Uqsala参观,中华图书馆协会因种种原因未遣人出席[2]。会后在《中华图书馆协会会报》上对此次会议的主要内容予以报道,不过误将开会地点记成了丹麦首都[3]。

(三)1932年伯尔尼会议

1932年6月9日至10日,国际图书馆协会联合会在瑞士首都伯尔尼国立图书馆举行第5次会议。中华图书馆协会虽接连接到派遣代表出席的函件,但因路途遥远并未派代表出席,不过还是编制了一年来中国图书馆界概况的简短报告,并附带叙述"一·二八"事变中上海各大图书馆遭受日军轰炸造成的损失[4]。同时,也在《中华图书馆协会会报》上对此进行报道,并附上了这次大会的日程安排。

---

[1] 国际图书馆及目录委员会近讯[J].中华图书馆协会会报,1928,3(6):23.
[2] 国际图书馆协会代表会议[J].中华图书馆协会会报,1930,5(6):23.
[3] 丹京国际图书馆协会联合会开会略记[J].中华图书馆协会会报,1930,6(3):27.
[4] 国际委员会第五次会议[J].中华图书馆协会会报,1932,7(6):26-27.

（四）1938年布鲁塞尔会议

1938年，国际图书馆协会联合会在比利时首都布鲁塞尔召开第11次会议，中国没派代表参加，只是通过香港由中华图书馆协会执行委员会主席袁同礼致电，通知由于战争给中国造成巨大破坏，无法赴会，并呼吁国际图书馆协会联合会发起向中国赠书活动[①]。

（五）1939年海牙-阿姆斯特丹会议

1939年7月10日至12日，国际图书馆协会联合会先后在荷兰海牙和平宫和阿姆斯特丹市政厅召开第12次会议。开会期间适逢该会秘书长塞文司马六十诞辰，该会为追念其过去服务劳绩，特在开会前由国际图书馆协会联合会主席（有时亦称理事长）高德特（M. Godet）致函全世界各会员国图书馆协会，为设立"塞文司马纪念奖金"募集基金[②]。尽管经济十分困难，中华图书馆协会仍向国际图书馆协会联合会捐赠100瑞士法郎以表赞助[③]。中国仍未派代表参加，但是国际图书馆协会联合会秘书长塞文司马代表中华图书馆协会发言，详细介绍了中国图书馆的现状[④]。

第二节　与美国图书馆界的交流

中华图书馆协会与美国图书馆界的交流最为密切和频繁，具体体现在以下几个方面：一是中美图书馆协会间的交流，主要指互派代表参加对方的年会以及两个协会层面的交流；二是美国图书馆学家来华的接待；三是中华图书馆协会会员赴美留学与工作；四是作为中华图书馆事业的代表参加美国举办的世界博览会。

[①] 埃文斯.中国图书馆界早期在国际图联活动的追溯[J].图书馆学通讯,1989(4):54.
[②] 国际图书馆协会联合会会议纪略[J].中华图书馆协会会报,1940,14(4):30.
[③] 本会捐赠国际图书馆协会联合会总秘书塞文斯马先生纪念奖金一百瑞士法郎[J].中华图书馆协会会报,1939,14(1):13.
[④] 埃文斯.中国图书馆界早期在国际图联活动的追溯[J].图书馆学通讯,1989(4):54.

一、中美图书馆协会间的交流

(一)抗日战争全面爆发前

中华图书馆协会的诞生与韦棣华女士赴美请求美国图书馆协会派遣鲍士伟来华调查有直接关系,是为中美两国图书馆协会间最初的交往。1925年5月24日,中华图书馆协会执行部干事会议议决委托刘国钧(当时仍在美国留学)代表中华图书馆协会出席美国图书馆协会1925年年会,又由协会临时费项下购纪念物(元魏时瓦质牛车)一个,委托王永礼由上海送President Jackson船上,托鲍士伟博士返美时代交,美国图书馆协会收到后来函致谢[①]。6月2日,中华图书馆协会在北京举行成立仪式,鲍士伟作为美国图书馆协会代表出席并发表演说。当日,中华图书馆协会召开第二次董事会,推举杜威、普特南、理查德森等10名美国著名图书馆学家担任中华图书馆协会名誉会员。《中华图书馆协会会报》刊登了杜威的复函,作为美国图书馆协会创建者之一,他在函中回顾了美国图书馆协会创立的艰难历史,并对中华图书馆协会寄予厚望[②]。中华图书馆协会还赠送鲍士伟博士拓本多种以感谢其来华考察并在多地发表讲演之盛意[③]。

中华图书馆协会成立后,十分注重对美国图书馆协会相关消息的报道。1926年《图书馆学季刊》创刊号上就报道了美国图书馆协会第47次年会于1925年7月6日至11日在西雅图举行的消息,该次年会也决定第48次年会于1926年10月在费城举行,同时庆祝美国图书馆协会成立50周年[④]。随后在1926年6月出版的《图书馆学季刊》[⑤]和七八月间出版的《中华图书馆协会会报》[⑥]上都对美国图书馆协会五十周年纪念大会准备情况进行了报道。

1926年10月4日至9日,美国图书馆协会第48届年会暨成立五十周年纪念大会在大西洋城及费城举行。中华图书馆协会除发贺电外,派在美会员裘开

---

① 中华图书馆协会第一周年报告[J].中华图书馆协会会报,1926,2(1):4.
② 会务纪要:杜威博士来函[J].中华图书馆协会会报,1925,1(3):19-20.
③ 本会赠送美国图书馆协会纪念物[J].中华图书馆协会会报,1925,1(1):6.
④ 美国图书馆协会四十七次年会[J].图书馆学季刊,1926,1(1):148.
⑤ 衡.美国图书馆协会五十周年纪念[J].图书馆学季刊,1926,1(2):366-367.
⑥ 美国图书馆协会五十周年纪念大会及其议事日程[J].中华图书馆协会会报,1926,2(1):5-7.

明、桂质柏及韦棣华女士3人为出席代表①。代表中国参加此次会议的还有华美协进社代表寿景伟及中华教育改进社代表郭秉文,而郭秉文同时又是中国教育部代表。据郭秉文所撰《美洲图书馆协会纪念会报告》②介绍,此次到会人数共计2300余人,其中外国代表50人,代表24国。不过,裘开明撰写《美国图书馆协会五十周年纪念大会》发表于《图书馆学季刊》,其中称"被邀请之24国中,到者19,代表共51人"③。裘开明与桂质柏还联名向大会提交英文论文《中国的图书馆》(Libraries in China)④,收入《美国图书馆协会会报》大会论文集特刊。10月5日晚,郭秉文代表中国在大会上发表演说,其演讲词《中国图书馆之历史及其文化上之地位》⑤(The Evolution of the Chinese libraries and its Relation to Chinese culture)⑥也发表于同期刊物。裘开明称"听者咸谓中国代表之演说为是晚之冠"⑦。因鲍士伟此前受中华教育改进社邀请来华,美国图书馆协会特别安排鲍士伟担任郭秉文的特别招待以答谢旧谊⑧。10月7日晚,美国《图书馆杂志》主编鲍克(R. R. Bowker)主席会议时,介绍韦棣华女士于会上全体会员,略述其在中国经营图书馆之成绩⑨。会后参观费城万国博览会美国图书馆五十年发达史之成绩,展品中中华图书馆协会所赠泥牛书车亦在其列。

1927年,刘国钧将美国图书馆协会干事之近况报告简要翻译发表于《图书馆学季刊》⑩。1928年,《中华图书馆协会会报》报道,据1927年美国图书馆协会

---

① 中华图书馆协会第二周年报告[J].中华图书馆协会会报,1927,3(2):4.
② 郭秉文.美洲图书馆协会纪念会报告(专件)[J].新教育评论,1926,3(3):17.
③ 裘开明.美国图书馆协会五十周年纪念大会[J].图书馆学季刊,1926,1(4):710.
④ CHIU A K, KWEI J C B.Libraries in China[J].Bulletin of the American Library Association, 1926, 20(10):194-196.
⑤ 该英文稿的中文译名来自郭秉文《美洲图书馆协会纪念会报告》,裘开明在《美国图书馆协会五十周年纪念大会》中则译为《中华图书馆之发达与中国文化之关系》,与英文更贴近,但为尊重原作者计,还是选用郭秉文所用中文。
⑥ KUO P W.The evolution of the Chinese libraries and its relation to Chinese culture[J].Bulletin of the American Library Association, 1926, 20(10):189-194.
⑦ 裘开明.美国图书馆协会五十周年纪念大会[J].图书馆学季刊,1926,1(4):711.
⑧ 郭秉文.美洲图书馆协会纪念会报告(专件)[J].新教育评论,1926,3(3):18.
⑨ 裘开明.美国图书馆协会五十周年纪念大会[J].图书馆学季刊,1926,1(4):711.
⑩ 衡.美国图书馆协会之近况[J].图书馆学季刊,1927,2(1):175-176.

所印会员录所载,会员已有10056人,较之上一年多1208人[①]。同年,《中华图书馆协会会报》还报道了美国图书馆协会于1927年12月29日至31日在芝加哥举行冬季会议的消息及重要议题[②]。1929年又报道了美国图书馆协会为参加当年3月在西班牙塞维尔(Seville)举行西美展览会的筹备工作,展出书籍900种、杂志20种,展览会闭会时即拨充驻西美国图书馆之基本书藏。美国图书馆协会在法国巴黎已有一美国图书馆,此为该会在欧洲经营的第二个图书馆[③]。1931年,《中华图书馆协会会报》报道了美国图书馆协会第53次年会于6月22日至27日在耶鲁大学举行,适逢该大学史德林图书馆落成[④]。

1933年10月16日至21日,美国图书馆协会第55届年会在芝加哥举行,国际图书馆协会联合会第6次会议同期也在芝加哥举行,两个会议皆由裘开明代表中华图书馆协会出席。会上提交《中国之国立图书馆》和《世界之民众图书馆》两篇论文,并附有中国图书馆情形的报告及中国图书馆与出版之统计两篇资料。《中华图书馆协会会报》对此次会议的参会人员、分组会议,以及美国图书馆协会理事会讨论的重要事项进行介绍[⑤]。

1936年,《中华图书馆协会会报》还报道了美国图书馆协会主持的图书馆学名词审读委员会正在编辑《图书馆学名词辞典》,预计于1938年冬或1939年春出版[⑥]。

(二)抗日战争全面爆发后

抗日战争全面爆发后,我国图书馆事业遭受重创,中华图书馆协会自1937年10月起从事两项工作:全国图书馆被毁状况调查和协助全国图书馆积极复兴。关于调查工作,托中外人士亲至各地访问,惠寄确实报告,分类保存,并将报纸所载者,予以剪裁,编成英文报告,以作国际之宣传;关于复兴工作,首将被毁概况,报告欧美各国,次则征求书籍,在各国之通都大邑,指定收书地点,广募

---

① 美国图书馆协会会员已逾一万人[J].中华图书馆协会会报,1928,3(4):23.
② 藩.美国图书馆协会之冬季会议[J].中华图书馆协会会报,1928,3(5):20-21.
③ 美国图书馆协会在西班牙之新工作[J].中华图书馆协会会报,1929,4(5):31.
④ 美国图书馆协会第五十三次大会[J].中华图书馆协会会报,1931,6(6):30.
⑤ 美国图书馆协会五五次大会[J].中华图书馆协会会报,1933,9(3):37.
⑥ 美国图书馆学名词审定委员会近讯[J].中华图书馆协会会报,1936,11(6):44.

图书,免费运华,并与欧美图书馆协会商妥,一俟战事结束,由该会派定专家一人,来华视察,协助我国图书馆积极复兴[①]。中华图书馆协会又于1938年将教育文化机关被毁实况以英文撰成报告,共30页,叙述至为详尽[②]。各国先后复函允予赞助,其中美国态度尤为积极,进行办法亦较为切实[③]。

1937年11月19日,中华图书馆协会理事长袁同礼致函美国图书馆协会会长,以及秘书长米兰先生。米兰先生将此事交该会国际关系委员会办理。1937年12月22日,袁同礼致米兰信中报告中国已有35个国立及私立大学惨遭毁坏,希望美国能有一个中心负责替中国征收书籍然后运送至史密森学会(Smithsonian Institution)再转至中国。同年12月29日,美国图书馆协会国际关系委员会主席萨沃德(Savord)女士在美国图书馆协会冬季会议上报告美国各图书馆馆员对于中国深表同情,并自愿捐赠书籍,但当时史密森学会因存积药品无法大量集中图书。

1938年4月26日,美国图书馆协会国际委员会新上任副主席致函袁同礼,询问何种书籍是最需要的,以及如何运送至中国的细节,以便于在1938年美国图书馆协会年会上讨论。5月6日,袁同礼再次致函美国图书馆协会秘书米兰,虽然米兰深信应从速开始为中国图书馆征求书籍,但由于不清楚由美至中国之运输及中国境内邮寄的可行性而迟迟未决。袁同礼又于5月27日用航空邮件致函米兰,终于促成米兰在6月9日的回函,其中提到将于即将举行的美国图书馆协会年会时决定进行方针,开始募集。米兰当日还致电中华图书馆协会,称中华图书馆协会寄送的《中国图书馆被毁报告书》将于年会时提出予以考虑,预料将有积极援助[④]。6月13日至18日,美国图书馆协会第60届年会在美国堪萨斯市(Kansas City)大礼堂举行,《中华图书馆协会会报》对此次大会的参会人员和经过择要进行报道[⑤]。6月22日,米兰致电中华图书馆协会,告知征集书籍案通过,已开始进行[⑥]。

---

① 复兴工作[J].中华图书馆协会会报,1938,13(1):15.
② 中国教育文化机关被毁记实[J].中华图书馆协会会报,1938,13(2):17.
③ 美国援助中国之一般[J].中华图书馆协会会报,1938,13(3):17.
④ 各国图书馆协会复函[J].中华图书馆协会会报,1938,13(1):15-16.
⑤ 美国图书馆协会第六十届年会纪略[J].中华图书馆协会会报,1938,13(3):28-29.
⑥ 各国图书馆协会复函[J].中华图书馆协会会报,1938,13(1):16.

为华征书一事,由美国图书馆协会国际关系委员会主席但滕(J. Periam Danton)负责主持,成立赞助委员会,委员共16人,除胡适、王正廷外,其余都是美国知名人士。该委员会发起全美募捐图书运动,向226家大学、专门学校、公共图书馆,81家学术团体和44家教科书出版公司发出《请国人捐书运华》的征求书。据征求书可知,美国图书馆协会年会上虽然多数人认为应俟中日战事停止再进行征书,但经美国图书馆协会理事会与袁同礼几度函商,决定赞助袁氏主张,同时美国国家出版品交换处准备将代募书籍运往香港,交于袁同礼。征书范围注重自然科学、应用科学、医学、文学,以及普通参考,包括期刊小册子、学术团体之刊物,以及政府出版品。凡于专科学校或大学之教授与学生有所裨益之书,均在征集之列,且美国大学认为有用之书中国亦乐于接受[①]。不到一个月就收到27处(图书馆、出版界、学术团体)赠送之图书、期刊、小册子共5000册。据美国国际交换局局长安巴特博士(C. G. Abbot)报告,凡经该局收到之书籍均已随时运华,且与中华图书馆协会商妥,已运华之书籍,在和平未恢复前,暂留香港编目保存[②]。

截至1939年2月,美国为中国捐书已达11000余册,除首批百余箱已运到,其余若干陆续来华。1939年2月11日,袁同礼致函美国图书馆协会秘书米兰,代表中华图书馆协会向米兰及国际关系委员会全体委员表示感谢,并计划编印《美国赠书书目》,可作为美国对中国同情及中美文化合作之永久纪念[③]。

美国华盛顿大学东方学教授罗伯特·波拉德(Robert T. Pollard)曾代中华图书馆协会在西雅图市及华盛顿大学捐募图书。1939年4月21日,袁同礼发函感谢,但他已于4月12日因病辞世,故该信转至其弟约翰·波拉德(John A. Pollard)。约翰·波拉德于5月27日回函袁同礼,告知其兄即使自1月旧病复发至3月10入医院期间,仍躬亲奔走,进行征书运华事宜,此外还说其兄在西雅图的挚友正筹募纪念金,以为救济中国学生之用[④]。

1939年6月18日至24日,美国图书馆协会在旧金山举行第61届年会,到会共约3000人,其中除该会会员外,尚有外宾。中华图书馆协会此前请美国图书

---

① 美国援助中国之一般[J].中华图书馆协会会报,1938,13(3):17-18.
② 美国图书馆协会发起捐书援华运动之成绩[J].中华图书馆协会会报,1939,13(5):14-15.
③ 本会致美国图书馆协会总干事米兰博士谢函[J].中华图书馆协会会报,1939,13(5):15.
④ 中国图书馆友人美国波拉德教授去世[J].中华图书馆协会会报,1939,14(1):13-14.

第七章　中华图书馆协会的国际学术交流

馆协会发起征书运动，至该年会召开前不久，已有200余箱书籍运抵香港，为表示谢意，特赠送金漆木匣一件，以志纪念。美国图书馆协会理事长特于第二次大会中对此提出报告，并将赠品陈列，以备众览[1]。

1940年6月，美国图书馆协会在波士顿举行年会，中华图书馆协会请监事裘开明代表出席，并赠银碗一具，藉向该会表达为我国募捐图书之谢意[2]。

1941年，美国图书馆协会鉴于第二次世界大战中被毁图书馆急需救济，特设战区图书馆救济委员会，专事调查救济之需要，及如何复兴被炸毁损各图书馆之方法。该委员会需要搜集各图书馆相关报告，包括图书馆原来状况、入藏数量、被毁图书之数目、阅览人种类、图书馆性质等，委托中华图书馆协会代为调查中国图书馆之情形[3]。

由于战争原因造成中美交通梗阻，导致美国各图书馆无法采购中国新出书籍、期刊，故美国图书馆协会于1943年8月秒致电中华图书馆协会，询问能否代为搜集并储藏，一俟战事结束再行寄美。中华图书馆协会当即电复表示愿意协助，并于9月8日复一航空函件，说明征购范围及一切手续。美国图书馆协会国际关系委员会特于10月28日在华盛顿举行会议时，认为中华图书馆协会此项协助可使美国获取中国在战时出版之新书，并促进中美两国图书馆界之互助与合作[4]。1943年11月，中华图书馆协会袁同礼将中国因战事所受之损失及目前工作概况，以及今后复兴计划，写成英文备忘录，邮寄美国图书馆协会。美国图书馆协会于1944年2月11日复函，信中说拟将该文印在《美国图书馆杂志》内，以广流传，其中袁同礼所述中美文化合作的办法，正与该协会10月间国际关系委员会商议各项进行计划不约而同，但进行甚缓，甚感惭愧。闻中华图书馆协会拟印行英文通讯，美国图书馆协会拟代为分送各图书馆，因全美图书界均愿知中图书馆工作概况[5]。自1944年3月起，中华图书馆协会编辑英文通讯一种，以介绍中国战时图书馆之工作及战后图书馆之复兴计划，俾使国际了解中国的实际困难情形，取得密切联系与助力，该英文通讯分寄英、美、苏三国，再由该国

---

[1] 美国图书馆协会第六十一届年会志略[J].中华图书馆协会会报，1939，14(2/3):21.
[2] 本会民国二十九年度会服报告[J].中华图书馆协会会报，1941，15(5):7.
[3] 美国图书馆协会设战区图书馆救济委员会[J].中华图书馆协会会报，1944，18(3):13.
[4] 美国各图书馆委托本会代为征购我国新书[J].中华图书馆协会会报，1943，18(2):17-18.
[5] 美国图书馆协会函复本会[J].中华图书馆协会会报，1944，18(3):14.

分制复本,代为传播。中华图书馆协会还以英文写成《中国图书馆之被毁及战后复兴》一文,在1944年3月15日美国《图书馆杂志》发表。美国图书馆协会拟于1944年秋派一专家来华视察,商洽中美两国图书馆合作办法,藉以促进中国图书馆事业的发展[1]。1944年3月24日至30日,美国战时新闻处与美国图书馆协会合作举行中国书周(China Book Week),由全国图书馆在该周内同时举行关于中国研究资料之展览,并在各地广播电台举行广播,同时举行演讲并演奏中国音乐以助兴,旨趣在于促进美国人士对于中国之了解与认识。美国图书馆协会在其《会报》内刊载一文,题为《利用图书了解中国》[2]。1944年,美国副总统华莱士来华,携有大批科学仪器、书籍,其中美国图书馆协会赠文华图书馆学专科学校有关图书馆学新著4种,以及美国图书馆协会《年报》《会报》数卷[3]。1944年5月5日至6日,中华图书馆协会召开第6届年会,美国图书馆协会发来贺电,称中美两国图书馆界有一共同目标——发展图书馆事业以期有所贡献于学术之研究、知识之交换及文化之沟通,对于近数年来中美图书馆界的密切关系极感愉快,对于今后更加密切的合作充满信心[4]。1944年11月29日,中华图书馆协会召开理监事联席会议,因理事长袁同礼奉行政院派往美国公干,该会议决请袁同礼代表中华图书馆协会向美国图书馆协会致意[5]。袁同礼抵美后,美国图书馆协会设宴招待,并约国务院远东司、文化司诸人作陪,袁同礼即席发表演说[6]。后来,美国图书馆协会会长及秘书长特别致函行政院宋子文院长,认为袁同礼在美之谈论与演说,使美国学者了解中国发展教育文化设施之要求,与美国图书馆界之商谈也使中美图书馆间之相互了解得到加强[7]。

1945年6月创刊的《图书馆学报》中,蓝乾章翻译了美国图书馆协会远东及西南太平洋委员会所拟《中美文化关系中关于图书馆事业的计划草案》[8],该草

---

[1] 袁同礼.中华图书馆协会之过去现在与将来[J].中华图书馆协会会报,1944,18(4):3.
[2] 美国举行中国书周[J].中华图书馆协会会报,1944,18(3):13.
[3] 美国图书馆协会赠文华书籍四种[J].中华图书馆协会会报,1944,18(4):12.
[4] 美国图书馆协会致本会第六次年会贺电[J].中华图书馆协会会报,1944,18(4):16-17.
[5] 中华图书馆协会理监事联席会议纪录[J].中华图书馆协会会报,1944,18(5/6):11.
[6] 中华图书馆协会三十三年度工作报告[J].中华图书馆协会会报,1944,18(5/6):13.
[7] 美国图书馆协会感谢袁理事长访美[J].中华图书馆协会会报,1945,19(4/5/6):11.
[8] 美国图书馆协会远东及西南太平洋委员会.中美文化关系中关于图书馆事业的计划草案[J].图书馆学报,1945(1):63-67.

案针对如何满足美国图书馆所需要的中国书籍和杂志以及中国图书馆所需美国书籍等分别提出建议,同时还建议在中国设立一个美国图书馆,并建议美国图书馆协会与其他机构给予战后去美国继续研究图书馆学的中国学生奖学金或经济上的援助,并安排两国图书馆员互相交换。最后,对于合作关系提出两点建议,一是由中华图书馆协会与美国图书馆协会组织一中美图书馆关系联合委员会,二是派遣一位图书馆学专家前往中国,协助建立两国图书馆学者密切关系,并为要建立的美国图书馆进行部署。

1947年5月下旬,中华图书馆协会理事、国立罗斯福图书馆筹备委员会秘书严文郁应美国图书馆协会之邀赴美考察图书馆事业。在美期间,严文郁还代表中华图书馆协会出席了于6月29日至7月5日召开的美国图书馆协会年会。除去往来途中花费的时间,严文郁在美国勾留了7个多月,一共参观考察了23个州[1]。严文郁于1948年1月回国,在美期间还募得图书2万余册[2]。2月1日,他在文华图书馆学专科学校南京同学会发表讲演,其讲演纪录以《美国图书馆之新趋势》发表于《中华图书馆协会会报》。

二、接待美国图书馆学家来华

1925年鲍士伟来华对中国现代图书馆事业的推动作用是巨大的,这也是中国图书馆界的共识。因此,无论是寻找时机主动邀请,还是听闻美国图书馆学家来华的消息,中华图书馆协会都积极筹备接待事宜,以促进两国图书馆界之联系,更希望藉此推动中国图书馆事业的进步。

1934年,美国国会图书馆远东部主任恒慕义博士(Dr. Arthur W. Hummel)为调查中国图书馆等文化事业并便中为国会图书馆购书来华。恒慕义博士研究汉学22年,留华13年,遍游山西、四川及沿海各省,精通中国语言文字。1927年返美,对中国历史文化的兴趣不减。1928年美国国会图书馆设立东方部,恒慕义任主任。恒慕义于4月底抵达北平。5月5日午12时,中华图书馆协会联合国立北平图书馆、国立北平故宫博物院及中华教育文化基金董事会在故宫东

---

[1] 严文郁.美国图书馆之新趋势[J].中华图书馆协会会报,1948,21(3/4):1.
[2] 会员消息[J].中华图书馆协会会报,1948,21(3/4):7.

华门内传心殿设宴欢迎。陪座者有蒋梦麟校长、李蒸校长、梅贻琦校长、李巽章校长、李润章副院长、陶孟和所长、古物陈列所钱所长,及马叔平、任鸿隽、孙洪芬、严文郁、毛子水、何日章、张子高、陈宗登、田洪都、刘半农、周诒春、胡适、金叔初、徐鸿宝、王子舫、刘子植、顾子刚、李翰章、曾省盦、李馨吾、岳荫嘉、于镜宇、汪叔海、何澄一、张庾楼、沈兼士、郭绎侯、虞自畏、庄严,还有福开森(J. C. Ferguson)、顾林(R. S. Greene)、谢礼士(E. Scherlitz)、司徒雷登(J. L. Stuart)几位先生与戴夫人(Mrs. T. C. Tai)、魏夫人(Mrs. M. Williams)。席间任鸿隽致敬辞,恒慕义博士发表演说[1]。

1937年,中华图书馆协会鉴于美国图书馆协会派鲍士伟博士来华考察中国图书馆事业对中国现代图书馆事业产生巨大促进作用,故拟邀请美国图书馆学家毕孝普博士(Dr. W. W. Bishop)来华考察中国图书馆事业发展状况,为中国图书馆事业发展提出建议,俾资改进。原定博士9月初偕夫人来华,在华停留3个月,日程和路线已计划好,且于4月中旬函请各地重要图书馆编制各馆英文概况,于8月杪寄送中华图书馆协会,以供毕孝普博士参考[2]。可惜因日本发动全面侵华战争,毕孝普博士未能如约来华。

1944年上半年,为协助中国图书馆事业战后复兴并增进中美两国图书馆界的联系,美国图书馆协会致函中华图书馆协会理事长袁同礼,拟派一图书馆专家来华访问。访问的目的有二:一是搜集中国各类图书馆、图书馆学校及其他图书机构需要的特殊资料,并探求问题及困难之所在,而这需要通过私人间的谈话方可明了;二是为美国图书馆协会准备一适当人才,使其能够有中国图书馆界的朋友,并对中国图书馆事业有确切的认识。希望征得中华图书馆协会和教育部的同意。4月15日,教育部部长陈立夫复函袁同礼,表示同意[3]。袁同礼随即复函美国图书馆协会表示欢迎。美国国务院则接受美国图书馆协会建议,派哥伦比亚大学图书馆学院院长兼图书馆馆长怀特博士来华考察,将于12月初抵达重庆,预计来年暑假返美。中华图书馆协会接美国图书馆协会来函后,于10月18日假中美文化协会召开招待怀特博士筹备会,除邀请中华图书馆协

---

[1] 欢宴恒慕义博士[J].中华图书馆协会会报,1934,9(6):10.
[2] 本会邀请美国专家毕少博来华视察[J].中华图书馆协会会报,1937,12(5):15-16.
[3] 美国图书馆协会拟派专家来华考察[J].中华图书馆协会会报,1944,18(4):17-18.

会理事及图书馆界有关人士外,并邀请教育部代表及美国大使馆代表出席,席间对于怀特在华旅程、招待怀特费用、协助怀特工作诸项均有所商定,并拟在重庆、成都、昆明等地成立招待怀特博士委员会主持相关工作[①]。11月29日下午5时,中华图书馆协会在中美文化协会召开理监事联席会议,出席者有沈祖荣、陈训慈、蒋复璁、戴志骞、袁同礼、岳良木、毛坤、严文郁、徐家麟、王文山、陆华深,由袁同礼主席,李子璋记录。筹备怀特来华事宜是此次会议的重要议题之一,首先由蒋复璁报告筹款情况,经陈、王各理事及他本人接洽,中央银行捐助4万元,金城银行捐助4万元,中国农民银行、中国银行、交通银行、邮政储金汇业局、中央信托局各捐助2万元,教育部补助15万元,社会部补助2万元,共得35万元。然后议决如下事项:请怀特博士作中华图书馆协会名誉会员;中华图书馆协会同仁予以热情招待,建立感情联系;馈赠有文化意义的礼物,如书画、刺绣之类;重庆及外省各地拟请各大学及其他学术机关善为招待;编制西南、西北图书馆一览送怀特博士参考;请人陪同怀特博士考察;调查怀特博士略历,在报端发表。此外,就向怀特博士建议问题,有以下议决:由中华图书馆协会拟一英文建议交怀特博士带回;以中国图书馆实际情形告知怀特,并与教育部商定如何请美国捐书;以中国书籍捐助美国[②]。后美军事当局以时局紧张,对于与战时无关之访问谢绝发给登陆护照,怀特只好取消原定来华计划。此时中华图书馆协会已积极筹备欢迎事宜,并分函各地学术机关准备招待,因此也盼望将来交通情形许可后,怀特访华之行仍能恢复[③]。

1945年春,美国图书馆学家诺伦堡博士(Dr. Bernhard Knollenberg)以美国政府使命因公来华,拟顺便视察中国图书馆事业并与中国教育文化界人士谋得接触。中华图书馆协会于3月接到美国大使馆通知后当即召开理事会,筹备欢迎事宜。4月6日上午,诺伦堡赴中央大学参观,饭后归来即至中央图书馆,首由蒋复璁馆长陪同参观该馆所藏之珍本书籍及金石拓片等,诺氏均极感兴趣。至下午3时,出席中华图书馆协会假中央图书馆举行的茶会,当日到会者,除中华图书馆协会蒋复璁、陈训慈、严文郁、毛坤、徐家璧、陆华深、彭道真、徐扬诸

---

① 怀特博士招待委员会之组织[J].中华图书馆协会会报,1944,18(5/6):10-11.
② 中华图书馆协会理监事联席会议纪录[J].中华图书馆协会会报,1944,18(5/6):11-12.
③ 怀特访华之行取消[J].中华图书馆协会会报,1945,19(1/2/3):12.

人,还有杭立武、任鸿隽、何凤山、蔡乐生等教育文化界人士50余人。先由主席蒋复聪介绍诺伦堡博士生平经历,他曾在耶鲁大学和美国东方学会服务十年,现任图书救济联合委员会主席。随后诺氏发言,称该委员会正在征集美国各图书馆书籍准备翻印,罗氏基金及美国工会等均已捐款,以供运送及建造书库之费用。中国可将所需书目,开列名单,以备该委员会统筹分配。诺氏于4月8日离渝飞蓉,小作勾留后即由昆返美。中华图书馆协会赠以英文本中华图书馆协会工作概况及后方主要图书馆概要各一份[①]。

1947年,美国图书馆学家沙本生博士代表中国教会大学在美联合托事部来华调查各地教会大学图书馆现状。沙本生博士,美国纽约州立图书馆学专校毕业,历任多个大学教授及图书馆馆长,来华时任宾州斯渥滋慕大学图书馆馆长,又曾任迦尼基金三大学图书馆指导者顾问及主席等职。他于10月17日抵京,中华图书馆协会以沙本生博士学识经验均极丰富,来华访问对于我国图书馆教育及一般文化方面关系至深且巨,为尽地主之谊,于10月19日下午3时召集在京全体会员在玄武湖玄武厅大礼堂及厅前大草坪举行欢宴茶会。到会者有教育部代表陈东原,会员陆华深、洪有丰、陈长伟、李小缘、顾斗南等110余人,由中华图书馆协会常务干事于震寰主持,首由金陵大学神学院图书馆馆长陈晋贤代表中华图书馆协会致欢迎词,旋沙本生博士致词,于熙俭任翻译,与会诸君亦多发抒精辟意见。沙本生博士离京后往北平、武汉、成都、广州、福州等处考察,于1948年1月间返美,对于联合托事部建议甚多,尤其着重于中国图书馆馆员之训练,故1948年托事部将供给胡绍声、黄维廉、喻友信等6人资费,赴美深造[②]。

1948年,美国图书馆协会远东委员会主席白朗(Charles Brown)及美国国会图书馆副馆长克莱普(Verner Clapp)因公赴日之前,借机来华与我国图书馆界讨论合作事项,于1月10日抵达南京。翌日晚,中华图书馆协会在成贤街48号举行鸡尾酒会招待二位,政府首长、学界名宿及各使馆文化官员皆莅临。国立中央图书馆同时展览稀见善本。在南京期间,参观中央图书馆、中央大学图书馆、农林部图书馆、金陵大学图书馆、金陵女子大学图书馆、国学图书馆、政治大

---

① 本会欢迎美国图书馆专家诺伦堡氏[J].中华图书馆协会会报,1945,19(1/2/3):12.-13
② 茶会欢迎美国图书馆专家沙本省博士[J].中华图书馆协会会报,1948,21(3/4):4.

学及国防部图书馆。13日二人与美使馆人员讨论中美文化合作事项。14日下午中央图书馆举行座谈会,由中华图书馆协会理事李小缘、洪有丰两位主持,讨论中美图书馆事业合作问题。白朗表示建议中美教育文化基金董事会拨款协助发展我国图书馆事业,可能即派图书馆专家二人来华协助训练图书馆人才,结果决定由中华图书馆协会成立计划小组确定二专家之工作范围。克莱普则详细介绍了美国国会图书馆工作情形,称美国图书馆协会统筹图书编目工作,以目片分售各地图书馆,免却人力重复,成效甚著,希望各国皆能采用此制度。15日,二专家飞往北平。期间,参观北京大学、协和医学院、北平图书馆。16日,中华图书馆协会理事长袁同礼邀宴。18日,中华图书馆协会名誉会员胡适先生邀宴,中华图书馆协会在平同仁并假北平图书馆集会欢迎。二人因感冒未及参观清华大学图书馆和燕京大学图书馆,于19日飞回上海休息。21日往苏州参观社会教育学院,对于该院图书博物馆系甚感满意。23日,白朗偕美国新闻处图书馆主任佟普森女士飞往广州参观,克莱普则留沪参观徐家汇藏书楼、鸿英图书馆、市立图书馆等,并参与文华图书馆学专科学校上海同学会欢迎严文郁自美抵沪之宴会。24日,克莱普往教育部驻沪图书仪器提运清理处及附近的合众图书馆,又参观一旧书肆。25日,由严文郁、于震寰两位陪往杭州参观浙江省立图书馆及浙江大学图书馆,受到省政府秘书长雷法章、教育厅长李超英及浙江大学竺可桢校长之接待。26日,白朗自广州回沪。适中央图书馆馆长蒋复聪来沪,27日便与严文郁、于震寰及二美国图书馆专家一同在美国俱乐部午餐,畅谈国际间图书馆合作事项。28日,二位飞往东京[①]。

三、赴美留学、考察、交换

(一)留学

自1914年沈祖荣赴美国纽约公共图书馆学校学习图书馆学,美国就成为中国图书馆界人士留学的首选。根据韦庆媛《民国时期图书馆学留学生群体的构成及分析》,1916年至1953年,中国共有100位图书馆学留学生赴

---

① 白朗、克莱普二氏来华本会在京平各地招待[J].中华图书馆协会会报,1948,21(3/4):4-5.

海外留学,赴美留学生共88人[①]。这些留学生中大多数回国后投身中国图书馆事业,也有少数如裘开明、吴光清、谭卓垣、钱存训出国后因各种原因留在美国图书馆界服务,并为中美图书馆学交流及中国文化在美国的传播作出重要贡献。

在1925年中华图书馆协会成立之前赴美学习图书馆学的有15人,分别在纽约公共图书馆学校、纽约州立大学图书馆学院、加利福尼亚图书馆学校、洛杉矶公共图书馆学校、威斯康星大学图书馆学院、伊利诺伊大学图书馆学院就读。这一时期留学者多由个人负担留学费用,或由用人单位资助部分费用,如沈祖荣、胡庆生曾受韦棣华资助,戴志骞得到清华大学资助,袁同礼得到清华大学和北京大学资助,杨昭悊接受交通部资助,冯陈祖怡接受"留美俭学会"资助,李小缘、沈祖荣、胡庆生、刘国钧还接受了清华庚子赔款对自费生的补贴。他们学成归国后对推动中国图书馆事业发挥了重要作用,在图书馆学界具有较大影响力,中华图书馆协会的成立也与他们的努力紧密相关,中华图书馆协会成立后,他们大多作为重要职员为协会的发展贡献力量。也正是由于他们的留学经历,使得中华图书馆协会成立后对参与国际学术交流格外重视,鼓励和支持中华图书馆协会会员出国留学和工作。第一批赴美留学者除了在美国图书馆学校学习外,还在部分图书馆从事中文图书整理工作。如袁同礼就在1921年至1923年暑假期间在美国国会图书馆中文部从事编目工作[②]。

由于第一批赴美学习图书馆学者与美国的图书馆学校以及图书馆建立起了联系,1925年以后出国学习图书馆学的途径明显拓宽。除自费外,还可通过半工半读、获得专项基金资助、交换馆员等途径赴美留学和工作。自从20世纪20年代初文华大学创办图书科,中国有了专门培养图书馆学人才的教育机构后,其毕业生绝大多数投身图书馆事业,成为当时中国图书馆界掌握现代图书馆学专业知识的重要人才,也是赴美留学的主力军。该校最早一届毕业生中裘开明、桂质柏、查修分别于1924年、1926年和1928年先后赴美深造,第二届毕业生王文山也于1926年冬赴美留学。

[①] 韦庆媛.民国时期图书馆学留学生群体的构成及分析[J].大学图书馆学报,2018(3):112.

[②] New York State Library School Register 1887-1926[M].New York:New York State Library School Association, Inc.,1928:157-158.

裘开明于1922年从文华图书科毕业后任厦门大学图书馆首任馆长，1924年受厦门大学派遣赴美国纽约公共图书馆学校攻读图书馆学，1925年考入哈佛大学文理研究生院（Graduate School of Arts and Sciences）经济系攻读经济学（同时继续完成纽约公共图书馆学校的一年实习课程），分别于1927年获得文学硕士学位，1933年获得哲学博士学位。自1927年起，裘开明担任哈佛大学图书馆汉和文库主管（Custodian of the Chinese-Japanese Collection），自1931年起一直担任美国第一个东亚图书馆——哈佛大学汉和图书馆馆长，1965年退休后，应邀赴明尼苏达大学图书馆创办其东亚图书馆，1966年又应邀赴香港担任香港中文大学图书馆首任馆长[①]。

桂质柏于1922年从文华图书科毕业后任北京协和医学院图书馆副馆长，1924年秋任济南齐鲁大学图书馆馆长。1924年12月16日，济南图书馆协会在齐鲁大学开成立大会，桂质柏当选为会长。鲍士伟博士来华考察，在济南作演讲时由桂质柏担任翻译。1926年，桂质柏着手申请赴美留学，并得到韦棣华女士帮助，后收到哥伦比亚大学图书馆馆长威廉姆森（Charles C. Williamson）来信，聘任其担任该馆中文藏书部主管，于是赴纽约哥伦比亚大学图书馆工作，同时利用业余时间在哥伦比亚大学图书馆学院攻读硕士。同年，他在美国《图书馆杂志》（Library Journal）发表 A Short Sketch of Chinese Library Development（《中国图书馆发展概述》），系统总结中国古代至民国初期图书馆事业发展状况，并呼吁美国图书馆界支持中国现代图书馆运动。1928年6月，桂质柏提交硕士论文 An Historical Survey of Chinese Libraries（《中国图书馆的历史考察》），获得图书馆学硕士学位。毕业后，受加拿大麦吉尔大学葛思德华文藏书库主管罗伯特（Robert de Resillac-Roese）之聘，与汉学家孙念礼（Nancy Lee Swann）共同对中文图书进行整理编目，同时还在该校开设有关中国图书馆历史的讲座。1929年9月，桂质柏进入芝加哥大学图书馆研究院攻读博士学位，1931年3月提交博士学位论文 Bibliography and Administrative Problems Arising from the Incorporation of Chinese Books in American Libraries（《美洲图书馆中文藏书编目及管理问题》）[②]。1931年4月，桂质柏自美回国，抵达武汉。5月24日下午在武昌青年会公开演

[①] 程焕文.图书馆精神[M].北京:北京图书馆出版社,2007:116-117.
[②] 王玮.桂质柏先生早年图书馆生涯与著述[J].图书馆杂志,2020(6):26-34.

讲《美国图书馆概况》。1931年6月13日,韦棣华女士追悼会在文华公书林司徒厅举行,桂质柏作为文华图书馆学专科学校同门会代表演讲,说韦棣华女士集智慧、仁慈、勇敢三大特质于一体。回国后桂质柏先后任国立东北大学图书馆主任、文华图书馆学专科学校教务主任、国立中央大学图书馆主任、四川大学图书馆主任、武汉大学图书馆主任。

查修于1922年从文华图书科毕业后入职清华大学图书馆,1924年3月30日北京图书馆协会成立时当选为书记,1928年由清华派遣出国,赴美国伊利诺伊大学攻读图书馆学,1929年获图书馆学学士学位,1930年获硕士学位,1933年获博士学位,回国后历任文华图书馆学专科学校教授、教务主任,上海暨南大学图书馆馆长、上海交通大学图书馆馆长。1947年赴美国旧金山,曾在联合国秘书处任秘书、外交使等职[①]。

王文山于1923年从文华图书科毕业后任天津南开大学图书馆主任,1924年6月1日天津图书馆协会成立时当选为会长,1926年冬赴美国哥伦比亚大学图书馆学院深造,1928年获图书馆学硕士学位。同年,美国国会图书馆正式成立中文部,王文山被聘为编目员。王文山还在华盛顿大学攻读政治经济学,获硕士和博士学位。获博士学位不久,受聘于古巴中国使馆,担任秘书。1932年,接替因学潮离校的洪有丰担任清华大学图书馆主任。同年12月,因事返里,专程访问母校,受校长沈祖荣邀请于12月6日向全体同学演讲《美国国会图书馆近况》。1933年任南京国防设计委员会(即后来的资源委员会)少将秘书,1937年冬随政府西迁汉口转任交通部总务司帮办兼人事司帮办,1938年赴重庆,升任人事司司长,1945年聘为金城银行总经理处主任秘书,1946年出任南京分行经理[②]。1935年,文华图书馆学专科学校组织已毕业诸同学共同翻译《世界各国国立图书馆》一书,有担任北平政治学会图书馆主任的陈宗登、上海暨南大学图书馆主任查修、燕京大学图书馆主任田洪都、北平协和医科大学图书馆编目主任章新民、国立北平图书馆编目主任曾宪三、北京大学图书馆主任严文郁、武汉大学图书馆主任皮高品、中华图书馆协会秘书于震寰,而作为南京资源委员会

---

① 陈进.思源籍府 书香致远:上海交通大学图书馆馆史(1896—2012)[M].上海:上海交通大学出版社,2013:379.

② 王祖念.金融人物专访:政治经济学家王文山先生[J].银讯,1947(12):3.

秘书长兼图书馆主任的王文山翻译了《华盛顿国会图书馆》一节[1]。

除文华毕业生外，谭卓垣和吴光清均于1930年获美国卡耐基基金会（Carnegie Foundation）的奖学金资助，赴哥伦比亚大学图书馆学院学习。谭卓垣毕业于岭南大学，吴光清毕业于金陵大学，两者都是基督教教会大学。谭卓垣在毕业前就已在岭南大学图书馆兼职工作，1922年聘为副馆长，1925年聘为馆长。1930年赴美留学，1931年获图书馆学学士学位，同年秋入芝加哥大学图书馆学研究院攻读博士学位，1933年夏以论文 The Development of Chinese Libraries Under the Ch'ing Dynasty, 1966-1911（《清代图书馆发展史（1966-1911）》）获得图书馆学博士学位[2]。1933年秋，谭卓垣学成归来，继续担任岭南大学图书馆馆长。1936年，岭南大学校董会议决聘请谭卓垣担任教务长。1937年，谭卓垣被北平协会医学院聘为图书馆主任，计划8月杪到馆视事，但随着"七七事变"爆发，无法北上赴任，遂受聘至夏威夷大学担任图书馆中文文库主任，直至1956年逝世。1939-1940学年，谭卓垣还担任夏威夷大学东方学助理教授，成为目录学方向的研究生导师。1941-1942学年，晋升为中国学副教授。

吴光清在金陵大学主修教育及英文，选习图书馆学，1927年秋季毕业，取得文学学士学位，毕业后曾任中学教员3年，1930年赴哥伦比亚大学学习图书馆学，1931年获得图书馆学学士学位，后又进入密歇根大学图书馆学系研究，1932年获得硕士学位后回国，1932年至1935年任金陵女子大学图书馆馆长，1935年至1938年转任国立北平图书馆编目部主任和《馆刊》编委[3]。

美国罗氏基金会（Rockefeller Foundation）对图书馆学留学生的资助也是推动中华图书馆协会会员赴美学习交流的重要推手，而这又离不开袁同礼的努力。1934年，中华图书馆协会执行委员会主席袁同礼奉教育部委派赴欧美考察图书馆事业，进行国际文化联络事宜，并代表政府出席在西班牙举行的国际博物院会议[4]。在美期间，袁同礼与美国罗氏基金会达成协议，设立图书馆学奖学金，资助中国图书馆界人士赴美深造。

---

[1] 华盛顿国会图书馆.王文山,译[J].文华图书馆学专科学校季刊,1935,7(3/4):385-399.
[2] 郑锦怀.岭南大学时期谭卓垣史料挖掘与辨析[J].大学图书馆学报,2020(3):120-121.
[3] 钱存训.吴光清博士生平概要[J].国家图书馆学刊,2005(3):82.
[4] 执行委员会主席出国[J].中华图书馆协会会报,1934,9(4):9.

1934年，李芳馥首获罗氏基金会奖学金，于9月初赴美[1]，入读哥伦比亚大学图书馆学院。李芳馥于1927年6月毕业于文华大学图书科，后经岳良木帮忙找人推荐，亦受聘北京图书馆。最初从事助理文牍工作，后担任北平北海图书馆总务科科员、国立北平图书馆总务部文书组组长和采访部西文采访组组长。1936年2月，李芳馥获得哥伦比亚大学图书馆学专业的科学硕士学位，他提交的硕士学位论文题为《中国公共图书馆的经费问题》(Financing of Chinese Public Libraries)。1935年至1936学年，李芳馥到芝加哥大学图书馆学研究院深造，曾在美国《图书馆季刊》(The Library Quarterly)发表对中华图书馆协会提交国际图书馆协会联合会1936年华沙会议上的英文论文集的述评《评〈中国之图书馆〉》。根据北平图书馆与罗氏基金会的协议，在1936财政年度(1936年7月1日至1937年6月30日)必须到美国国会图书馆实习一年，为该馆分编中文藏书。因此，他虽修习了部分芝加哥大学图书馆学博士课程，但并未完成博士学位论文，没有拿到博士学位[2]。1937年，李芳馥在美国国会图书馆服务期满，本应返回中国，但恰值日本发动全面侵华战争，因此未能如期返华。1937年秋，李芳馥受聘担任哥伦比亚大学图书馆"中国研究助理"，或称"助理研究员"，主要从事中文藏书的分编工作。1939年他本希望夏天回国探求秋季返美，但战局动荡，终未成行，利用暑假休假赴英国、法国等地参观图书馆，后返回纽约继续在哥伦比亚大学图书馆工作。1940年上半年，李芳馥完成哥伦比亚大学图书馆馆藏中文图书目录卡片编制工作，并将书面总结以 An Experiment in Cataloging Chinese Books(《中文图书的编目实验》)为题发表于《美国远东研究通讯》(Notes on Far Eastern Studies in America)第7期。1941年6月，李芳馥从美国返回中国，在国立北平图书馆上海办事处工作[3]。

1934年，黄维廉也获得罗氏基金会奖学金，于9月11日与李芳馥一同由沪乘美国杰弗逊总统号邮船赴美国哥伦比亚大学留学[4]。黄维廉于1919年夏获得上海圣约翰大学文科学士学位，1920年起任职圣约翰大学罗氏图书馆，1926

---

[1] 会员简讯[J].中华图书馆协会会报，1934，10(1)：19.
[2] 郑锦怀.李芳馥图书馆生涯考辨[J].图书馆论坛，2020(3)：94.
[3] 会员消息[J].中华图书馆协会会报，1941，15(6)：8.
[4] 会员简讯[J].中华图书馆协会会报，1934，10(2)：17.

年升任圣约翰大学图书馆馆长,1927年秋任南京中央大学图书馆西文编目主任,1928年复任圣约翰大学图书馆馆长。尽管黄维廉有多年图书馆从业经历,但仍被要求用一年时间学习学士学位课程,因此他用一年时间来学习图书馆学专业知识,并参观美国各大图书馆,对各大学图书馆作人事调查,于1935年获得学士学位以及罗氏基金会奖学金。在美期间,他发表了一篇有关中国图书馆的注解式参考文献选目——*Libraries in China: A Selected Annotated Bibliography*,并于1936年完成硕士论文,取得哥伦比亚大学图书馆学力学硕士学位,8月回国,仍在圣约翰大学图书馆工作[1]。

1935年夏,曹祖彬由罗氏基金会资助,派往美国密歇根大学研究图书馆学,于9月3日搭轮赴美[2]。曹祖彬在金陵中学读书时,任图书馆主任的同乡洪有丰帮其谋得管理图书的工作,就此和图书馆结下不解之缘。1922年至1927年,曹祖彬在金陵大学求学期间,经刘国钧介绍,在图书馆谋得半工半读的计划,毕业后仍留在图书馆工作,任中文部主任兼图书馆学讲师[3]。密歇根大学因其大学成绩单不理想而拒绝了他的入学申请,然而跟袁同礼关系密切的哥伦比亚大学图书馆学院愿意接受他以非正式录取学生(non-matriculated student)身份入学,一旦通过能力评估,便可转为正式学生。第一年,他的成绩不尽如人意,主要是英语不够好,不过经过发奋努力,他很快获得老师们的一致赞赏。1936年6月,他顺利拿到哥伦比亚大学图书馆学专业的理学学士学位。1936年9月,曹祖彬再次获得罗氏基金会的一年期奖学金,进入芝加哥大学图书馆研究院学习,其间,曾到美国图书馆协会总部实习。1937年夏,未拿到学位的曹祖彬返回中国,继续在金陵大学工作,1937年秋被聘为金陵大学图书馆学教授,兼阅览参考部主任[4]。

1935年9月上旬,徐家麟由沪赴美,任职于哈佛大学汉和图书馆,兼在该大学读书[5]。1936年,受罗氏基金会补助,入美国哥伦比亚大学图书馆学研究院研究,1937年毕业后,受哈佛大学汉和图书馆之聘,主编中文书籍目录,原拟1938

---

[1] 黄雪婷,张丽英.黄维廉图书馆生涯考察[J].大学图书馆学报,2017,35(4):110-117.
[2] 会员简讯[J].中华图书馆协会会报,1935,11(1):17.
[3] 黄雪婷.曹祖彬图书馆生涯考证[J].大学图书馆学报,2020(2):120.
[4] 郑锦怀,顾烨青,黄雪婷.曹祖彬图书馆生涯再考辨[J].图书馆论坛,2018(9):77-78.
[5] 会员简讯[J].中华图书馆协会会报,1935,11(1):17.

年暑假聘期届满后返国,又受该馆续聘一年[1]。1939年暑期在美聘约届满,准备7月中假道欧洲返国,顺便考察英、德、法、意等国图书馆及博物馆,以为将来工作之参考[2]。回国后,徐家麟应文华图书馆学专科学校之聘,担任教席[3]。

1938年,在国立北平图书馆工作的吴光清获罗氏基金会资助,到美国国会图书馆东方部实习。1941年进入芝加哥大学图书馆学研究院攻读博士学位,师从国际印刷史权威巴特勒(Pierce Bulter)教授研习西洋图书印刷史,1944年完成题为 *Scholarship, Book Production, and Libraries in China* (618—1644)(《初唐至明末的中国学术、图书与图书馆(619-1644)》)的博士论文,顺利获得图书馆学博士学位[4]。此后,他继续在国会图书馆东方部工作,主管中文参考及编目的业务,并于1945年编订《中文图书分类法》,为美国国会图书馆中文图书编目所采用,直至1957年该馆对所有文字图书统一采用《国会图书馆分类法》而放弃,但该馆超过10万册的中文线装书仍采用他的分类法编目排架。他在美国国会图书馆一直工作至1975年退休,退休后被聘为该馆中国目录学名誉顾问三年。吴光清的主要学术领域为图书馆史、印刷出版史、目录学、版本学等,在中美图书馆事业以及促进海外汉学研究方面做出了突出贡献。2000年,吴光清因病去世,美国国会图书馆于2002年亚洲研究学会在华盛顿年会期间特别举行追悼会,表彰他一生从事图书馆事业的贡献[5]。

除以上受基金补助留学者外,20世纪三四十年代还有很多图书馆学者通过各种途径赴美留学或工作。1934年8月,黄星辉赴美国哈佛大学图书馆担任中文编目部工作,并在该大学研究图书馆学[6],1935年秋转学至密歇根大学图书馆学校继续研究图书馆学[7]。黄星辉1923年自文华大学图书科毕业,聘为东吴大学图书馆助理员[8],1924年任图书馆副主任,1926年任图书馆主任[9]。1932年,

---

[1] 会员消息[J].中华图书馆协会会报,1938,13(3):19.
[2] 会员消息[J].中华图书馆协会会报,1939,14(1):14.
[3] 会员消息[J].中华图书馆协会会报,1939,14(2/3):13.
[4] 周余姣.图书馆界的林语堂:吴光清[J].图书馆论坛,2016(12):82.
[5] 钱存训.吴光清博士生平概要[J].国家图书馆学刊,2005(3):82-84.
[6] 会员简讯[J].中华图书馆协会会报,1934,10(1):19.
[7] 会员简讯[J].中华图书馆协会会报,1935,11(1):17.
[8] 王国平,张菊兰.东吴大学史料选辑:历程[M].苏州:苏州大学出版社,2010:189.
[9] 郑锦怀.华东基督教暑期大学初级图书馆科考辨[J].山东图书馆学刊,2019(4):36.

黄星辉聘为山东大学图书馆馆长。1936年秋,黄星辉自美返国,仍回校任馆长[①]。1934年,葛受元亦在美国哈佛大学汉和图书馆服务[②],当年年底由美返国[③],1935年在上海光华大学任教[④]。1934年,房兆颖在美国国会图书馆工作,兼助编辑《中国人名大辞典》[⑤]。1934年莫余敏卿毕业于哥伦比亚大学后在美参观图书馆,1935年夏返国,任国立北平图书馆参考组组长[⑥]。1935年夏,赵廷范由协和医学院图书馆派往纽约医学院图书馆实习,并在哥伦比亚大学图书馆学校选课[⑦]。1939年8月,王重民奉袁同礼之命由欧赴美,任职于美国国会图书馆,负责善本书籍的提要撰写工作,受中日战争影响,直至1947年回国,仍任职于北平图书馆,兼任北京大学中文系教授,一手创办了北京大学中国文学系图书馆学专科(今北京大学信息管理系前身)。1941年,王重民赴上海处理北平图书馆南迁善本事宜,挑选100余箱善本约2700余种运到美国,寄存于美国国会图书馆,王重民对这批古籍全部撰写了提要,并摄制了缩微胶卷[⑧]。

民国时期,赴美留学和工作的图书馆学者,除极少数后来离开了图书馆领域,绝大多数或留在美国图书馆界,或回国继续服务于图书馆事业,为中华文化在美国的传播以及中国图书馆事业的进步作出了很大贡献。

(二)考察

1934年,袁同礼奉教育部委派赴欧美考察图书馆事业。他于2月22日下午乘车至天津搭轮船出国,27日抵达日本,在神户、京都逗留数日参观图书馆后,由横滨乘亚细亚皇后号轮船赴美[⑨]。4月抵美后,袁同礼旅行各地,除搜集各项

[①] 曲继皋.抗战前后的山大图书馆//樊丽明,刘培平.我心目中的山东大学[M].济南:山东大学出版社,2005:81.
[②] 会员简讯[J].中华图书馆协会会报,1934,10(2):18.
[③] 会员简讯[J].中华图书馆协会会报,1934,10(3):12.
[④] 会员简讯[J].中华图书馆协会会报,1935,10(6):15.
[⑤] 会员简讯[J].中华图书馆协会会报,1934,10(1):19.
[⑥] 会员简讯[J].中华图书馆协会会报,1935,11(1):18.
[⑦] 会员简讯[J].中华图书馆协会会报,1935,11(1):17.
[⑧] 向辉.王重民先生1939—1949年的古籍保护实践//《古籍保护研究》编委会.古籍保护研究第4辑[M].郑州:大象出版社,2020:45.
[⑨] 袁守和先生抵美[J].中华图书馆协会会报,1934,9(5):17.

材料外,还积极宣传中国近年来在文化及建设上之种种进步。哥伦比亚大学特制名誉奖章一枚赠送袁同礼先生,以表彰他在经营中国图书馆事业的卓著贡献。美国要人也因袁同礼的宣传对中国图书馆事业多表同情。在美考察两月后,袁同礼于6月间离美访欧[①]。12月3日,袁同礼抵沪,旋即入京。京中各图书馆同人于6日晚联合在市肆设宴为袁同礼洗尘,并请冯陈祖怡作陪。袁同礼在席间谈话,大致提到两点:一是中国图书馆事业与美国相比前后相差百年;二是我国学档案管理法及学博物院学者太少。袁同礼于9日午前返平,亲友及属员至车站迎候者约200人。10日下午3时,国立北平图书馆同人在馆开茶会欢迎,主席严文郁及代理馆长孙洪芬前后致词,袁同礼谈话中推许美国图书馆之优点有三:(一)健康,在外国服务于图书馆者,异常注意身体之康健,规定每年检查四次,除工作外并注意身体之保养,盖图书馆事业确属最繁难者,苟无健全之身体,实不足以应付;(二)合作,外国各图书馆组织之划分,虽极细密繁复,但能注意切实之联络,每一事发生,只须一二分钟之时间,即可应付完毕,经济时间,事半功倍,吾人今后亦应效法;(三)机器,世界各国图书馆工作如编目、送书、装置卡片,莫不借重机器,吾人须半日始告成功,而用机器只须数分钟。嗣平津学术界皆知袁同礼返平,争先约请讲演,袁同礼于馆务繁迫之余,曾先后在北平清华大学、燕京大学、政治学会以及天津北洋工学院、南开大学等处演说[②]。

(三)交换

国立北平图书馆鉴于建设大规模图书馆首需专门人才之协助,而国外所藏中国书籍亦需中国学者为之整理,与国外各图书馆订有交换馆员办法。1930年三四月,国立北平图书馆首先与美国哥伦比亚大学商定交换馆员办法,每两年内由国立北平图书馆派馆员一人,前往服务,以增进经验而彼此互益[③]。国立北平图书馆赴哥伦比亚大学图书馆任交换馆员者都在管理该校图书馆中文图书的同时,在该校图书馆学院完成图书馆学硕士学位的学习。

[①] 袁守和先生在美受名誉奖章[J].中华图书馆协会会报,1934,9(6):9.
[②] 袁守和先生归国[J].中华图书馆协会会报,1934,10(3):10-11.
[③] 与美国哥伦比亚大学交换馆员[J].国立北平图书馆馆刊,1930,4(2):151.

首先派去的是严文郁，由该校聘为交换馆员并由外交部发给护照[1]。定于1930年9月6日由神户赴美[2]。严文郁1925年自文华大学图书科毕业后即入北京图书馆（后改名北平北海图书馆，后并入国立北平图书馆）工作，出国时任国立北平图书馆编纂部西文编目组组长[3]。1931年3月，严文郁在纽约撰文《美国图书馆概况》[4]发表于《图书馆学季刊》，全面介绍了美国图书馆之沿革、美国图书馆之统计、美国图书馆对研究学术之贡献、促进图书馆之机关、馆员之训练与待遇，认为美国图书馆之组织、经营、管理、建筑以及设备，无不精益求精、尽善尽美，其进取之精神足发人深省，同时也期待我国图书馆界师法美国图书馆成功之途术，举国一致，执鞭前驱！1932年，他还撰写《美国之华文报纸》[5]发表于《中华图书馆协会会报》，以供关心侨胞者参考，该文列举了旧金山、纽约、芝加哥，以及古巴和檀香山的华文报纸及其出版地和定价，对中国图书馆的报纸采购亦有参考价值。

1932年，国立北平图书馆派汪长炳赴哥伦比亚大学任交换馆员。汪长炳1926年毕业于文华大学图书科后入北京图书馆工作，出国前为国立北平图书馆编纂部西文编目组组员。1934年，汪长炳毕业，获硕士学位，他的硕士论文是《中国大学图书馆述评》（英文）。两年期满后，袁同礼又介绍他去美国国会图书馆东方部，在那里工作两年，与人合作编了一本《清代名人著作》（英文），汪长炳写了其中两篇。其间，1935年5月，汪长炳代表中华图书馆协会到西班牙马德里参加国际图书馆协会联合会会议，会议结束后顺道参观瑞士日内瓦、法国巴黎、比利时布鲁塞尔、英国伦敦各图书馆，一个月后回到美国[6]。1936年，汪长炳回国后被文华图书馆学专科学校借用，聘为教务主任[7]。

---

[1] 国立北平图书馆.国立北平图书馆馆务报告[M].北平:国立北平图书馆,1930:39-40.
[2] 馆员留学[J].国立北平图书馆馆刊,1930,4(4):147.
[3] 国立北平图书馆.国立北平图书馆馆务报告[M].北平:国立北平图书馆,1930:84.
[4] 严文郁.美国图书馆概况[J].图书馆学季刊,1931,5(3/4):321-344.
[5] 严文郁.美国之华文报纸[J].中华图书馆协会会报,1932,7(5):1-2.
[6] 柯愈春.文华师长访谈录[J].图书情报知识,2010(4):113.
[7] 国立北平图书馆.国立北平图书馆馆务报告(1936年7月—1937年6月)[M].北平:国立北平图书馆,1937:26.

1934年,国立北平图书馆派岳良木赴哥伦比亚大学任交换馆员。岳良木1927年毕业于文华图书馆学专科学校后入北京图书馆工作,曾担任采访科科员、采访部西文采访组组长、总务部文书组组长。岳良木于1934年8月13日离平,21日由沪乘美国游船格兰特总统号赴纽约哥伦比亚大学任中文部事务[①],9月13日他自圣路易城(St. Louis)来函详细介绍旅途见闻,提及当日他在圣路易市图书馆与鲍士伟博士交谈20分钟,提到"此老已老矣,惟精神尚健,对于中国旧友人谈之不倦"[②],该信内容刊于《中华图书馆协会会报》。1936年秋,岳良木回国,派充新成立的国立北平图书馆附设于南京的工程参考图书馆主任[③]。回国后应南京金陵大学图书馆学学会之请,讲演美国图书馆最近的动向,其演讲稿发表于《学觚》第一卷十期[④]。1937年7月1日转职国立中央图书馆[⑤]。1939年冬应四川省教育厅之聘,任该省立图书馆筹备处主任[⑥]。

　　1936年,国立北平图书馆派曾宪三赴哥伦比亚大学任交换馆员[⑦]。曾宪三1925年从文华大学图书科毕业受聘清华大学图书馆[⑧],1928年南京国民政府任命罗家伦为清华大学校长,学生会校务改进委员会发动"清校运动",戴志骞被迫辞职,赴任国立中央大学图书馆主任,后转行至银行界。在这场运动中,原19名馆员先后有11人离馆。曾宪三与顾子刚赴北平北海图书馆(后并入国立北平图书馆)[⑨]。20世纪30年代初,国立北平图书馆为了方便中外避暑游客的文化需要,在海滨建立了国立北平图书馆北戴河分馆,曾宪三主持其事[⑩],后又担任编目部西文编目组组员、组长,还曾兼采访部官书组组长。1937年夏,曾宪三自哥伦比亚大学毕业后至哈佛大学图书馆实习,自9月起在美国国会图书馆实

---

① 会员简讯[J].中华图书馆协会会报,1934,10(1):19.
② 岳良木君之行程[J].中华图书馆协会会报,1934,10(2):19.
③ 国立北平图书馆.国立北平图书馆馆务报告(1936年7月—1937年6月)[M].北平:国立北平图书馆,1937:26.
④ 会员消息[J].中华图书馆协会会报,1937,12(4):13.
⑤ 会员消息[J].中华图书馆协会会报,1937,12(6):22.
⑥ 会员消息[J].中华图书馆协会会报,1940,14(5):13.
⑦ 国立北平图书馆.国立北平图书馆馆务报告(1936年7月—1937年6月)[M].北平:国立北平图书馆,1937:26.
⑧ 学校新闻:图书馆新聘职员[J].清华周刊,1925(350):34.
⑨ 韦庆媛.民国时期清华图书馆员的大动荡及启示[J].河南图书馆学刊,2010,30(5):137-138.
⑩ 王凤华.北戴河海滨旧闻录(1898—1948)[M].北京:中国城市出版社,1997:99.

习,原计划1938年夏返国立北平图书馆服务[①],后决定再延长一年返国[②]。1939年暑假后,受哈佛大学汉和图书馆之聘,主编中文书籍目录[③]。1940年秋,返国后仍在国立北平图书馆服务[④]。

1947年秋,钱存训由国立北平图书馆推荐,以交换馆员的名义到芝加哥大学远东图书馆工作。两年后延期,此后留美未再回国工作,但一直致力于中美两国图书馆事业的交流。

四、参加美国其他交流活动

1926年夏,美国因纪念建国150周年举办世界博览会,邀请中国参与,并望于教育方面特为注重。中华图书馆协会接中华教育改进社来函,请其征集关于图书馆设备、建筑等影片及模型。中华图书馆协会执行部即分函国内著名图书馆,请从速准备,共收到影片20余起并加说明书,于5月间送往中华教育改进社运美展览[⑤]。展品深得该会当局及一般民众赞许。该会审查委员会审查结果,以中华图书馆协会于中国民众教育之促进贡献颇多,颁发奖凭一纸,并托纽约华美协进社转寄中华图书馆协会[⑥]。

第三节 与其他国家图书馆界的交流

中华图书馆协会的国际学术交流主要体现在与国际图书馆协会联合会以及图书馆事业最为发达的美国的交流,但与德国、英国、法国等欧洲国家的图书馆界也有多种形式的交流。除此之外,以杜定友、马宗荣为代表的中日图书馆

---

① 会员消息[J].中华图书馆协会会报,1938,13(1):17.
② 会员消息[J].中华图书馆协会会报,1938,13(2):18.
③ 会员消息[J].中华图书馆协会会报,1939,14(2/3):13.
④ 会员消息[J].中华图书馆协会会报,1940,14(6):16.
⑤ 中华图书馆协会第一周年报告[J].中华图书馆协会会报,1926,2(1):4.
⑥ 中华图书馆协会第二周年报告[J].中华图书馆协会,1927,3(2):5.

界的交流虽然较为有限,但也对两国图书馆事业的发展和文化交流产生了一定作用。中华图书馆协会还与印度、菲律宾、秘鲁等国图书馆界有零星交往。

一、与欧洲图书馆界的交流

中华图书馆协会与欧洲图书馆界的交流主要体现在出版物交流、年会交流、来华接待、赴欧考察与留学、交换馆员方面,而设在瑞士的日内瓦中国国际图书馆本身是中华图书馆协会的机关会员,对于促进东西方文化交流发挥了重要作用。

(一)出版物交流

自1925年《中华图书馆协会会报》出版后即寄赠欧美、日本各处,请其交换,并陆续接到复函应允。1925年8月18日,又由华俄通信社介绍苏俄之交换机关"苏俄文化沟通社"。中华图书馆协会打算在教育部出版品国际交换局成立后,按期寄送会报至该交换局,请其代为转寄。中华图书馆协会成立一年间,已与英、美、法、德、比利时、西班牙、捷克、苏俄、日本各国实行交换[1]。《图书馆学季刊》创刊后,除赠送国外相关机构外,亦有不少海外订购者。图书馆协会所办期刊中经常刊载国际图书馆界之消息、介绍国外图书馆学图书与杂志,并刊登国外图书馆学理论著作之译文。

1937年春,中华图书馆协会接巴黎国际展览会来函,希望征集中国图书馆内外部摄影以供陈列[2]。中华图书馆协会随即向各图书馆发出征求函件,至6月20日,共收到国立北平图书馆、国立中央图书馆、北京大学图书馆、清华大学图书馆等照片多幅,加以选择后,于6月24日寄巴黎国际展览会[3]。

同年,伦敦大学图书馆专科学校委托中华图书馆协会代为征集我国重要图

---

[1] 中华图书馆协会第一周年报告[J].中华图书馆协会会报,1926,2(1):4.
[2] 代巴黎国际展览会征求我国图书馆摄影[J].中华图书馆协会会报,1937,12(5):18.
[3] 各馆摄影已汇寄巴黎[J].中华图书馆协会会报,1937,12(6):22.

书馆概况及书目[①],中华图书馆协会当即致函各图书馆代为征求,先后寄到者颇多,于1937年6月26日由中华图书馆协会转寄该校[②]。

抗日战争全面爆发后,中华图书馆协会于1937年10月致函各国图书馆协会,请代为征集图书资料,支援遭受严重破坏的中国图书馆事业。牛津大学石博鼎先生在该校发起援助中国各大学急需之图书仪器活动,先生夫妇并愿捐2000英镑以为之倡,中华图书馆协会理事长袁同礼致函申谢[③]。英国图书馆协会也于1939年8月间议决发起捐书运动,并在该会会报(Library Association Record)第41卷第8期刊登征书启事,请求全体会员协助进行。本拟集有成数,即行运华,但因9月初欧战爆发,交通阻滞,未能成行[④]。

(二)年会交流

1929年1月,中华图书馆协会召开第一次年会时,德国图书馆协会派代表莱斯米博士来华出席年会,并作演讲。1929年3月31日,北平图书馆协会在该年度第四次常会上邀请莱斯米作《德国研究中华文化之概况》的讲演。

1942年,中华图书馆协会第五届年会在重庆召开,英国大使馆特别赠送国立中央图书馆英文图书1000册,各专科以上学校图书各50册作为年会召开之纪念[⑤]。

1946年5月6日,英国图书馆协会于黑池(Blackpool)举行战后首次年会,商讨战后图书馆复兴工作,中华图书馆协会派徐家璧代表协会出席,且袁同礼于4月26日由华盛顿致函英国图书馆协会表示祝贺,同时也积极为中国图书馆事业的复兴争取支持,他指出中国图书馆和文化机关同受暴力摧残,图书馆复兴工作急需代表英国学术研究之各种出版物,希望联合国图书馆中心征集的图书及刊物在分配遭受战祸各国家时,中国能居于优先地位[⑥]。

---

① 代表伦敦大学图书馆学校征求我国图书馆概况及书目[J].中华图书馆协会会报,1937,12(5):18.
② 各馆概况书目已汇寄伦敦[J].中华图书馆协会会报,1937,12(6):22.
③ 本会致英国牛津大学石博鼎先生函[J].中华图书馆协会会报,1939,13(5):15.
④ 本会呈请教部续予经费补助[J].中华图书馆协会会报,1940,14(5):10-12.
⑤ 本会第五次年会述略[J].中华图书馆协会会报,1942,16(5/6):14.
⑥ 本会致贺英国图书馆协会年会[J].中华图书馆协会会报,1946,20(1/2/3):14.

(三)来华接待

1926年,法国政府派莱尼爱女士来华考察图书馆事业。上海图书馆协会以女士系图书馆学专家,此次来华关系与我国文化事业甚巨,于8月6日下午7时假北京路功德林开会欢迎,参加者有20余团体[①]。

(四)赴欧考察与留学

1929年,沈祖荣受中华图书馆协会委托,在参加完第一次国际图书馆及目录学大会后,考察了德国、意大利、荷兰、英国、法国、瑞士、苏联和奥地利等欧洲国家的图书馆事业。沈祖荣回国后在呈给教育部的报告中特别提到,莱比锡德国国家图书馆邬兰德馆长和普鲁士邦立图书馆顾司柔馆长对中德图书馆学术交流计划的赞同,并希望国民政府教育部与中华图书馆协会遇合适人才可派遣予以深造。

1930年,蒋复聪在朱家骅的推荐下由浙江省政府公派至德国专攻图书馆学。蒋复聪出生于浙江省海宁县名门望族世家。曾祖蒋光煦是晚清江南颇负盛名的藏书家,并有多种著作行世,民国时期声名远播的蒋百里是其叔父。1913年,蒋复聪随在青岛作军师总参议的叔父蒋百里进青岛学堂读书,1914年,复随考入天津陆军军医学校的二哥去天津,进德华中学读书。青岛学堂和德华中学皆为中德合办的学校,主要课程都由德籍教师用德语讲授,这为他的德文打下了坚实的基础。1917年,蒋复聪考入北京大学预科德文班,朱家骅是他的德文老师。1919年,他完成预科学业后进入哲学系学习,成为胡适的及门弟子。蒋百里与蔡锷是日本士官学校校友,又是至交好友。蔡锷于1916年在日本病逝,他的老师梁启超倡办松坡图书馆,在社会各界支持下于1918年在上海成立,1922年秋迁至北京。由于有5千多册德文书无人分编,蒋百里邀熟悉德文的蒋复聪帮助分编德文书,蒋复聪自此在松坡图书馆兼职,得到了梁启超的赏识。毕业后,蒋复聪在徐志摩和梁启超的介绍下去清华大学执教2年。1926年,梁启超出任北京图书馆首任馆长,便将蒋复聪聘至北京图书馆工作。20世纪20年代末,朱家骅任浙江省民政厅厅长,热心图书馆事业,由于他早年

---

① 昨晚各团体欢迎莱尼爱女士纪[N].申报,1926-08-07(11).

留学德国学矿，推崇德国的图书馆管理制度，而浙江图书馆正在兴建，亟需精通业务、擅长管理的馆长，故亲自提议派蒋复聪赴德学习图书馆学回国后担任该馆馆长。1930年8月，蒋复聪赴德国柏林大学和普鲁士国家图书馆合办的图书馆学研究所学习，第一学年在普鲁士国家图书馆实习，蒋复聪被尊为客座馆员，又如大学客座教授；第二学年在柏林大学读书，作理论研究。他还利用节假日和余暇时间赴图书馆参观、学习。1932年7月学成之后，又去法国和英国参观国家图书馆和著名大学图书馆，至1932年11月底返回中国[1]。不过，他回国后未能如此前朱家骅所允诺的担任浙江图书馆馆长，因为1931年6月浙江图书馆并入浙江省立图书馆，1932年1月陈布雷的弟弟陈训慈担任浙江省立图书馆馆长。蒋复聪面见朱家骅时被告知拟再用庚子赔款建一个南京图书馆，嘱其留待南京静候。1933年，教育部发文筹建国立中央图书馆，委任蒋复聪为国立中央图书馆筹备处主任。

1934年，袁同礼赴欧美考察图书馆事业，在美国考察2个月后，于7月初抵欧，陆续参观法、比、荷兰、瑞士等各国图书馆及文化机关，并访晤图书馆界名家。7月后半出席国际联盟召集之文化合作委员会会议，并出所携展览品若干与中国国际图书馆联合举办展览会，颇获美评。8月至德国，官方及学术团体欢迎极为热烈。旋赴莫斯科，与各重要机关商定交换刊物合同。再于9月11日至15日参加在波兰举行的第6届国际道德会议，再往英国在伦敦勾留2星期[2]。10月7日抵巴黎，法国外交部文化事业部部长马克斯于9日在国际俱乐部举行欢迎宴会，参加者有国立图书馆馆长、博物院院长、法国汉学家伯希和、马思波、罗哥兰内、教育部高等教育司司长、外交部远东司司长、东方语言学校校长，及中国驻法代办萧继荣等10余人，席间由马克斯致欢迎词，并由前教育总长安得拉演说，席散后安氏国立图书馆馆长陪同袁同礼参观大学区及各文化机关[3]。随后由法国赴西班牙马德里参加10月14日至24日举行的国际博物院会议，会后赴意大利，于11月10日启程返国[4]。

---

[1] 罗德运.蒋复聪：一个不应被忘却的名字[J].湖北师范学院学报（哲学社会科学），1998,18(5)：90-96.

[2] 袁守和先生留欧消息[J].中华图书馆协会会报，1934,10(2)：18.

[3] 袁守和先生在法受欢迎[J].中华图书馆协会会报，1934,10(2)：17.

[4] 袁守和先生留欧消息[J].中华图书馆协会会报，1934,10(2)：18-19.

(五)交换馆员

1932年秋,中德图书馆交换馆员,德国派柏林大学汉文教授兼大学图书馆购置部主任[①]西门华德博士(Dr. Walter Simon)[②]来国立北平图书馆服务,中国方面请严文郁前往柏林,在普鲁士邦立图书馆及大学图书馆工作[③]。普鲁士国立图书馆收藏仅在俄、法国立图书馆之下,管理编目远胜之,其工作除整理馆藏图书供人阅览外,并兼管全国图书馆有关事业,如图书互借及联合目录等。严文郁在该馆互借管理处和联合目录编辑部考察逾二月,就所了解情况撰成《德国联合目录概述》[④]一文发表于《图书馆学季刊》。中德交换馆员均以一年为期,西门博士在国立北平图书馆工作十个月,对于该馆德文部发展贡献良多[⑤]。1933年严文郁回国后,回到母校武昌文华图书馆学专科学校为学生介绍德国图书馆事业的情况[⑥],1935年又在《文华图书馆学专科学校季刊》上发表其翻译的《柏林普鲁士邦立图书馆》[⑦],确实起到了中德图书馆学术交流的桥梁作用。1937年至1939年,陆华深奉国立中央图书馆之派,赴德国莱比锡国家图书馆任交换馆员,并在柏林普鲁士邦立图书馆实习[⑧]。

1934年,国立北平图书馆与法国巴黎国立图书馆交换馆员,派国立北平图书馆编纂委员会委员兼索引组王重民前往法国。王重民在巴黎的旅居时间为1934年9月下旬至1939年8月末,他以2074个典藏号给大约12000册中文书集者编了一套完整的中法文目录[⑨],其间利用假期赴德、英、意考察文献,不遗余力查访欧洲所藏敦煌遗书,同时还考察研究欧洲所藏太平天国文献。法国国立图书馆派东方文献分部主任、汉学家杜乃扬(R. Dolléans)女士来国立北平图书馆,

---

① 严文郁.德国联合目录概述[J].图书馆学季刊,1934,8(3):345.
② 国立北平图书馆.国立北平图书馆馆务报告[M].北平:国立北平图书馆,1934:26.
③ 严文郁.德国联合目录概述[J].图书馆学季刊,1934,8(3):345.
④ 严文郁.德国联合目录概述[J].图书馆学季刊,1934,8(3):345-355.
⑤ 国立北平图书馆.国立北平图书馆馆务报告[M].北平:国立北平图书馆,1933:33.
⑥ 严文郁讲德国图书馆事业之现势[J].文华图书馆学专科学校季刊,1933,5(3/4):505-507.
⑦ 严文郁.柏林普鲁士邦立图书馆[J].文华图书馆学专科学校季刊,1935,7(3/4):400-414.
⑧ 麦群忠,朱育培.中国图书馆界名人辞典[M].沈阳:沈阳出版社,1991:415.
⑨ 罗栖霞.法国国家图书馆的中文典藏与法中学术交流[J].民俗典籍文字研究,2019(1):88.

负责编辑法文图书目录,她在国立北平图书馆工作至1939年[①]。

国立北平图书馆自1930年起就有与美国、德国、法国诸国建立国际交换馆员关系。1934年馆长袁同礼赴欧考察时与牛津大学教授休士会晤,其曾请袁氏介绍中国学者赴牛津整理该校中文典籍,袁同礼决定介绍国立北平图书馆编纂向达前往。向达毕业于东南大学,于中西交通史及印度史素有研究,曾任商务印书馆编辑、江苏国学图书馆采访主任、国立北京大学讲师,译著有《世界史纲》《印度现代史》《西域考古录》《甘地自传》《唐代长安与西域文明》等书,颇获国际学者注意。向达于1935年10月9日离平赴沪,定20日搭船放洋[②]。1936年秋,牛津工作结束后,向达至伦敦大不列颠博物院内研究敦煌卷子和太平天国文书。1937年冬,又由伦敦转赴巴黎,在巴黎的法国国立图书馆继续研究巴黎所藏的敦煌卷子以及明清之际天主教的相关文献。还曾于便中到德国柏林普鲁士科学院看吐鲁番出土的古文书等。1938年8月,向达从法国回国,因国立北平图书馆南迁至昆明,向达去职。1939年3月,向达受迁至广西宜山的浙江大学之聘,担任该校教授[③]。

(六)日内瓦中国国际图书馆

李石曾因参加国际新教育会、国际联盟文化合作会,鉴于各国人士均努力发扬本国文化,有在日内瓦创立一所中国国际图书馆的设想。于1932年开始筹备,"时仅三月,征求书籍已达三万余册之多",又函电分请苏、浙、皖、赣各省主席暨教育厅长担任创办理事[④]。创办人主席团有蔡元培、蒋介石、赫礼欧倍开尔、张人杰、李石曾、吴敬恒、汪兆铭、宋子文、朱家骅诸先生,其宗旨:(1)介绍中国数千年之文化于世界,以期各国多数人士对于中国有真确之认识;(2)以中国出版及缮写之种种材料,供国际机关之咨询与参考;(3)供中西学者关于中国国际间学术之研究,期得沟通中西文化较大之效率;(4)以国际机关或他项刊物,

---

① 罗栖霞.法国国家图书馆的中文典藏与法中学术交流[J].民俗典籍文字研究,2019(1):90.
② 北平图书馆与英国交换馆员[J].中华图书馆协会会报,1935,11(2):38.
③ 周余娇.异地造才——国立北平图书馆学人海外访学考略[J].图书馆研究与工作,2022(1):26-27.
④ 笑我.中国国际图书馆之创设[N].晶报,1933-08-01.

供中国人士之阅览与研究。中国国际图书馆有两项特别任务，其一是与国际联盟图书馆合作，其二是每年7月在国际联盟文化合作会开会时，举行中国国际合作图书展览会一次[①]。计划三年中在欧亚美三洲各设图书馆。设于欧洲者称"日内瓦中国国际图书馆"，为总馆，成立于1933年，馆长为胡天石；设于亚洲者称"上海中国国际图书馆"，为分馆之一，成立于1934年，馆长为冯陈祖怡；设于美洲者，拟称"纽约中国国际图书馆"[②]，有消息称胡天石曾往纽约作第一次接洽[③]，1935年12月31日，李石曾搭胡佛总统轮由沪赴美[④]作第二次接洽，但后续并没有成立的消息。

日内瓦中国国际图书馆经过一年的发展，成绩卓著，在国际上声誉极佳。该馆原址在日内瓦佛老僧街5号，因馆址狭小，不敷应用，而国内外捐赠之图书日益增加，于1934年9月初旬迁入一旧宫殿屋内，名蒙大莱宫屋，分5层，大小约四五十间，位置临湖面山，在日内瓦湖南岸，其北岸为国际联盟新建筑及国际劳工局，成为日内瓦三大国际机关，风景绝佳。于9月23日开一大规模新馆开幕茶会，遍请各国学者及日内瓦各国代表、记者、国际联盟及劳工局全体职员等[⑤]。由于新馆规模扩大，特请上海中国国际图书馆馆长冯陈祖怡前往襄助。1934年12月10日，上海图书馆协会及上海图书馆学函授学校等数十团体设宴为其饯行，12月11日，冯陈祖怡率领学生4人，搭意国邮船康托威特号前往日内瓦[⑥]。1935年1月5日抵达日内瓦，次日便开始工作[⑦]。1935年5月，冯陈祖怡受中华图书馆协会委派，与汪长炳一起出席马德里及巴塞罗那举行的国际图书馆协会联合会第8次会议，并就日内瓦中国国际图书馆与上海中国国际图书馆的发展概况作了详细发言，指出日内瓦中国国际图书馆并不是一座"狭义"的图书馆，而是一个促进东西方文化交流的场所，该馆利用馆藏的中国画和科技成

[①] 冷衷.日内瓦中国国际图书馆[J].图书馆学季刊，1933，7(2)：222.
[②] 中国国际图书馆组织系统及经过：沪分馆馆长冯陈祖怡谈话[J]天津市市立通俗图书馆月刊，1934(4/5/6)：23.
[③] 纽约筹设中国国际图书馆[J].中华图书馆协会会报，1935，11(3)：33.
[④] 李石曾昨赴美筹备中国国际图书馆[N].京报，1936-01-01(2).
[⑤] 日内瓦中国国际图书馆新馆开幕志盛[N].导光周刊，1934-11-18(4).
[⑥] 中国国际图书馆扩大组织及展览会盛况[J].厦门图书馆声，1935，3(1/2)：12.
[⑦] 陈树义.自从到日内瓦中国国际图书馆之后[J].工读周刊，1935，1(1)：27.

果在日内瓦举办展览,并到世界各地巡展,该馆还编辑出版了中国画评论杂志,开辟东西方学者进行文化比较的学术阵地[1]。1936年9月,冯陈祖怡由日内瓦回国。10月24日她在木斋图书馆举行的北京图书馆协会第三次常会上作了题为《欧游对于图书馆之印象与感想》的演讲[2]。

二、与日本图书馆界的交流

中国近代图书馆事业在直接向美国学习之前,先经历了取法日本的过程。早期,谢荫昌的《图书馆教育》、王懋镕的《图书馆管理法》都是从日文翻译而来。自从沈祖荣等人开始赴美学习图书馆学后,中国的图书馆学教育和图书馆事业得到飞速发展,中华图书馆协会的成立又极大促进了中华近代图书馆学和图书馆事业的进步,在很大程度上,中国的图书馆学理论和图书馆事业开始成为日本学习的榜样。

1925年,中华图书馆协会图书馆收到日本日比谷图书馆赠书《良书百种》和《儿童读物》各一册[3]。《中华图书馆协会会报》《图书馆学季刊》《文华图书馆学专科学校季刊》均刊登过大量日本图书馆界相关消息,包括日本图书馆协会全国大会的召开、日本各地方图书馆的活动、青年图书馆联盟及其动向、各地主要图书馆的建设、馆员培训、图书馆社会教育活动等[4]。

1926年7月,上海图书馆协会派杜定友赴日参观考察日本图书馆事业[5]。事实上,时任上海南洋大学图书馆主任的杜定友是借担任中国童子军英语翻译的身份随同从上海赴日的[6]。杜定友在《日本图书馆参观记》[7]中详细记载了此次考察所得,他在两周的时间里参观了位于东京、京都、大阪、名古屋等地的国

---

[1] 丘东江.中国图书馆界早期参与国际图联重要活动的追溯[J].图书馆杂志,1995(5):55.
[2] 姬秀丽.对中国现代女性图书馆先驱冯陈祖怡的再研究——与陈碧香女士的商榷及补正[J].图书馆理论与实践,2018(6):111.
[3] 本会图书馆通告一[J].中华图书馆协会会报,1925,1(3):28.
[4] 万亚萍.近代中日图书馆的文化交流与对抗[J].南开日本研究,2017,(00):128-129.
[5] 上海图书馆协会派员赴日考察[N].申报,1926-07-10(11).
[6] 松见弘道.怀念图书馆学专家杜定友//书目文献出版社编辑组.图书馆学情报学参考资料第4辑[M].北京:书目文献出版社,1984:73.
[7] 杜定友.日本图书馆参观记[J].教育杂志,1927,19(1):1-11;1927,19(3):1-17.

立图书馆、大学图书馆、府立图书馆、市立图书馆、县立图书馆、专门图书馆、儿童图书馆等各类型图书馆共14所,每个图书馆平均参观3小时。杜定友见到了他此前已通过几次信的图书馆界的第一位日本朋友——间宫不二雄,二人一见如故,结下了深厚的友谊。间宫不二雄是日本图书馆界知名人士,也是曾经留美的图书馆用品专门合资会社间宫商店的主人,他专程从大阪到神户迎接杜定友一行,不仅邀请杜定友到自己家中做客,共同切磋中日图书馆的有关问题,而且还尽可能地亲自陪同或安排自己的助手陪同杜定友参观,在无法陪同的情况下,又积极为杜定友安排各地的行程和图书馆的接洽。在东京,杜定友受到日本全国图书馆协会的设宴欢迎,到者都是日本图书馆界代表人物,席间会众都认为中日图书馆界有携手之必要,杜定友还邀请他们派代表参加中华图书馆协会的会议,研究中日图书馆联络合作问题,以发展东方的图书馆事业。在东京期间,中国留学生马宗荣每天陪同杜定友参观图书馆,并翻译一切,马宗荣虽在日专攻社会教育科,对于图书馆学亦早有心得,两人志同道合,相谈甚欢。

杜定友所创造的以"圕"代表"图书馆"的设想经由此次日本之行被日本图书馆界所接受。1926年10月15日,间宫不二雄创办图书馆期刊《圕》正式发行,不过可惜只出版1期就停刊了。正文首篇就是杜定友用英文撰写的关于"圕"字的发明和用法的文章,并配有杜定友的全家福照片。马宗荣的贺词亦在其中。1926年11月,日本图书馆协会杂志也开始使用此字。1928年日本青年图书馆员联盟机关刊物《圕研究》创刊,该刊一直发行至1943年停刊[1]。《圕研究》还刊登了袁同礼、戴志骞、杜定友、桂质柏、刘国钧、裘开明在收到该刊后的回信。刘国钧在《图书馆学季刊》中撰文《日本青年图书馆员联盟》[2],对该联盟的会址、会费、组织机构和机关刊物一一进行了介绍。

马宗荣早年就读于贵州省立模范中学,1916年毕业,任息烽县立两级小学校长。1918年公费留学日本,先后入东京第一高等预科学校、名古屋第八高等学校学矿业[3],1926年4月进入东京帝国大学文学部教育学科,1929年3月从该专业毕业,获文学士称号。同年5月1日出现在该校文学部大学院生名单中,研

---

[1] 范凡.杜定友访日开启中日图书馆学双向交流的"圕时代"[J].山东图书馆学刊,2014(4):36.
[2] 衡.日本青年图书馆员联盟[J].图书馆学季刊,1928,2(3):503-504.
[3] 周川.中国近现代高等教育人物辞典[M].福州:福建教育出版社,2012:22.

究图书馆教育[①]。早在1921年,马宗荣就利用暑假回国调查国内图书馆教育现状,发现国内缺少论述图书馆的书籍,致使办理图书馆的人无从知晓如何办理,而民众无法了解图书馆教育的价值以及如何利用图书馆,于是抄译日文之图书馆学书籍并加入个人调查研究及心得,着手编写相关书稿。自1924年至1930年先后在《学艺》和《教育与民众》上发表《现代图书馆的研究》《现代图书馆经营论》《现代图书馆事务论》《现代图书馆教育论》《中国图书馆事业史的研究》。其中,前两种于1928年由中华学艺社正式出版单行本,第三种于1934年由世界书局出版单行本。

1925年,杜定友创办上海图书馆协会会刊《图书馆》,刊登了马宗荣的《现代图书馆的价值并祝本志的诞生》。在东京帝国大学求学期间,马宗荣参加了《图书馆小识》4位著者之一的植松安助教授的图书馆学讲座,并到内阁文库等图书馆实习,还在日本东京帝国大学教育学研究室主办的《教育思潮研究》上发表了《图书馆教育的效果》和《中国图书馆事业史的研究》两篇与图书馆有关的文章[②]。

作为中华学艺社东京分社干事的马宗荣十分清楚日本公私立图书馆藏有宋、元、明、清珍版古书,建议由中华学艺社向日本各藏书家选借,作为《中华学艺社辑印古书》按内部刊物出版,不对外发售,这一提案经上海总社干事会议通过,便由郑贞文向商务印书馆张元济、高梦旦接洽,得到他们的赞成协助,商定由商务印书馆提供选书影印的经费,由郑贞文和马宗荣代表学艺社向日本公私立图书馆及藏书家交涉借印手续,约定每种书籍印出后赠送原书所存者20部。郑贞文、张元济一行于1928年10月15日离沪赴日,12月1日返国。中国驻日公使汪荣宝与日本青年汉学家长泽规矩也从旁协助,起了重要作用。郑贞文与张元济回国之后,由马宗荣、长泽规矩也具体负责照影工作。马宗荣当时接洽的公私藏书有:静嘉堂、图书寮、内阁文库、东福寺、东洋文库、东京帝国大学图书馆内野氏藏书等。接触到的日本友人有:静嘉堂岩崎男爵、诸桥辙次、长泽规矩也,图书寮杉荣三郎,内阁文库樋口龙太郎,满铁支社神鞭理事,东洋文库石田干之助,摄影师户塚氏等,还有长尾雨山、神田喜一郎、荻野仲三郎等。从1928年12月至1930年6月,共照影回国日藏孤本汉籍约二十余种。此后,因马宗荣

[①] 范凡.马宗荣在东京帝国大学留学的时间和专业考[J].图书馆杂志,2015(5):107-108.
[②] 范凡.中日图书馆学交流65年(1899—1964)历史探微[M].北京:海洋出版社,2020:136-137.

结束学业归国,照影工作暂停了一段时间。1930年底恢复,改由长泽一人在东京照料。这项活动前后持续了八九年,是一场中日两国学者成功的文化交流合作活动[①]。

马宗荣回国后任上海特别市教育局督学、大夏大学图书馆馆长,并主办社会教育系,在社会教育系里开设"图书馆学概论"课程,后来又请钱亚新在图书馆服务,并担任"图书分类与编目"课程的讲师[②]。1934年,根据教授图书馆学和管理大学图书馆的经验,撰写出版《大学图书馆经营的理论与实际》[③]。

由于中日图书馆界交流的增多,《中华图书馆协会会员录》(1931年6月)中出现了两名日本图书馆界人士:长泽规矩也、诸桥辙次[④]。

1935年,崔叔青女士从日本东京帝国图书馆之图书馆养成所毕业[⑤]。

1936年12月,间宫不二熊来华考察中国图书馆事业,时值中日关系紧张,未能多赴各地考察,乃经王云五介绍至上海市图书馆参观,计前后两次,与图书馆职员谈话共5小时之久,回国后作《中华民国之图书馆》一文,发表于《日本青年图书馆员联盟会报》(新年号),陈鸿飞将该文翻译发表于《中华图书馆协会会报》[⑥]和《武昌文华图书馆学专科学校季刊》[⑦]。

三、与印度、菲律宾、秘鲁图书馆界的交流

中华图书馆协会作为中国的教育文化团体之一,也会因教育部或外交部的通令,与国际上其他国家开展与图书馆有关的交流活动。这类活动虽不是中华图书馆协会主动发起,但也是中华图书馆协会的业务活动之一,起到了加强国际图书馆交流的作用。

印度国际大学是印度诗人泰戈尔于1921年创建的。泰戈尔从小对中国充

---

① 范凡.马宗荣在东京帝国大学留学的时间和专业考[J].图书馆杂志,2015(5):109-110.
② 钱亚新.忆马宗荣与我国近代图书馆学[J].江苏图书馆工作,1981(3):50.
③ 马宗荣.大学图书馆经营的理论与实际[M].上海:大夏大学图书馆,1934.
④ 中华图书馆协会会员录(民国二十年六月)[J].中华图书馆协会会报,1932,7(6):25.
⑤ 韦庆媛.民国时期图书馆学留学生群体的构成及分析[J].大学图书馆学报,2018(3):107.
⑥ 日图书馆专家推崇中国图书馆界[J].中华图书馆协会会报,1937,12(4):39.
⑦ 间宫不二熊.中华民国之图书馆[J].陈鸿飞译.武昌文华图书馆学专科学校季刊,1937,9(1):133.

满好奇,十分喜爱中国文化,曾于1924年和1929年先后三次访问中国。在他1924年第一次访华时就曾向中国朋友透露过成立中国学院的想法,并且希望在此之前中、印两国之间能有教授、学者的交流。自谭云山于1928年赴印度国际大学教授中文后,他与泰戈尔积极筹建国际大学中国学院。谭云山的计划得到了蔡元培、戴季陶的支持,并在戴季陶的引见下见了蒋介石,蒋介石立即答应捐助五万元[①]。1935年,《中华图书馆协会会报》发文报道印度国际大学将设中国图书馆[②]。同年,《中华图书馆协会会报》再次报道印度国际大学中国学院征书一事,称泰戈尔曾任印度图书馆协会会长,为在国际大学筹设中国学院函请中国政府协助经费,并代征集图书。经审查议决,协助经费一节,确难照办,而征求图书一项,可由教育部函各教育文化及出版机关,酌量捐赠[③]。1937年4月14日,中国学院举行揭幕典礼。蔡元培、戴季陶等代表中国的中印学会发来贺电,蒋介石也发了贺电。中国学院成立后,谭云山先生担任院长兼教授,负责主持学院的工作。1939年,谭云山呈请中华民国教育部通令全国各文化教育及出版机关,将所有一切新旧图书寄赠一份。中华图书馆协会自接到教育部通令后,将会报按期寄奉[④]。

1935年春,菲律宾图书馆协会副会长柏礼兹(C. B. Perez)致函中华图书馆协会,称愿与中华图书馆协会互通消息,开展国际借书,并请对该会在6月后半举行的第五次年会及第二次读书运动赠言。中华图书馆协会寄英文祝词一份[⑤]。

1943年,秘鲁国立图书馆不慎起火,焚烧善本书10万册,写本4万卷,关于西班牙时期、革命时期以及共和时期之文献,均蒙极大损失[⑥]。中华图书馆协会于1944年3月16日去函慰问。7月6日,秘鲁国立图书馆馆长复函表示感谢[⑦]。后我国驻秘鲁公使馆来函,谓该馆复兴,拟辟中国图书部,请我国捐赠书籍。中

---

① 董友忱.谭云山于国际大学中国学院[J].南亚研究,2010(2):151-157.
② 印度国际大学将设中国图书馆[J].中华图书馆协会会报,1935,10(4):43.
③ 印度国际大学中国学院征书[J].中华图书馆协会会报,1935,10(6):38.
④ 教育部令本会征集图书寄赠印度国际大学中国学院[J].中华图书馆协会会报,1939,14(1):
⑤ 祝贺菲律宾图书馆协会年会及读书运动周[J].中华图书馆协会会报,1935,10(5):22.
⑥ 秘鲁国立图书馆火灾[J].中华图书馆协会会报,1943,18(2):17.
⑦ 秘鲁国立图书馆馆长复函[J].中华图书馆协会会报,1944,18(5/6):10.

华图书馆协会通过会报请会员踊跃捐赠。又接外交部来函,谓欧美各国公私机关及个人纷纷捐资赠书协助复兴,为求彼邦人士对我国的认识,应从介绍我国学术文化入手,拟请中华图书馆协会选赠足以代表我国文化之书籍若干[1],故中华图书馆协会函请各地会员、图书馆及学术出版机关捐赠,收到国立编译馆、四川省地质调查所、中华书局、农林部中央畜牧实验所、中央研究院气象研究所、黄海化学工业研究社等机关捐赠书籍专刊共约百册,经中华图书馆协会送外交部转寄秘鲁[2]。

---

[1] 外交部函请本会捐赠秘鲁国立图书馆图书[J].中华图书馆协会会报,1944,18(5/6):9.
[2] 本会征求捐赠秘鲁国立图书馆书籍[J].中华图书馆协会会报,1944,18(5/6):10.

后记

无论是在中国图书馆事业史,还是中国图书馆学发展史上,中华图书馆协会都占有十分重要的地位。1925年4月25日,中华图书馆协会成立于上海,6月2日在北京举行成立仪式,是在北京图书馆协会、上海图书馆协会牵头下,各地方图书馆协会共同发起成立的全国性图书馆专业团体,也是民国时期十分重要的教育文化学术团体之一。中华图书馆协会早期由梁启超担任董事部部长,蔡元培、袁希涛、范源廉、熊希龄、颜惠庆、王正廷、胡适、丁文江、张伯苓、陶行知、余日章等政界与教育文化界名人都曾担任过中华图书馆协会的董事。经1929年第一届年会改组后,其执行委员会和监察委员会成员除陶行知外,清一色都是沈祖荣、胡庆生、洪有丰、戴志骞、袁同礼、杜定友、刘国钧、何日章、李小缘等图书馆从业人员或图书馆学研究者。至1937年抗日战争全面爆发前,会员人数最多时已达898人。此后,中国图书馆事业遭战争严重破坏,中华图书馆协会虽积极从事指导战时图书馆建设和谋求战后图书馆复兴事业,但会员人数急剧减少,经费严重短缺,1948年5月《中华图书馆协会会报》出版第21卷第3-4期合刊后停刊,协会无形解散。

中华图书馆协会的诞生是中国图书馆事业发展到一定阶段的产物,虽积极向欧美图书馆界学习,但始终以建设"中国的图书馆学"为目标,坚持"研究图书馆学术、发展图书馆事业、并谋图书馆之协助"的宗旨,举办年会、出版刊物和著作、开展调查与研究、参加国际学术交流,为中国近现代图书馆事业和图书馆学的发展作出了重要贡献,也提高了中国图书馆界的国际声誉和影响力,同时在保护与传播中国文化、加强国际文化交流方面起到了一定的作用。

1998年我考入武汉大学，就读于图书情报学院（后改为"信息管理学院"）图书馆学专业，自此与图书馆学结下不解之缘。2002年本科毕业后，我考入北京大学信息管理系攻读硕士。2015年，内心深处未曾熄灭的专业理想和从事科研工作的热情与决心推动我从一名出版社编辑考回北京大学信息管理系攻读博士学位。读博期间，我与导师王余光教授商议确定以"民国时期图书馆协会研究"作为博士学位论文的选题，而中华图书馆协会便是其中最为重要的部分。后经导师和北京大学图书馆姚伯岳研究馆员介绍，得知中国教育科学研究院储朝晖研究员打算编一套"中国现代教育社团史"，希望找本专业人士写丛书中的《中华图书馆协会史》。幸得储老师的充分信任，本着"初生牛犊不怕虎"的精神，我便大着胆子开始了这本书的写作。应该说，博士学位论文为这本书奠定了坚实的基础。不过，由于博士学位论文研究的是民国时期图书馆协会这一整体，囊括中华图书馆协会和先后成立的31个地方图书馆协会，重点在于分析概括民国时期图书馆协会的共性特点和发展规律。因此，在写作本书的过程中需要切换焦点，以中华图书馆协会为对象来组织结构、补充史料，力图使中华图书馆协会史呈现得更加丰富和完整。

值得一提的是，前人对中华图书馆协会的研究为本书的写作提供了很好的思路和史料线索。除了大量专门研究中华图书馆协会的相关学术论文之外，最值得一提的参考资料是以下几种。第一种是1980年中国台湾学者宋建成出版的专著《中华图书馆协会》，该书主要依据《中华图书馆协会会报》系统梳理了中华图书馆协会的成立背景、基本情况、年会、研究、活动与历史贡献，是系统研究中华图书馆协会的开山之作，功不可没。优点是多使用第一手资料，且所下论断基本都以史料为依据，是相当严谨的史学著作，然而这同时也使其因其缺乏其他信息来源，更像是以中华图书馆协会身份对外介绍自己的资料手册，对史实之间的关联和深层原因的探讨略显不足，而且在史实之外还缺乏不少历史的细节，有骨架而无骨肉。第二种是2012年四川大学王阿陶的博士学位论文《中华图书馆协会研究》。该学位论文无论在资料性还是理论性方面都有不小的突破，可谓继宋建成的《中华图书馆协会》之后有关中华图书馆协会的最为成熟的研究成果。作者对学界已有的研究成果没有人云亦云，对不少问题提出了自己的看法。同时，也看到了以往研究参考文献大多来源于《中华图书馆协会会报》

和《图书馆学季刊》,认为单一的材料来源势必导致研究角度和观点态度的局限性。因此,其在资料来源中引入了部分原始档案,如《申报》《教育杂志》《新教育》及部分图书馆馆刊等出版物,此外还有年鉴、回忆录与评传、纪念文集等资料,使研究厘清了以往研究成果中较少涉及或语焉不详(实),或尚属空缺的一些问题。第三种是2018年李彭元出版的专著《中华图书馆协会史稿》。该书在概指介绍中华图书馆协会成立背景以及宗旨、会议、组织结构和经费后,按时间顺序将中华图书馆协会发展历史划分为1937年前的"发展时期"和1937年后的"非常时期",同时也重点介绍了中华图书馆协会的年会、国际交流和编辑出版三大主要业务,并总结了中华图书馆协会的历史贡献。虽史料上的新发现不多,但优点是非常全面,而亮点在最后一章的结论部分,颇见一定的思考深度。以上对中华图书馆协会研究各有所长,本书的写作在借鉴以上成果的同时,还从社会团体研究的理论著作和民国时期社团史相关研究成果中获得了不少启发。

如何在前人研究的基础上写出新意,是我写作本书过程中面临的最大难题。总结起来,这本书的特色之处有以下几点。首先,在框架结构方面力求体系完整、合乎逻辑。通过对以往中华图书馆协会史的相关研究可以发现,中华图书馆协会史的基本构成要素不外乎成立的背景与过程,协会的宗旨、组织、会员、经费,协会举办的年会与出版、调查、国际交流活动,只是不同学者对这些要素的组合方式和研究侧重点各有不同。在这些要素的组织上,按时间线纵向叙述中华图书馆协会发展历史与横向从不同方面阐述中华图书馆协会开展的活动存在交叉关系,如李彭元的《中华图书馆协会史稿》在结构上明显呈现出纵横交错的特点,第4、5两章分别是"发展时期的中华图书馆协会(1925—1937)"和"非常时期的中华图书馆协会(1937—1948)",很多内容与第6章"学术年会、国际交流与编辑出版"是重复交叉的。为此,本书避免同时采用纵横两条线交叉的组织方法,而是采取先横后纵的方法,在第一层级上从中华图书馆协会成立的时代背景、成立的过程、组织与运作模式,以及中华图书馆协会最重要的四大业务活动——年会、出版、调查、国际学术交流来组织整本书,然后在具体论述不同板块内容时,再按时间顺序进行组织,以避免交叉重复或难以归类的情况出现。其次,在内容布局方面力求弥补空白、突出特色。对于《中华图书馆协会会报》能够充分揭示的内容,如中华图书馆协会开展的活动,侧重于对其进行重新梳理组织,而对中华图书馆协会成立的时代背景和成立前夕的酝酿过程这类研究不够充分的领域则进行史料的深度挖掘,发现了不少未曾注意的史料,包括中华基督教青年会、江苏省教育会和巴拿马-太平洋国际博览会对于沈祖荣在中国拉开图书馆运动帷幕所起的作用,以及成立于1918年的北京图书馆协会、1920年北京举办的图书馆暑期讲习会和1922年中华教育改进社图书馆教育组议决成立的图书馆教育委员会如何最终推动中华图书馆协会的成立。此外还进一步挖掘了韦棣华女士推动美国退还庚子赔款和邀请美国图书馆专家来华考察图书馆事业的史实,最初确定来华考察的专家并不是鲍士伟,而是普特南。最后,在研究视角方面力求更加立体、多元。从中华图书馆协会的定位来看,它是民国时期成立的社会团体,因此在研究中华图书馆协会的治理时,先从民国时期不同阶段社会团体所处的法制环境入手,以更加客观地认识中华图书馆协会的组织制度和运行机制并不是孤立存在的。又如研究中华图书馆协会的经费来源时,需要与当时其他社会团体进行对比,才可明白中华图书馆协会的三大经费来源属于当时社会团体的普遍现象,而非个例。从性质上看,中华图书馆协会属于教育学术团体。从中国近代图书馆的诞生和管理体制来看,图书馆始终从属于教育范畴。从宗旨来看,中华图书馆协会既有"研究图书馆学术"的学术团体属性,又同时兼有"发展图书馆事业"的行业协会属性。从图书馆协会的整体来看,中华图书馆协会属于全国性的组织,与地方图书馆协会有着不同的定位,同时又和它们有着千丝万缕的联系。中华图书馆协会的宗旨并不是凭空而来的,它借鉴了早先陆续成立的地方图书馆协会的宗旨,而这个演变过程体现出的是中国图书馆界人士对图书馆认识的不断深化。

不过,本书还存在不小的缺陷,那就是"重史轻论",具体表现就是没有对中华图书馆协会的历史贡献作提炼和总结。究其原因有以下三点:第一,我在思想上比较认同任何议论必须要有充分的史料依据,在未研究清楚史实之前就下很多主观性的论断,然后根据这些论断再有目的性地去组织材料,是十分不妥的。第二,前人所作中华图书馆协会研究,尽管概括了中华图书馆协会的贡献,但很大程度上只是按照促进图书馆事业、研究图书馆学术等几个方面把中华图书馆协会的活动重新进行了概括,因此也造成内容上的重复。此外,还有部分

后记

研究是从中华图书馆协会的出版物或者年会的议案等材料中提炼出中华图书馆协会对图书馆分类编目、索引、图书馆管理等方面的态度和立场,及对建立"中国的图书馆学"的推动作用。但笔者认为这在很大程度上只能代表民国时期图书馆学研究的状况,全部归结为中华图书馆协会所起的作用有泛化的嫌疑。第三,最根本的原因还是本人学识不足,未能在有限的时间内,根据搜集整理的史料作出令人满意的理论分析和概括。

对于图书馆学者而言,中华图书馆协会史研究是一个重大而丰富的选题,在前人已有成熟研究的基础上做到有自己的特色并尽量有所突破有很大难度,也只能寄希望于本书中补充的部分史料和零星观点对研究者有些许帮助。对于书中存在的错漏之处,还请学界专家批评指正。

王玮

2023年1月10日

丛书跋

2012年完成自己主编的2012年度国家出版基金资助项目"20世纪中国教育家画传"后,就策划启动新的研究项目,于是决定为曾在中国教育现代化过程中发挥巨大作用而又少有人知的教育社团写史,并在2013年3月拿出第一个包含8本书的编撰方案。当初怎么也没想到这一工作一再积累后延,几乎占用了我8年的主要时间,列入写作的社团一个个增加,参加写作的专家团队、支持者和志愿者不断扩大,最终汇成30本书和由50多位专家组成的团队,并在西南大学出版社鼎力支持下如愿以偿地获得2019年度国家出版基金资助。

1895年中日甲午海战中国战败后,中国社会受到强烈震动,有识之士勇敢地站出来组建各种教育社团,发展现代教育。1895年到1949年,在中国传统教育向现代教育转化、嬗变的过程中,产生了数以百计的教育社团。中华教育改进社等众多的民间教育社团在中国教育现代化进程中都曾发挥过重要的、甚至是无可替代的作用,到处留下了这些社团组织的深深印记,它们有的至今还在发挥着潜移默化的作用,它们是中国教育智库的先声。

但随着时间的推移,知道这段历史的人越来越少。教育社团组织与中国教育早期现代化既是一个有丰富内涵的历史课题,更是一个极具现实意义的实践课题。挑选"中国现代教育社团史"这一极为重大的选题,联合国内这一领域有专深研究的专家进行研究,系统编撰教育社团史,既是为了更好地存史,也是为了有效地资政,为当今及此后教育专业社团的建立、发展和教育改进与发展提供借鉴,为教育智库发展提供独具价值的参考,为解决当下中国教育管理问题提供借鉴,从而间接促进当下教育质量的提升和《中国教育现代化2035》目标的实现。简言之,为中国现代教育社团修史是一项十分有意义的工作。

在存史方面,抢救并如实地为这些社团写史显得十分必要、紧迫。依据修史的惯例,经过70多年的沉淀,人们已能依据事实较为客观地看待一些观点,为这些教育社团修史,恰逢其时;依据信息随时间衰减的规律,当下还有极少数人对70多年前的那段历史有较充分的知晓,错过这个时期,则知道的人越来越少,能准确保留的信息也会越来越少,为这些社团治史时不我待。因此,本套丛书担当着关键时段、恰当时机、以专业方式进行存史的重要责任。

在资政方面,为中国现代教育社团修史是一项十分有现实意义的工作。中国教育改革除了依靠政府,更需要更多的专业教育社团发展起来,建立良性的教育评价和管理体系,并在社会中发挥更大的作用。社团是一个社会中多种活力的凝结和显示,一个保存了多样性社团的社会才是组织性良好的社会,才是活力充足的社会。当时的各个教育社团定位于各自不同的职能,如专业咨询、管理、评价等,在社会和教育变革中以协同、博弈等方式发挥出巨大的作用。它们的建立和发展,既受到中国现代新式教育发展的制约,又影响了中国现代新式教育发展的进程。研究它们无疑会加深我们对那个时期中国新式教育发展过程中各种得失的宏观认识,有助于从宏观层面认识整个新式教育的得失,进而促进教育质量和品质的提升。现今的教育社团发展不是在一张白纸上画画,1900年后在中国产生的各种教育社团是它们的先声。为中国现代教育社团修史将会为当下及未来各个社团的建立发展和教育智库建设提供真实可信而又准确细致的历史镜鉴。

做好这项研究需要有独特的史识和对教育发展与改革实践的深刻洞察,本丛书充分运用主编及团队三十余年来从事历史、实地调查与教育改革实践研究的专业积累。在启动本研究之前,丛书主编就从事与教育社团相关的研究,又曾做过一定范围的资料查找,征集国内各地教育史专业工作者意见,依据当时各社团的重要性和历史影响,以及历史资料的可获取性,采用既选好合适的主题,又选好有较长时期专业研究的作者的"双选"程序,以保障研究的总体质量,使这套丛书不仅分量厚重,质量优秀,还有自己的特色。

本丛书的"现代"主要指社团具有的现代性,这样的界定与中国教育现代化进程相吻合。以历史和教育双重视角,对中华教育改进社等具有现代性的30余个教育社团的历史资料进行系统的查找、梳理和分析。对各社团发展的整体形态做全面的描述,在细节基础上构建完整面貌,对其中有歧义的观点依据史实客观论述,尽可能显示当时全国教育社团发展的原貌和全貌,也尽可能为当下教育社团与教育智库的建立和发展提供有益的历史镜鉴。

为此,我们明确了这套丛书的以下撰写要求:

全套丛书明确史是公器,是资料性著述的定位,严格遵循史的写作规范,以史料为依据,遵守求真、客观、公正、无偏见的原则,处理编撰中的各类问题。

力求实现四种境界:信,所写的内容是真实可靠的,保证资料来源的多样性;简,表述的方式是简明的,抓住关键和本质特征经过由博返约的多次反复,宁可少一字,不要多一字;实,记述的内容是有实际意义和价值的,主要体现为内容和文风两个方面,要求多写事实,少发议论,少写口号,少做判断,少用不恰当的形容词,让事实本身表达观点;雅,尽可能体现出艺术品位和教育特性,表现为所体现的精神、风骨之雅,也表现为结构的独具匠心,表达手法的多样和谐、图文并茂。

对内容选取的基本标准和具体要求如下:

(1)对社团的理念做准确、完整的表述,社团理念在其存续期有变化的要准确写出变化的节点,要通过史料说明该社团的活动是如何在其理念引导下开展的。

(2)完整地写出社团的产生、存续、发展过程,完整地陈述社团的组织结构、活动规模、活动方式、社会影响,准确完整地体现社团成员在社团中的作用、教育思想、教育实践,尽可能做到"横不缺项,纵不断线"。

(3)以史料为依据,实事求是,还原历史,避免主观。客观评价所写社团对社会和教育的贡献,不有意拔高,也不压低同时期其他教育社团。关键性的评价及所有叙述要有多方面的史料支撑,用词尽可能准确无歧义。

(4)凸显各单册所写社团的独特性,注意铺垫该社团所在时代的社会与教育背景,避免出现违背历史事实的表述。

(5)根据隔代修史的原则,只记述中华人民共和国成立之前的历史。对后期延续,以大事记、附录的方式处理,不急于做结论式的历史判定。

(6)各书之间不越界,例如江苏教育会与全国教育会联合会之间,江苏教育会与中华教育改进社之间,详略避让,避免重复。

写法要求为:立意写史,但又不写成干巴、抽象、概念化的历史,而是在掌握大量资料的基础上,全面、深刻理解所写社团的历史细节和深度,写出人物的个性和业绩,写出事件的情节和奥秘,尽可能写出有血有肉、有精气神的历史,增强可读性。写法上具体要求如下:

(1)在全面了解所写社团基础上,按照史的体例,设计好篇目、取舍资料、安排内容、确定写法。在整体准确把握的基础上,直叙历史,不写成专题或论文,语言平和,逻辑清晰。

(2)把社团史写得有教育性。主要通过记叙社团发展过程中的人和事展示其具有的教育功能;通过社团具有的专业性对现实的教育实践发生正向影响,力求在不影响科学性、准确性的前提下尽量写得通俗。

(3)能够收集到的各社团的活动图片尽可能都收集起来,用好可用的图,以文带图,图文互补,疏密均匀。图片尽可能用原始的、清晰的,图片说明文字(图题)应尽量简短;如遇特殊情况,例如在正文中未能充分展开的重要事件,可在图题下加叙述性文字做进一步介绍,作为一个独立的知识点。

(4)关键的史实、引文必须加注出处。

据统计,清末至民国时期教育社团或具有教育属性的社团有一百多个,但很多社团因活动时间不长、影响不大,或因资料不足等,难以写成一本史书。本丛书对曾建立的教育社团进行比较全面的梳理,从中精心选择一批存续时间长、影响显著、组织相对健全、在某一专业领域或某一地区具有代表性、典型性的教育社团进行深入研究,在此基础上做出尽可能符合当时历史原貌和全貌的整体设计,整体上能够充分完整地呈现所在时代教育社团的整体性和多样性特征,依据在中国教育现代化进程中所发挥的作用大小选择确定总体和各部分的研究内容,依据史实客观论述,准确保留历史信息。本丛书的基本框架为一项总体研究和若干项社团历史个案研究。以总体研究统领各个案研究,为个案研究确定原则、方法、背景和思路;个案研究为总体研究提供史实和论证依据,各个案研究要有全面性、系统性、真实性、准确性、权威性、实用性,尽量写出历史的原貌和全貌,以及其背后盘根错节的关系。

入选丛书的选题几经增减,最终完稿的共30册:

《中国现代教育社团发展史论》《中华教育改进社史》《中华平民教育促进会史》《生活教育社史》《中华职业教育社史》《江苏教育会史》《全国教育会联合会史》《中国教育学会史》《无锡教育会史》《中国社会教育社史》《中国民生教育学会史》《中国教育电影协会史》《中国科学社史》《通俗教育研究会史》《国家教育协会史》《中华图书馆协会史》《少年中国学会史》《中华儿童教育社史》《新安旅行团史》《留美中国学生联合会史》《中华学艺社史》《道德学社史》《中华教育文化基金会史》《中华基督教教育会史》《华法教育会史》《中华自然科学社史》《寰球中国学生会史》《华美协进社史》《中国数学会史》《澳门中华教育会史》。

本丛书力求还原并留存中国各现代教育社团的历史原貌和全貌,对当时各教育社团的发展历程、重要事件、关键人物进行系统考察,厘清各社团真实的运作情况,从而解决各社团历史上一些有争议的问题,为教育学和历史学相关领域的发展提供一定的帮助,拓展出新的领域,从而传承、传播教育先驱的精神,为当今教育改革和发展提供历史借鉴和智慧资源,为今后教育智库的发展提供有中国实践基础的历史参考,在拓展教育发展的历史文化空间上发挥其他著述不可替代的作用。在写作过程中严格遵守史的写作规范,以史料为依据,遵守求真、客观、公正、无偏见的原则,处理编撰中的各类问题。

这是一项填补学术空白的研究。这个研究领域在过去70多年仅有零星个别社团的研究,在史学研究领域对社团的研究较多,但对教育社团的研究严重不足;长期以来,在教育史研究领域没有对教育社团系统的研究;对民国教育的研究多集中于一些教育人物、制度,对曾发挥不可替代作用的教育社团的研究长期处于不被重视状态。因此,中国没有教育社团史的系列图书出版,只有与新安旅行团、中华职业教育社相关的专著,其他教育社团则无专门图书出版,只是在个别教育人物的传记等文献中出现某个教育社团的部分史实,浮光掠影,难以窥其全貌。但是教育社团对当时教育的发展发挥了倡导、引领、组织、管理、评价等多重功能,确实影响深远,系统研究中国现代教育社团是此前学术界所未有过的。该研究可以为洞察民国教育提供新的视角,在今后一段时期内具有标志性意义,发挥其他著述不可替代的作用。

这是一项高难度的创新研究。它需要从70多年历史沉淀中钩沉,需要在教育学和史学领域跨越,在教育历史与现实中穿梭,难度系数很高、角度比较独特,20多年前就有人因其难度高攻而未克。研究过程中我们将比较厚实的历史积累和对当下教育问题比较深入的洞见相结合,以史为据,以长期未能引起足够重视的教育社团为研究对象,梳理出每个社团的产生、发展、作用、地位。

这是一项促进教育品质提升的研究。中国当下众多教育问题都与管理和评价体制相关。因此,我们决定研究中国现代教育社团史,对中国教育现代化进程中发挥过重要作用的诸多教育社团的历史进行抢救性记述、研究,对中国教育体系形成的脉络进行详尽的梳理,记录百年中国教育现代化进程中教育社团所起的重大作用,体现教育现代化过程中的"中国智慧",为构建中国教育科学话语体系铺垫史料、理论基础,探明1898到1949年间教育社团在中国教育现代化发展中的作用,为改善中国教育提供组织性资源。

这是一项未能引起足够重视的公益性研究。本研究旨在还原并留存各教育社团的历史原貌和全貌,传承、传播教育先驱的精神,为当今教育改革和发展提供历史借鉴和智慧资源,拓展教育发展的历史文化空间,需要比较厚实的历史积累和对当下教育问题比较深入的洞见。本研究长期处于不被重视状态,但是其对教育的发展确实影响深远,需要研究的参与者具有对历史和现实的使命感。

这个研究项目在设计、论证和实施过程中得到业内专家的大力支持、高度关注和评价。中国教育学会教育史分会原会长田正平先生热心为丛书写了推荐信,又拨冗写了总序,认为:"说到底,这是当代中国教育改革的需要和呼唤。教育是中华民族振兴的根基和依托,改革和发展中国教育,让中国教育努力赶上世界先进水平，既是中央政府和地方各级政府义不容辞的职责，也必须依靠广大教育工作者的自觉参与和担当。从这个意义上讲，中国近代教育会社团体与中国教育早期现代化研究，既是一个有丰富内涵的历史课题，更是一个极具现实意义的重大问题。"中国现代教育社团史的课题，"从近代以来数十上百个教育社团中精心选择一批有代表性、典型性、产生过重大影响的教育社团，列为专题，分头进行了深入的研究。我相信，读者诸君在阅读这些成果后所收获的不仅仅是对教育社团的深入理解和崇高敬意，也可能从中引发出一些关于当代中国教育改革的更深层次的思考"。

北京师范大学教育学部原部长、清华大学教育学院院长石中英教授在推荐中道："对那些历史上有重要影响的教育社团进行研究，既具有非常重要的学术价值，也具有非常强烈的现实意义。""当前，我国改革开放正在逐步地深入和扩大，激发社会组织活力，在整个社会治理体系建设中具有重要作用。现代教育治理体系的建设，也迫切需要发挥专业的教育社团的积极作用。在这个大背景下，依据可靠的历史资料，回溯和评价历史上著名教育社团的产生、发展、组织方式和活动方式等，具有现实意义和社会价值。""总的来说，这个项目设计视角独特，基础良好，具有较高的学术价值、实践价值和出版价值。"

1990年代，中央教育科学研究所张兰馨等多位前辈学者就意识到这一选题的重要性，曾试图做这一研究并组织编撰工作，终因撰写团队难以组建、资料难以查找搜集等各种条件限制而未完成。当我们拜访80多岁的张兰馨先生时，他很高兴地拿出了当年复印收藏的一些资料，还答应将当年他请周谷城先生题写的书名给我们使用，既显示这一研究实现了学者们近30年未竟的愿望，也使这套书更具历史文化内涵。

西南大学出版社是全国百佳图书出版单位、国家一级出版社、全国先进出版单位，承担了多项国家重大文化出版工程项目、国家出版基金资助项目、重庆市出版专项资金资助项目，具有丰富的国家、省市重点项目出版与管理经验。该社出版的多项国家级项目受到各级主管部门、学界、业内的一致好评。另外，西南大学的学术优势为本书的出版提供了学术支撑。

本项目30余位作者奉献太多。他们分别来自中国人民大学、北京师范大学、华东师范大学、中山大学、首都师范大学、浙江师范大学等多所高校和研究机构，他们长期从事相关领域的研究，具有极强的学术责任感，具备了较好的专业基础，研究成果丰硕，有丰富的写作经验。在没有启动经费的情况下，他们以社会效益为主，把这项研究既当成一项工作任务，又当成一项对精湛技术、高雅艺术和完美人生的追求，以高度的历史使命感和现实的使命感投入研究，确保研究过程和成果具有较高的严谨性。他们旨在记录中国教育现代化过程中教育社团所起的重大作用，体现教育现代化过程中的"中国智慧"，写出理论观点正确、资料翔实准确、体例完备、文风朴实、语言流畅，具有资料性、科学性、思想性，经得起历史检验的，有灵魂、有生命、能传神的现代教育社团史。

这套丛书邀约的审读委员主要为该领域的专家，他们大多在主题确定环节就参与讨论，提供资料线索，审读环节严格把关，有效提高了丛书的品质。

本人为负起丛书主编职责，采用选题与作者"双选"机制确定了撰写社团和作者，实行严格的丛书主编定稿制，每本书都经过作者拟提纲—主编提修改意见—确定提纲—作者提交初稿—主编审阅，提出修改意见—作者修改—定稿的过程，有些书稿从初稿到定稿经过了七到八次的修改，这些措施有效地保障了这套丛书的编撰质量。尽管做了这些努力，仍难免有错，敬希各位不吝赐正。

十分感谢国家出版基金资助。本丛书有重大的出版价值，投入也巨大，但市场相对狭窄。前期在项目论证、项目启动、资料收集、组织编写书稿中投入了大量的人力、物力。多位教育专家和史学专家经过八年的努力，收集了大量的资料，研究的深度和广度都大大超出此前这一领域的研究。各位作者收集了大量的历史资料，走访了全国各大图书馆、资料室，完成了约一千万字、数百幅图片的巨著。前期的资料收集、研讨成本甚高，而使用该书的主要为教育研究者、教育社团和教育行政人员。即便丛书主编与作者是国内教育学、教育史学领域的权威专家，即便丛书经过精心整理、撰写而成，出版后全国各地图书馆、研究院所会有一定的购买，有一定的经济效益，但因发行总数量有限，很难通过少量的销售收入实现对大量经费投入的弥补,国家出版基金资助是保障该套丛书顺利出版的关键。

教育在实现中华民族伟大复兴中发挥着不可替代的作用。完整、准确、精细地回顾过去方能高瞻远瞩而又脚踏实地地展望未来,将优秀传统充分挖掘展现、利用方能有效创造未来,开创教育发展新时代。在中国教育现代化进程中众多现代教育社团是促进者。中国人坚定的自信是建立在5000多年文明传承基础上的文化自信。中国现代教育社团的发起者心怀中华,在中华民族处于危亡之际奔走呼号,立足弘扬中华优秀文化传统提倡革新。本丛书深层次反映了当时中国仁人志士组织起来,试图以教育救国的真实面貌,其中涉及几乎全部的教育界知名人物,对当年历史的还原有利于挖掘中华优秀传统文化的强大生命力和在民族危亡关头的强大凝聚力,弘扬中华优秀传统文化,为构建中华优秀传统文化传承发展体系添砖加瓦。研究这段历史,对于推动中华优秀传统文化创造性转化、创新性发展,对于促进教育智库建设,发展中国教育事业,发挥教育在促进中华民族伟大复兴中的作用具有重要意义。

愿我们所有人为此的努力在中国教育现代化进程中生根、发芽、开花、结果。